教育部哲学社会科学系列发展报告
MOE Serial Reports on Developments in Humanities and Social Sciences

中国经济增长报告2018

高质量发展中的经济增长和宏观调控

China Economic Growth Report 2018

Growth and Policies in High-Quality Development

U0362565

主　编　刘　伟
副主编　苏　剑

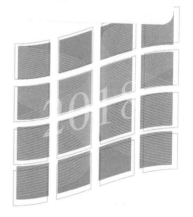

北京大学出版社
PEKING UNIVERSITY PRESS

图书在版编目(CIP)数据

中国经济增长报告.2018:高质量发展中的经济增长和宏观调控/刘伟主编.—北京:北京大学出版社,2018.12

(教育部哲学社会科学系列发展报告)

ISBN 978-7-301-30147-0

Ⅰ.①中… Ⅱ.①刘… Ⅲ.①中国经济—经济增长—研究报告—2018 Ⅳ.①F124.1

中国版本图书馆 CIP 数据核字(2018)第 284867 号

书　　　名	中国经济增长报告2018——高质量发展中的经济增长和宏观调控 ZHONGGUO JINGJI ZENGZHANG BAOGAO 2018——GAOZHILIANG FAZHAN ZHONG DE JINGJI ZENGZHANG HE HONGGUAN TIAOKONG
著作责任者	刘　伟　主编　苏　剑　副主编
责 任 编 辑	孙　昕　兰　慧
标 准 书 号	ISBN 978-7-301-30147-0
出 版 发 行	北京大学出版社
地　　　址	北京市海淀区成府路 205 号　100871
网　　　址	http://www.pup.cn
微信公众号	北京大学经管书苑(pupembook)
电 子 信 箱	em@pup.cn　QQ:552063295
电　　　话	邮购部 010-62752015　发行部 010-62750672　编辑部 010-62752926
印 刷 者	天津中印联印务有限公司
经 销 者	新华书店
	730 毫米×980 毫米　16 开本　18.75 印张　347 千字
	2018 年 12 月第 1 版　2018 年 12 月第 1 次印刷
定　　　价	65.00 元

目　　录

绪　　论

根据国际货币基金组织（International Monetary Fund，IMF）的研究（IMF，2018），2016 年年中开始的全球经济回升更为广泛和强劲，自 2010 年全球经济开始从 2008—2009 年金融危机中大幅回升以来，如此广泛和强劲的增长还是第一次出现。然而全球经济的周期性上行接近两年后，一些经济体的扩张速度似乎已经达到峰值，各国增长速度呈现同步性下降。一方面，在发达经济体，美国与欧洲和日本之间的增长差异在扩大。另一方面，在石油价格上涨、美国收益率上升、贸易紧张局势加剧导致市场情绪变化、国内政治和政策不确定等各种因素的共同作用下，新兴市场和发展中经济体的增长也变得更不均衡。尽管金融状况总体依然有利，但上述因素已导致资本流入减少、融资成本增加以及汇率压力的出现。

2018 年是中国改革开放四十周年。改革开放以来，中国主要依靠劳动力、资本、自然资源等要素投入规模的扩张来支撑中国经济的高速增长，取得举世瞩目的成就，被称为"中国奇迹"。中国已经成为世界第二大经济体、第一大工业国、第一大货物贸易国、第一大外汇储备国。具体来看，四十年来，中国人均可支配收入得到极大提高；扶贫开发进展显著，贫困人口大幅度减少；人们生活消费水平明显提高，消费结构显著升级；社会就业成绩显著，城镇失业率处于较低水平；社会保障体系基本建成，以基本养老制度、基本医疗制度和最低生活保障制度为支柱的覆盖全民的多层次社会保障体系已经基本建成。但同时也要认识到，中国的发展目前还存在较多短板：目前中国人民人均收入还未达到世界平均水平，与发达国家差距较大；中国的需求结构、产业结构以及就业结构与发达国家存在明显差距；中国在科学技术和教育方面与发达国家也有着较大差距；能源利用率较低，环境保护意识仍有待加强；发展不平衡问题严重等。

中国共产党的十九大报告明确提出了"贯彻新发展理念，建设现代化经济体系"。建设现代化经济体系的核心是推动高质量发展，其内容主要包括两大方面：一是在质量变革、效率变革、动力变革和提高全要素生产率的基础上，建设实体经济、科技创新、现代金融、人力资源协同发展的产业体系；二是在坚持社会主义市场经济改革方向的基础上，构建市场机制有效、微观主体有活力、宏观调控有度的经济体制。基于此，如何理解新发展理念？怎样贯彻新发展理念以推动现代化经济体系建设？如何实现高质量发展？新形势下影响中国经济的主要因素有哪些？

宏观经济的哪些方面值得予以特别重视？新形势下如何实施宏观调控？本书将对以上问题提供答案。

第一章认识改革开放以来的现代化建设与经济增长，分析中国经济发展的阶段性演进特征，理解新发展理念与供给侧结构性改革的关系，探讨如何深化改革和扩大开放以推动高质量发展。改革开放四十年，中国以经济增长为中心来推动现代化建设，尽管历经考验，但经济增长取得了举世瞩目的成就。当下，中国共产党的十九大提出全面建成小康社会并分两阶段推动全面建设社会主义现代化国家的新目标。由于在新时代全面建设现代化的进程中对经济增长提出了更高和更复杂的要求，因此在新目标中，没有再按照往年的传统提出 GDP 的长期增长目标，各个不同时期的 GDP 就要根据当时社会经济发展的任务以及发展条件有所变化，分别有不同时期的预期和目标以及约束条件。一方面，中国在制度、创新和发展三个方面存在的特色为中国持续增长和实现全面现代化建设奠定了基础，为改善人民美好生活和全面赶超世界先进水平打下了坚实保障。另一方面，党的十九大报告明确提出要贯彻新发展理念，建设现代化经济体系，核心是推动高质量发展，这就需要以供给侧结构性改革为主线推进产业体系和经济体制的高质量发展。最后，面对当前国内外的风险，唯有加强改革，扩大开放，以更加合乎市场经济规范的姿态融入全球化中；继续深化国有企业改革、深化财税制度改革、加强金融改革与开放，深化"放管服"改革，扩大开放；通过深化改革和扩大开放，激发各类市场主体活力，从根本上破除制约资源配置优化的体制机制障碍。

第二章通过对经济总量、人均国民收入、产业结构的国际比较，评价中国经济增长潜力，为新时代中国经济增长提供指引。一方面，改革开放后，中国的经济增长和经济发展进入了一个新的阶段。随着经济的高速增长，中国在经济发展上和先进水平之间的差距在不断缩小。现在，中国的经济总量在世界上已经居于领先位置，国际经济地位不断提高，这已经是不争的事实。但另一方面，由于中国是世界人口最多的国家，有超过 13 亿的人口，从以人均国民总收入所反映的经济发展水平看，中国和先进国家之间还存在着不小的差距，仍然需要发展，要把发展作为第一要务，特别是需要坚持贯彻新的发展理念，坚持社会主义市场经济改革方向，推动构建现代化经济体系，推动经济持续健康发展。

第三章分析产业结构升级与中国经济增长之间的关系，剖析如何深化供给侧结构性改革。首先从企业层面对"十三五"时期的转型升级进行了分析，主要体现在六大方面，包括经营状况稳中求进、转型升级加快推进、企业经营成本继续降低、国有企业改革将落地铺开、兼并收购回弹增长和"一带一路"倡议推动企业加速"走出去"。其次从增加值结构分析产业结构升级。一方面，中美两国各自增加值的结构对比反映了两国处于不同的经济发展阶段；另一方面，从第三产业本身的结构上看,中国也已经进入了不断升级的阶段。最后从就业结构分析产业升级。中国的增加值结构和就业结构都处于变化过程中,但近几年逐渐形成两个结构之间较大差别,表明中国才完成产业结构现代化的第一步目标,还可以在产业结构不断升级的基础上,实现新的经济增长和经济发展。

第四章总结改革开放以来对 GDP 的认识的变化,分析发展观的演变,为新发展理念提供理论指导。改革开放前,由于在理论上以苏联式理解的马克思劳动价值论为基础,加上长期忽视经济建设、长期对外封闭,以及采取了计划经济制度,导致中国国民经济核算和统计长期采用以工农业生产总值等物质资料产品为核心的统计核算体系,否定 GDP 的价值和意义。改革开放以后,伴随着我们对社会主义初级阶段的认识深化和相应的党的基本路线的明确,以经济建设为中心推动发展、摆脱贫困成为共识,由此,GDP 的统计核算和以 GDP 为核心指标的经济增长问题,便成为突出的理论和实践问题。然而,GDP 体系本身确有局限或有限性:就 GDP 本身而言,强调的是最终数量,难以直接体现国民生产总值背后运行中的经济结构差异;GDP 反映的是流量概念,无法反映财富的有效持续积累和国力的提升;如果片面追求 GDP 增长,大量非市场机制下的资源配置和经济活动容易被排斥在国民经济核算体系之外;如果片面突出经济增长和经济发展,忽略社会全面发展,必然扭曲现代化进程。当前,"新发展理念"的提出是对以往片面追求 GDP 增长的根本纠正,也是对如何破解经济发展进入新阶段面临新变化新矛盾的系统回应。

第五章分析新发展理念与"中等收入陷阱"的关系,为跨越"中等收入陷阱"提供应对策略。第二次世界大战后,克服贫困成为发展中国家面临的主题,但如何摆脱贫困成为西方主流经济学研究的专利,并据此形成了当代西方主流的发展经济学理论和制度及政策体系,但按照西方主流经济学开出的发展药方对发展中国家并不灵验。毫无疑问,中国的发展及对贫困的克服创造了当代世界克服贫困的奇迹。中国特色社会主义进入新时代,要穿越"中等收入陷阱",必须使发展、改革和开放命题统一于新发展理念,需要建设现代化经济体系,坚持"四个全面"战略布局。

第六章评价中国营商环境,为实现新发展理念提供软性条件。一方面,近几年中国营商环境有了较大改善:"放管服"改革取得实质性进展,公共服务效率不断提升;着力推进降税减费,优化企业税收环境;推动信用和法治化建设,营造有效透明的社会环境;大幅减少外资准入限制,着力打造开放、便利的投资环境;持续深化金融体制改革,不断优化金融生态环境;逐步完善基础设施建设,进一步提升营商"硬"环境。另一方面,当前中国营商环境仍存在若干主要问题及挑战:中国传统竞争优势减弱,各国引资竞争更加激烈;企业生产成本快速上升,削弱企业竞争力;金融供给与实体经济需求不相匹配,金融服务实体经济能力有待提升;政策执行不到位,政府职能转变仍有待推进;政策制定的制度化、法制化程度有待提高;社会信用体系建设有待完善。为了进一步完善中国营商环境,可从以下几个方面着手:加强法治化市场环境的建设,稳定市场主体预期;借鉴国际营商环境评价体系,对标国际先进经验,定位重点改革方向;精准定位企业需求,主动提供及时、准确的服务措施;立足实体经济改善金融服务,加强现代金融环境建设;多措并举、长短结合,进一步降低实体经济综合成本;加快社会信用体系建设,提升社会诚信水平;结合中国实际情况,建立全面的营商环境指标体系。

第七章理解中国特色的宏观调控体系与宏观调控,深化供给侧结构性改革,实现从"一维"的需求管理向"三维"的市场化改革、需求管理和供给管理的转变,并以 2018 年为例,探讨如何实现宏观调控的政策组合。本书第七章首先引入了一个包含市场化改革、供给管理、需求管理的三维宏观调控体系,并指出这跟中国独特的宏观调控体系是一致的。目前的西方宏观调控政策体系严重滞后于宏观经济理论体系的发展,可以预见的是,西方的宏观经济政策体系必将发展到以总供求模型为基础。改革开放以来,中国一直面临非常复杂的经济形势,在这个过程中,中国形成了独有的宏观调控体系,包括市场化改革、供给管理、需求管理三大类政策。按照 2017 年中共中央经济工作会议的公报以及其他相关文件关于2018 年宏观调控政策的论述,可以看出,中国 2018 年的宏观调控将以市场化改革为主,供给管理次之,需求管理为辅,这也跟改革开放以来中国的宏观调控政策组合是一致的。宏观经济政策的组合应该是加快市场化改革、供给扩张、需求扩张这样的政策组合。

第八章分析中国的收入分配差距的现状和原因,为解决收入分配差距,践行新发展理念提供应对策略。在中国经济迅速增长的同时,居民收入分配差距也不断增加,收入分配结构调整已经迫在眉睫。首先,从城乡间、地区间和行业间的收入分配差距三个维度出发,分析了中国收入分配结构的演变历程。其次,详细分析了人口流动、区域发展战略、税收制度和贸易自由化四个因素对收入分配格局的影响机制。最后,指出中国应在短期内主要使用结构性货币政策保增长,同时加大转移支付的力度以实现收入再分配;在长期内应推动要素市场改革和供给侧改革,调整规模性和功能性收入分配结构。此外,可以通过征收财产税和推行教育均等化的方式避免收入分配差距的代际传递,提高中国的经济增长质量。

第九章分析技术进步对劳动力需求的影响,理解技术进步和劳动力增长在实现高质量发展中的作用。一方面,从人类历史的发展进程来看,技术在替代一部分工作的同时也创造了新的工作岗位。这种创造就业的过程一方面是通过产品价格的下降、收入的增加以及新产品的出现刺激消费和投资需求来实现的,另一方面是通过技术进步扩散到上下游产业、促进了新产业的壮大来实现的。此外，技术的研发和生产扩散本身就需要大量高技能劳动力的投入，技术进步的过程也伴随着对高技能劳动力需求的逐渐增加。当然，在新技术发展之初可能伴随着阶段性的失业率上升，但随着人力资本的逐渐提升，劳动者的技能与工作岗位的匹配度也会提高。根据目前技术发展的状况可以看出，技术并不是无所不能的，技术的确取代了一些程式化的工作，但技术与非程式化的认知工作之间是互为补充的，还有一些工作例如护工等也是很难被技术所取代的。人类的认知能力、想象力、创造力以及应变能力等也是机器在短期内无法具备的。随着技术的发展，人类会逐渐从程式化的劳动中解放出来，拥有更多的时间去从事与创造力、认知能力相关的工作，例如设计师、作家、科研人员等。综合来看，技术进步在短期内可能降低就业，在长期内可能增加就业。虽然技术进步在一定阶段会带来结构性失业，但随着社会生产规模的不断扩大，产业门类的日益增多，消费结构的不断升级，人力资本的不断提升，未来将创造更多的工作岗位。

第十章评价经济增长对劳动力需求的拉动作用，分析经济目标增长率的确定方法，为量化高质量发展提供方法支撑。步入新常态，中国经济发展需要逐渐从"论数量"转向"论质量"。不可否认，经济增长是一切发展的前提，经济发展质量的提升也以一定的经济增长作为基础。但在关注经济发展的同时，我们也更需要注重充分满足就业需求以及优化就业结构的问题。因为充分就业是拉动内需、扩大消费的重要原因，只有满足充分就业，才能期待未来的经济发展具有旺盛持久的动力。经济增长先通过拉动劳动力需求，再影响就业和工资变动。在这个机制下，目前经济较为稳定的中高速发展速度已经能够很好地解决劳动力转移的问题，工资上涨也能将剩余的劳动力需求消化掉，因此中国就业问题的压力并不大。随着产业结构调整的步伐加快，第三产业已经开始承担劳动力需求创造的主要角色，今后也将会对第一产业、第二产业转移出的劳动力具有更大的吸收作用。鼓励第三产业发展，提高就业水平和质量，对于未来中国经济稳定持久发展具有重要的战略意义。

第十一章从产品的性质出发分析了共享经济出现的原因、对经济可能产生的影响以及对政府和市场运行的影响，分析共享经济在经济高质量发展的前景。首先，"共享经济"中"共享"的关键是消除产品使用的竞争性，而"经济"的核心是由民营部门来提供，这就需要民营部门能从中获益，其关键是要提高产品使用的"可排他性"。"可排他性"使得企业可以收费，削弱"竞争性"使得产品可以共享，二者结合就构成了共享经济。其次，共享经济历史悠久，但之所以近年来得到快速发展，主要原因是信息技术的进步，使得提高产品的"可排他性"、削弱产品使用的"竞争性"成为可能，这就降低了排他和共享的成本，便利了共享经济的发展。再次,共享经济对于经济运行和宏观调控会产生广泛的影响,尤其是对政府与市场的关系及二者的作用边界将给予重新界定。最后,鉴于共享经济能够节约资源,有助于保护环境,同时能够便利人们的生活,因而具有广阔的发展前景。

第十二章利用制度金融学的分析范式,对中国金融改革进行了在大历史和长周期视角下的考察,分析金融改革在高质量发展的影响机制和意义。中国二重性质的社会结构和赶超式经济发展战略,是中国最初形成垄断均衡金融制度的根源。其中,社会结构的二重属性来自长期以来的历史传统,而经济发展战略则是中国的主动选择,可以视作影响金融制度结构的短期因素。由于制度变迁的路径依赖、动力依赖性、制度变迁的公共品性质、内生金融制度变迁的间断性、理性的无知与集体行动的困境,以及有限开放的金融系统造成僵化的金融制度等原因,使得这种垄断均衡金融制度一旦形成,就不容易被打破。地方政府间的经济竞争与抢夺金融资源、国有商业银行的市场化改革、民营经济的崛起与内生性金融的成长等因素,则正在推动中国金融体系由垄断均衡走向垄断竞争。展望未来,市场化改革仍然是中国金融改革的主基调,金融机构准入的市场化以及金融要素价格的市场化,是未来中国金融改革的两条主线,而健全存款保险制度和激发金融机构竞争活力、建立健全互联网金融监管体系、推动多层次资本市场建设、推进人民币国际化和资本账户开放,以及健全宏观经济金融调控体系,则是未来金融改革所应聚焦的五大领域。

第十三章利用制度金融学的分析范式,分析内生性金融成长与中国金融结构的动态演进,理解内生性金融成长对中国金融结构变动进而对高质量发展的影响。内生性金融和外生性金融的划分对于以中国为代表的许多发展中国家而言具有更加实质的意义。两种类型的金融制度结构反映了国家权力、市场力量的对比,更能准确地刻画中国金融制度结构的动态演进,并更加贴切地反映金融结构与经济发展绩效之间的关系。由外生性金融和内生性金融共同组成的金融体系,如果该体系能够有力地支持实体经济的发展,且其结构也在随着实体经济的发展而动态变化,最终促使实际经济增长速度逼近潜在增长速度、经济实际发展质量逼近潜在发展质量,则这种金融制度结构就是最优的。因此,在制度金融学的视野中,不存在僵化的、先验最优的金融制度结构。所谓接近最优的金融制度结构,都是在动态博弈和历史演进中逐步形成的,是经济社会各层级制度约束下人类活动在金融领域中的制度结晶和制度浓缩。

第十四章评价中国金融环境,区域创新与经济增长之间的关系,分析在高质量发展中金融和创新的意义。中国区域创新水平对区域经济发展具有重要影响,金融环境对此影响具有显著的调节作用。具体来看:创新投入中的科研活动人员对地区经济发展的影响显著为负,随着科研活动人员的增加,地区经济水平在不断地降低。一味地增大对科研活动人员的投入,不仅无法活跃创新氛围,甚至会抑制经济增长;研究与开发(R&D)经费内部支出对经济发展的影响显著为正,这表明随着 R&D 经费内部支出的增加,地区经济水平将显著增长。R&D 经费支出的增加,意味着能运用新知识创造新应用的可能性较大,新运用的出现将带动地区经济发展水平;金融规模对科研活动经费支出与地区经济发展之间的负向关系有显著的抑制作用,而对 R&D 经费内部支出与地区经济之间的正向影响有显著的促进作用。良好的金融环境能为企业创新活动提供前、中、后期的资金支持,促进区域创新的经济增长效应;在区域异质性分析中得出,在东部地区的产品销售收入对地区经济的具有显著的负向影响,R&D 经费内部支出对地区经济发展的影响显著为正,良好的金融环境削弱了产品销售收入与地区经济间的负向关系,加强 R&D 基金内部支出与区域经济的正向关系;在中部地区,科研人员对区域经济发展产生了显著的负面影响,但财政规模调整的影响并不显著;在西部地区,创新和发展对区域经济发展有着广泛的抑制作用,但良好的金融环境对西部地区创新发展的经济发展起着重要作用。

第十五章基于新凯恩斯模型,评价在最优需求管理政策中不同冲击下的最优财政政策工具,为分析政府财政政策工具在高质量发展中的作用提供理论支持。我们建立了一个简单的新凯恩斯模型,研究了最优税收、政府支出规则,并比较了它们的福利差异。技术冲击、成本冲击下的最优财政政策工具仍分别是政府支出和税收。影响社会福利的因素包括产出缺口、通货膨胀、产出缺口与政府支出缺口之差。政策制定者如果只关注产出缺口和通货膨胀,此时最优财政政策规则以及实际社会福利损失会改变,但是技术冲击、成本冲击下的最优财政政策工具仍分别是政府支出和税收。最后,本章假设居民不能接触金融市场,此时技术冲击、成本冲击下的最优财政政策工具仍然分别是政府支出和税收,而且能实现有效配置。

第十六章基于新凯恩斯模型,评价在最优需求管理政策中最优区域间转移支付规则,为分析政府财政政策工具在高质量发展中的作用提供理论支持。我们建立了一个价格和工资均为黏性的两区域新凯恩斯模型研究一国不同区域间的最优转移支付规则。地方政府面临财政约束条件,不能通过征收状态依存的总量税及发行债券来满足财政约束,但是区域间可以通过转移支付,协调各区域政府支出,影响产出,进而影响整个一国的经济。最优的转移支付规则应使区域产出缺口差为 0。这个规则和冲击类型无关。福利分析表明,转移支付能够增加一国福利。同时,比较了以钉住两区域产出缺口差、消费缺口差、价格通胀差及工资通胀

差等四种简单规则的转移支付福利,发现以钉住产出缺口差的转移支付福利最大。此外还比较了债务援助和转移支付的效果。当受援区域只归还一部分债务及利息,债务援助效果和转移支付一致。当债务的利率高于无风险债务利率,债务援助效果不如转移支付。就主要参数的变化对转移支付福利的影响进行的敏感性分析表明,随着本土偏好的增加,转移支付的福利增加。当不存在转移支付时,增加一国各区域开放度,促进经济融合,有利于稳定不对称冲击。随着消费产出比的增加,无论有无转移支付,福利损失均出现下降,但是转移支付下的福利损失下降幅度大于无转移支付时。对价格加成冲击和工资加成冲击的数值模拟也表明,转移支付能够改善一国的福利,最优的转移支付规则应该以消除两区域产出缺口差为目的。当冲击越持久、冲击波动越大及价格和工资黏性越大时,转移支付的福利越大。

　　第十七章基于新凯恩斯模型,评价在最优需求管理政策中不同风险分担下的最优转移支付规则,为分析政府财政政策工具在高质量发展中的作用提供理论支持。当区域产品替代弹性不为 1 时,如果金融市场不完善,有效消费风险分担条件不再成立。这意味着转移支付更加重要。本章建立了一个两区新凯恩斯模型研究了不同风险分担条件下的转移支付。本章给出了价格弹性时的最优转移支付规则。价格弹性下,非对称技术冲击时,完善金融市场不需转移支付;非对称成本冲击,完善金融市场与不完善金融市场均需转移支付。价格黏性时,完善金融市场的风险分担条件不是最优的。不管金融市场是否完善的,均需转移支付。本区遭受技术冲击时,外区向本区进行转移支付,以减轻本区通货紧缩。随区域产品替代弹性的增加,技术冲击变动导致贸易条件改变的程度越小,转移支付相应减少,而且不完善金融市场下的转移支付幅度小于完善金融市场。本区遭受成本冲击时,本区向外区进行转移支付,以减轻本区通货膨胀。随产品替代弹性的增加,贸易条件对通货膨胀、产出的影响越大,转移支付相应增加来稳定冲击,而且不完善金融市场下的转移支付幅度大于完善金融市场。本土偏好越大,区域消费差异越大,越需要转移支付。

　　第十八章基于新凯恩斯模型,评价在最优需求管理政策中最优资本管制规则,为分析政府政策工具在高质量发展中的作用提供理论支持。2008 年金融危机之后,资本管制受到重视。但是资本管制存在权衡效应,在稳定国内经济的同时,破坏了消费风险分担条件,这意味着资本管制存在着最优规则。因此,建立了一个小型开放经济新凯恩斯模型,分析浮动汇率下的最优资本管制规则。当国家间产品替代弹性为 1 时,实际汇率不再影响社会福利,弹性汇率制度可以抵御外部冲击,不需要资本管制。当国家间产品替代弹性不为 1 时,实际汇率影响社会福利,弹性汇率制度不能完全消除外部冲击,此时需要资本管制。资本管制应钉住产出缺口预期变动、通货膨胀预期以及实际汇率预期变动。当预期产出缺口增加时,应减少资本管制,而利率应该上升,从而减少本期消费,导致产出缺口下降;当存在通货膨胀预期时,也应减少资本管制,提高利率,从而减少本期消费,降低产品边际成本,降低通货膨胀;实际汇率贬值时,应加强资本管制,此时利率上升幅度小于不存在资本管制时,这也意味着资本管制下货币政策自主性增强。福利分析表明,当存在一个正的技术冲击或者负的外部需求冲击时,一国开放程度越大、国家间产品替代弹性越高,实际汇率对福利影响越大,资本管制应越强,资本管制福利所得也越高。

本报告是系列年度报告《中国经济增长报告》的第 15 部。以往的报告分别为:

1.《中国经济增长报告 2004——进入新一轮经济增长周期的中国经济》;

2.《中国经济增长报告 2005——宏观调控下的经济增长》;

3.《中国经济增长报告 2006——对外开放中的经济增长》;

4.《中国经济增长报告 2007——和谐社会与可持续发展》;

5.《中国经济增长报告 2008——经济结构与可持续发展》;

6.《中国经济增长报告 2009——全球衰退下的中国经济可持续增长》;

7.《中国经济增长报告 2010——从需求管理到供给管理》;

8.《中国经济增长报告 2011——克服中等收入陷阱的关键在于经济发展方式转变》;

9.《中国经济增长报告 2012——宏观调控与体制创新》;

10.《中国经济增长报告 2013——实现新的历史性跨越》;

11.《中国经济增长报告 2014——深化经济改革与适度经济增长》;

12.《中国经济增长报告 2015——新常态下的宏观调控与结构升级》;

13.《中国经济增长报告 2016——中国经济面临新的机遇和挑战》;

14.《中国经济增长报告 2017——新常态下的增长动力及其转换》。

本期报告的主编为刘伟(中国人民大学校长、教授、博士生导师),副主编为苏剑(北京大学国民经济研究中心主任、教授、博士生导师)。撰稿人有刘伟(第一章、第二章、第三章、第四章、第五章、第七章)、苏剑(第七章、第九章、第十一章)、蔡志洲(北京大学国民经济研究中心研究员、副主任,第一章、第二章、第三章),课题组成员主要包括邹士年(国家信息中心经济预测部新动能研究室副主任,第一章)、胡迟(国务院国资委研究中心研究员,第三章)、周景彤(中国银行国际金融研究所宏观经济研究主管,第六章)、梁婧(中国银行国际金融研究所宏观经济研究员,第六章)、赵晓军(北京大学经济学院教授,第八章)、陈阳(北京大学经济学院博士研究生,第九章)、刘璐(北京大学经济学院学生,第十章)、周治富(北京大学经济学院博士后科研流动站,中国信达资产管理股份有限公司博士后科研工作站,博士后,第十二章、第十三章)、项凯标(贵州大学管理学院副教授,第十四章)、蒋小仙(贵州大学管理学院硕士研究生,第十四章)、杨晔(贵州大学管理学院硕士研究生,第十四章)、邢曙光(北京大学经济学院博士后,第十五章至第十八章)。

本报告受"教育部哲学社会科学发展报告资助项目"(10JBG002)资助,部分专题受到国家社会科学基金重点项目"我国中长期经济增长与结构变动趋势研究"(09AZD013)资助。

第一章　新时代全面现代化建设
与经济增长

　　改革开放以来,中国的经济增长取得了举世瞩目的成就,被称为"中国奇迹"。在长达 40 年的历程中,我们曾历经考验,但仍然持续保持着高速经济增长,党和国家在党的十一届三中全会上把工作重点转到经济建设上来,始终把经济增长放在整个经济和社会发展中最重要的位置上。从党的十二大到党的十八大的报告中,经济增长目标即国内生产总值(Gross Domestic Product,GDP)的增长目标都是我们的最重要的发展目标之一。在党的十六大、十七大和十八大上,还以经济增长目标为先导,提出在 2020 年全面建成小康社会的宏伟战略。现在,所有这些增长目标都已经完成或即将完成,全面建成小康社会的目标也将实现。在这种背景下,十九大报告指出,从十九大到二十大,是"两个一百年"奋斗目标的历史交汇期。我们既要全面建成小康社会、实现第一个百年奋斗目标,又要乘势而上开启全面建设社会主义现代化国家新征程,向第二个百年奋斗目标进军。在十九大上提出的全面建设社会主义现代化国家的目标中,不再列出具体的经济增长目标,而是对两个阶段的经济社会生态环境等发展目标做出全面表述,这是中国现代化建设进入新时代的重要标志。

第一节　改革开放以来的现代化建设与经济增长

　　现代化的标准是动态的,这就是发展要达到世界先进水平。世界在发展,这一标准也在不断提高。自鸦片战争中国的大门被列强打开之后,实现现代化始终是中国人的梦想,但在很长时间里它一直离我们非常遥远。改革开放后,我们重新开始了现代化建设,而如何实现现代化却有很多争论。在这样的背景下,邓小平提出了"发展是硬道理";提出了"三步走"的发展战略;提出了一部分人、一部分地区先富起来,再带动全体人民共同富裕。这使得中国找到了突破口和实现现代化的路径,这就是改革开放首先要为加快经济增长服务。从现代化的观点看,要缩短和世界先进国家之间的差距,首先要缩短和世界先进国家在经济发展水平上的差距。此后,在十九大以前的历次党的全国代表大会上,都把经济增长作为基本的经济发展目标。1982 年中共十二大报告明确提出,要在 20 世纪末实现中国的国民经济总量"翻两番"。在十三大上,"三步走"的战略构想则被完整地写进大会的报告中,即"第一步,实现国民生产总值比一九八〇年翻一番,解决人民的温饱问题。这个任务已经基本实现。第二步,到本世纪末,使国民生产总值再增长一倍,人民生活达到小康水平。第三步,到下世纪中叶,人均国民生产总值达到中等发达国家水平,人民生活比较富裕,基本实现现代化。""从人均国民总值的变动看,第一步在 80 年代翻一番。以 1980 年为基数,当时国民生产总值人均只有 250 美元,翻一番,达到 500 美元,解决人民的温饱问题;第二步是到 20 世纪末,再翻一番,人均达到 1 000 美元,进入小康社会。第三步,在下世纪再用 30 到 50 年的时间,再翻两番,大体上达到人均 4 000 美元,基本实现现代化,达到中等发达国家的水平。"十四大报告提出:"九十年代我国经济的发展速度,原定为国民生产总值平均每年增长百分之六,现在从国际国内形势的发展情况来看,可以更快一些。根据初步测算,增长百分之八到九是可能的,我们应该向这个目标前进。"十五大报告提出:"展望下世纪,我们的目标是,第一个十年实现国民生产总值比 2000 年翻一番,使人民的小康生活更加宽裕,形成比较完善的社会主义市场经济体制;再经过十年的努力,到建党一百年时,使国民经济更加发展,各项制度更加完善;到世纪中叶建国一百年时,基本实现现代化,建成富强民主文明的社会主义国家。";十六大报告提出:"在优化结构和提高效益的基础上,国内生产总值到 2020 年力争比 2000 年翻两番,综合国力和国际竞争力明显增强。"2007 年十七大报告中,对全面建设小康社会提出了更高的要求:"在优化结构、提高效益、降低消耗、保护环境的基础上,实现人均国内生产总值到 2020 年比 2000 翻两番。"十八大报告则提出实现经济持续和健康发展。要在"转变经济发展方式取得重大进展,在发展平衡性、协调性、可持续性明显增强的基础上,实现 2020 年国内生产总值和城乡居民人均收入比 2010 年翻一番。科技进步对经济增长的贡献率大幅上升,进入创新型国家行列。工业化基本实现,信息化水平大幅提升,城镇化质量明显提高,农业现代化和社会主义新农村建设成效显著,区域协调发展机制基本形成。对外开放水平进一步提高,国际竞争力明显增强"。

从历次党的全国代表大会确定的经济增长目标以及后来经济增长的实践看,我们对经济增长的要求经历了一系列的变化:

第一,中国经济增长的长期目标,最早是由邓小平以美元为计量单位提出来的,显示了中国要实现现代化、赶上世界先进水平的雄心壮志。这就是中国不能只和自己的过去比,还要和全世界各国的发展相比,要看到自己的差距,并且通过自己的努力来缩小甚至消除这种差距。而"十年翻一番"或"二十年翻两番"的长期目标,具体到年均增长率,大约为 7.2%,这既考虑到了中国经济发展水平较低,需要通过高增长来改变落后局面,又考虑到了中国经济增长长期处于徘徊状态的现实,不能把预期增长率定得太高。而提出这个目标,首先就是要打破经济增长长期停滞的局面,实现经济起飞,再通过长期的较快的经济增长来逐步改善人民生活和增强综合国力,最终实现赶超世界先进水平的目标。两个"翻两番"目标的提出,使得当时中国的现代化建设有了明确的数量目标,从此开启了中国现代化建设的新征程。现在看来,这是一个具有深远历史意义的伟大决策。

第二,在改革开放 40 年以来的实践中,大多数年份的经济增长率都远高于预期的经济增长率,各次党的全国代表大会上提出的增长目标都已经超额完成或即将完成,十六大和十七大提出的 2020 年国内生产总值或人均国内生产总值要比 2000 年翻两番,这两个目标在 2016 年和 2017 年分别已经提前完成;而十八大提出的 2020 年国内生产总值和城乡居民可支配收入比 2010 年再翻一番的目标,我们只要把未来年份的年均增长率保持在 6.3% 以上就能完成,现在看来已经没有什么大问题。我们实现了人类经济发展历史上年均增长率最高、持续时间最长的经济增长,根本上改变了中国的落后面貌。横向比较看,根据世界银行(World Bank)的数据,1978 年中国的 GDP 总量为 1 495 亿美元,约为美国的 6.3%;而到了 2016 年中国的 GDP 已经达到了 11.2 万亿美元,为美国的 60.3%,成为世界第二大经济体。按照可比价格计算,中国现在的 GDP 已经达到美国 1978 年水平的两倍以上,大约相当于美国 20 世纪 90 年代后期的水平。纵向比较看,中国 2017 年的经济总量已经超过 80 万亿元,按不变价格计算为 1978 年的 34.5 倍,年均增长率为 9.5%,持续按照几何级数增长,使中国经济每一年创造的增量越来越大,对世界经济增长的贡献力和影响力也越来越大。虽然中国经济进入新常态以来,中国的年均增长率较以前有所降低,但仍然保持在 7% 左右,属于世界上最好的经济增长。这说明在相当长的一段时期里,中国以经济增长为中心来推动现代化建设,虽然也存在着一些问题,但是从总体上看,所取得的成就是巨大的,没有改革开放以来的高速经济增长,就没有今天的中国。

第三,从党的历届全国代表大会对经济增长目标的表述来看,约束条件是不断变化的。党的十一届三中全会之后,我们把工作的重点转移到经济建设上来,首要任务就是要把整个国民经济运转起来,实现经济起飞并能够保持持续的高速增长。当时的一系列改革开放措施,都是为了实现这一目标,从实践上看也取得了明显的效果。但随着中国经济增长到了一定的阶段,当原有的一部分矛盾得到解决或改善时(如怎样在社会主义下建立新的激励机制方面取得了很大的进展),新的矛盾又暴露了出来(尤其是如何更多地通过技术进步而不是增加投入来扩大生产),因此党的十六大提出了要在"优化结构和提高效益的基础上"实现经济增长;在经济增长和其他各项发展的关系上,出现了发展失衡的现象,能源环境方面的问题尤为突出,于是党的十七大提出了"在优化结构、提高效益、降低消耗、保护环境的基础上"实现经济增长；而党的十八大则更进一步提出"在发展平衡性、协调性、可持续性明显增强的基础上"实现经济增长，并且就科技创新与信息化、工业化和城市化进程、农村建设、环境保护、区域经济协调等各个方面发展与经济增长的关系提出了要求。十八大更进一步提出了要改善居民收入的目标，强调居民收入必须和经济同步增长。但是从总体上看，把单纯的 GDP 增长或经济数量规模扩张作为我们经济发展和现代化建设中的中心任务，已经不能适应新时代的要求。这一方面是因为通过长期的市场化改革，中国微观领域的自我发展机制培育起来之后，经济增长的内生动力已经建立起来，各级政府就应该把关注的焦点提高到更高的层次，让市场成为配置资源的基本或者是决定性的力量。另一方面是随着中国经济发展水平的提高，人民群众和全社会对全面发展已经提出了越来越高的要求，单纯追求经济增长已经不能反映现代化建设的需要。经济增长不能等同于经济发展，更不能等同于现代化意义上的社会发展。"发展"具有更为丰富且深刻的历史内涵，就经济发展而言，应更多地关注发展的质量、发展的效率、发展的方式、发展的结构、发展的目的等多方面内容，而不是单纯的经济增长；就社会发展而言则更为广泛，正如我们党所概括的"五位一体"总体布局所提出的发展要求。因此，不以 GDP 增长为中心，并不意味着放弃党在社会主义初级阶段基本路线的以经济建设为中心的基本要求，不意味着放弃"发展是党执政兴国的第一要务"，"解放和发展社会生产力，是社会主义的本质要求"，"发展为了人民，这是马克思主义政治经济学的根本立场"。"坚持以人民为中心的发展思想，把增进人民福祉、促进人的全面发展，朝着共同富裕方向稳步前进，作为经济发展的出发点和落脚点。"必须坚持"以人民为中心"及"以经济建设为中心"的有机统一，"以人民为中心"是发展的根本目的，是由党的宗旨、社会主义制度的性质所规定，"以经济建设为中心"是发展的基本方略，是由社会主义初级阶段的基本国情、基本矛盾规定。"要牢牢把握社会主义初级阶段这个基本国情，牢牢立足社会主义初级阶段这个最大实际，牢牢坚持党的基本路线这个党和国家的生命线、人民的幸福线，领导和团结全国各族人民，以经济建设为中心，坚持四项基本原则，坚持改革开放"。

因此，党的十九大提出在全面建成小康社会之后，分两阶段推动全面建设社会主义现代化国家的新目标。而在新目标中，没有再按照往年的传统提出 GDP 的长期增长目标，这说明在改革开放 40 年之后，随着中国经济社会发展取得了伟大成就，我们有了更高的发展目标。这并不是说全面建成小康社会之后，我们就不需要经济增长了，恰恰相反，对于任何国家来说，经济增长对经济社会发展来说都有基础性的意义。但是对于中国来说，现在经济发展中的主要矛盾已经不再是经济增长的速度能不能提高，能不能保持，而是如何全面推进社会主义现代化建设的问题，经济增长只是它的一个基本环节，必须为其他方面的发展服务，与其他方面的发展相适应和相协调。在十九大上不再提出具体的经济增长数量目标,实际上是中国现代化进程进入一个新的阶段的重要标志。正如十九大报告所概括的,从 2020 年全面实现小康目标之后到 2035 年基本实现社会主义现代化,将以往所说的到 21 世纪中叶基本实现现代化目标的时间表提前了 15 年;从 2035 年到 21 世纪中叶,在基本实现现代化的基础上,建成富强、民主、文明、和谐、美丽的社会主义现代化强国,从可比的经济发展水平上看,到 2020 年实现全面小康目标即第一个百年目标,大体上接近经济发展史上从现在的上中等收入(2010 年达到世界银行划定的"上中等收入起点"水平)跨入当代高收入阶段的起点,实现跨越"中等收入陷阱";到第二个百年目标,即 21 世纪中叶则赶上高收入国家经济发展的平均水平(通常所说的中等发达国家水平),"从全面建成小康社会到基本实现现代化,再到全面建成社会主义现代化强国,是新时代中国特色社会主义发展的战略安排。"

第二节　全面建设现代化下的经济增长

从概念上看,一个国家的国内生产总值是这个国家在一定时期内生产或使用的货物和服务的总和,而经济增长则是按可比价格反映这种总和动态对比的结果。货物和服务的总量大,增长得快,为社会和居民提供的福利也就可能更多。但是这并不是经济发展的全部,这些货物和服务在全社会是如何生产、分配和使用的,是不是满足了效率、公平以及可持续发展的要求?因此一个国家的经济发展并不等于经济增长。而一个国家除了经济发展之外,还有社会发展、资源和环境发展等一系列问题,一个国家的经济发展水平越高,各方面协调发展的要求也就越复杂。一个国家的现代化不能只反映在 GDP 上,还要反映在各个方面的发展上。党的十九大提出,新时代中国社会主要矛盾是人民日益增长的美好生活需要和不平衡不充分的发展之间的矛盾,必须坚持以人民为中心的发展思想,不断促进人的全面发展、全体人民共同富裕。这一论述实际上对中国的经济发展阶段做出新的判断,这就是经过中国人民上百年的努力,尤其是经过改革开放 40 年以来的奋斗,中国总体上已经不再是一个生产力落后的国家,但是经济社会资源等各个方面的发展还不平衡不充分,还需要在发展中不断改善。这实际上就对中国的经济增长提出了更高的要求,不仅从数量上看,有持续增长、不断充实的要求,还需要在生产结构、分配结构和产出结构上实现均衡发展。

为什么在现阶段中国长期的发展目标不再适合以具体的数量指标来规定?党的十八大提出在 2020 年实现国内生产总值和城乡居民人均收入比 2010 年翻一番。从表面上看只不过增加了一个指标,但是在实际操作过程中,就明显增加了实现经济增长目标的难度。简单地说,这两个指标之间的关系可以用充分必要条件的关系来进行表述。国内生产总值翻一番是居民可支配收入翻一番的必要条件，但不是充分条件，因为在国内生产总值翻一番的情况下，如果不把足够的生产成果所形成的收入转化成居民可支配收入，居民可支配收入可能就翻不了一番；反过来，居民人均可支配收入如果要翻一番，那么国内生产总值就必须翻一番甚至更多，或者说，居民可支配收入的增长的充分必要条件是经济增长。因此在新形势下，如果不对国内生产总值提出要求，而仅仅对居民可支配收入的增长提出要求，那么就必须完成一定的经济增长目标。但一个社会的发展所包括的内容远远不止于居民收入，还有教育、科学、技术、文化、体育、医疗、国防、民主与法制的建设、社会保障等众多方面的发展，这些发展对经济增长的短期贡献可能不大，如发展教育可能要几十年才能见到成效，对当年的 GDP 所提供的贡献相对较小，如果仍然以 GDP 为中心，那么教育可能就发展不起来，反而可能影响长远的经济增长和其他各个方面的发展。但如果要发展教育就需要有一定的支出，而这些支出需要通过经济增长中所形成的国民收入来支付，这对经济增长也形成了更高的要求。所以解决新时代主要矛盾的基础还是要发展，这些发展的要求是多种多样的，或多或少地需要人力资源、财力和物力的支持，最终对经济增长提出要求。在新时代全面建设现代化的进程中，不是不要经济增长了，而是对经济增长提出了更高和更加复杂的要求。在这种情况下，各个不同时期的 GDP 就要根据当时社会经济发展的任务以及发展条件有所变化，分别有不同时期的预期和目标以及约束条件，如在环境条件恶化的情况下，考虑到可持续发展的要求，就可以牺牲一部分经济增长来治理环境，使长远的经济增长建立在环境改善的基础上，从表面上看，GDP 好像没有生产出那么多，但却给人民和全社会带来更多的福利，更好地满足人们对美好生活的追求。

那么在全面建设现代化的进程中，我们是否还有持续的增长和发展动力，来帮助我们改善人民对美好生活的需求和全面赶超世界先进水平呢？答案是肯定的。因为近几十年来经济发展比较好的发达国家和新兴工业化国家，比如美国和韩国，没有长期经济增长目标，经济增长中的经济、社会、环境条件等方面的约束条件也很多，但仍然保持了持续的较好的经济增长：美国一直保持着世界头等强国的地位，韩国则在"亚洲四小龙"的其他经济体放慢了增长脚步的时候，仍然通过科技创新和外向型经济的发展保持着持续增长。反过来，也有一些看似条件比较好的国家，也希望加速经济增长，比较有代表性的是俄罗斯联邦和委内瑞拉，但由于它们的产业政策和经济体制都有问题，最后从高收入国家又退回到上中等收入国家。对于中国来说，新时代的经济增长至少有三方面的优势，制度优势、创新优势和发展优势。

首先看制度优势。世界上许多国家尤其是拉美国家，在经济发展水平到达上中等收入和高收入之间时,经济发展就开始出现停滞。其中的原因是复杂的,但一般地说,都存在着政府腐败、社会矛盾尖锐、市场失灵的现象,原来促进经济发展的体制反而成为影响经济发展和社会进步的桎梏。但中国的情况则完全不同。在我们即将全面建成小康社会,实现第一个百年的奋斗目标之际,党和国家深化改革、从严治党治国和清除腐败,形成了有利于国家经济发展和社会进步的政治局面;在经济上,经过多年的市场化改革,中国特色的社会主义市场经济已经建立起来,商品市场、资本市场、劳动市场、技术市场、土地市场等建立和发展了起来,虽然这些市场仍然存在着许多不如人意的地方,需要继续深化改革,但从总体而言,这是目前世界上最具有活力和效率的市场体系,"中国奇迹"正是在这样的体制下创造出来的,而且会得到延续。中国现行的政治和经济制度,为新时代实现稳定的经济发展提供了基础。党的十九大报告着重指出,在党的十九大和二十大期间,"特别是要坚决打好防范化解重大风险、精准脱贫、污染防治的攻坚战",对中国当前可能影响社会稳定的因素实施了特别关注,这就为我们的可持续发展提供了坚实的保障。中国改革开放以来,之所以能够克服"贫困的陷阱",实现持续发展,从低收入的贫困状态实现温饱(1998),进而又跨越温饱进入上中等收入阶段(2010),特别是党的十八大以来,贫困率从 10.2% 降至 4%,重要的就是依靠制度优势,依靠改革开放产生的制度创新红利,这种制度红利既没有沿袭传统经济体制,也没有照搬西方发达国家的制度体制模式和发展模式,而是切实创造性地发展了中国特色社会主义的理论和实践。总结经济发展史上"中等收入陷阱"之所以存在,"拉美漩涡""东亚泡沫""西亚北非危机"之所以发生,深刻的原因在于发展理念的偏差,发展脱离了科学、和谐、均衡,脱离了为社会最大多数人的根本利益;而之所以发生这种脱离,深层的制度原因在于其基本经济制度和分配制度与解放发展生产力要求的矛盾和对立,在于其经济体制上的政府与市场关系扭曲。市场失灵——在资源配置上难以真正发挥决定性硬约束作用,政府失效——在市场失灵的短板领域难以有效发挥作用,市场失灵同时政府失效,政府集权同时市场化不足,导致政府集权下发生"寻租"的可能性极高,企业难以通过市场竞争获得资源,只能通过"劝说"政府获得机会;经济机制失灵的基础上法治化更加滞后,市场经济所要求的法治经济、法治社会、法治政府、法治国家制度和治理结构难以形成,对私权缺乏保护,对公权缺乏规范,进而使权钱交易的"寻租"可能成为严重的现实,资源配置不是遵循市场公平竞争下的效率原则,而是普遍遵循寻租过程中的"腐败强度",既无公平又无效率。要实现经济制度和法治制度的创新和完善,必须依靠有效有力的政治力量组织和领导,政治治理结构具有突出的意义,而陷入"中等收入陷阱"的国家往往最薄弱的恰在于此,因而,我们提出的"五位一体"总体布局,"四个全面"战略布局,对于实现新发展理念,推动中国现代化

持续健康发展具有重要意义。

再看创新优势。创新包括制度创新和技术创新,制度创新在制度优势中已经讨论过,这里说的主要是技术创新。从世界经济发展的历史上看,技术创新是影响经济增长最重要的因素之一,如果只是加大投入而没有技术进步所带来的效率的提高,经济增长必然是不可持续的。经过40年的改革开放和发展,再加上国家这些年来倡导的"大众创业、万众创新",中国目前的技术创新正处于最好的发展阶段。多年的人才队伍的培养,科技的"引进、吸收、消化和再创新",再加上资本市场的发展及支持,目前中国在全球化科技发展中已经成为美国之外的另一大科技创新中心,尤其是在互联网经济、计算机和智能手机、高铁、航天航空、生物科技、新能源发展等一系列领域,中国已经取得了优势或正在取得优势,其规模和发展甚至已经超过了西方许多发达国家,显示出强劲的生命力。这当然也是中国发展不平衡的一种表现,就是在有一些地方、一些领域的发展仍然比较落后的情况下,国家仍然鼓励一些尖端领域的发展,由此形成突破并形成示范效应,带动其他领域的发展。但这种局部的超常发展是有利于中国的长远发展的,科技创新曾经在历史上为许多国家的经济增长提供了新的动力,使一些发达国家尤其是美国在增长似乎已经走到极限时又找到新的突破口。对中国来说也是一样,从未来的发展看,中国的经济体量将会达到一个现在难以想象的规模,仅仅就对能源的依赖而言,如果在符合全球共同的环境保护要求的新能源发展上没有重大突破,经济增长就不可能持续。从目前的发展趋势看,我们是完全有可能实现这种突破的。中国的崛起发生在全世界新技术革命的浪潮中,我们抓住了时机,把握住了重点,在这一领域率先实现了超越,在很多领域已经走到了世界的前列,这为我们实现全面赶超世界先进水平奠定了坚实的基础。

最后是发展优势。中国的经济总量目前已经达到了相当大的规模,自GDP总量超过日本后,商品进出口总额、制造业增加值总额等又先后超过美国,居于世界第一位,成为世界上最有经济影响力的经济体之一。但是,由于中国人口众多、幅员辽阔,从人均国民收入上看,中国和发达国家之间还存在着比较大的差距,不同群体之间的收入水平也存在着较大的差距,各个地方的经济发展也不平衡,仍然属于一个发展中国家。目前,高收入发达国家的人均国民总收入(GNI per capita)大约在40 000美元左右,中国的人均GNI(Gross National Income)则仍为上中等收入国家的水准,2016年为8 260美元。世界银行高收入国家的人均GNI下限目前是12 235美元,我们目前也存在着一定的差距。这种差距有历史的原因,这就是我们是从一个非常低的起点(1978年的人均GNI为200美元)上起步的,虽然我们在过去40年已经取得了很大的进展,但世界其他国家也在发展,只不过发展得比我们慢。由于它们的起点高,工业化的历史悠久,我们要实现赶超仍然需要经过一个较长的过程。然而,这种发展上的差距又是我们的比较优势。在供给方,我们可以利用比它们当年发展更加先进的科技和装备、比它们现在更加具有竞争力的生产要素以及其他优越条件来更好地发展生产;而在需求方,由于中国的整体生活水平尤其是物质水平和发展国家仍然存在着比较大的差距,这就意味着它们的市场已经相对饱和,我们还有更大的潜在市场需求,而不断满足这种需求的过程也正是我们实现进一步经济增长和推进全面现代化建设的过程。党的十九大重新提出的新时代社会主要矛盾的论述,一方面揭示了我们存在的矛盾,另一方面实际上指明了我们的发展方向。这正是中国未来经济增长的潜力所在。

第三节　以供给侧结构性改革为主线建设现代化经济体系

党的十九大报告明确提出:贯彻新发展理念,建设现代化经济体系。建设现代化经济体系的核心是推动高质量发展,其内容主要包括两大方面:一是在质量变革、效率变革、动力变革和提高全要素生产率的基础上,建设实体经济、科技创新、现代金融、人力资源协同发展的产业体系;二是在坚持社会主义市场经济改革方向的基础上,构建市场机制有效、微观主体有活力、宏观调控有度的经济体制。推进这两方面建设,均需以供给侧结构性改革为主线。

一、以供给侧结构性改革为主线具有客观必然性

党的十八大以来,中国特色社会主义进入了新时代,党和国家事业取得了全方位、开创性的成就,发生了深层次、根本性变革。党和国家事业发生历史性变革的重要体现,就是社会主要矛盾转化为人民日益增长的美好生活需要和不平衡不充分的发展之间的矛盾。中国社会主要矛盾的变化,从根本上决定了必须以供给侧结构性改革为主线建设现代化经济体系。

进入新时代,中国社会主要矛盾发生变化,但其基本运动方式没有变,仍然是"发展"与"需要"之间的矛盾,解决途径仍然是通过"发展"满足"需要"。因此,十九大报告指出,"必须认识到,我国社会主要矛盾的变化,没有改变我们对我国社会主义所处历史阶段的判断,我国仍处于并将长期处于社会主义初级阶段的基本国情没有变,我国是世界最大发展中国家的国际地位没有变。"这意味着发展仍是解决所有问题的基础和关键,是党执政兴国的第一要务。供给侧结构性改革的根本目的是提高社会生产力水平、更好满足人民日益增长的美好生活需要。它通过使供给体系有效适应需求结构变化,从而使"发展"与"需要"相互联通并且有效匹配。因此,在新时代,发展特别是作为社会发展基础的社会生产力的解放和发展,需要从供给侧发力、深化供给侧结构性改革。

社会主要矛盾的内涵发生深刻变化,要求在发展中必须下大力气解决供给侧

问题。进入新时代,中国社会主要矛盾运动的两端——"需要"和"发展"本身的内涵发生了深刻历史性变化,从而使社会主要矛盾运动的内涵相应发生深刻变化,由人民日益增长的物质文化需要同落后的社会生产之间的矛盾转化为人民日益增长的美好生活需要和不平衡不充分的发展之间的矛盾。当前,制约人民日益增长的美好生活需要的主要因素是发展的不平衡不充分,这种不平衡不充分的根源在于供给的质量和效益、结构和水平以及创新能力不够高,表现为实体经济水平有待提高、生态环境保护任重道远、民生领域还有不少短板、脱贫攻坚任务艰巨、城乡区域发展和收入分配差距仍然较大等。这些突出问题,本质上是国民经济供给侧的问题,根本原因是生产力不够发达,根源是重大结构性失衡。供给侧结构性改革重在解决结构性问题,主攻方向是提高供给质量,根本出发点是使中国供给能力更好满足人民群众日益增长、不断升级和个性化的美好生活需要,从而实现社会主义生产目的。只有以供给侧结构性改革为主线建设现代化经济体系,才能解决重大结构性失衡,为彻底解决发展不平衡不充分问题、满足人民日益增长的美好生活需要奠定坚实物质基础。

有效化解当前经济运行中的风险,需要以供给侧结构性改革为主线。现代化经济体系必然是能有效应对风险的经济体系。当前,中国经济"双重风险"并存,既有成本推动的潜在通货膨胀压力,又有需求疲软导致的经济下行风险,其原因主要集中于供给侧。比如,出现潜在通货膨胀压力的主要原因是供给侧的要素成本上升;投资需求增速放缓的深层原因在于供给侧创新能力不足,难以找到有效投资机会;消费受到一定抑制的主要原因是有效和中高端供给不足。因此,克服"双重风险"并存的新失衡,需要以供给侧结构性改革为主线建设现代化经济体系。

二、供给侧结构性改革抓住了建设协同发展产业体系的关键

实体经济、科技创新、现代金融、人力资源协同发展的产业体系是现代化经济体系的重要组成部分。供给侧结构性改革抓住了建设协同发展产业体系的关键。

全面提高实体经济特别是制造业水平。党的十九大报告指出:"建设现代化经济体系,必须把发展经济的着力点放在实体经济上,把提高供给体系质量作为主攻方向,显著增强我国经济质量优势。"不论经济发展到什么时候,实体经济都是中国经济发展、在国际经济竞争中赢得主动的根基。发展实体经济是建设实体经济、科技创新、现代金融、人力资源协同发展的产业体系的核心和关键。供给侧结构性改革的主要任务正是振兴实体经济。与需求侧管理把着力点放在需求端、消费者不同,供给侧结构性改革的着力点在于供给端、生产者。供给侧结构性改革主要包括三方面:一是对于作为第一生产要素的劳动者,供给侧结构性改革要着眼于提高劳动生产率,建设知识型、技能型、创新型劳动者大军;二是对于与生产资料结合的企业,供给侧结构性改革着眼于提高企业竞争力,培育具有全球竞争力的世界一流企业,激发和保护企业家精神,鼓励更多社会主体投身创新创业;三是对于企业与企业的集合——产业,供给侧结构性改革要完善产业组织,优化产业结构,培育新增长点,形成新动能,支持传统产业优化升级,培育世界级先进制造业集群。这些举措必将激发经济活力,加快增长动力转换,全面提高实体经济特别是制造业水平。

全面优化产业结构、提升产业质量。优化产业结构、提升产业质量是建设实体经济、科技创新、现代金融、人力资源协同发展的产业体系的题中应有之义。供给侧结构性改革着眼于用新供给引领需求发展,从三个层面促进产业结构优化和产业质量提升。一是优化科技、资本、劳动力等生产要素配置和组合,提高生产要素利用水平,促进全要素生产率提高,不断增强经济内生增长动力;二是优化现有供给结构,通过调整现有产品供给结构、提高产品和服务质量,从深层次上解决供给同需求错位问题;三是促进产业优化重组,大力发展新产业和新业态,大力发展战略性新兴产业和现代服务业,提供新的产品和服务。供给侧结构性改革从生产端入手,在提高要素配置效率、全要素生产率、劳动生产率和企业竞争力的基础上,推动产业结构优化升级,全面提升产业素质和质量,为经济持续增长培育新动力、打造新引擎,契合建设实体经济、科技创新、现代金融、人力资源协同发展的产业体系的要求。

三、供给侧结构性改革有利于实现市场机制有效、微观主体有活力、宏观调控有度

市场机制有效、微观主体有活力、宏观调控有度的经济体制,是现代化经济体系的又一重要组成部分,其核心在于实现三者有机统一。只有三者有机统一,才能最大限度破除社会生产力发展的各种束缚,解放和发展社会生产力;才能避免经济大起大落,保持经济持续健康发展;才能激发全社会创造力和发展活力,实现更高质量、更有效率、更加公平、更可持续的发展。供给侧结构性改革的本质属性是深化改革,要求加快完善社会主义市场经济体制,推进国有企业改革,加快政府职能转变,深化价格、财税、金融、社保等领域基础性改革。只有以供给侧结构性改革为主线建设现代化经济体系,才能成功构建市场机制有效、微观主体有活力、宏观调控有度的经济体制。

有利于实现市场机制有效。使市场在资源配置中起决定性作用、更好发挥政府作用,是推进供给侧结构性改革的重大原则。供给侧结构性改革不像需求管理那样停留于总量干预,而是要深入影响生产者和经济结构,因而对处理好政府与市场关系、完善社会主义市场经济体制提出了更高要求。以供给侧结构性改革为主线建设现代化经济体系,要求既遵循市场规律、善用市场机制解决问题,又让政

府勇担责任、干好自己该干的事。为此,要坚持使市场在资源配置中起决定性作用,完善市场机制,打破行业垄断、地方保护等,增强企业对市场需求变化的反应和调整能力,提高企业资源要素配置效率和竞争力。要发挥好政府作用,在尊重市场规律的基础上,用改革激发市场活力,用政策引导市场预期,用规划明确投资方向,用法治规范市场行为。

有利于提高微观主体活力。以供给侧结构性改革为主线建设现代化经济体系,要求深化产权制度改革和要素市场化改革。深化产权制度改革的目的是使各种所有制经济和各种类型的产权得到清晰界定、严格保护和顺畅流转,以保障良好市场秩序、激发市场主体活力、稳定市场预期。现阶段特别需要深化国有企业改革,发展混合所有制经济,培育具有全球竞争力的世界一流企业;同时,支持民营企业发展,激发各类市场主体活力。深化要素市场化改革的目的是贯彻等价交换原则,提升市场竞争的公平性和真实性,现阶段特别需要全面实施市场准入负面清单制度,清理废除妨碍统一市场和公平竞争的各种规定与做法,尤其是打破行政性垄断、防止市场垄断;同时,完善市场监督机制,最大限度地发挥市场决定价格的作用。通过这两大改革,实现产权有效激励、要素自由流动、价格反应灵活、竞争公平有序、企业优胜劣汰,有效提高微观主体活力。

有利于实现宏观调控有度。以供给侧结构性改革为主线建设现代化经济体系,要求改变宏观调控方式,把总需求调控与深化供给侧结构性改革统一起来,把短期调控与长期调控、总量调控与结构调控统一起来,以适度的总需求管理创造经济稳定增长的有利环境,以供给侧结构性改革推动总量失衡深层矛盾的有效解决。当前,应大力创新和完善宏观调控,发挥国家发展规划的战略导向作用,健全财政、货币、产业、区域等经济政策协调机制;深化投融资体制改革,深化金融体制改革,健全货币政策和宏观审慎政策双支柱调控框架,健全金融监管体系,不断提高宏观调控的科学性、预见性和有效性。

第四节　以改革和开放推动内外部风险的化解

一、中国发展面临的外部风险

第二次世界大战之后全球经济的活跃最主要的原因就是全球化。全球化带来了全球商品、资本、生产线和资金的自由流动,全球生产要素按照比较优势的原理获得合理的分工,要素投入获得合理的回报,全球产业链的分工使得各参与全球化的国家都能从中获益。但是,最近几年世界经济发展出现了一些新问题,很多国家没有认真从产业链及制度等因素去考虑,而将其归罪于全球化,全球面临的风险开始加剧。

（一）特朗普上台后带来全球化模式变化的风险

唐纳德·特朗普(Donald Trump)认为美国过去制定了规则,但美国人并没有从这些规则中获利,至少美国基层人民存在着诸多不满,所以他要全面检讨,不管以前美国做出过什么承诺、相信什么样的价值理念,现在都要重新予以考虑,一切都要以美国优先为原则。2017 年 12 月,特朗普向国会递交了首份国家安全战略报告,强调要保护美国经济安全,"竞争"一词出现了 86 次,保护主义倾向明显。特朗普是商人,会以商人的心态和理念来处理外交事务。共和党原来以布什家族为中心的权力架构已经不起作用了,随着特朗普的当选,共和党将开始构建一个以特朗普为中心的权力架构,这就使得美国各种政策出现一些颠覆性的变化。基于特朗普对全球化的认识,未来的全球经济、现存的国际经济运作模式都具有了很多不确定性。特朗普上台后马上要求重新谈判北美自由贸易协定,还启动针对中国 301 条款的调查,这些都与特朗普的美国利益优先和认为美国在现有全球化模式中利益受损的理念息息相关。

（二）美国接连退出各个国际组织,给世界秩序治理带来风险

特朗普在"美国优先"的理念下采取一系列行动,美国先后退出了巴黎协定、联合国教科文组织、伊朗核协定、联合国人权理事会等。这些举措将给世界格局带来巨变,美国一旦真正退出自己建立的全球政治格局,各个地区的一些内部矛盾可能就会开始激化和显露出来。因为那个大家习以为常的第二次世界大战后世界地缘政治格局,实际已经难以为继,这给世界发展的秩序带来不确定性,给世界发展带来一定的风险。

（三）中美贸易摩擦加大中国经济外部风险

2017 年 8 月,美国贸易代表办公室根据 301 条款启动了一项调查,重点是中国政府在技术转让、知识产权和创新方面的政策和做法。2018 年 3 月 22 日,美国贸易代表办公室又发布了一份报告,报告认为中国在外资所有权、外资市场准入、技术转让、知识产权保护等方面、对美国企业存在歧视性行为,从而加重了美国企业的负担。

面对中美贸易摩擦,很多舆论认为中国过分渲染了自身的力量。特朗普试图恢复 G8,建立一个对抗中国的联合体。因为他觉得中国国有企业的补贴机制对它们这些发达国家的企业来说很不公平,它们有共同的诉求。不管未来如何发展,显然当今中国面临的世界发展环境已经发生改变,发展的道路已经不再那么顺畅了,世界完全可能出现新的冷战风险。中国对外开放的道路会更艰难,考验韧劲和耐力的时代已经到来。

二、国内经济运行风险

中国经济存在的潜在风险早已引起中国各阶层的关注,从去产能到去杠杆等

都是上层对风险做出的应对,十九大报告首次提出防范化解重大风险,并且将其放在首位。2018 年政府工作报告也将其作为重点任务来抓。随着中美贸易战的开打,内外环境的变化加剧风险的集聚。高房价堆积起来的房地产资本泡沫在新的形势下究竟会不会成为压倒中国经济的最后一根稻草,让国内外都有所担忧。尤其是全球经济危机又到了一个十年的关口,对市场的预期也产生一定的不利影响。

（一）经济下行的风险

近年来,中国经济下行压力越来越明显,2018 年后表现得尤为突出。分别从拉动经济增长的三驾马车来看:**一是投资下滑较快。**2018 年固定资产投资受基础设施投资影响回落较快。一方面,和过去相比,基础设施大幅度增加的需求有所减弱,另一方面,从项目和资金看,为防范化解重大风险,对不合规、不合法项目进行规范和清理,要求地方融资行为、举债行为更加规范。同时,当前利率处于高位、金融去杠杆影响表外融资等因素将继续对基建投资构成较强约束。而作为民间投资的主要领域,在经济预期并不十分明朗以及融资环境有待改善的情况下,增幅进一步提高也有难度。所以,未来一段时间,投资增幅将呈现平稳略有回落态势。**二是需求的增速下降明显。**需求不足主要是受收入增长较慢、供需不够匹配、贫富差距过大、投资对于消费的挤出等因素影响。这些因素在当前都不同程度地存在,随着经济下行压力加大,居民收入增速放缓,2018 年第一季度居民收入增幅低于 GDP 增速。供给体系质量与消费升级需求不匹配,高质量、高附加值产品的供给能力不足制约消费扩大。自 2010 年以来,中国稳居全球制造业产出第一大国,有 100 多种消费品产量居全球首位,但中国却是高端消费品进口大国,2016 年中国消费者奢侈品消费有 77% 发生在境外,"弱品质"成为中国高端购买力严重外流的主要因素。贫富差距的加大也影响需求的持续扩大,因为财富掌握在少数人手中会导致占人口绝大多数消费倾向高的人群缺乏购买能力,2017 年全国居民收入基尼系数超 0.4,居民收入差距依然较大。投资对消费的挤出在中国当前最为突出,过高的房价对于普通民众的消费挤出效应非常明显,尤其是中低收入人群。显然影响内需的几个因素在未来一段时期仍有强烈影响,所以提升消费仍有较大压力。**三是贸易顺差缩小趋势加剧。**受美国减税、加息的影响,全球资本开始回流美国、美元指数开始回升,第一季度外贸出口对 GDP 的贡献为负值。总贸易顺差下行且低于预期,且随着中美贸易战对出口的影响的加深,随着进口关税的降低,未来消费品进口的空间很大。这意味着贸易顺差可能进一步减少,对 GDP 的贡献进一步下降。总之,2018 年出口难以延续 2017 年的"亮眼"表现。从贸易对 GDP 影响上看,由于中国总贸易顺差存在明显长期下降的趋势,将对 GDP 增速持续产生负效应。

（二）地方债务的风险

地方债务的风险的衡量最主要不仅仅要看总量，还要看其偿债意愿、偿债能力和债务期限。截至 2018 年 4 月，对于中国地方债务风险的总量虽然没有完全准确的数据，但是从最简单的口径来看，包括地方政府债和城投债在内，中国债市总量当前达到 76.01 万亿元，其中地方债券规模已达 22.22 万亿元。仅从官方提供的数据，地方债务压力并不是很大，但是一些隐性负债，包括名股实债的 PPP、政府购买服务、BT 项目、地方政府专项债以及平台公司的融资等，数量难以估计。按照全国人民代表大会财政经济委员会副主任委员贺铿援引国外机构的估计，中国的地方债大概是 40 万亿元，应该是合理的，但是地方政府就没有一个想还债的。原因是经济发展进入新常态，地方财政收入下滑，土地出让金大幅下降，地方政府工资发放都已经困难，地方政府还债能力下降，还债意愿不强加大债务风险。从债务剩余期限上来看，短期地方债到期偿还量并不太大。根据 Wind 数据，2018年地方债到期规模为 8 389 亿元，2019 年为 1.31 万亿元，2020—2022 年到期均在2 万亿元以上。另外，财政部发布《关于做好 2018 年地方政府债券发行工作的意见》，增加 15 年、20 年期限地方政府普通专项债券；增加 2 年、15 年、20 年期限地方政府一般债券；鼓励各类机构和个人，全面参与地方政府债券投资。这些长期限品种地方债的推出，既能满足地方经济社会发展对长期资金的需要，也有利于目前调整债务结构、缓解还本付息压力，防止出现区域性、系统性财政金融风险。但是，地方债务如果没有足够的收入来偿还，风险只是被推迟而已。

（三）房地产市场的风险

这被很多国内外学者认为是中国经济最大的潜在风险。楼市风险目前一是来自房地产开发企业，一是来自购房者。随着当前货币政策的收紧，去杠杆的不断加重，Wind 数据显示，到 2018 年第一季度末，房企资产负债率上升至 79.42%，房企负债率创下 13 年新高。第一季度末，资产负债率超过 80% 的 A 股上市房企近 40 家。负债率达历史高位，而融资却在去杠杆的背景下处处受限，多部门发文整治行业乱象，严格控制资金违规进入房地产行业。而房企偿债的第一次小高峰在 2018 年 9 月—2019 年 10 月，偿还规模约 3 800 亿元，月均偿还额 280 亿元；第二次大高峰集中在 2020 年 5 月—2021 年 10 月，偿债规模约 8 600 亿元，月均偿还额 480 亿元。在不能依靠融资的前提下，如果不能做到快周转、快销售、快速回笼资金解决流动性，房地产企业的风险有可能会爆发。而来自购房者的风险主要是住房按揭风险。短期看由于中国居民多数首套房的首付比例是三成，二套更高，有的是七成，居民违约成本比较高，此外，只要不出现重大风险事件，房价暂时深跌的可能性不大，所以来自居民的违约风险不大。但是我们也需要引起重视的是，在对政府和国企去杠杆的这些年，居民加杠杆的风险不断凸显，住户部门杠杆

率最近几年以年均超过 4％的增速,快速攀升至 55.1％。与美国和日本相比,中国居民杠杆率提升速度较快,且居民债务与可支配收入比值已超越两国当前的水平。虽然高储蓄率保证了居民有较强的清偿能力,但是,2017 年居民储蓄存款增长率首次出现负增长。所以,从长期看,居民加杠杆的风险不可忽视,当前在政府和企业去杠杆的同时也需收缩居民杠杆率。

综合国内外风险,我们认为当前环境下,单一的风险并不可怕,中国也有能力应付,可怕的是风险的叠加,尤其是在中国经济下行的同时,美国贸易战会加剧中国经济下行的风险。另外,当前为了控制金融系统性风险和去杠杆行动采取的紧缩性货币政策,如果采取的措施过激容易误伤正常企业对资金的需求,会带来风险的加剧,所以也需要警惕在控制风险过程中的风险。

三、以改革与开放化解风险的政策建议

面对当前国内外的风险,唯有加强改革,扩大开放,以更加合乎市场经济规范的姿态融入全球化中;继续深化国有企业改革、深化财税制度改革、加强金融改革与开放,深化"放管服"改革,扩大开放。通过深化改革和扩大开放,激发各类市场主体活力,从根本上破除制约资源配置优化的体制机制障碍。

（一）深化国企改革,加强与世界全方位的融合

中国自 2001 年加入世界贸易组织后,融入全球化的进程加快,但是我们必须清醒地认识到,我们的融入还是浅层次的,主要是中国的商品涌向全球,但中国的体制依然保持了与西方不同的显著特征,包括庞大的国有企业和政府对经济的干预等。虽然中国的民营企业也不断走向全世界,但是在一些关键领域,走出去的还是国有企业。随着中国融入全球程度的加深,中国与发达国家尤其是美国的利益冲突日趋明显化。中美贸易冲突的表象是中美贸易的逆差,但是冲突的根源还是中西方"政企关系"的不同模式。中国的市场经济发展到今天,必须真正地加强国企改革,把国有企业公司制改革作为进入市场经济体制的重要任务,政府放权、授权,把企业推向市场,至少是在国内让民营企业与其获得平等的地位。通过分类改革和混合所有制改革大力提升国有企业市场化程度,建立现代企业制度。深化国企内部劳动、人事、分配制度改革,按市场经济的内在要求建立起现代人力资源管理体系,建立职业经理人制度,同步减少行政任命管理人员,发挥企业家作用,去除国企的行政化色彩。建立起员工能上能下、能进能出的机制和相应的薪酬激励机制、监管机制,提升国企市场竞争力。提高国企利润上缴比例,充实国家养老、医疗和社会保障基金,让国企成为真正属于全体国民的企业。减少对国企补贴和保护性措施,尤其是不涉及国计民生的企业,让国企能自己有骨气有底气地参与世界市场的竞争,而不是政府扶持下的"巨婴",成为外国企业鄙视和敌视的对象。只有这样,才能获得更多的国际认同和尊重,也才能真正地融入全球化

的浪潮当中,有能力抵抗风险。

(二)加强财政体制改革,切实实现地方财权事权匹配

面对当前国内地方债务风险和消费存在的问题,切实加强财税改革是关键。中国 1994 年之后的分税制发展到今天,在为中央政府获取更多财权之外,也建立起一个财权与事权极不匹配的财税体系,更是成为推高中国房价的主要推手,是时候建立起财权与事权相匹配的财税运行体系了。建立"一级政府、一级财政、一级预算、一级税收权、一级举债权"体系,提高地方政府收入与支出的匹配度。借鉴发达国家成功做法,改革地方税收体系,降低地方政府财政收入对土地出让金的依赖,加快形成以消费税、房地产税、资源税为主的地方政府收入体系。尤其是在中国当前国力较强,政府信用较好的背景下,可以采用市场化运作方式,大规模发内债、外债的方式解决财政问题,同时把大量的税减下去,这应该成为财税体制改革的一个大方向。提高地方政府举债额度,彻底打开地方政府规范融资的"正门",放松中央政府对债务额度的行政性约束,充分发挥地方人大的约束作用,由地方人大自主决定发债的额度、期限和利率。完善地方政府债务管理框架,提高地方政府预算管理和财政信息的透明度。建立和完善地方债务信息系统,建立信息披露制度,明确规定地方政府必须对其地方财政和地方债务方面的真实情况进行披露。尽快确定地方政府债务风险控制线,将各地区的债务负担率及其他风险指标进行公开,向投资者提示地方债风险。探索建立地方政府破产制度,对地方政府行为形成硬约束,也有利于警示地方政府盲目举债寄希望于上级政府最终兜底的思想,当然地方政府的破产必须不影响普通公众的基本公共服务。

(三)加强税收改革,促进消费能力提升

加大减税力度,因为减税是解决内需不足的核心。从中国的普通企业和普通民众承担的税收来看,2017 年国务院审议的企业所得税法修正案草案除了对小微、高新技术企业分别实行 20% 和 15% 的优惠税率,对西部地区鼓励类企业实行 15% 的低税率,普通企业的所得税率为 25%。单看所得税税率并不算高,在全球算比较平均。但是,中国企业不只有所得税,还有增值税一般是 16%,还有消费税、城建税、教育费附加、关税等,另外还有各种费用。因此,在美国当前将企业所得税从 35% 降低到 15% 的背景下,我们再不降低企业税收和相关费用,有能力的企业是会用脚投票的,这也符合市场经济规则。

而个税方面,2017 年全国个税收入 11 966 亿元,同比增长 18.6%,对比 2013 年的 6 531 亿元,5 年时间增长了 5 435 亿元,几乎实现翻一番,而且到 2017 年年末,中国占人口绝大多数的中低收入者的税收贡献率已经高达 65%,而美国高收入人群按 20% 税率上缴的税收收入贡献率高达 87%。虽然 2018 年个税起征点由 3 500 元调整到 5 000 元,但是对于很多房价均价都已过万元的城市,确实看不出

个税作为调节收入分配的功能。较低的个人所得税起征点,也抑制了边际消费倾向高的普通工薪阶层的消费。所以,中国的个人所得税起征点应该大幅提升,同时,应该加快以家庭为单位征收,扣除子女教育、大病医疗等专项费用后进行个税的征收,这样才能体现税收的公平性。需要加强对高收入人群的税收监管和征收力度,只有这样才能真正发挥个税促进社会分配功能的实现,而且这对促进社会消费的提升也有积极意义。

(四)引导房地产企业渐进去杠杆,防范房地产市场风险

针对当前房地产企业高杠杆的风险,一方面通过严监管,倒逼房地产企业加快房地产开发节奏,促进房地产企业加快销售、加快资金回笼,这对于房地产市场供给也产生积极影响,对房价的影响也具有积极意义。另一方面也应该注意房地产企业债券违约风险,鼓励房地产企业的重组并购,允许合规企业发行 ABS 等债务融资工具。从长远看,应该建立健全包括房地产市场、银行部门、银行间市场、资本市场等在内的系统性风险防范应对框架。还应对"影子银行"为房地产开发商提供融资的业务进行清理整治。对消费贷款资金严格管理,防止个人消费贷款资金违规流入房地产市场。

(五)进一步加大对外开放的力度,以开放的理念促进创新

面对外部带来的风险,中国应以更加开放的姿态迎接挑战。当今世界,开放大潮滚滚向前。习近平同志明确指出:中国开放的大门不会关闭,只会越开越大。"贸易战"后商务部一再重申,中国将坚定不移地深化改革、扩大开放,保护企业家精神,强化产权保护,为世界各国在华企业创造良好营商环境。通过扩大开放,让更多的世界优秀企业参与到中国的市场经济发展中,才能更好地促进国内市场的竞争。更为重要的是通过开放促进国内的创新,建设现代化经济体系,离不开创新的战略支撑。党的十九大报告在关于建设现代化经济体系的论述中强调,坚持引进来和走出去并重,加强创新能力开放合作。当今世界的创新投入和活动呈现全球化,只有开放才能融入全球创新的行列。经济全球化和信息技术的发展促进创新要素在全球加快流动,没有开放这些创新要素就无法进入。创新模式呈现多样化、网络化趋势,需要不同国家发挥各自行业和领域的优势来促进创新,所以全球范围内的创新合作也在不断加强。除此之外,也只有开放,才能将中国的社会活力提高到世界的一流水平,实现对全社会的智力、热情、探索精神的最大释放,形成整个国家千帆竞发、昂扬向上的局面。

第二章　新时代中国经济增长的国际比较

习近平总书记在党的十九大报告中指出："经过长期努力,中国特色社会主义进入了新时代,这是我国发展新的历史方位。"进入新时代的重要基础在于经济发展达到新的高度,面临一系列约束条件的新变化,进而形成一系列新特征,客观深入认识和剖析经济发展所达到的新高度和新变化,是理解新时代的重要方面。改革开放后,中国的经济增长和经济发展进入了一个新的阶段。随着高速的经济增长,中国在经济发展上和先进水平之间的差距在不断缩小。现在,中国的经济总量在世界上已经居于领先位置,国际经济地位不断提高,这已经是不争的事实。但是,由于中国是世界人口最多的国家,有超过13亿的人口,从以人均国民总收入所反映的经济发展水平看,中国和先进国家之间还存在着不小的差距,仍然需要发展,仍然要把发展作为第一要务,特别是需要坚持贯彻新的发展理念,坚持社会主义市场经济改革方向,推动构建现代化经济体系,推动经济持续健康发展,特别是在新时代矛盾转化条件下,在这么高的经济总量的基础上,我们能否保持继续的增长?通过对经济总量、人均国民收入、产业结构的国际比较,可以看出中国的经济增长还有很大的潜力。如果我们能够真正回答好中国发展问题,那么,不仅中国现代化目标能够如期实现,而且"拓展了发展中国家走向现代化的途径,给世界上那些既希望加快发展又希望保持自身独立性的国家和民族提供了全新选择,为解决人类问题贡献了中国智慧和中国方案。"

第一节　经济总量的国际比较及展望

一、三年平均汇率法与购买力平价方法

目前,对世界各国经济总量的比较,较常用的有两种方法,即三年平均汇率法(Atlas Method)和购买力平价法(Purchasing Power Parity Method)。三年平均汇率法是按照汇率把一个国家的经济总量(主要是 GDP)换算成按美元计算,同时,考虑到各个时点的汇率可能因为各种市场因素发生较大的波动,因此采取的是三年的平均汇率;购买力平价法则要复杂得多,它的思想是将各国产出的各种最终商品和服务再加上净出口,都用美国的市场价格计价,最后算出各国用国际元(与美元等值)的经济总量。但在现实中这很难做到,世界银行国际比较项目(ICP)采用的方法是抽取一部分商品和服务的价格,按照一定的权数加权,计算出

换算系数,以此推算出各个国家按照购买力平价估价的经济总量。从目前的情况看,三年平均汇率法在国际比较中的认同度较高,主要有以下几方面的原因:一是从数值的权威性看,三年平均汇率法的数据是根据各国官方统计公布的数据换算的,官方统计有权威性,而汇率则是在市场上客观存在的,得出的数据是唯一的;而购买力平价方法是学术研究的结果,不但世界银行、国际货币基金组织等国际机构在进行研究,各国官方和民间的很多机构和个人也在研究,对代表性商品和服务的选取以及价格和权数的确定,都存在着很大的争议。所以对于中国的经济总量在 2009 年超过了日本这个结论,经济学界不存在什么争议,但对于 2014 年中国的经济总量从某种程度上说已经超过了美国,人们的认可度并不高。二是从汇率和购买力平价的关系看,汇率是在国际经济关系(商品、服务与其他往来)中形成的,虽然也存在着政府干预等非市场因素的影响,但主要还是取决于市场因素,尤其是国际市场的各种因素,实际上是承认各国经济发展水平和加入全球化程度上的差别而存在的商品和服务的价格差异;而购买力平价方法则是要试图消除这种差异。一般而言,一个国家商品价格的总体水平,是和它的经济发展水平相关的。一个国家的经济发展水平越高,工业化程度越高,它的制造业产品的相对价格就可能越低,劳动密集产品和服务的相对价格则可能较高,而发展水平较低的国家的情况可能是恰恰相反。这种情况导致的结果是,一个国家的经济发展水平越高,它的整体价格水平也就越高,反之越低。一个国家的不同地区之间,其实也存在着这种现象。① 具体地看,按照世界银行国际比较项目的研究结果,一个国家的人均 GNI 或 GDP 的水平高出美国越多,它的购买力平价折算系数(即按购买力平价法计算的 GDP 除以三年汇率法计算的 GDP 所得到的数值)就越高,反之则低,而数值高低的程度与这个国家的人均 GDP(用任何一种方法计算)成正比。从这个意义上看,三年平均汇率法和购买力平价方法所计算的结果上反映的差异,实际上也是一个国家经济发展水平的特征。购买力平价方法所得到的结果高出三年平均汇率法所得到结果的程度越大,这个国家的经济发展水平及融入全球化的程度也就越低。因此,用三年平均汇率法进行经济总量的国际比较时,不仅是对相关国家的经济总规模的比较,而且包含了对这些国家经济发展水平上的考虑,人们的认可度较高。而购买力平价方法也有它的优点,这就是在计算人均GDP 或者是人均 GNI 的时候,能够更好地反映人民生活的真实水平。因此,进行国家间经济总量的比较时,通常采用的是三年平均汇率法。

二、近年来中国经济总量的国际地位的变化

2012 年中共十八大召开当年,中国的经济增长率由上一年的 9.5% 下降到

---

① 参见江小涓、李辉:"我国地区之间实际收入差距小于名义收入差距——加入地区间价格差异后的一项研究",《经济研究》,2005 年第 9 期,第 11—18 页。

7.9％。在 20 世纪 90 年代末亚洲金融危机和 2008 年全球金融危机时，每当经济增长率出现这样的回落，中央政府都是通过需求刺激政策，让经济增长率回到 8％以上。但是这一次，中央政府根据中国经济发展的实际情况，提出要充分发挥市场在配置资源上的决定性作用，后来又提出了供给侧结构性改革的思路，没有再出台大规模的需求刺激政策来提升经济增长率，而是允许经济增长率调整到 8％以下。在保持一定经济增长速度的同时，更加重视经济增长的质量，从此，中国由高速经济增长时代转入中高速经济增长时代。2012—2016 年，中国的经济增长率分别为 7.9％、7.8％、7.3％、6.9％和 6.7％，2017 年的经济增长率略有回升，但和上一年比没有显著变化。这就是中国经济增长的新常态。虽然从动态上看，中国在新常态下的经济增长率与之前的 30 年（年均经济增长率达到 10％左右）相比，下降了大约 3 个百分点，但是和世界其他国家相比，仍然属于最好的经济增长。而且由于总量在不断提升，每增长一个百分点所带来的数额也在不断提升，中国的国际地位也在不断提高。

一个国家以三年平均汇率法按现行价格计算的 GDP 及其变动，主要受三个因素的影响，一是经济总量及其变动，二是国内通货膨胀，三是汇率及其变动。其中，经济总量及其增长发挥着基础性作用。在表 2.1 中可以看到，美国在此期间 GDP 的名义增长率是 3.54，比 20 个主要经济体的年均名义增长率高 3％，比世界年均名义增长率高 3.3％，GDP 占世界的比重由 21.6％增加到 24.6％，增加了 3 个百分点，这说明美国的经济仍然保持着活力。具体地看，这一期间美国的年均实际经济增长率为 2.17％，价格总水平（反映为 GDP 价格折算系数）的年均上涨幅度为 1.42％[1]。和表中其他发达经济体相比较，这已经是很好的经济增长。而日本在表 2.1 中的名义年均增长率为 −5.54％，占世界经济的比重约下降了 2 个百分点；而实际上，日本这一期间的年均实际增长率为 1.13％，国内价格总水平的年均上涨幅度为 0.08％，虽然表现不理想，但仍然是正增长。由于增长乏力，通货紧缩，人们对日元的预期降低，从而导致日元兑美元的汇率出现大幅下跌，使按照三年平均汇率法计算的 GDP 占世界经济的比重出现大幅下降。而巴西则属于另外一类情况，在这一期间巴西的实际年均增长率是 −1％（其中后两年的实际增长率都在 −3％以下），但年均价格总水平上涨的幅度则是 7.89％（高通货膨胀），这样用本国货币计价的名义 GDP 是大幅提高了，但由于经济恶化，货币贬值，本国货币兑美元的汇率大幅度降低，导致其按三年平均汇率法计算 GDP 及其在世界上所占的份额大幅降低。美国、日本和巴西是国际比较中三个比较典型的例证，分别说明了经济增长保持稳定、经济增长预期变差和经济增长恶化对一个国家按

---

[1]　数据参见世界银行数据库 GDP 的相关资料，其他国家的数据来源相同，不一一注释。

三年平均汇率法计算的 GDP 的影响,也说明用汇率法计算的 GDP 确实能够较好地反映一个国家国际经济地位的变化。

表 2.1　2012—2016 年世界主要国家经济总量比较

按 2016 年 GDP 排序	国家	GDP(按三年平均汇率计算)(万亿美元)			占世界 GDP 的比重(%)	
		2012 年	2016 年	年均名义增长率(%)	2012 年	2016 年
1	美国	16.16	18.57	3.54	21.6	24.6
2	中国	8.56	11.20	6.95	11.4	14.8
3	日本	6.20	4.94	−5.54	8.3	6.5
4	德国	3.54	3.47	−0.55	4.7	4.6
5	英国	2.65	2.62	−0.26	3.5	3.5
6	法国	2.68	2.47	−2.08	3.6	3.3
7	印度	1.83	2.26	5.49	2.4	3.0
8	意大利	2.07	1.85	−2.80	2.8	2.4
9	巴西	2.47	1.80	−7.61	3.3	2.4
10	加拿大	1.82	1.53	−4.31	2.4	2.0
11	韩国	1.22	1.41	3.65	1.6	1.9
12	俄罗斯联邦	2.17	1.28	−12.31	2.9	1.7
13	西班牙	1.34	1.23	−2.00	1.8	1.6
14	澳大利亚	1.54	1.20	−5.93	2.1	1.6
15	墨西哥	1.19	1.05	−3.10	1.6	1.4
16	印度尼西亚	0.92	0.93	0.39	1.2	1.2
17	土耳其	0.87	0.86	−0.47	1.2	1.1
18	荷兰	0.83	0.77	−1.80	1.1	1.0
19	瑞士	0.67	0.66	−0.20	0.9	0.9
20	沙特阿拉伯	0.74	0.65	−3.19	1.0	0.9
	以上国家合计	59.46	60.74	0.54	79.5	80.4
	世界合计	74.80	75.54	0.25	100	100

资料来源:世界银行数据库。

表 2.1 中按三年平均汇率法现价 GDP 列出了世界 20 个最大经济体的经济总量及变化情况,这 20 个国家的 GDP 总和占世界 GDP 的 80% 以上,所以我们可以通过这些国家来观察世界经济增长的变化。在这些国家中,名义增长率为正数的国家只有 5 个,分别为中国(6.95%)、印度(5.49%)、韩国(3.65%)、美国(3.54%)和印度尼西亚(0.39%);其他 15 个国家都是负增长,其中衰退程度最大

的 5 个国家分别是俄罗斯联邦（－12.31％）、巴西（－7.61％）、澳大利亚（－5.93％）、日本（－5.54％）和加拿大（－4.31％）。中国是世界上经济增长最好的国家。而从占世界经济份额的变化上看，中国也是增加最多国家，增加了3.4％，高于美国的3％。而印度和韩国增加的份额分别是0.6％和0.3％，印度尼西亚的份额没有增加。美国经济总量的基数大，每增加一个百分点带来的总量增加超过中国，但是中国的增长率高，增加的总量超过了美国；印度的经济增长率要高一些，但仍然要低于中国，经济总量的基数也显著低于中国，虽然增长势头不错，但份额的变化只有中国的1/6。由于增长率和经济体量的共同作用，中国目前是对世界经济增长贡献最大的国家。这一纪录已经保持多年。由于强劲的经济增长，中国和美国在经济总量上的差距也在缩小，从表2.1中可以看到，2012年，三年平均汇率法计算出的中国的GDP为美国的53％，2016年提升到60％，4年提高了7个百分点。

三、中国的经济总量何时能赶超美国

赶超世界先进水平，首先要在经济总量上赶超世界先进水平。中国作为世界上人口最多的大国，经过多年的发展，已经成为世界第二大经济体，按三年平均汇率法计算的GDP目前已经是名列第三的日本的2倍以上，按购买力平价法计算的GDP在2014年就已经超越美国成为世界第一。因此，按照三年平均汇率法计算的GDP什么时候能赶超美国，就成为很多人关心的问题。从前面的分析中可以看到，在2012—2016年这4年中，中国的三年平均汇率法计算的GDP与美国现价GDP的比例每年提高近2个百分点，按照这一速度，中国要用20年以上的时间才能赶上美国。也就是说，在其他条件保持不变的情况下，在2040年以前中国才能赶超美国。这里所说的其他条件，指的是年均增长率、通货膨胀程度和汇率变动程度都保持不变，但在现实生活中，这些情况都可能发生变化。我们分别根据不同的情况，对赶超进程中可能出现的前景加以分析。

表 2.2　2012—2016 年中美经济总量及其变化的相关指标

	年均 GDP 实际增长率（％）	年均通货膨胀率（GDP 折算系数）（％）	人民币兑美元三年平均汇率年均上涨率（％）	2016 年 GDP（万亿美元）
美国	2.17	1.42	—	18.57
中国	7.16	1.09	－1.27	11.20

资料来源：根据世界银行数据库有关数据计算。

如表 2.2 所示，2012—2016 年，随着经济增长进入新常态，中国经济增长率有所下降，2013—2016 年的经济增长率分别为 7.8％、7.3％、6.9％和 6.7％，但从总体上看仍然保持了中高速经济增长,年均增长率为 7.16%,大约高于美国 5 个百分点。从价格总水平的变化上看,由于中国经济进入了调整阶段,而美国仍然在实施量化宽松政策,美国价格总水平的上涨幅度高于中国 0.3 个百分点。从汇率关系上看,这一阶段人民币兑美元的汇率的长期趋势是向下的,五年内的三年平均汇率年均下降 1.27%。我们在前面分析购买力平价时已经指出,经济发展水平较低的国家的物价总水平通常低于经济发展水平高的国家,经济发展水平较低的国家在物价上涨程度与较高国家相仿甚至较低时,如果经济增长率更高,从长期看,汇率应该是上升的,至少不会继续下跌。但从短期看,由于受市场各方面因素的影响,也可能出现波动。从目前的情况看,中国经济经过深化改革尤其是深化供给侧结构性改革,经济增长开始趋向于平稳,2017 年的经济增长率已经高于2016 年,未来 10 年的长期经济率有可能保持在 6% 以上。如果其他因素(价格总水平、汇率)保持不变,并假定未来 10 年美国的年均经济增长率为 2.5%(相当于美国过去 20 年的年均经济增长率),中国为 6.5%(存在着这样的增长潜力),那么中国按三年平均汇率法计算的 GDP 大约在 13 年后也就是 2030 年前后会赶上美国。如果再考虑经济发展阶段对于中国的价格总水平和人民币兑美元汇率的变化的影响,假设每年价格与汇率的综合上升幅度比美国价格上涨程度高 1%—2%(如价格总水平年均上涨 2%—3%,汇率年均上涨 0.5%—1%),那么只需要 8—10 年,也就是在 2025 年前后中国的经济总量就会赶上美国。显然,这并不是一个能够轻易实现的过程,无论是保持中高速经济增长,还是保持价格总水平适度上涨,抑或是保持国际收支平衡和汇率稳定,都需要我们付出巨大的努力。从中国社会经济和资源可持续发展的要求看,我们又需要适度的经济增长和价格、汇率的稳定,在实现了这些目标后,中国就有可能用 10 年左右的时间在经济总量上赶超美国。习近平总书记在党的十九大报告中指出,从现在到 2020 年是全面建成小康社会的决胜期,如果十六大、十七大、十八大提出的全面小康目标的各项要求均满足,实现第一个百年目标后,在此基础上再用 30 年实现第二个百年目标,在这一过程中的第一个阶段,2020—2035 年基本实现现代化,从经济总量的相对国际比较而言,很可能是超越美国成为世界第一大经济体的跃升期。赶超美国不是中国经济增长的目标,即使中国的经济总量达到了那个水平,我们仍然要保持中国经济的可持续发展,继续提高我们的综合国力与人民生活水平,但是它却是中国现代化进程的一个重要标志,同时也意味着中国的国际地位提高到一个新的水平。①

---

① 参见北京大学中国国民经济增长研究中心:《中国经济增长报告 2016》,北京大学出版社,2016 年,第一章"绪论"。

第二节 经济发展水平的国际比较

一、中国人均 GNI 的提升以及在世界银行收入分组中地位的变化

一个国家的一般经济发展水平,可以从多个不同的方面来反映,但目前使用最多的还是人均 GDP 或人均国民总收入(人均 GNI)来反映,在实际应用中,人均 GNI 使用得更为广泛,世界银行的低、中、高收入分组,就是以人均 GNI 为标志的。[①] 改革开放初期,中国的人均 GNI 只有 200 美元左右,按照世界银行的标准,属于低收入发展中国家;通过 20 年的发展,1998 年中国人均 GNI 达到了 800 美元,成为下中等收入国家;又用了 12 年,2010 年的中国人均 GNI 达到了 4 340 美元,成为上中等收入国家。2016 年,中国按三年平均汇率法计算的人均 GNI 超过了 8 000 美元,为 1998 年的 10 倍,比 2010 年接近翻了一番(参见表 2.3)。

表 2.3 1998—2016 年世界银行的收入水平分组及中国所属的组别

年份	世界银行按收入水平划分的分组(美元)				中国人均GNI(美元)	为高收入标志的%	中国所属的组别
	低收入	下中等收入	上中等收入	高收入			
1998	≤760	761—3 030	3 031—9 360	＞9 360	800	8.5	下中等
1999	≤755	756—2 995	2 996—9 265	＞9 265	860	9.3	下中等
2000	≤755	756—2 995	2 996—9 265	＞9 265	940	10.1	下中等
2001	≤745	746—2 975	2 976—9 205	＞9 205	1 010	11.0	下中等
2002	≤735	736—2 935	2 936—9 075	＞9 075	1 110	12.2	下中等
2003	≤765	766—3 035	3 036—9 385	＞9 385	1 280	13.6	下中等
2004	≤825	826—3 255	3 256—10 065	＞10 065	1 510	15.0	下中等
2005	≤875	876—3 465	3 466—10 725	＞10 725	1 760	16.4	下中等
2006	≤905	906—3 595	3 596—11 115	＞11 115	2 060	18.5	下中等
2007	≤935	936—3 705	3 706—11 455	＞11 455	2 510	21.9	下中等
2008	≤975	976—3 855	3 856—11 905	＞11 905	3 100	26.0	下中等
2009	≤995	996—3 945	3 946—12 195	＞12 195	3 690	30.3	下中等
2010	≤1 005	1 006—3 975	3 976—12 275	＞12 275	4 340	35.4	上中等
2011	≤1 025	1 026—4 035	4 036—12 475	＞12 475	5 060	40.6	上中等
2012	≤1 035	1 036—4 085	4 086—12 615	＞12 615	5 940	47.1	上中等

① GDP 与 GNI 分别用生产和收入账户计量了国民经济的总量,从具体数值上看,二者之间相差了一项"来自国外的要素收入净额",从人均水平的具体计算结果来看,二者之间相差的数值通常很小,不会影响国际比较的结果。

（续表）

年份	世界银行按收入水平划分的分组（美元）				中国人均 GNI（美元）	为高收入标准的%	中国所属的组别
	低收入	下中等收入	上中等收入	高收入			
2013	≤1 045	1 046—4 125	4 126—12 745	＞12 745	6 800	53.4	上中等
2014	≤1 045	1 046—4 125	4 126—12 735	＞12 735	7 520	59.0	上中等
2015	≤1 025	1 026—4 035	4 036—12 475	＞12 475	7 940	63.6	上中等
2016	≤1 005	1 006—3 955	3 956—12 235	＞12 235	8 260	67.5	上中等

资料来源：世界银行数据库。

世界银行的收入水平分组中的低收入和下中等收入分组，参考了世界银行的业务分类（the operational categories），收入较低的国家或地区能够有一定的贷款优惠；但是上中等收入和高收入分组，则是根据经济分析的要求来确定的。1989年，世界银行研究部门向世界银行提供了一篇工作报告"人均国民收入，估算国际比较数字"（Per Capita Income：Estimating Internationally Comparable Numbers），提出以1987年6 000美元为"工业化"（industrial）①经济体人均GNI的标准，作为高收入经济体人均GNI的下限，如果达到了这一标准，那么这个国家就是"工业化"国家，当然也就是高收入国家。从表2.3中可以看到，高收入的标准是在变化的，这是因为全球的价格总水平在不断提升，因此这个标准要把全球价格一般水平的因素考虑进去，而调整的依据是国际货币基金组织的特别提款权折算系数（the SDR deflator）。这也就是说，从1989年以来，世界银行的"工业化"或"高收入"的标准一直是按1987年价格的6 000美元规定的，没有发生变化。② 中国1987年的人均GNI为320美元③，为当年高收入标准6 000美元的5.33%，而在2016年则为当年高收入标准（12 235美元）的67.5%。30年来的变化是巨大的。从表2.3中可以看到，在过去20年间，虽然这一比重在不同时期提高的幅度有所不同，但每一年都在提高，如果中国能够保持持续稳定的增长，按三年汇率法计算的人均GNI为高收入标准的比重每年平均提高3个百分点以上，那么不到10年，也就是在2025年以前，中国有可能成为按照世界银行标准中的高收入国家，也就是工业化国家。

---

① 严格地说，"industrial"翻译成产业化更加合理，因为它指的不仅仅是工业的发展，而是反映一个国家现代化的水平。

② 参见 World Bank，"How Are the Income Group Thresholds Determined？"，[2018-12-01]，https://datahelpdesk. worldbank. org/knowledgebase/articles/378833-how-are-the-income-group-thresholds-determined。

③ 根据世界银行数据库数据。

二、中国人均 GNI 的国际比较

表 2.4 列出了世界上最大的 20 个经济体(同表 2.1)的人均 GDP 情况,表中的排序指的是在为世界银行提供了数据的 216 个国家和地区中的排序,但其他国家的经济总量相对较小,所以我们仍然选择这 20 个国家进行分析。表中分别列出了以三年平均汇率法和购买力平价法计算的各国人均 GNI,可以看到,用两种方法计算得到的人均 GNI 虽然数值有所不同,但除了个别国家外,大多数国家在世界上的排序情况不会出现太大的差别,按三年平均汇率法排序靠前的国家,按购买力平价计算也是靠前的,反之亦反。还可以看到,人均收入较高的国家,其购买力平价法得到的结果为三年平均汇率法的倍数通常较低,反之亦反,这说明人均收入水平与价格总水平的高低之间确实存在着密切的关系。

表 2.4   2016 年世界主要国家人均 GNI 情况

国家	人均 GNI (三年平均汇率法)		人均 GNI (购买力平价法)		购买力平价法为汇率法的倍数
	美元	在全世界排序	国际元	在全世界排序	
瑞士	81 240	7	63 660	14	0.78
美国	56 180	14	58 030	18	1.03
澳大利亚	54 420	17	45 970	29	0.84
荷兰	46 310	21	50 320	24	1.09
德国	43 660	25	49 530	27	1.13
加拿大	43 660	24	43 420	32	0.99
英国	42 390	27	42 100	37	0.99
法国	38 950	33	42 380	36	1.09
日本	38 000	34	42 870	35	1.13
意大利	31 590	41	38 230	44	1.21
韩国	27 600	45	35 790	48	1.30
西班牙	27 520	46	36 340	47	1.32
沙特阿拉伯	21 750	52	55 760	20	2.56
土耳其	11 180	82	23 990	71	2.15
俄罗斯联邦	9 720	87	22 540	77	2.32
墨西哥	9 040	89	17 740	88	1.96
巴西	8 840	90	14 810	103	1.68
中国	8 260	93	15 500	102	1.88
印度尼西亚	3 400	147	11 220	122	3.30
印度	1 680	170	6 490	148	3.86
世界	10 302.4		16 095.1		1.56
高收入国家	41 045.7		46 965.2		1.14
上中等收入国家	8 209.6		16 537.1		2.01

资料来源:世界银行数据库。

表 2.4 中的高收入国家最多,共有 13 个,排序大多在 50 名之前,以欧美发达国家为主体;接下来是上中等收入国家,包括土耳其、俄罗斯联邦、墨西哥、巴西和中国,其中的俄罗斯联邦原先是高收入国家,但经济衰退和油价下跌使其在 2015 年重新变为上中等收入国家。上中等收入国家中的墨西哥和巴西,是南美国家的两个代表,其他南美国家的人均 GNI 也和它们差不多,有的已经进入了高收入国家(如智利),有的成了高收入国家之后又退了回来(如委内瑞拉),这些国家是所谓"中等收入陷阱"的典型代表,人均收入水平到达上中等收入组的上限或高收入组的下限后,经济陷入停滞,多年徘徊不前。对比表 2.2 可以看到,在主要经济体的上中等国家中,只有中国仍然保持着强劲的势头。再下来就是印度尼西亚和印度这两个国家,都是下中等收入国家,这几年都保持了正增长,印度的经济增长还相当好,在主要经济体中仅次于中国。

从中国的人均 GNI 在世界上的排序看,中国在全世界 216 个列入排序的国家和地区中已经名列 93,进入了 100 名以内。从绝对水平看,按三年平均汇率法计算已经高于上中等国家的平均水平(8 209.6 美元),但和世界平均水平(10 302.4 美元)还有一点差距;按购买力平价法计算则达到了 15 500 国际元,和上中等国家的平均水平(16 537.1 国际元)与世界平均水平(16 095.1 国际元)已经非常接近。显然,在这个发展水平上如果用人口加权计算世界经济总量,由于中国所占的权数大,中国经济无疑会对世界经济产生重大影响。但是和高收入国家相比(按汇率法计算的平均人均 GNI 为 41 045.7 美元),中国的人均 GNI 仍然还很低,仅为它们的 20% 或 1/5,如果从赶超的角度看还有巨大的空间。在经济发展史上,当代已进入高收入阶段的 70 多个国家,人均 GDP 水平达到上中等收入起点后完成跨越进入高收入阶段起点,总体上平均用了 12—13 年的时间,其中人口大国用了 11—12 年。中国人均 GDP 水平在 2010 年达到世界银行划分的当代上中等收入水平线,预计到 2020 年全面小康之后不长的时间,2023 年前后跨越上中等收入阶段是有根据的。从资源条件、科技发展、市场需求及供给能力来看,跨越世界银行的"高收入"标准现在已经不是太高太远的目标,经过努力是完全有可能实现的。在跨越这一水平之后,由于有较好的社会经济发展环境,中国还有可能保持相当长时间的好的发展。因此,虽然中国已进入新时代,经济发展达到新阶段,一系列矛盾特别是社会主要矛盾发生了变化,但正如习近平总书记在十九大报告中所说:"没有改变我们对我国社会主义所处历史阶段的判断,我国仍处于并将长期处于社会主义初级阶段的基本国情没有变,我国是世界最大发展中国家的国际地位没有变。"

三、经济发展水平与中国的国际地位

从改革开放以来的经济发展历史看,中国每跨越一次经济发展水平的节点,

都对中国乃至世界的经济发展产生着深远的影响。改革开放伊始,邓小平提出到
20 世纪末要实现经济总量翻两番、人均国民生产总值到达 1 000 美元左右、建设小
康社会。这在当时看是一个伟大的目标,而从后来的发展看则是一次成功的实
践。我们发展了中国特色的社会主义市场经济,并实现了预定的发展目标。也就
在这个时候,中国实现了由低收入国家向下中等国家的跨越;进入 21 世纪前后,
中国进行了一系列深化的市场化改革,又成功地加入了世界贸易组织,国内经济
和出口都出现了积极的发展,这使中国迅速成为世界新的制造业中心。经过了 10
多年的发展,中国在 2010 年又实现了由下中等收入向上中等收入国家的跨越。
伴随着这种跨越,中国在全球经济中的地位也在不断上升。2009 年,中国的商品
出口超过德国成为世界最大的出口国①;2010 年,根据当年公布的数据,中国的
GDP 超过日本成为世界上第二大经济体②;而到了 2013 年,中国的商品进出口总
额则超过了美国,成为世界第一。从主要生产部门来看,1998 年中国成为下中等
收入国家之前,农业增加值已经超过了美国;而进入 21 世纪后,制造业开始加速
增长,正好在中国成为上中等收入国家的 2010 年,制造业超过美国成为世界第一
(参见表 2.5)。而整个工业和第二产业,则在 2011 年超过美国成为世界第一。③
从表 2.5 中可以看到,中国由下中等收入国家发展为上中等收入国家期间,是中
国工业化迅速发展的 12 年,中国 GDP 占美国的比重由 11.3% 提高到了 40%,而
制造业增加值所占比重则由 22.8% 上升为 106.6%。所以这一阶段的中国现代化
进程,主要是由以制造业为代表的工业和第二产业带动的。从表中还可以看到,
中国的农业和制造业的总量超过美国这一世界最大经济体后,发展并没有停滞,
还在继续发展,而我们的第三产业,还没有真正发展起来。因此,中国经济发展的
空间是巨大的,只要我们不像拉美国家那样出现制度问题和发展问题,那么再用
10 年左右的时间,中国完全有可能再前进一步,跨越高收入国家的标准,经济总量
将会赶超美国,将会成为对世界经济更有影响力的国家。决胜全面小康社会的时
期,也正是中国跨越"中等收入陷阱"的关键时期,实现这一目标之后到 2035 年,
不仅经济总量将可能实现对美国经济的超越,而且人均 GDP 的水平将在跨入高
收入阶段起点线之后再进一步超越世界平均水平,基本实现社会主义现代化。在
此基础上到 2050 年建成社会主义现代化强国,人均 GDP 水平将超过高收入国家
的平均水平。中国在改变自己的同时,也在改变着整个世界。

---

① 根据世界贸易组织资料。
② 根据世界银行后来公布的数据,中国的 GDP 在 2009 年就超过了日本。
③ 根据中国国家统计局和美国经济分析局公布的分行业增加值分析计算。

表 2.5　1998—2012 年中国和美国三个经济总量指标的比较

年份	美国(按现价美元计算,亿美元)			中国(按现价美元计算,亿美元)			中国为美国的比重(%)		
	GDP	农业增加值	制造业增加值	GDP	农业增加值	制造业增加值	GDP	农业增加值	制造业增加值
1998	90 892	1 103	14 232	10 290	1 766	3 246	11.3	160.1	22.8
1999	96 606	1 112	14 814	10 940	1 757	3 422	11.3	158.1	23.1
2000	102 848	1 183	15 420	12 113	1 778	3 849	11.8	150.3	25.0
2001	106 218	1 198	14 648	13 394	1 873	4 191	12.6	156.3	28.6
2002	109 775	1 064	14 585	14 705	1 956	4 567	13.4	183.8	31.3
2003	115 107	1 301	15 160	16 603	2 050	5 390	14.4	157.6	35.6
2004	122 749	1 536	16 039	19 553	2 526	6 252	15.9	164.4	39.0
2005	130 937	1 493	16 878	22 860	2 661	7 337	17.5	178.3	43.5
2006	138 559	1 416	17 876	27 521	2 924	8 931	19.9	206.5	50.0
2007	144 776	1 523	18 377	35 522	3 653	11 497	24.5	239.9	62.6
2008	147 186	1 642	17 981	45 982	4 714	14 757	31.2	287.0	82.1
2009	144 187	1 478	17 026	51 100	5 001	16 119	35.4	338.4	94.7
2010	149 644	1 704	18 059	61 006	5 814	19 243	40.8	341.3	106.6
2011	155 179	2 055	18 829	75 726	7 144	23 688	48.8	347.6	125.8
2012	161 553	1 943	19 566	85 605	8 064	26 243	53.0	415.1	134.1

　　资料来源:世界银行数据库,中国和美国的相关数据分别取自 API_CHN_DS2_en_excel_v2 和 API_USA_DS2_en_excel_v2。

第三章　中国经济增长与产业结构升级

第一节　从企业层面看"十三五"时期转型升级

"十三五"以来,中国经济在增速缓慢回落的态势下,持续推进转型升级与结构调整。2017 年,中国经济终结了向下探底的趋势,企稳回升,增长率达到6.9%。展望"十三五"时期,预计中国经济稳中向好的态势还将延续下去。随着供给侧结构性改革不断深化,去产能、去杠杆、去库存、降成本、补短板的五大任务将稳步推进,经济发展结构不断改善,新旧动能转换持续推进,新技术对旧动能相关领域的改造与提升会日益加快,创新驱动对经济增长与结构转换的作用将更加突出,进而为新经济的扩张提供条件,实现经济的高质量增长。

2017 年 12 月召开的中央经济工作会议提出,中国经济已由高速增长阶段转向高质量发展阶段。要坚持稳中求进工作总基调,坚持新发展理念,按照高质量发展的要求,统筹推进"五位一体"总体布局和协调推进"四个全面"战略布局,坚持以供给侧结构性改革为主线,统筹推进稳增长、促改革、调结构、惠民生、防风险各项工作。对企业来说,在经济新常态下,"十三五"时期企业经营面临的各种环境因素基本与以往年份具有较强的连续性。中国企业家调查系统于 2017 年 11 月发布的《2017 中国企业经营者问卷跟踪调查报告》(以下称《调查报告》)显示,对于当前企业经营发展中遇到的最主要困难,企业家选择比重最高的八项依次是:"人工成本上升"(71.8%)、"社保、税费负担过重"(49.7%)、"能源、原材料成本上升"(40.4%)、"企业利润率太低"(36.3%)、"缺乏人才"(35.9%)、"资金紧张"(31.7%)、"整个行业产能过剩"(30.3%)和"企业招工困难"(21.9%)。调查发现,近年来成本上升(包括"人工成本上升"和"社保、税费负担过重")一直是企业发展面临的最主要困难。与前两年相比,排在前几位选项的比重基本相同,说明这些情况还没有根本性扭转。此外,选择产能过剩的比重也较高,这进一步说明当前产能过剩的现象依然十分严重。这些选项充分反映了中国企业现阶段成长的主要困难。优化调整结构、持续转型升级仍然是中国企业首要的战略选择。企业在"十三五"时期的经营走势会表现出以下六个方面的特征。

一、经营状况稳中求进

在新常态下,企业经营走势将与宏观经济走势密切相关,由于中国经济仍处于大有作为的重要战略机遇期,"稳中求进"仍然是企业发展的主旋律。在宏观经济企稳回升的背景下,中国企业的经营业绩自"十三五"以来显著提升。国家统计局发布的工业企业财务数据显示,2017年全国规模以上工业企业实现利润总额75 187.1亿元,比上年增长21%,增速比2016年加快12.5个百分点。主营业务收入利润率为6.46%,比上年提高0.54个百分点。2017年3月,中国社会科学院工业经济研究所发布了《中国工业经济运行分析年度报告(2016—2017)》(以下称《工业经济年度报告(2016—2017)》),该报告称,中国工业呈现出"缓中趋稳、有限复苏"的总体特征,预计中国企业在"十三五"时期有望延续利润增长的良好态势。其中,中部地区工业继续领跑,东北地区工业增长乏力,京津冀地区工业增速走势分化,工业投资增速回落,但投资结构优化,工业出口和PPI增速实现正增长。

《调查报告》显示,企业经营者对未来企业综合经营状况持整体比较乐观的态度,这一点与2016年持谨慎乐观态度相比显得更为积极。从地区看,中部地区企业预计"好转"的比"恶化"的多40.9个百分点,高于东部和西部地区企业。从不同行业看,对明年预计较为乐观的行业有:农林牧渔业、信息传输软件和信息技术服务业、房地产业以及制造业中的钢铁、铁路、船舶、航空航天及其他运输设备制造业等,预计"好转"的比"恶化"的多50个百分点以上,而服装行业对明年的预期相对较差,认为"恶化"的要多于认为"好转"的。调查还显示,企业家对下一阶段企业经营发展较有信心。调查结果显示,对下一阶段经营发展"很有信心"的企业家占18.7%,"较有信心"的占56%,两者合计比重为74.7%,与2016年基本持平。其中,中部地区企业、大型企业对下一阶段信心相对较足。

二、转型升级加快推进

"十三五"以来,中国经济结构不断优化,转型升级持续推进。从产业经济来看,工业向价值链中高端延伸。2017年,高技术制造业和装备制造业增加值分别比上年增长13.4%和11.3%;占规模以上工业的比重分别为12.7%和32.7%,这表明中国经济的新产业持续壮大,经济增长的新旧增长动能正在加速转换。《工业经济年度报告(2016—2017)》预测,中国工业行业结构将继续呈现高端迈进态势。企业在转型升级的过程中,供给侧结构性改革将获得实质性推进,工业生产要素质量会进一步提高,工业生产要素资源配置机制会不断改善,工业增长方式从劳动力和物质要素总量投入驱动主导转向知识和技能等创新要素驱动主导的过程会持续下去。产业政策要注意把振兴实体经济、遏制"脱实向虚"趋势作为主要政策目标,引导、推动处理好以下两个关系。

一是服务业和制造业关系,生产性服务业发展要有利于提升促进制造业转型升级。近几年中国经济服务化趋势十分明显,工业比重持续下降,但服务业的效率远低于制造业,中国存在经济结构升级、效率降低的"逆库兹涅兹化"风险。生产性服务业的发展一定要以促进制造业转型升级、提升制造业效率为目的,坚决避免虚拟经济过度偏离制造业而形成泡沫经济。

二是对外开放与自主创新的关系,重视发挥外资对中国制造业转型升级的作用。虽然中国进入更加强调自主创新的发展阶段,但是自主创新与对外开放、消化引进国外先进技术、促进公平市场竞争等政策并不矛盾。当前中国需要进一步营造公平竞争环境,推动新一轮高水平对外开放,充分发挥外资在高端、智能、绿色等先进制造业和工业设计、现代物流等生产性服务业的作用,促进中国制造业沿着高端化、智能化、绿色化、服务化方向转型升级。

三、继续降低企业经营成本

2017 年 6 月 30 日,国家发改委、工信部、财政部、央行四部门联合发布《关于做好 2017 年降成本重点工作的通知》(以下简称《通知》),对 2017 年降成本 8 个方面、25 项重点工作作了具体说明。该《通知》明确,2017 年降成本的主要目标分为两个部分:一是进一步减税降费,继续适当降低"五险一金"等人工成本;二是进一步深化改革,完善政策,降低制度性交易成本,降低用能、物流成本。根据估算,2013—2016 年累计为企业减轻负担 2 万多亿元。截至 2017 年 6 月初,已出台的新减税降费措施包括简化增值税税率结构、取消停征 41 项中央行政事业性收费等。这些措施到位可以使企业全年减负超过 1 万亿元。

《调查报告》显示,企业家认为,近年来放管服改革取得成效,企业经营的市场环境不断优化。但总的来看企业成本问题依然十分突出,长期以来形成的人工成本上升和社保税费负担过重的压力尚未缓解,此外 2017 年以来原材料成本、环保支出增加也较多。在成本持续上升的同时,企业的经营负担也有所加重。因此,降低企业成本负担的工作不能松懈。

2017 年的《政府工作报告》提出,要多措并举降成本,千方百计使结构性减税力度和效应进一步显现,且大幅降低非税负担。一是全面清理规范政府性基金,取消城市公用事业附加等基金,授权地方政府自主减免部分基金。二是取消或停征中央涉企行政事业性收费 35 项,收费项目再减少一半以上,保留的项目要尽可能降低收费标准。各地也要削减涉企行政事业性收费。三是减少政府定价的涉企经营性收费,清理取消行政审批中介服务违规收费,推动降低金融、铁路货运等领域涉企经营性收费,加强对市场调节类经营服务性收费的监管。四是继续适当降低"五险一金"有关缴费比例。五是通过深化改革、完善政策,降低企业制度性交易成本,降低用能、物流等成本。2017 年,全年完成新增减税超过 3 800 亿元,各类市场主体收费负担预计减少 6 434 亿元。可以预计,继续降低企业经营成本是一个需要政府、企业共同努力的持续过程。

四、国有企业改革将落地铺开

党的十八大以来,国企改革在总结以往经验的基础上,站在更高的起点,加速发力。国企改革如火如荼,取得了重大进展。一是国企改革全面深化,重点难点问题取得重大突破。国企改革政策主体框架基本确立,"十项改革试点"深入推进。公司制改制全面提速,中央企业集团层面公司制改制方案已全部批复完毕。87家中央企业建立了董事会,其中83家外部董事占多数,有效制衡的法人治理结构和灵活高效的市场化经营机制不断完善。混合所有制改革积极稳妥实施,已在重点领域确定3批50家试点企业。二是国资监管体系不断完善,监督针对性有效性进一步增强。以监管资本为主加快推进职能转变,国务院国有资产监督委员会(国资委)大幅度优化调整内设机构。完善制度体系,加强出资人监管。改进和加强外派监事会监督。

国资委肖亚庆主任在接受《人民日报》采访时提出,国有企业改革中一些深层次的难题还需要破解。国企改革不能停,也不会停下来。因此,"十三五"时期,国有企业改革将铺开落地,进入全面实施阶段。一批标杆性改革案例将会大概率出现,并为后续改革提供可复制的经验范式。一是混改将处于改革全局的中心位置。通过混改的实质性突破,重塑微观激励机制,从根本上提升国企的供给效率,稳定持续地降低国企杠杆水平和债务风险,纾解要素市场和产业链条的结构性扭曲。二是改革国有资本授权经营体制,促使国有企业真正成为独立市场主体。扩大国有资本投资、运营公司试点,发挥国有资本投资、运营公司市场化运作专业平台作用。不断加强改善国有资产监督,创新监督方式手段。三是深化现代企业制度试点,加快建立有效制衡的公司治理结构和灵活高效的市场化经营机制,切实落实董事会职权,推进经理层任期制和契约化管理,深化企业内部三项制度改革,以好的机制吸引人才,激发和保护企业家精神。积极推进中央企业集团层面股权多元化,分层分类推进混合所有制改革,转换企业经营机制,放大国有资本功能。

五、兼并收购回弹增长

近年来,中国并购市场一直活跃。并购重组成为国内企业寻求转型升级和业务多元化的主要手段。当然,并购重组的增长也不平衡。与2016年相比,2017年,中国企业的并购交易有所收缩。据Wind资讯截至2017年12月15日的统计,中国并购交易市场2017年以来已公告8016起并购交易,涉及金额3.29万亿元;已完成并购交易4018起,涉及金额1.51万亿元,低于2016年水平。从公告的交易目的看,为了横向整合进行的并购涉及总金额最大,约1.22万亿元;和2016年相比,2017年市场并购交易总笔数有所增多。Wind资讯数据显示,2016年中国并购市场完成交易2998起,2017年多了1/3;并购交易涉及总金额1.7万亿,即总额数据2016年比2017年略高一些,2017年每笔交易金额相对小一些。

信贷紧缩也导致 2017 年并购活动出现放缓,然而放缓程度却低于预期。

"十三五"时期,经济结构调整、压缩过剩产能与去僵尸企业都将为并购市场提供良好的题材。2017 年 12 月,安永发布了第 17 期《全球资本信心晴雨表》(以下简称《晴雨表》),该《晴雨表》的调查结果显示,2018 年及之后,中国交易投资者将表现出持续高涨的并购需求,中国仍将是大部分中国企业并购的首选区域,预计中国内地的并购活动预计将出现回弹。其中,随着中国简化相关法律以进一步吸引外资,对内并购交易额预计增长 73%,从 2017 年的 281 亿美元上升至 479 亿美元。2019 年,预计中国内地并购市场交易额将达 2 971 亿美元,交易数量达 2 003 宗。贝克·麦肯思国际律师事务所(Baker and Mckenzie LLP)也发布报告,对中国并购市场的长期增长持乐观态度。

六、"一带一路"倡仪力推企业加速"走出去"

"十三五"以来,实施"一带一路"倡仪成为中国企业加速"走出去"的助推器。2017 年 5 月,首届"一带一路"国际合作高峰论坛成功举行,论坛达成 270 多项合作成果。通过加强政策沟通,中国已累计与 86 个国家和国际组织签署了 100 份"一带一路"合作文件,同 30 多个国家开展了机制化产能合作,在沿线 24 个国家推进建设 75 个境外经贸合作区。"一带一路"倡仪的实施业已成为中国企业加速"走出去"的新增长点。中国企业对沿线国家投资累计超过 500 亿美元,创造了近 20 万个就业岗位。中央企业先后参与了一批铁路、公路、通信等重大基础设施项目。商务部的统计显示,2017 年,中国与"一带一路"沿线国家进出口总额 73 745 亿元,比上年增长 17.8%,其中,出口增长 12.1%,进口增长 26.8%,双向合作不断深化。

"十三五"及之后的时期将是"一带一路"倡仪的深化之年,许多项目将进一步落地实施。国家发改委表示将进一步促进共建"一带一路"合作,推进落实"一带一路"国际合作高峰论坛签署的合作文件,开展重大成果专项督查,努力形成"谅解备忘录—合作规划—项目清单"的良性工作链条。积极推进互联互通、产能合作、数字经济等重点项目建设,加强标准、体系等软联通。从企业层面的策略看,一是要主动对接、服务国家发展战略,打造中国企业"走出去"的升级版;二是不断优化管控体系,建立科学的管控模式;三是构建"走出去"的人才保障体系,推进企业智库建设,为企业"走出去"提供可行决策。从政府层面的保障看,一是做好政策沟通与战略对接,助力企业"走出去";二是加大进入保障力度,创新融资平台,支持企业"走出去";三是优化风险管控体系,提供政策性保险支持,保障企业"走出去"。

在中国经济增长进入新常态后,我们在扩大总需求的同时,更加重视供给侧结构性改革,也就是要在生产和供给领域通过结构升级来提高效率和优化资源配置。在供给侧改革中,最重要的是要根据中国经济发展水平所处的阶段,实现与经济总量扩张相适应的产业结构升级。经济发展质态的改进关键在于结构高度演进,结构升级是效率改善的函数,效率改善是创新的结果,包括技术创新和制度创新,因此经济结构演进是一国经济发展中效率及创新的集中体现,是经济发展的实质性推进。配第-克拉克定理揭示,在经济增长过程中,首先是第二产业的产值和就业得到较大的发展,而后第三产业会得到更大的发展。而在中国的工业化和赶超过程中,这一规律也得到了验证。[①]

第二节　从增加值结构看产业结构升级

表 3.1 列出的是中国和美国 2014 年[②] GDP 按国民经济行业分类的情况,从表中可以看到,2014 年中国的农林牧渔业的增加值已经是美国的 4.8 倍,制造业是美国的 1.5 倍,而建筑业是美国的 1.1 倍。这说明了中国的赶超进程也遵循了配第-克拉克定理所揭示的经济发展规律。改革开放后,我们首先在农业领域推动改革,使农业及整个第一产业获得了迅速的发展,实现了经济总量上的赶超,从目前的水平看,按全部人口计算的人均第一产业产值已经和美国相当。接着我们的制造业和整个第二产业发展了起来,实现了总量上的赶超,目前第二产业已经是美国的 1.3 倍。但是从第三产业上看,我们的总量还和美国之间存在着很大的差距,中国仅仅为美国的 36.4%。因而,中国和美国之间经济总量上的差距(2014年中国的汇率法 GDP 只占美国的 60%),关键不在于第一产业和第二产业发展不足,而是第三产业没有跟上来。而第三产业没有跟上来的原因,既有历史的原因,也有经济发展阶段的原因,还有我们的政策导向上的偏差所带来的供给侧结构性失衡的原因。

表 3.1　2014 年中国和美国 GDP 产业结构比较

	美国		中国		中国	
	总额 (亿美元)	占比 (%)	总额 (亿元)	占比 (%)	总额 (亿美元)	为美国的 比重(%)
国内生产总值	173 931.0	100.0	643 974.0	100.0	104 824.0	60.3
农林牧渔业	2 031.9	1.2	60 165.7	9.3	9 793.6	482.0
第一产业合计	2 031.9	1.2	60 165.7	9.3	9 793.6	482.0
采矿业	4 827.1	2.8	23 417.1	3.6	3 811.8	79.0

[①]　参见刘伟等:《经济增长与结构演进:中国新时期以来的经验》,中国人民大学出版社,2016 年,第 5章。

[②]　目前,中国还不能像美国与其他发达国家一样,在当年结束时及时公布按国民经济行业分类的GDP 数据,仍然还是按照三大产业来公布数据。因此,我们只能根据已经公布的 2014 年的数据进行对比分析。推动供给侧结构性改革,需要有更加及时和细致的统计数据作为分析基础。

（续表）

	美国		中国		中国	
	总额 （亿美元）	占比 （％）	总额 （亿元）	占比 （％）	总额 （亿美元）	为美国的 比重（％）
制造业	20 994.3	12.1	195 620.3	30.4	31 842.4	151.7
电力、热力、燃气及 水生产和供应业	2 831.0	1.6	14 819.0	2.3	2 412.2	85.2
建筑业	6 720.5	3.9	44 880.5	7.0	7 305.5	108.7
第二产业合计	35 372.9	20.3	278 736.9	43.3	45 371.9	128.3
批发和零售业	20 515.1	11.8	62 423.9	9.7	10 161.1	49.5
交通运输、仓储和 邮政业	5 101.9	2.9	28 500.9	4.4	4 639.3	90.9
住宿和餐饮业	4 867.2	2.8	11 158.5	1.7	1 816.3	37.3
信息业	7 931.7	4.6	15 939.6	2.5	2 594.6	32.7
金融业	12 511.5	7.2	46 665.2	7.2	7 596.0	60.7
房地产业	22 448.5	12.9	38 000.5	5.9	6 185.0	27.6
教育	1 951.5	1.1	21 159.9	3.3	3 444.5	176.5
医疗卫生	12 231.6	7.0	12 734.0	2.0	2 072.8	16.9
其他服务业	48 967.4	28.2	68 489.0	10.6	11 148.4	22.8
第三产业合计	136 526.2	78.5	305 071.4	47.4	49 658.5	36.4

资料来源：美国的数据引自美国经济分析局（BEA）官方网站数据，中国数据根据世界银行和中国统计年鉴数据分析整理。

第一，中美两国各自的增加值结构，反映了两国处于不同的经济发展阶段。美国三大产业所占的比重分别是 1.2％、20.3％和 78.5％，属于后工业化时期的产业结构。而中国三大产业所占的比重分别是 9.3％、43.3％和 47.4％，尽管已经形成了第三产业比重最大，第二产业次之，第一产业最小的现代国家的产业格局，但是从具体数值上看，仍然是一个处于工业化进程中或进入工业化中后期的国家。这就是中国和美国之间发展上的差距。但在另外一方面，这也反映出我们有更大的发展潜力，这正是中国有可能实现赶超的比较优势。

第二，从第三产业本身的结构上看，中国也已经进入了不断升级的阶段。中国最大的五个第三产业行业分别为：批发和零售业（9.7％）、金融业（7.2％）、房地产业（5.9％）、交通运输、仓储和邮政业（4.4％）和教育（3.3％）；而美国最大的五个第三产业行业分别为：房地产业（12.9％）、批发和零售业（11.8％）、金融业（7.2％）、医疗卫生（7％）和信息业（4.6％）。两国前三个最大的行业是相同的，只是排序有所不同。而中国的第四大行业是交通运输、仓储和邮政业，这一方面反映了中国在交通基础设施的大量投入正在不断形成生产能力,另一方面则反映了第二产业的发展以及分工协作带来的货物运输的不断发展;教育投入的不断增加是中国近几年政府支出的一个特点,使得教育产业不断获得发展,这将为中国未来的长远发展奠定基础。而美国第四大行业是医疗卫生,这反映了一个国家的经济发展到更高水平的时候,健康产业将会得到更多的发展;而信息产业的发展则体现了高科技对美国经济增长的贡献。中国第三产业的发展虽然滞后,但是从发展上体现了现代化的特点,这就是新兴和现代的第三产业正在不断崛起,这是中国经济增长新的方向。

第三节　从就业结构看产业升级

美国的就业结构与其增加值结构是相似的,2005 年,美国按三次产业计算的就业构成是 1.6％、20.6％和 77.8％[①],现在已经进入稳定时期,每年只有很小的变化,增加值结构的情况也是如此。和表 3.2 中的增加值结构相比较,我们会发现美国的这两个结构是非常接近的,即每个产业增加值占 GDP 的比重与就业占全部就业的比重非常接近,这是在发达市场经济下平均收益规律的表现,如果一个产业或行业的平均收益(人均增加值)高于另外一个产业或行业,那么资本和劳动力就会向这个产业或行业流动,从而达到产业和行业间的均衡。而中国的情况则有所不同:首先是中国的增加值结构和就业结构都处于变化过程中,从表 3.2 中可以看到,这两个结构目前正处于升级过程中,即第一产业和第二产业所占的比重在逐渐变小,第三产业的比重在不断上升。其次是两个结构之间的差别较大,虽然都已经初步形成了现代经济的产业结构,即第三产业的比重最大,第二产业次之,第三产业最小的结构,但具体占比之间存在着差距。第一产业的就业占比要比增加值占比高 20％以上,第二产业和第三产业则要低 10％左右,相比较而言,第二产业具有较高的平均收益,这也说明了中国为什么近些年来第二产业会获得更多的发展。不同产业之间人均收益上的差别,反映了现代化进程中不同产业效率上的差别,同时也反映了发展中国家工业化进程中的收入分配矛盾。最后要注意的是,这种现代经济的产业结构是近几年来刚刚形成的,从增加值结构看,2012—2013 年第三产业的比重才完全超过第二产业,而从就业结构看,第一产业的就业比重到 2014 年才降到第二产业以下。从这个意义上看,我们刚刚才完成产业结构现代化的第一步目标,这意味着我们还可以在产业结构不断升级的基础上,实现新的经济增长和经济发展。

---

① 参见《中国统计年鉴 2016》有关国际数据。

表 3.2   2011—2015 年中国增加值结构与就业结构

年份	增加值结构(%,三次产业合计=100)			就业结构(%,三次产业合计=100)		
	第一产业	第二产业	第三产业	第一产业	第二产业	第三产业
2011	9.4	46.4	44.2	34.8	29.5	35.7
2012	9.4	45.3	45.3	33.6	30.3	36.1
2013	9.3	44.0	46.7	31.4	30.1	38.5
2014	9.1	43.1	47.8	29.5	29.9	40.6
2015	8.9	40.9	50.2	28.3	29.3	42.4

资料来源:《中国统计年鉴 2016》。

党的十八大前后,中国经济进入了一个重要的转折时期,不仅经济总量在世界上达到了一个新的水平,产业结构升级也由量变转化为质变。坚持"五位一体"总体布局和"四个全面"战略布局,坚持深化供给侧结构性改革,贯彻新发展理念,推动发展方式转变,在这种背景下,党和国家调整了经济增长预期和宏观调控目标,让市场在资源配置上发挥决定性作用,使中国经济平稳地进入了新常态。同时,又采取了一系列重大举措,为中国的社会经济进一步发展提供了制度、科技和政策上的支持和保证,包括创新和反腐败为社会主义市场经济的发展提供更加公平、更有效率的环境,通过鼓励技术创新使技术进步在经济增长中发挥更大的作用以及推动供给侧结构性改革等,使得中国特色社会主义经济增长和经济发展进入新时代。

第四节 总 结

从现在到 2020 年,是全面建成小康社会的决胜期;从 2017 年党的十九大到 2022 年党的二十大,是两个百年奋斗目标的历史交汇期;从 2020 年到 2035 年是新时代实现现代化目标的第一阶段;从 2035 年到 2050 年是实现新时代现代化的第二阶段。与之相适应,中国经济发展在世界经济格局中的地位会发生深刻的变化,实现这种深刻的历史变化和现代化目标,需要全面落实习近平新时代中国特色社会主义思想,贯彻基本理论、基本路线、基本方略,在"五位一体"总体布局和"四个全面"战略布局的基础上,牢固树立"四个自信",坚持新发展理念,真正走出一条中国特色社会主义现代化的道路。

从现在到 2020 年是实现第一个百年目标,全面建成小康社会的决胜期,就经济增长和经济发展水平而言,经济总量将比 2010 年翻一番,按 2010 年不变价格达到 90 多万亿元,按三年平均汇率法折算约为 17 万亿美元,从现在相当于美国的60% 以上提升到 80% 左右,进一步缩小与世界第一大经济体美国间的总量差距;

人均 GDP 的水平,特别是城乡人均收入水平将实现倍增,从现在的按三年平均汇率法折算人均 8 260 美元(高于当代上中等收入国家平均水平——8 209 美元)上升至当代世界平均水平之上(10 302 美元),同时实现新型工业化,并在此基础上推动信息化、城镇化、农业现代化同步发展。

从 2017 年到 2023 年,党的十九大至二十大,是两个百年奋斗目标的历史交汇期。根据当代世界经济发展史经验,高收入国家自进入上中等收入起到达高收入阶段起点,平均经历了 12—13 年时间,中国自 2010 年进入上中等收入阶段,用 12—13 年或者更短时间实现从上中等收入阶段向高收入阶段的跨越,即 2023 年前后进入当代高收入阶段,在人均 GDP 水平上达到高收入阶段的起点水平(世界银行 2016 年标准人均 GDP 12 235 美元以上),为实现第二个百年奋斗目标打下良好基础。

从 2020 年到 2035 年是实现新时代现代化的第一个阶段,即在全面建成小康社会的基础上,再奋斗 15 年,基本实现社会主义现代化。在这一时期在经济增长总量上有可能实现对美国的超越,成为世界第一大经济体。从 2035 到 2050 年是实现新时代现代化的第二个阶段。在基本实现现代化的基础上,建成富强、民主、文明、和谐、美丽的社会主义现代化强国,在经济发展水平上,人均 GDP 水平将达到甚至可能超过高收入国家的平均水平(2016 年当代世界高收入国家人均国民收入平均为 41 045 美元以上),真正赶上发达国家水平。[①]

---

① 习近平:《决胜全面建成小康社会　夺取新时代中国特色社会主义伟大胜利——在中国共产党第十九次全国代表大会上的报告》,人民出版社,2017 年。

第四章　GDP 与发展观

——从改革开放以来对 GDP 的认识 看发展观的变化

中国改革开放 40 年来,既是经济增长与发展不断创造奇迹的历史进程,也是人们对"发展"的认识不断深化、不断提升其科学性的历史过程。其中,关于 GDP 的理论认识和实践推动,集中体现了关于"发展"的态度及思考的转变。

第一节　GDP 的提出与我国否定 GDP 的传统

GDP 是到现阶段为止,在经济理论和统计实践上表现一国或地区经济规模及其增长的最为重要的指标,也是现代经济理论对国民经济价值流量和存量进行全面计量的国民经济核算体系中的核心指标,是对资源配置的经济活动进行宏观分析(包括结构分析)的基本根据和分析工具。

在经济思想史上,英国古典经济学产生时,主旨就是分析资源配置这一微观命题,并不包括宏观分析,也就不可能、更不需要统计国内生产总值。其原因,一方面在于,在经济自由主义基础上对市场作为"看不见的手"功能的推崇,进而对政府作用的无视或排斥,资源配置是被当作市场微观活动的竞争过程,不是也不应是政府对国家国民经济总体干预的过程;另一方面,以亚当·斯密(Adam Smith)为代表的古典经济学理论体系中不存在再生产理论,特别是在其劳动价值论之外,又提出收入价值论,将全部价值分解为利息、工资、地租三种收入,难以解释生产资料价值部分的客观存在,因而难以形成再生产理论,也就不可能从国民经济整体出发,分析经济运行。在古典经济学中,虽然有法国经济学家弗朗斯瓦·魁奈(Francois Quesnay)提出"经济表",力图从总体上反映国民经济再生产过程,但是该思想极为粗糙,还谈不上深入系统和科学。[①]

1929—1933 年大危机之后,催生了宏观经济学及国民经济总体核算和分析。大危机深刻表明市场自由竞争的有限性,表明总量失衡的客观性,进而提出政府宏观干预的必要性,凯恩斯主义便是这种国家干预主义的集中体现。但要进行宏

---

① 　参见陈岱孙主编:《政治经济学史》(上卷),吉林出版社,1981 年。

观分析,必须有国民经济总体核算和统计,这就提出了统计 GDP 及建立以此为核心的国民经济核算体系的历史要求。

构建 GDP 核算体系首先要明确国民经济中的产业活动范围,在古典经济学中存在劳动价值论与效用价值论的争论,但到 19 世纪中叶,劳动价值论的主导地位已让位于效用(服务)价值论,以古典经济学李嘉图劳动价值论的瓦解为标志,以及相应的法国庸俗经济学家让·萨伊(Jean Say)对斯密古典经济学中原来就存在的收入价值论加以系统化再提出,效用价值论成为正统①,并成为认识"产业"的理论基础。在这一价值理论基础上,同样也是为回应 1929—1933 年大危机,英籍新西兰经济学家 A. 费希尔(A. Fisher)于 1937 年出版《安全与进步的冲突》(*Confrotation between Security and Progress*),从经济发展史的角度把人类经济史划分为三个阶段:以直接获取自然资源满足物质生活需要为第一阶段,相应的产业为第一产业;以对自然资源进行加工、再加工以满足多样的物质资料生活需要为第二阶段,相应产业为第二产业;以非物质资料形态的服务满足人们更复杂的物质资料生活之外的需要为第三阶段,相应的产业为第三产业。②尽管费希尔以三次产业划分为根据的治理生产过剩总量失衡经济危机的政策未被重视,但其三次产业划分法却把"产业"的概念拓展到工农业物质产品生产之外,尽管其对服务业作为产业的生产性的论证根据直接源于西方传统经济理论的服务价值论(要素效用价值论),但其为现代国民经济核算明确了"产业"的范围。后来另一位英籍澳大利亚经济学家约翰·贝茨·克拉克(John Bates Clark)发现并运用费希尔三次产业分类法,对澳大利亚和新西兰两国国民经济账户进行重新划分,开始尝试构建新的核算体系,虽然后来第二次世界大战使之研究中断,但之后新的国民经济核算体系重建很快引起了各方面重视。

第二次世界大战后增长成为普遍被关注的问题,而进行总量分析,对国民经济总体上进行核算,必须有较为系统科学的经济总量指标。20 世纪之后,特别是第二次世界大战后,对于经济总量及增长的统计计量和实证分析发展迅速,传统的国民经济统计迅速发展成为对国民经济流量和存量进行全面计量的国民经济核算体系,国内生产总值即是这一体系中的核心指标,在这一体系中,传统的国民收入核算和投入产出分析、资金流量分析、国际收支平衡分析、资产负债分析等结

---

① 参见刘伟主编:《经济学教程》,北京大学出版社,2005 年,第 1 篇。

② 参见刘伟主编:《经济学教程》,北京大学出版社,2005 年,第 15 页。事实上,费希尔提出三次产业划分的直接目的是从供给侧提出如何克服总量失衡(凯恩斯主义是从需求侧提出克服失衡的宏观政策),通过调整供给端的产业结构,适应人们在新的经济发展阶段上物质资料生活需求满足后的对服务的需求,把资本和劳动等要素从以往物质资料部门转移向服务部门,而服务部门的特点是不可能产生产品过剩,进而缓解生产过剩的经济危机。但由于供给调整具有长期性,需求管理则具短期性,所以各国采用了凯恩斯主义需求管理,而忽视了费希尔的供给改革。

合成一个完整的账户体系,在这一基础上,发展成著名的联合国国民经济核算体系(SNA),成为当代进行经济统计和计量研究的国际标准和基本分析方法,宏观经济学和经济增长理论也因此获得进一步的发展,凯恩斯主义的宏观经济学以及后来的各种经济增长理论的进展,都与国民经济核算体系和国民收入统计理论发展有关。[①]

我国在改革开放之前,长期沿袭苏联的理论和实践传统,尽管在 20 世纪 50 年代末之后与斯大林之后的苏联产生了严重分歧,但在对"产业"的认识和国民经济统计核算体系上,仍沿用苏联的体系,几乎包括全部前计划经济国家在内的经济体,在理论基础上,以传统苏联理论界对马克思劳动价值论和再生产理论的理解为基础,建立起了不同于西方 GDP 的核算体系。其重要不同在于,不承认服务业的生产性即物质资料产品平衡表体系,其突出特点是工农业生产总值和物质资料产品占有核心地位,产业活动的统计和核算不包括非物质资料生产(服务业及第三产业),在理论上的代表人物为苏联经济学家列昂惕夫,他早期进行的棋盘式平衡表研究,后来被发展成著名的投入产出表及分析方法。[②]

我国国民经济核算和统计长期采用以工农业生产总值等物质资料产品为核心的统计核算体系,除了在理论上以苏联式理解的马克思劳动价值论为基础,在统计核算上排除服务业外,否定 GDP 的价值和意义更为深刻的原因还在于,一方面,长期忽视经济建设,特别是自"文化大革命"以后,批判"唯生产力论",以阶级斗争为中心,成为否定和忽视 GDP 的重要原因。否认经济发展的重要性,便会否认国民收入统计和资源配置核算的重要性,自然会忽视经济增长和经济发展的根本地位,因此,那一时期对 GDP 及核算体系的排斥,本质上是否定生产力发展和经济建设为中心的指导思想的某种反映。另一方面,由于种种原因形成的对外开放不足的封闭格局,使得我们难以在国际比较中推动我国的经济发展,也难以以国际通行的国民经济核算体系来分析自身的经济活动,这也是经济封闭性的某种体现。此外,更为深刻的体制原因在于,GDP 核算体系是对市场经济配置资源方式的反映,离开市场经济机制,GDP 既无统计核算的可能,也无必要,传统计划经济国家国民经济统计核算以物质产品为核心进行统计核算,是有其计划经济的体制背景的。

---

① 从 20 世纪 20 年代库兹涅茨对国民收入计量和经济增长的研究,到 40 年代理查德·斯通(Richard Stone)主持的国民经济账户体系的研究,推动传统的国民收入统计研究发展成为国民收入核算体系。也因此,库兹涅茨在 1971 年获得诺贝尔经济学奖,斯通在 1984 年获得诺贝尔经济学奖。

② 列昂惕夫为此在 1973 年获得了诺贝尔经济学奖。

第二节　对 GDP 的承认和我国经济持续高速增长

改革开放伊始,我们面临的突出发展命题是摆脱贫困,伴随着我们对社会主义初级阶段的认识深化和相应的党的基本路线的明确,以经济建设为中心推动发展、摆脱贫困成为共识,由此,GDP 的统计核算和以 GDP 为核心指标的经济增长问题,便成为突出的理论和实践问题。

1979 年 10 月 4 日,邓小平作为我国改革开放的总设计师在中共省、市、自治区第一书记座谈会上的讲话中,第一次使用了国民生产总值(GNP)这个指标来规划中国的经济增长目标,指出:"我们到本世纪末国民生产总值能不能达到人均上千美元? 前一时期我讲了一个意见,等到人均达到一千美元的时候,我们的日子可能就比较好过了……现在我们的国民生产总值人均大概不到三百美元,要提高两三倍不容易。我们还是要艰苦奋斗。"[1]这是中华人民共和国成立以来 30 年里,我国领导人第一次用国民生产总值指标来规划发展目标。[2]

不久,邓小平在会见来访的日本首相大平正芳时,针对大平正芳提出的"中国未来现代化目标是如何构思的"这一问题,邓小平首次以国民生产总值为基本衡量指标,指出从 20 世纪 70 年代末到 2000 年,实现经济总量翻两番,使人均 GNP 达到 800—1 000 美元,并特别强调为此要付出很大的努力。[3] 由此开启了围绕 GDP(GNP)为增长核心指标,以 20 年实现翻两番为目标的宏伟的增长发展规划[4],从全国的发展和增长规划,到各省市的经济规划,GDP 增长成为核心规划指标和考核指标,国家总体层面制定倍增计划,地方政府则展开相互间以 GDP 增长为标志的竞赛。从实践进程来看,我们在 1997 年提前 3 年实现了国内生产总值按不变价格较 1980 年翻两番的增长目标,继而我们又提出了从 2000 年起再用 20 年,再实现 GDP 翻两番的增长目标。事实上,我们在 2007 年提前 3 年实现了较 2000 年又翻一番的目标,接着我们又将原来 2020 年较 2000 年翻两番的目标,提高为 2020 年较 2010 年再翻一番。到 2017 年我国 GDP 总量达 82.7 万亿元人民

①　邓小平:"关于经济工作的几点意见",载《邓小平文选》(第二卷),http://CPC. people. com. cn/GB/641841/64185/66611,访问时间 2018 年 11 月 26 日。

②　GDP 与 GNP 本质上是相同的核算体系,作为统计指标来说,两者的差距主要来自"国外要素收入"这一项,GDP 是按"国土原则"计算的,GNP 是按"国民原则"计算的。在西方国家,运用 GNP 有很长的历史,在 1968 年联合国公布的国民经济核算体系之后,SNA 中运用的是 GDP,相应西方各国用 GDP 取代了 GNP,但由于 GNP 更强调收入,所以在世界银行公布各国收入水平时仍用 GNP,但改称 GNI,即国民总收入。

③　邓小平后来说,提到这件事,我怀念大平先生,我们提出 20 世纪翻两番,是在他的启发下确定的。

④　参见刘伟、蔡志洲:《走下神坛的 GDP——从经济增长到可持续发展》,中信出版社,2006 年,第一章。

币,GDP 年均增长达到 9.5% 左右。根据联合国统计数据,中国在世界 GDP 总的存量中所占比重从 1978 年的 2.3% 上升至 15% 左右,稳居世界第二位(2010 年起),在 2017 年全球经济增量中贡献率达 30% 以上,人均 GDP 水平从 1978 年的 250 多美元上升至 8 800 多美元,从世界低收入水平(按世界银行标准划分,现阶段人均 GDP 1 025 美元以下,共有 36 个国家)进入到下中等收入水平(人均 GDP 4 055 美元以下,共有 54 个国家,我国是 1998 年达到下中等收入水平),再到上中等收入水平(人均 GDP 4 055—12 200 美元,我国是 2010 年进入),克服了贫困,跨越了温饱,进入当代上中等收入阶段,即进入向高收入阶段迈进的跨越期[①],显然,在这一持续高速增长的过程中,增长的核心指标是围绕着 GDP 展开的,并以此进行的规划。

GDP 在我国的命运,之所以能够发生这种历史性的变化,主要原因在于,一是我国开启改革开放这一伟大历史进程。党在社会主义初级阶段确立了以经济建设为中心的基本路线,随后的"发展才是硬道理"、"三个代表"重要思想、科学发展观,以及习近平新时代中国特色社会主义思想,均始终坚持解放和发展生产力的辩证历史唯物主义立场,以 GDP 为核心指标规划增长发展目标,以推动 GDP 翻番增长来实现赶超。这些发展经济指导思想均体现了新时期以经济建设为中心、以发展为第一要务的历史要求。二是改革开放本身带来的深刻体制变化,一方面,以社会主义市场经济体制为目标的改革,推动市场机制的培育,从而为运用 GDP 进行统计和核算提供了必要的并逐渐完备的经济机制基础,GDP 说到底是对市场经济活动的反映;另一方面,经济全球化的深入发展,使得中国的现代化进程的比较对象也日益国际化,其中包括国民经济核算方面的比较和发展目标规划的比较。

从统计核算方法本身的变化来说,我国接受 GDP 是经过激烈的理论争论的。争论最多的问题是关于第三产业的生产性问题,起因是围绕"生产劳动"展开的学术讨论,即如何理解马克思主义所说的"生产劳动"范畴?什么劳动活动是生产性活动?除工业、农业等物质资料生产外,非物质资料的服务业是否属于生产性的产业?是否创造价值?争论的结果,在理论上虽仍未取得共识,尤其是在其理论基础上,即劳动价值论和效用价值论的分歧上,难以做出科学的具有共识的论证。但是,在统计核算上,服务业开始被纳入产业范畴,到 20 世纪 80 年代中期,伴随计划经济向市场经济的转轨进程,在国民收入统计和国民经济核算体系上,我国逐渐统一到联合国的国民经济核算体系上来,最初是在个别省市开展试点(如 1985

年开始的山西省），然后逐渐过渡到两套核算体系，即物质资料生产核算体系与 GDP 指标核算体系并行，最后统一于联合国的国民经济核算体系（1987 年后），这就为以 GDP 指标来规划经济增长和发展目标，以 GDP 体系来核算国民经济活动提供了统计核算指标和方法上的依据。

但在这一过程中，由于种种原因，难免出现种种缺陷和不足，这些缺陷和不足主要来自两个方面：一方面，GDP 增长及核算体系本身不是万能的，是有局限的，不能片面夸大其作用和意义，不能将现代化发展的全部使命都压到 GDP 增长上；另一方面，对 GDP 增长及核算体系的运用，必须保持科学的态度，不能脱离客观经济发展规律，盲目追求 GDP 的增长。盲目以 GDP 增长来替代和解释经济发展及社会发展，特别是简单以 GDP 规模扩张、翻番式的倍增作为经济发展的目标导向式指标，往往可能引导经济发展扭曲。如果说强调 GDP 数量扩张，在经济严重短缺、长期贫困的条件下，在经历起飞的准备阶段和初期，有一定的客观历史必然性，也有经济发展和市场需求条件上的可能性，那么，当经济发展摆脱了贫困，跨越了"马尔萨斯陷阱"之后，其局限性就会逐渐显现，转变以 GDP 增长为引领的发展模式就成为新发展阶段的客观要求。否则，很难跨越所谓"中等收入陷阱"。

第三节　GDP 的局限与新发展理念的提出

毫无疑问，GDP 统计和核算体系有其科学性，这一体系的产生和不断完善，极大地提升了经济资源配置核算的系统性和科学性，作为一个指标体系和核算方法，从国民经济活动的起点（生产）到终点（需求），综合反映国民经济生产、分配、交换、消费的各个环节和全过程，经过长期发展，这一指标体系已相当完善，或者说很难以其他指标来取代它。因而，保罗·萨缪尔森（Paul Samuelson）等著名经济学家称，"GDP 确实是 20 世纪最伟大的发明。……GDP 描绘出一幅经济运行状态的整体图景。"[①] 但 GDP 体系本身确有局限性或有限性，在运用这一体系引导国民经济发展时，若忽视其局限性，必然产生严重的问题。

其一，GDP 指标从总量和规模上反映一国经济所达到的水平，包括总量和人均水平，作为一个完整的国民经济核算体系，尽管其中包括了一系列的部门结构、投入产出结构分析，但是就 GDP 本身而言，强调的是最终数量，也难以直接体现国民生产总值背后运行中的经济结构差异。不同的经济结构可以有相同的 GDP 水平，规模领先的 GDP 水平也可能建立在极为落后的经济结构基础上，进而扭曲了经济增长与经济发展的关系，即有经济增长但无经济发展，有量的扩张但无质

---

① 参见〔美〕保罗·萨缪尔森、威廉·诺德豪斯著，萧琛译：《经济学》（第 18 版），人民邮电出版社，2007 年，第 367 页。

的结构升级,有要素投入量增长的支撑,但无要素和全要素效率的提升。因为,增长更多的是规模扩张,即 GDP 的增长,而经济发展更多的在于结构高度演进,结构变化是效率的函数,结构高度是经济发展的本质,经济发展的真正困难,也集中于结构性矛盾的克服。① 过于强调 GDP 数量增长,一方面可能忽略经济结构演进的重要性,忽略要素效率和全要素生产率提高的重要性,过于依赖要素投入规模的扩张以实现 GDP 的扩张,并且,这在短期内是可以实现的,因而更容易成为政府短期政策目标;另一方面,可能引发、积累并加剧经济发展深层次的结构性失衡,从而使得宏观经济短期失衡加剧,长期可持续发展受到严重限制。

其二,GDP 作为核算体系,反映的是一定时期(一年)经济活动中的流量,而国民财富是经济生活中长期积累起来的存量,如果只有年度流量的 GDP,而无流量的有效持续积累,最终难以形成财富积累和国力的提升。尽管 GDP 作为核算方法提出了处理存量和流量关系的原则,但这一核算体系本身体现的主要是以年度为期限的流量性质的经济活动,即一年时间里创造的增加值。从某种意义上说,这种存量和流量的差异并不是源自 GDP 体系本身,而是 GDP 在核算时的特点,但在运用 GDP 方法时,若忽略流量特征,甚至将其极端化,便会给国民经济带来严重损害,尤其是使经济活动目标严重短期化,不顾财富积累和可持续发展。②

其三,GDP 核算体系反映的是以货币价格计量的市场经济行为,未通过市场交易进而没有市场价格的经济活动是难以进入 GDP 核算统计体系的,但市场机制并不是经济活动的全部机制,相当部分的经济活动和资源配置并不通过市场或并不完全通过现实的市场机制进行。例如,军队、警察、政府部门提供的服务,有经济资源的投入,也形成产出,但在原则上不能通过市场机制配置。又如家务活动,相当部分也未经过市场交易,其确切的市场定价也难以估算,因此难以客观全面地纳入国民经济核算体系。更进一步,如果片面追求 GDP 增长,大量非市场机制下的资源配置和经济活动容易被排除在国民经济核算体系之外,进而被忽视,形成严重"短板",市场失效的领域难以获得应有的发展。③

---

① 例如中国 19 世纪上半叶 GDP 的规模占全球 30% 以上,居第一位,但之所以 1840 年后迅速衰落,经济上的主要原因是结构形态落后,产业结构仍以传统农业为主,社会生产组织结构仍以家庭小生产为主,相较于近现代以来的欧美国家的以产业革命为支撑的产业结构,以现代资本主义企业制度为基础的生产社会组织结构,存在质的区别。又例如当代高收入的石油出口国,GDP 水平在总量和人均方面均处于领先地位,但其经济结构畸形,因而严格地说属于高收入国家但不属于真正的现代化国家,因而在划分类别时,往往不被作为"发达国家",而是作为"石油输出国"。

② 投资一个项目所有相关的经济活动会计入当年 GDP,第二年拆除这一项目的全部经济活动同样会计入该年的 GDP,但累积下来财富积累(存量)却为零,同时又在过程中(流量形成中)耗费了大量的经济资源,损害了未来可持续发展的潜能。

③ 改革开放以来,我国先后进行过三次经济普查,从普查数据看,GDP 未能充分统计的部分主要是"服务"。

其四,社会发展和现代化进程不仅仅是经济增长和经济发展,如果片面突出经济增长和经济发展,忽略社会全面发展,必然扭曲现代化进程。因此,从国民经济核算来看,仅仅对 GDP 进行核算并以此规划发展目标是不充分的,核算和评价现代化应包括国民经济核算和其他社会发展方面的核算和规划,比如经济发展与生态环境问题,经济发展与人类社会全面发展的关系问题,经济发展与人们的幸福满意程度的关系问题等,都是需要处理但 GDP 指标体系本身难以反映的问题。因此,在国民经济核算体系的完善和改进中,人们又提出了"绿色 GDP"、人类发展指数、幸福指数等指标体系,以在理论上补充 GDP 指标体系的不充分性,在实践上引导社会发展协调推进。①

　　GDP 作为核算体系和方法的种种局限,在实践中日益被人们所认识,因而人们不断地质疑并完善 GDP 指标体系。② 在我国改革开放初期,社会经济发展处于极为落后的贫困状态,提出以 GDP 增长为代表的国民经济翻番目标,是有其历史客观性的。一方面,穿越"贫困陷阱"迫切地要求必须首先持续加快经济增长,这是我国社会解放和发展生产力的迫切历史要求;另一方面,在当时低水平的经济发展条件下,比较而言,资源生态环境问题和社会其他方面的发展问题等相对处于次要地位,与经济发展间的矛盾相比还不十分尖锐,或者说矛盾的主要方面尚集中在经济增长和经济发展水平低下这一方面,因此在邓小平的倡导下,自中共十二大以后首次采取 GDP 价值量指标来规划长期发展目标,在实践上以 GDP 来制定增长和发展纲要,具有重要的必要性,同时也具有历史可行性。③ 必须看到,在跨越"贫困陷阱"的历史进程中,我国 GDP 的增长及相应规划目标的不断实现,为实践"以经济建设为中心"的基本路线,为贯彻"发展是第一要务"的辩证唯物史观,起到了巨大的无可替代的基础支撑作用,正是这种持续高速的经济增长和经

　　① "绿色 GDP"也称资源环境经济综合核算(SEEA),是在现有国民经济核算基础上融入资源和环境因素,这是一个非常现代先进的理念,但又是一项非常复杂的工作,目前世界上还没有一个国家建立起完善的并付诸实践的绿色国民经济核算体系。"人类发展指数"(HDI)从生存状况、文化水平和富裕程度三个方面反映国家的人类社会发展程度,主要用寿命、教育和人均 GDP 三个变量来分别反映。"幸福指数"是由世界价值调查(WVS)公布,通过调查政治、经济、社会、家庭、宗教等多方面问题,向受访者提问:你认为你非常幸福,十分幸福,不很幸福,还是不幸福? 通过对受访者答案的统计处理得出各国幸福指数。参见刘伟主编:《经济学教程:中国经济分析》(第 2 版),北京大学出版社,第 17 章第 2—3 节。

　　② 例如美国前总统罗伯特·肯尼迪(Robert Kennedy)早在 20 世纪 60 年代初就指出:"GNP 既不表现我们的身体健康,也没有反映社会的教育质量;既不代表文采的优美,也不体现家庭的和谐;既不证明辩论的智慧,也不显示政府的廉洁。它既没有衡量我们的勇气,也没有反映我们对国家的贡献。"参见刘伟、蔡志洲:《走下神坛的 GDP——从经济增长到可持续发展》,中信出版社,2006 年,第 1 页。

　　③ 中共十二大开始仍以工农业生产总产值的形式,提出在 20 世纪最后 20 年实现经济总量翻两番目标,后来又改用邓小平提出的国民生产总值翻两番的表述,最后明确为按照国际通用做法,采用国内生产总值的方式来规划。参见刘伟、蔡志洲:《走下神坛的 GDP——从经济增长到可持续发展》,中信出版社,2006 年,第一章。

济发展,推动了深刻历史性变化的发生,并使中国特色社会主义进入新时代。

问题在于,进入新时代后我国社会的发展所面临的约束条件发生了系统性、根本性的变化,这些变化集中体现为社会主要矛盾的深刻转化,进而使得我国的发展既面临新的机遇,又面临新的挑战。如何穿越"中等收入陷阱"并在此基础上进一步基本实现现代化(2035)和建成社会主义现代化强国(2050)?沿用以往的增长方式,显然不可能持续、均衡地协调发展。从社会经济发展来看,约束经济增长的基本条件发生了深刻变化,就供给侧而言,劳动力、自然资源、生态环境、技术进步等方面的成本大幅上升,传统的成本绝对和相对竞争优势逐渐消失;就需求侧而言,经济短缺、需求膨胀的市场环境已被需求疲软、产能过剩所取代;因而,无论是实现稳定均衡增长,防止成本推动的高通胀,保障适度充分就业,还是实现长期可持续发展,推动社会全面成长,都要求根本转变发展方式,要从以往主要依靠要素投入量扩大的高速增长的轨道上,转变为主要依靠效率推动的高质量增长轨道上来,这就需要提出新的发展理念作为指导思想,需要建立新的经济发展体系作为贯彻新发展理念的途径和方略。与此相适应,中共十八大以来,习近平总书记提出了"创新、协调、绿色、开放、共享"的五大"新发展理念",并特别强调,发展理念是具有战略性、纲领性、引领性的,是发展思路、发展方向、发展着力点的集中体现,按照"新发展理念"推动我国经济社会发展,是我国发展的总要求和大趋势。[①] 党的十九大对"新发展理念"的本质特征及其贯彻又做出了进一步深入概括和具体部署,使之成为习近平新时代中国特色社会主义思想体系中的重要组成部分,把马克思主义历史辩证唯物主义的发展观与新时代中国特色社会主义发展实践深入结合,系统地阐释了破解新发展难题的指导思想和行动纲领。[②]

第四节　贯彻"新发展理念"与 GDP 增长

"新发展理念"是对以往出现的片面追求 GDP 增长的根本纠正,也是对如何破解经济发展进入新阶段面临新变化新矛盾的系统回应。正如习近平总书记指出的,创新发展注重的是解决发展动力问题,协调发展注重的是解决发展不平衡问题,绿色发展注重的是解决人与自然和谐的问题,开放发展注重的是解决发展内外联动问题,共享发展注重的是解决社会公平正义问题,"五大发展理念"相互

---

① 中共中央文献研究室编:《习近平关于社会主义经济建设论述摘编》,中央文献出版社,2017 年,第 21—45 页。

② 习近平:《决胜全面建成小康社会　夺取新时代中国特色社会主义伟大胜利——在中国共产党第十九次全国代表大会上的报告》,人民出版社,2017 年,第 21—22 页。

贯通、相互促进,是具有内在联系的集合体。① 随着经济成长,摆脱贫困陷阱后,突出强调以 GDP 增长为核心指标的核算方法和行动规划的局限性逐渐显现,相应地我们党在强调"发展是硬道理""三个代表"重要思想的基础上,中共十六大之后,进一步提出强调科学发展、强调综合协调,即"科学发展观"。特别是在党的十八大之后进一步形成"新发展理念",到党的十九大,"新发展理念"作为习近平新时代中国特色社会主义思想的重要组成部分,成为党的指导思想和基本方略的重要方面。② 客观地讲,"新发展理念"顺应了中国特色社会主义事业发展的历史要求,是在中国经济发展进入上中等收入阶段,特别是党的十八大之后,面对经济"新常态"提出的发展理念。所谓的"新常态"是指以 GDP 为核心指标的经济增长速度从高速增长向中高速甚至可能更低的速度转换的"换挡期",经济结构性失衡的矛盾长期累积形成结构调整的"阵痛期",从 2008 年全面反金融危机强力扩张政策轨道退出的"消化期","三期叠加"表明要求转变发展方式的历史要求极其迫切。

　　因此,树立并坚持"五大发展理念",进一步强调发展的科学性,与之相适应提出"五位一体"总体布局,从而进一步明确发展目标的系统均衡性。那么怎样贯彻"新发展理念",以怎样的方略实践"五位一体"总体布局,实现全面均衡的现代化进展? 党的十九大进一步明确以构建"现代化经济体系"作为满足跨越关口的迫切要求和实现我国发展的战略目标。③ 那么,"现代化经济体系"包含怎样的内涵? 主要在于构建七大体系,即:建设创新引领协同发展的现代产业体系;建设统一开放、竞争有序的现代市场体系;建设体现效率、促进公平的收入分配体系;建设彰显优势、协同联动的城乡区域协调发展体系;建设资源节约、环境友好的绿色发展体系;建设多元平衡、安全有效的全面开放体系;建设充分发挥市场作用,更好发挥政府作用的经济体制。上述七个方面是统一的,现代化经济体系是包括社会经济活动各个环节、各个层面、各个领域的相互关系和内在联系构成的有机整体,面对发展中出现的新矛盾新命题,需要不断丰富和完善。④ 进而,应该怎样推进现代化经济体系建设? 必须坚持以深化供给侧结构性改革为主线,从发展和改革两个

---

　　① 中共中央文献研究室编:《习近平关于社会主义经济建设论述摘编》,中央文献出版社,2017 年,第 26 页。

　　② 党的十六大明确提出"科学发展观",党的十八届五中全会系统阐释了"新发展理念",党的十九大则把"科学发展观"和"习近平新时代中国特色社会主义思想"写进了党章,作为党的指导思想的重要构成,同时,相应地体现在宪法修改当中。

　　③ 习近平:《决胜全面建成小康社会　夺取新时代中国特色社会主义伟大胜利——在中国共产党第十九次全国代表大会上的报告》,人民出版社,2017 年,第 21—22 页。

　　④ 习近平在 2018 年 1 月 30 日中共中央政治局关于学习现代化经济体系会议上的讲话,见《人民日报》,2018 年 2 月 1 日。

方面的统一中推动现代化经济体系建设。之所以以深化供给侧结构性改革为主线,推动现代化经济体系建设,一方面是由于无论是新时代中国特色社会主义社会的主要矛盾及矛盾的主要方面,还是经济新常态下经济运行中的宏观经济主要失衡和微观经济中的突出矛盾均集中于供给侧,其深层次的动因主要源于供给侧的结构性失衡;另一方面,供给侧结构性改革与需求侧管理突出的不同,或者说最本质的特点在于,其政策和改革举措的出发点不是需求管理下针对的消费者,而是生产者,包括劳动者、企业、产业等,目的在于提高劳动生产率、企业竞争力和产业水平,基础在于创新驱动下的要素效率和全要素生产率的提升;其政策和改革举措的落脚点不是需求管理下的总量效应,而体现在结构变化效应上,包括企业市场组织结构、产业结构、区域结构、技术结构等方面的演进。这种出发点和落脚点所体现的效率和结构变化,更深刻地体现了新发展理念的本质要求和经济新常态下质量转变、动能转变、效率转变的发展方式根本转变的内在要求。之所以从发展和改革两个方面的统一中推动现代化经济体系建设,根本原因在于现代化经济体系所包含的内容概括而言即为一系列发展和一系列改革的历史内涵。现代化经济体系包含国民经济的各个环节、各个方面和各个领域,涵盖整个社会生产方式,包括国民经济的技术方式和社会方式,因此,其建设和完善必须以全面深化改革为动力,从供给侧入手以克服和缓解国民经济深层次的结构性矛盾。那么,深化供给侧结构性改革需要创造怎样的经济环境和条件?必须贯彻“稳中求进”总基调,从短期宏观政策而言,需要保持稳定适度的 GDP 增长,使宏观经济的增长、通胀、就业等一系列指标相互协调,这就要求运用宏观财政和货币政策等手段,对总需求加以适度调控,协调需求与供给的关系。否则,需求膨胀,经济增长过快,通货膨胀过高,生产者也就失去了深化供给侧结构性改革的市场压力,进而不必进行;或者需求疲软,经济衰退严重,失业率不断攀升,对政府也就不具备深化供给侧结构性改革的经济可能,进而难于进行。从长期制度创新而言,需要全面深化经济改革,处理好政府与市场的关系;全面推进法治化进程,真正完善“私权赋予,公权约束”;全面推进从严治党,切实加强党的领导;形成有效的中国特色社会主义的国家社会治理结构,以在制度创新上支持“新发展理念”的落实。简而言之,围绕统筹推进“五位一体”总体布局,协调推进“四个全面”战略布局。正如习近平总书记所指出的:“坚持稳中求进工作总基调,‘稳’的重点是稳住经济运行上,确保增长、就业、物价不出现大的波动,确保金融不出现区域性系统性风险。‘进’的重点要放在调整经济结构和深化改革上。”[1]

---

[1]　中共中央文献研究室编:《习近平关于社会主义经济建设论述摘编》,中央文献出版社,2017 年,第 321 页。

显然,在"新发展理念"的指导思想及实践逻辑中,GDP 的增长发生了深刻的变化:一是,不再单方面突出强调 GDP 指标的意义,不唯"GDP",而是将其有机纳入"五位一体"总体布局体系之中,强调统筹推进发展,不是简单以生产总值论英雄[①];二是,不再过于强调 GDP 增长的速度,而是实事求是地推动均衡增长,适应增长速度的换挡期要求;三是,不再突出要求增长规模的扩张,而是要求增长质量的转变,强调结构质态的提升;四是,不再突出总需求侧的投资、消费、出口"三驾马车",扩张式地拉动 GDP 增长,而是强调从供给侧入手,以创新为驱动,寻求增长新动能;五是,不再相互独立地提出约束目标和增长目标,而是有机地把资源约束、生态环境约束等内在于经济增长,把改革、开放、发展统一于"新发展理念";六是,不再强调 GDP 增长效率与分配公平之间的矛盾,进而不再突出强调增长效率优先,而是强调效率与公平的统一性,强调 GDP 增长的根本目的在于为人民谋福利,而为人民谋福利这一最大公约数的建立才是发展最根本的动力和效率最深厚的根源;七是,在国民经济核算和规划理论方法及实践引导上,一方面使 GDP 核算体系本身更为国际化、更为完善和科学,另一方面充分认识其本身的局限性,在以 GDP 为核心指标的国民经济核算体系之外,多方面、多维度地核算和规划国民经济活动和资源配置;八是,不同地区和省市之间,不再倡导以 GDP 增速和 GDP 规模为引导的竞赛,而是要求城乡区域协调发展,根据不同地区的区域优势和资源禀赋实施不同的发展方式,体现不同主体功能区的要求等。

需要进一步说明的是,在习近平新时代中国特色社会主义经济思想和行动方略中,对 GDP 增长认识所体现出来的对发展认识的科学性,对新时代中国特色社会主义经济发展客观规律的认识深刻性,需要我们全面把握和深刻理解,特别需要强调的是:一是,必须清醒认识,我们仍长期处于社会主义初级阶段,目前只不过是上中等收入阶段,我国现在人均 GDP 不到 9 000 美元,仍低于世界平均水平(10 302.4 美元,2016 年),距离高收入国家的平均水平差距更大(41 045.7 美元,2016 年)。[②] 即使全面实现小康目标,以人均 GDP 水平而言,也只是达到当代世界平均水平,甚至到 2050 年建成社会主义现代化强国时,在经济发展水平上也只是赶上发达国家的平均水平。我们仍处于社会主义初级阶段,因为按照马克思主义理论体系核心的科学社会主义学说,只有全面超越资本主义文明,只有当资本主义社会发展与其社会制度在世界范围内产生全面严重冲突、被根本否定之后,才可能实现真正的共产主义(共产主义的高级阶段),在此之前,都应是社会主义

---

① 中共中央文献研究室编:《习近平关于社会主义经济建设论述摘编》,中央文献出版社,2017 年,第80 页。

② 世界银行数据,参见刘伟、蔡志洲:"新时代中国经济增长的国际比较及产业结构升级",《管理世界》,2018 年第 1 期,第 16—24 页。

初级阶段。中国特色社会主义初级阶段要经过几代,甚至几十代人的努力,因而,发展首先是作为基础的社会经济发展,解放和发展生产力,在经济发展上全面赶超发达国家,始终应当成为首要的命题,而在这一命题的破解中,GDP 的增长始终具有不可或缺的基础性地位。二是,必须清醒地认识,强调以人民为中心的发展思想是就中国特色社会主义社会发展的根本目的和根本动力而言,而不是以"以人民为中心"取代"以经济建设为中心"。以经济建设为中心,是我们党在社会主义初级阶段的基本路线的重要内容,而党的"基本路线是党和国家的生命线、人民的幸福线。"[①]以经济发展为中心是推动发展的方式和路径,而经济发展的初衷和归宿应是为了人民的利益,经济发展的最终目的应是坚持以人民为中心的发展思想,把增进人民福祉,促进人的全面发展,朝着共同富裕方向稳步前进,作为经济发展的出发点和落脚点。[②] 因此,GDP 的增长仍具有极为重要的意义,在发展观上,不"唯 GDP"不等于可以忽视 GDP,在国民经济核算上 GDP 指标有局限性,不等于它本身不科学,科学总是在一定条件下才成立的。三是,新发展理念强调"共享",但并不是把"做大蛋糕"和合理分配"蛋糕"对立起来、割裂开来,强调经济增长和效率与要求公平分配和逐渐共同富裕并不是对立的,更不是损害了公平就可获得效率,降低了效率就可换来公平的非此即彼的替代关系,简单地把发展效率置于分配公平之上,显然并不正确。同样,"主张分配优先于发展。这种说法不符合党对社会主义初级阶段和我国社会主要矛盾的判断。"[③]因而,提高 GDP 增长效率和公平分配 GDP 之间不是对立的,更不是相互否定的,需要努力提升其相互促进的水平。四是,以 GDP 为核心指标的国民经济核算体系,可以从国民经济总需求和总供给两端反映,宏观经济调控也可以从 GDP 所表现的供给与需求两端入手。我们强调现阶段我国贯彻新发展理念,以供给侧结构性改革为主线,构建现代化经济体系,并不是否定需求调控的必要性,更不能否定其重要性,正如习近平总书记所说:"纵观世界经济发展史,经济政策是以供给侧为重点还是以需求侧为重点,要依据一国宏观经济形势做出抉择。放弃需求侧谈供给侧或放弃供给侧谈需求侧都是片面的,二者不是非此即彼、一去一存的替代关系,而是相互配合、协调推进。"[④]

总之,发展是永恒的主题,是党执政兴国的第一要务。怎样认识发展?如何

① 习近平:《决胜全面建成小康社会 夺取新时代中国特色社会主义伟大胜利——在中国共产党第十九次全国代表大会上的报告》,人民出版社,2017 年,第 12 页。

② 中共中央文献研究室编:《习近平关于社会主义经济建设论述摘编》,中央文献出版社,2017 年,第 31 页。

③ 同上书,第 12 页。

④ 同上书,第 99 页。

推动发展？推动中国特色社会主义事业的发展,首先是使社会经济的发展沿着科学的轨道,不断取得新认识、新成就,这是需要在实践中不断探索的命题。中国特色社会主义的伟大实践,向世界展现了对于"如何摆脱贫困"的中国智慧和方案,相信伴随着新时代中国特色社会主义历史实践探索的不断深入,再探索"如何跨越中等收入陷阱",并在跨越之后进一步实现现代化的理论和实践的进程中,能够进一步贡献出中国的创造,在实现民族伟大复兴的同时,真正确立我们的"四个自信"。

第五章　新发展理念与"中等收入陷阱"的跨越

第一节　发展命题的提出及实践中的困难

习近平总书记指出："发展是人类社会永恒的主题。"[①]人类历史进程是以实现发展为基本内涵的,但将发展作为系统性的经济学命题提出,主要是 20 世纪之后,特别是冷战之后的事情。20 世纪 40 年代之前很少使用"经济发展"范畴[②],第二次世界大战后许多新独立的经济落后的发展中国家,面临加快发展摆脱贫困的迫切要求,相应地关于经济发展的研究成为普遍关注的问题。但这些研究是在西方主流经济学理论和政策主导下展开的,因为在当时的历史背景和西方中心主义的殖民观念下,普遍认为经济发展的基本思路不可能由落后国家提出来,需要也只能由发达国家的理论推动,因此"给土人提建议"成为经济发展研究的主流。[③]

克服贫困成为第二次世界大战后发展中国家面临的主题,但如何摆脱贫困成为西方主流经济学研究的专利,并形成了当代西方主流的发展经济学理论和制度及政策体系。其政策倾向和历史价值观,概括而言有以下两方面:一是在制度上建立资源配置机制的现代市场化。贫困的重要原因在于市场失效,即不存在完善的竞争性市场机制,而只有充分竞争的市场机制才可能解决落后发展中国家的贫困问题,通过自由的价格机制才可能把资源配置推近帕累托状态,实现公平与效率。[④] 与这种资源配置市场化机制相适应,生产资料所有制和企业产权制度必须实行纯粹的私有化,特别需要反对国有化,因为落后的发展中国家本身经济生活政治化和政府低能低效的失灵情况严重,会导致对市场化的根本否定,并对公平竞争形成破坏。二是在发展上推动现代工业化进程,以工业化改造传统经济结

---

① 习近平:"致'纪念《发展权利宣言》通过三十周年国际研讨会'的贺信",载《习近平关于社会主义经济建设论述摘编》,中央文献出版社,2017 年,第 14 页。

② 参见〔英〕杰拉尔德·M.迈耶主编,谭崇台等译:《发展经济学的先驱理论》,云南人民出版社,1995 年,第 1 页。

③ 参见〔印〕贾·N.巴格瓦蒂,"对劳尔·普雷维什发展思路的评论",载《发展经济学的先驱理论》,云南人民出版社 1995 年,第 200 页。

④ 〔美〕查·P.金德尔伯格、布鲁斯·赫里克著,《经济发展》(中译本),上海译文出版社,1988 年,第 211—212 页。

构。不发展和贫困的根源在于传统落后的农耕经济结构①,摆脱贫困的实质是实现所谓"二元经济结构"的转换。② 与这种发展目标工业化的要求相适应,如何实现二元结构转换,应以西方发达国家经济史为依据,按照发达国家经济结构改造落后发展中国家的经济结构,推动产业结构工业化升级,目标是以发达国家的今天作为发展中国家的明天;战略是加快资本积累,尽快补齐工业化不足,以发展结构短板为重点,而不是突出传统优势,缩短与发达国家的现代工业化差距;方式是实施进口替代,以弥补现在资本密集、技术密集产业的不足。③

问题在于,按照西方主流经济学开出的发展"药方"并不灵验,按照这种体制模式和发展模式,首先表现出的矛盾是所谓资本和外汇的"双缺口"状况,更进一步则是绝大多数发展中国家不仅未能有效摆脱贫困,反而长期滞留于"贫困陷阱",即贫困的恶性循环,贫困不断再造贫困,贫困本身成为更加贫困的原因。从供给方面看,贫困即收入水平低,收入水平低则居民储蓄力弱,储蓄水平低则再转化为资本积累的能力弱,资本积累能力弱则经济增长慢,经济增长慢则新增就业机会少,就业机会少则居民收入水平低,收入水平低则更加贫困。从需求方面看,贫困则收入水平低,收入水平低则购买力弱,市场购买力弱则对投资吸引力低,投资增长慢则经济增长速度低,增长速度低则新增就业机会少,就业机会少则居民收入水平低,收入水平低则更贫困。可见,无论是从供给端还是从需求端考察,落后国家之所以贫困的原因就在于其"贫困"。④

从实际发展历史看,落后国家依照这种模式,未能缩小与发达国家间的差距,反而不断扩大其差距。就经济绝对水平看,从第二次世界大战后发达国家与落后国家实际水平差距存在的现实出发,即使假定落后国家的年均增速高于发达国家平均增速一倍以上,由于现实基础差距过大,实际绝对总规模之间的差距在一百多年里仍将不断扩大,人均 GDP 水平的绝对差距在相当长的时期里同样持续扩大。⑤ 就经济相对水平看,落后国家的经济规模和人均 GDP 水平相当于发达国家

---

① 约瑟夫·熊彼特(Joseph Schumpeter)在其《经济发展理论》(*The Theory of Economic Progress*)(1961 年)特别强调了"发展"的结构变化意义。把工业化视为发展的主要任务的观点,早期是由威廉·吕彼克(Wihelm Ropke)1938 年写的"农业国家的工业化:一个科学的问题"所阐释(据张培刚教授考证,参见张培刚:"发展经济学往何处去——建立新型发展经济学刍议",《经济研究》,1989 年第 6 期,第 15 页)。

② "二元经济结构概念",最早由 J. 伯克(J. Boeke)在 1910 年提出后,成为主流发展经济学的重要概念和分析方法,如刘易斯等的主流经济学说。参见梁小民:"评刘易斯的二元经济发展理论",《经济科学》,1982 年第 2 期,第 63—67 页;刘吉瑞:"向贫穷挑战——发展经济学和发展战略比较研究",《经济社会体制比较》,1986 年第 5 期,第 52—55 页。

③ 林毅夫教授在其《新结构主义经济学》(2012)中对此做过系统概括。

④ 参见〔美〕R. 讷克斯著,谨斋译:《不发达国家的资本形成问题》,商务印书馆,1966 年,第 6 页。

⑤ 参见刘伟、杨云龙:《比较经济学》,中国财政金融出版社,1990 年,第 44—47 页。

的比重在不断下降[①],虽然直到 20 世纪 70 年代之前,世界上绝大多数落后的发展中国家均采取了西方主流发展经济学所设计的模式,但是除了在初期取得了短期的投资拉动的高速增长外,在长期经济严重停滞,并且周期性波动幅度剧烈,经济既不均衡也无实质性发展。

第二节　中国对"贫困陷阱"的突破及主要经验

毫无疑问,中国的发展及对贫困的克服创造了当代世界克服贫困的奇迹,从 1978 年到 2016 年,中国 GDP 总量年均增长 9.6%,达到 80 万亿元人民币,折算为 11 万亿美元(按三年平均汇率法)以上,从初期占世界 1.8% 上升至 14%,从排名 10 名开外上升为世界第二大经济体(2010 年),并且不断缩小与世界第一大经济体——美国的经济差距,从 2012 年相当于美国的 53% 上升至 2016 年相当于美国的 60% 以上。人均 GDP 的水平年均增长 8.5% 以上,从初期人均 156 美元上升到 5 万元人民币以上,折算为 8 260 美元(按三年平均汇率法),到 1998 年首次从贫困状态进入总体温饱水平(按世界银行划分标准,人均 GDP 进入下中等收入阶段),2010 年跨越温饱进入到上中等收入阶段,2016 年达到 8 260 美元,在世界银行统计的 216 个国家中,列第 93 位,虽然比世界平均水平仍有差距(10 302.4 美元),更是显著低于高收入国家的平均人均水平(41 045.7 美元),但已高出当代上中等收入国家的平均人均水平(8 209.6 美元)。在经济增长的同时,经济质态结构发生着深刻的改变,农业劳动力就业比重从 70% 以上降至 28% 左右,产值比由 28% 降至 9%;第二产业比重经过稳定持续上升,至 2012 年开始逐渐下降,现为 40% 左右,就业比重自 17.4% 上升至 30% 左右;第三产业产值比重自 23% 上升至 2013 年的 46.7%,首次超越第二产业,直到 2016 年已超过 50%,就业比重由 12.1% 上升至 42.4%,产业结构在进入工业化后期的同时,开始出现后工业化阶段现象。相应的城乡结构发生巨大变化,城市化率从 1978 年的 17% 上升至 56% 以上(按常住人口计),虽然距发达国家仍有较显著差距(80% 以上),但已进入通常所说的加速期(30%—70%),中国改革开放以来的发展,使 8 亿多人脱离了贫困,对世界反贫困做出了极为突出的贡献(在新阶段约为 90% 的贡献率)。按照党的十九大报告所提出的目标,到 2020 年实现全面小康目标的同时,实现按现行标准全部脱贫[②],中国是世界反贫困的最大贡献者,正如习近平总书记在党的十九大报告所说,这一深刻的历史性进步"意味着近代以来久经磨难的中华民族迎来了从站起来、富起

[①]　参见林毅夫:《新结构主义经济学》,北京大学出版社,2012 年。

[②]　中国 2016 年脱贫标准是人均收入达到 2 952 元(人民币),从营养学角度来说保证 2 100 大卡,这一标准高于世界银行制定标准(每天每人 1.29 美元)。

来到强起来的伟大飞跃,迎来了实现中华民族伟大复兴的光明前景;意味着科学社会主义在二十一世纪的中国焕发出强大生机活力,在世界上高高举起了中国特色社会主义伟大旗帜;意味着中国特色社会主义道路、理论、制度、文化不断发展,拓展了发展中国家走向现代化的途径"。

关键在于,我们并没有按照西方主流经济学的逻辑和价值观设计发展模式,而是坚持中国特色社会主义道路,其突出特点在于:一是坚持公有制为主体,多种所有制经济长期共同发展的社会主义基本经济制度,和与之相适应的按劳分配为主体及按要素分配的基本分配制度,既不是采取传统经济的纯而又纯的公有制和平均主义的分配制度,更不是采取西方主流理论所主张的全面推进私有化。二是坚持社会主义基本经济制度与市场经济机制的有机统一,既不是把社会主义与市场经济对立起来,也不是简单地实行自由主义价值取向下的市场化,坚持社会主义市场经济方向使市场在资源配置中发挥决定性作用,同时更好地发挥政府作用,形成政府与市场的有机统一,而不是相互分割,避免了其他发展中国家市场失灵、政府失效的两难矛盾。三是坚持马克思主义发展最终是为人民的发展观,把部分人先富起来与逐渐实现共同富裕作为统一历史进程,根据马克思主义的贫困观,从社会生产方式的源头遏制贫困,保障发展的成果能够更公正、更充分地为人民共享,并以此形成推动社会主义社会经济持续发展的强劲动力。四是在发展观上,把发展作为执政兴国的第一要务,坚持以经济建设为中心,坚持"发展是硬道理",坚持科学发展,坚持根据发展实践的历史变化丰富新发展理念,坚持以解放和发展生产力为检验制度创新的根本标准。五是在投资增长方式上,调动各方面的积极性,形成国家与市场、中央与地方、市场与企业、国有与民营、城市与乡镇、内资与外资等多方面联动格局,打破落后国家低储蓄、低投资增长的困局。六是在发展战略上,把发挥自身竞争优势与补短板、进口替代与出口替代、规模扩张与结构升级统一起来,从国情和竞争效率出发,而不是简单地以发达国家现存结构模式作为发展追赶目标。七是在改革开放的路径和逻辑上,既不采取"休克疗法",也不长期"路径依赖",在存量改革与增量改革、分配关系改革与生产方式改革、企业改革与政府改革、农村改革与城市改革、价格改革与产权改革、特区开放与内地开放等方面协调推进。八是坚持中国共产党的领导,中国共产党究其性质和宗旨是代表全体中国人民的长远根本利益,真正把发展作为第一要务,把人民利益作为发展的根本目的,因而能够凝聚全体人民的智慧和力量,推动改革开放等。中国打破贫困的循环,实现富起来的历史进程的伟大实践,还有许多方面的特征有待经济理论上的深入探讨,以上所列的若干突出特点恰与西方主流经济学所开药方根本不同,同时又集中体现了中国特色社会主义的制度优势和发展优势。

第三节　"中等收入陷阱"的跨越与贯彻新发展理念

习近平总书记指出:"我们要注意跨越'修昔底德陷阱''中等收入陷阱'。前一个是政治层面的,就是要处理好同美国等大国的关系。后一个是经济层面的,就是要提高我国经济发展质量和效益。"①经济发展进入新阶段,中国特色社会主义也进入新时代,约束社会经济发展的基本条件发生了系统而又深刻的变化,主要体现在:供给侧的比较优势——要素成本低(包括劳动力成本,土地与自然资源价格,生态环境承受力,技术创新和进步的成本等)的优势已经发生深刻转变,需要通过创新培育新优势,转变新方式,转换新动力,调整新结构;需求侧的潜在广阔空间——长期经济短缺的市场格局根本扭转,需要通过创新驱动及能力提升以适应并引领市场需求变化。这些条件的历史性变化,为中国发展带来新机遇的同时形成新挑战,正如十九大报告所明确的,从现在起到2020年是实现全面小康的决胜期,从党的十九大到二十大(2022年)是实现两个百年奋斗目标的历史交汇期,从2020年到2035年是在全面小康基础上实现现代化的第一阶段,基本实现现代化之后再用15年到21世纪中叶建成社会主义现代化强国。按照这一目标规划,第一个百年目标实现之后大体上就是中国实现中等收入阶段跨越期,自2010年进入上中等收入阶段到2020年或稍晚,接近或达到高收入阶段的起点(2016年为12 235美元),大体上用10年略多时间(当代世界70多个高收入国家历史上跨越这一阶段平均用时12—13年,其中20个人口大国平均11—12年),正如习近平总书记所说:"我国经济发展进入新常态,处于爬坡过坎的重要窗口期,跨越'中等收入陷阱'的关键节点。"②

第二次世界大战后一些发展中国家进入中等收入阶段之后长期停滞,陷入"中等收入陷阱",如拉美一些国家自20世纪70年代达到上中等收入水平,但至今已过40多年,仍未能实现穿越,被称作"拉美漩涡",西方学者的"华盛顿共识"起初就是针对其开出的药方;东亚一些国家在20世纪80年代达到上中等收入水平后,至今30多年未能实现穿越,被称作"东亚泡沫","中等收入陷阱"概念就是2006年世界银行总结其教训概括起来的;西亚北非一些国家自20世纪90年代达到上中等收入水平,至今20多年未能实现穿越,反而形成"西亚北非危机"。究其原因,一是创新力不足,技术创新力低下,要素和全要素生产率低,产业结构升级动力不足,缺乏竞争力;二是制度创新不足,现代经济所要求的市场化不完善,政

---

① 习近平:"围绕贯彻党的十八届五中全会精神做好当前经济工作",载《习近平关于社会主义经济建设论述摘编》,中央文献出版社,2017年,第89页。
② 习近平:"在中央财经领导小组第十三次会议上的讲话",载《习近平关于社会主义经济建设论述摘编》,中央文献出版社,2017年,第106页。

府与市场不协调,市场失灵,政府失效,公平竞争秩序难以保障,同时政府集权形成"寻租"的巨大空间和可能;三是法制建设滞后,与市场经济所要求的法治经济和法治化目标距离大,对市场竞争主体的私权缺乏足够的法制保护,对政府主体的公权缺乏必要的约束规范,市场经济缺乏法治支持,同时使"寻租"的可能成为普遍的现实,进而使资源配置不可能按市场竞争效率原则进行,而是按权钱交易的腐败强度配置,既不公平又无效率;四是道德秩序混乱,转型期传统的以"忠诚"为核心的道德秩序根本动摇,而与现代市场经济社会相适应的以"诚信"为核心的道德秩序仍未形成,开放中自身民族传统文化受到根本冲击,而西方文明又缺乏植根当地的可能,道德领域出现"无序状态",进一步加剧社会无序,加剧权钱交易的腐败,使腐败在经济和法制制度上缺乏约束的同时,在道德秩序上也缺乏约束力。

中国特色社会主义进入新时代,首先面临的问题便是如何穿越"中等收入陷阱"。习近平总书记指出:"对中国而言,'中等收入陷阱'肯定要过去的,关键是什么时候迈过去,迈过去以后如何更好地向前发展。"①如何迈过去?习近平总书记指出:"必须确立新的发展理念,用新的发展理念引领发展行动"②,"要坚持创新、协调、绿色、开放、共享的发展理念。"③创新发展注重的是解决发展动力问题,协调发展注重的是解决发展不平衡问题,绿色发展注重的是解决人与自然和谐的问题,开放发展注重的是解决发展内外联动问题,共享发展注重的是解决社会公平正义问题,这五大发展理念形成内在联系的集合体。新发展理念要求必须坚持科学发展,必须坚持和完善中国社会主义基本经济制度和分配制度,使市场在资源配置中发挥决定性作用,更好地发挥政府作用,必须发展更高层次的开放型经济,总之,切实使发展、改革和开放命题统一于新发展理念。

如何贯彻新发展理念?需要建设现代化经济体系。正如习近平总书记在党的十九大报告中所说:"贯彻新发展理念,建设现代化经济体系""是跨越关口的迫切要求和我国发展的战略目标"。建设现代化经济体系主要包括两方面内容:一方面,在质量改革、效率改革、动力改革、提高全要素生产率的基础上,构建实体经济、科技创新、现代金融、人力资源系统发展的产业体系;另一方面,在坚持社会主义市场经济改革方向的基础上,构建市场机制有效,微观主体有活力,宏观调控有

---

① 习近平:"在出席亚太经合组织领导人同工商咨询理事会代表对话时的讲话",载《习近平关于社会主义经济建设论述摘编》,中央文献出版社,2017年,第8页。

② 习近平:"关于《中共中央关于制定国民经济和社会发展第十三个五年规划的建议》的说明",载《习近平关于社会主义经济建设论述摘编》,中央文献出版社,2017年,第19—20页。

③ 习近平:"以新的发展理念引领发展,夺取全面建成小康社会决胜阶段的伟大胜利",载《习近平关于社会主义经济建设论述摘编》,中央文献出版社,2017年,第21页。

度的经济体制。怎样推动现代化经济体系建设？十九大报告从六个方面做出了布置：一是以深化供给侧结构性改革为主线，提高劳动生产率、企业竞争力、产业优化升级水平、培育先进制造业集群、加强基础设施网络建设；二是加快建设创新型国家，切实使创新成为引领发展的第一动力，成为建设现代化经济体系的战略支撑；三是实施乡村振兴战略，解决好"三农"这一关系国计民生的根本性问题；四是实施区域协调发展战略，推动区域间均衡发展；五是加快完善社会主义市场机制，完善产权制度和要素市场化，培育完备的社会主义市场经济内在竞争机制，创新和完善宏观调控；六是推动形成全面开放新格局，以"一带一路"建设为重点。

　　如何在制度改革和建设上，为贯彻新发展理念，建设现代化经济体系，实现全面小康，穿越"中等收入陷阱"创造基础？重要在于坚持"四个全面"战略布局：以全面实现小康目标，实施五大新的发展理念为引领；以全面深化推动社会主义基本经济制度与市场经济机制的有机统一，推动市场在资源配置中发挥决定性作用，更好地发挥政府作用，提高资源配置的效率；以全面推进依法治国，推进法治建设，推动法治社会、法治政府、法治国家建设，维护市场经营主体私权，规范政府公权，使社会主义市场经济切实成为法治经济；以全面从严治党，加强和完善党的核心地位和领导作用，使发展、改革、开放具有健全的政治体制保证。事实上，许多陷入"中等收入陷阱"的国家之所以难以转变发展方式，重要的原因在于制度创新滞后，在经济制度上的市场化，法律制度上的法治化，政治制度上的凝聚力等方面严重不适应新发展阶段的要求，导致既无公平又无效率。

　　中国特色社会主义的伟大实践使中国告别了贫困，实现了从站起来到富起来的飞跃，坚持走中国特色社会主义道路，坚持贯彻党的基本理论、基本路线、基本方略，坚持"五位一体"总体布局，坚持"四个全面"战略布局，贯彻新发展理念，建设现代化经济体系，一定能够使我们迈过"中等收入陷阱"，实现两个百年的发展目标，进一步提升"四个自信"，为解决人类问题进一步贡献中国智慧和中国方案。

第六章 如何改善中国营商环境？

营商环境是指伴随企业活动整个过程（包括从开办、营运到结束的各环节）的各种周围境况和条件的总和，包括影响企业活动的社会要素、经济要素、政治要素和法律要素等多个方面，是一项涉及经济社会发展和对外开放众多领域的系统性工程。一个地区营商环境的优劣直接影响着招商引资的规模与质量，同时也直接影响着区域内企业的经营与发展，最终对经济发展、财税收入、社会就业等产生重要影响。

第一节 近年来中国营商环境明显改善

近年来，政府高度重视优化营商环境。党的十八届五中全会指出要进一步转变政府职能，持续推进简政放权、放管结合、优化服务，提高政府效能，激发市场活力和社会创造力；要形成对外开放新体制，完善法治化、国际化、便利化的营商环境。2017年，国务院常务会议多次提出打造公平、公正、开放、便利的营商环境。十九大报告提出全面实施市场准入负面清单制度，清理废除妨碍统一市场和公平竞争的各种规定和做法；深化商事制度改革，打破行政性垄断，防止市场垄断，加快要素价格市场化改革，放宽服务业准入限制，完善市场监管体制。李克强总理批示指出，打造良好营商环境是建设现代化经济体系、促进高质量发展的重要基础。

在党和政府的积极推动下，近期中国企业营商的"软""硬"环境都有了明显改善。根据世界银行发布的《全球营商环境报告》，2013—2016年中国（港澳台除外）营商环境排名在全球跃升了18位，平均每年前移6位。

近几年，中国营商环境的改善主要体现在以下方面：

一是放管服改革取得实质性进展，公共服务效率不断提升。 2013年以来，国务院共取消和下放618项行政审批等事项，提前完成本届政府减少行政审批事项1/3的目标，彻底终结了非行政许可审批。商事制度改革不断深化，"五证合一、一照一码"推进实施，"双随机、一公开"全面推行，大大缩减企业办证登记的手续和成本，简化开办企业的流程。将2015年上海浦东新区率先开展"证照分离"改革试点、清理116项行政许可事项的做法推广到天津、辽宁、浙江、福建、河南、湖北等10个自贸试验区，继续探索破解企业面临的"办照容易办证难""准入不准营"

等突出问题。

二是着力推进降税减费,优化企业税收环境。2016 年政府着力推动从"结构性减税"进入"全面减税","营改增"试点全面推开,全年降低企业税负成本 5 700 多亿元;规模以上工业企业每百元主营业务收入中的成本为 85.52 元,比上年下降 0.1 元。不断扩展小型微利企业所得税优惠政策范围,2012 年以来享受减半征收所得税优惠的小微企业年应纳税所得额上限从 6 万元逐步扩展到 30 万元,2017 年将进一步扩展到 50 万元。实施加大企业研发费用税前加计扣除力度等政策,2017 年对科技型中小企业研发费用加计扣除比例由 50% 提高到 75%。近五年来取消、免征、停征和减征 1 368 项政府性基金和行政事业性收费,涉及减收金额 3 690 亿元。

三是推动信用和法治化建设,营造有效透明的社会环境。全国企业信用信息公示系统 2014 年 2 月上线运行,可查询市场主体的注册登记、许可审批、年度报告、行政处罚、抽查结果、经营异常状态等信息,有利于降低市场交易风险和社会交易成本,促进社会信用体系建设。进一步加强企业的财产权保护。2016 年 11 月党中央、国务院印发了《关于完善产权保护制度依法保护产权的意见》,对完善产权保护制度、推进产权保护法治化有关工作进行了全面部署。

四是大幅减少外资准入限制,着力打造开放、便利的投资环境。2017 年《外商投资产业指导目录》进一步修订,将 2015 年版的 93 条限制性措施减少到 63 条。自贸试验区负面清单条目不断缩减,由 2013 年的 193 项大幅缩减至目前的 95 项。修订《外资企业法》等 4 部法律①,自 2016 年 10 月起在全国范围内对特别管理措施之外的外商投资企业设立和变更由过去的逐案审批改为备案管理。2017 年中国《政府工作报告》要求在资质许可、标准制定、政府采购、享受"中国制造 2025"政策等方面,对内外资企业一视同仁。2017 年年初国务院发布《关于扩大对外开放积极利用外资若干措施的通知》,明确包括进一步放宽服务业、制造业等领域准入限制等 20 条措施。金融业对外开放进入新阶段,2017 年政府提出实施内外一致的银行业股权投资比例规则,三年或五年过渡期后外资金融机构投资证券、保险等公司股权比例不受限制。2018 年以来各项放宽外资准入措施逐步落地,近期《外商投资准入特别管理措施(负面清单)(2018 年版)》发布,第一、第二、第三产业全面放宽市场准入,涉及金融、交通运输、商贸流通、专业服务、制造、基础设施、能源、资源、农业等各领域,共 22 项开放措施。

五是持续深化金融体制改革,不断优化金融生态环境。金融体系日趋完善,多层次、多元化的金融机构体系逐步形成,银行、保险、信托、证券、金融租赁公司

---

①　另外 3 部为《中外合资经营企业法》《中外合作经营企业法》《台湾同胞投资保护法》。

等各类金融机构快速发展。利率市场化改革取得突破,银行体系利率管制基本放开,市场利率定价自律机制不断建立健全,金融市场基准利率逐步培育。人民币汇率机制改革深入推进,中间价形成机制不断完善。金融市场对外开放步伐加快,QFII 和 RQFII 扩容并进一步放开,沪港通、深港通、债券通相继开通实施。随着金融市场改革开放、互联网应用等的不断加快,金融业的发展环境、市场主体、经营模式和服务范围正在发生变革,金融业服务实体经济的手段和技术更加丰富,企业融资渠道更为多元。宏观金融调控体系不断完善,2016 年起央行推出覆盖资本和杠杆、资产负债、流动性、信贷政策执行情况等七个方面的宏观审慎评估体系(MPA)。金融风险防控机制显著增强,从建立"一行三会"监管协调联席会议到设立国务院金融稳定发展委员会,持续增强金融监管协调的权威性和有效性,强化金融监管的专业性、统一性和穿透性。

六是逐步完善基础设施建设,进一步提升营商"硬"环境。综合运输网络建设加快推进,横贯东西、纵贯南北、内畅外通的交通运输大通道逐步形成,通达和通畅程度不断提高。2012—2016 年,铁路营业里程由 9.8 万公里增加到 12.4 万公里;高速铁路运营里程由不到 1 万公里增加到 2.2 万公里以上,稳居世界第一。公路里程由 424 万公里增加到 470 万公里,其中高速公路里程由 9.6 万公里增加到 13.1 万公里,位居世界第一。定期航班航线里程由 328 万公里增加到 635 万公里。现代高效的城市轨道交通快速发展。2016 年年末,城市轨道交通运营线路里程 4 153 公里,拥有运营线路的城市 30 个。

第二节　当前中国营商环境存在的主要问题及挑战

近年来,中国营商环境明显改善,在全球排名快速提升,但总体仍处于中游水平,与中国世界第二大经济体的地位不相匹配。根据《2018 年全球营商环境报告》,中国位列第 78 位,这一排名远低于新加坡、韩国等邻近的亚洲经济体,甚至低于马来西亚、泰国、越南、印度尼西亚等发展中经济体。中国营商环境问题突出表现在施工许可办理难度大、纳税问题突出、开办企业过程烦琐、中小投资者保护不足、电力获得存在困难、开展跨境贸易仍存难度等方面(见表 6.1)。

表 6.1　营商环境及其十项分类指标排名对比

指标	新加坡	韩国	马来西亚	泰国	越南	印度尼西亚	中国
营商环境	2	4	24	26	68	72	78
开办企业	6	9	111	36	123	144	93
获得建筑工程施工许可	16	28	11	43	20	108	172

（续表）

指标	新加坡	韩国	马来西亚	泰国	越南	印度尼西亚	中国
获得电力	12	2	8	13	64	38	98
财产登记	19	39	42	68	63	106	41
获取信贷	29	55	20	42	29	55	68
保护少数投资者	4	20	4	16	81	43	119
缴纳税款	7	24	73	67	86	114	130
跨境贸易	42	33	61	57	94	112	97
合同执行	2	1	44	34	66	145	5
办理破产	27	5	46	26	129	38	56

资料来源：世界银行，《2018年全球营商环境报告》。

该报告为了解各国的营商环境提供了可度量的基准指标和可比较的客观数据，但由于营商环境问题本身的复杂性，该报告也存在一定局限性，如测量指标覆盖面不足、方法有待完善、过分依赖专家意见等。

综合来看，当前中国营商环境存在以下问题：

一是中国传统竞争优势减弱，各国引资竞争更加激烈。近年来，中国劳动力、土地等要素成本不断上升，传统要素低成本优势不断衰减，传统出口商品的竞争力在减弱。2008年金融危机后各国尤其是发达经济体开始重视制造业，并采取措施推进制造业特别是先进制造业发展和回流，美国等积极推动减税计划。发展中经济体的成本、基础设施、环境等优势不断突显，在吸引外资、传统产品出口方面与中国进行有力竞争。同时，中国过去为招商引资采取的再投资退税、定期减免税等优惠政策逐步取消，外资企业的"超国民待遇"正在失效。这些使得以制造业为主的外资企业出现外流趋势，迁回本土或者迁往一些东南亚国家，甚至一些中国本土的制造业企业也在寻求迁往那些成本更低的发展中国家。

二是企业生产成本快速上升，削弱企业竞争力。近几年中国企业成本快速上升问题引起了社会的广泛关注，包括劳动力、税费、厂房租赁和用地、物流等在内的各类成本都出现了不同程度的上涨。在人口结构变化背景下劳动力工资持续上涨，社保缴费率偏高，大部分省份缴纳比例都在工资总额的40%以上（其中70%左右由企业负担），这要高于大多数国家。税费方面，政府各类收费、中介费、评估费等非税负担仍较重。近十年来，中国房地产价格不断飙升，企业租房和建房运营成本不断增加，既抬高了企业的生产经营成本，也会倒逼劳动力成本的上升。物流成本占GDP的比重从过去的20%以上下降到2016年的14.9%，但仍要明显高于美国、日本（8%左右）等发达国家，也要高于印度（13%左右）、巴西（12%左右）等发展中国家。融资成本方面，近些年在降准、降息、创新型货币政策工具作

用下,企业融资成本不断降低,但在资金"脱实向虚"背景下企业特别是三农、中小微企业融资难问题更加突出。

三是金融供给与实体经济需求不相匹配,金融服务实体经济能力有待提升。近年来,随着经济增速的放缓,企业的有效金融需求减少,特别是产能过剩相关行业和企业往往占据大量金融资源,影响了金融业服务实体经济的动力和能力。在房地产和金融市场等虚拟经济快速发展的背景下,资金出现"脱实向虚"的情况。金融业发展也越来越难以适应经济结构调整和变化的需求。从不同产业看,与传统制造业不同,现代服务业、新兴行业具有轻资产等特点,与传统金融服务模式不相适应。从城乡和区域看,金融资源更多地集中在城市和东部,而农村和中西部相对稀缺,金融需求难以得到有效满足。从企业类型看,信贷资金过度集中于大中型企业及产能过剩行业,小微、三农等普惠金融领域金融供给不足,融资难、融资贵问题仍然突出。伴随利率市场化的推进、综合经营的提速和互联网金融等金融新业态的出现,金融风险日益复杂化。各类金融市场之间的关联性日益加强,境内外金融市场的联动性越来越强,风险传染性加强。互联网金融也成为非法集资、金融诈骗等乱象的高发领域。这些都对监管体制提出更高要求。金融国际化水平与经济全球化需求不相适应,中国金融机构的境外布局集中在中国港澳地区,欧美市场相对较少,拉美、非洲和亚洲等经济增长较快地区更显不足,国际化程度有待进一步提高。中国资本市场的国际化程度与对外开放新体制构建存在一定差距,目前国际投资者在中国债券市场中的占比仍不到2%,远低于发达经济体超过20%的平均水平,也低于主要新兴市场经济体超过10%的平均水平。

四是政策执行不到位,政府职能转变仍有待推进。地方政府是各项政策调控的落脚点,政策能否落地、能否达到预期效果都需要地方政府的配合。由于政府部门自身存在一定的自利性倾向,一些政策存在执行和落地难问题,部分地区仍存在办事拖沓、招商承诺难以兑现等情况。政府与市场、不同政府部门之间权力边界不清,各部之间协调难度较大。

五是政策制定的制度化、法制化程度有待提高。尽管中国各项法律法规不断完善,政策出台的程序不断规范化、制度化,但是仍存在政策制度随意性较强等问题。一些规范性文件、法律之间存在冲突;一些法律和措施无法适应新形势的变化,没有与时俱进地进行"立改废";一些法律法规的实施缺乏相关配套细则,存在监管漏洞;一些政策没有经过多方讨论、严格论证就随意出台,而在受到公众质疑和反对后又匆忙取消。这些都会影响政策的权威性、有效性和政府的公信力。

六是社会信用体系建设有待完善。系统性覆盖全社会的征信系统有待建立,信息共建共享机制有待创新,公共信用信息难以共享,机构、企业和个人等有关信息存在记载不全、管理不规范、不能共享等问题。社会信用激励惩戒机制不健全,政府、企业和个人的守信激励和失信惩戒机制不到位,各领域内的守信激励政策和手段不多,管理操作不规范,政府、企业和个人的失信成本低。一些地方政府、企业和个人的履约践诺意识不强。

第三节　关于改善中国营商环境的几点建议

营商环境是一个国家和地区经济软实力的重要体现,是提高综合竞争力的重要方面。为进一步推动建立更加法治化、国际化、便利化的营商环境,我们建议:

第一,加强法治化市场环境的建设,稳定市场主体预期。法治化的市场环境是促进资本等生产要素自由流动、稳定预期的重要保障。要以国家法律法规为基础,全面清理不合时宜的规范性文件。健全政策出台的决策程序,强化公众参与、专家论证、风险评估、合法性审查、集体讨论决定、程序法定等依法决策机制,避免规章制度制定的随意性、盲目性、不透明性。重点推进知识产权保护、市场秩序建设、社会诚信体系建设、行政效率提高等方面的制度建设,进一步细化具体规则。

第二,借鉴国际营商环境评价体系,对标国际先进经验,定位重点改革方向。针对施工许可办理、纳税、开办企业、中小投资者保护、电力获得、开展跨境贸易等主要落后领域,推进相关改革措施的出台和落实。进一步梳理审批流程、手续费用,推动施工许可办理、纳税、开办企业、电力获得、开展跨境贸易等方面效率的提高。加快推动税制改革,可通过继续降低间接税比重,逐步搭建直接税框架,为企业减负。进一步整顿和规范税外收费。通过线上线下相结合,加快推进"互联网＋"政务服务,提高行政审批效率。总结境内外先进经验,如新加坡的法治优先模式,中国香港地区的国际化优先模式、深圳市的效率优先模式,鼓励各地区结合自身实际推广应用。

第三,精准定位企业需求,主动提供及时、准确的服务措施。地方政府要转变观念,加强服务意识,以企业的需求为中心,想企业所想、急企业所急,主动创新服务措施。积极搭建公共服务平台,与高校、金融机构等合作举办教育培训班,在经营管理、市场开拓和产品开发等方面加强对企业的指导,提高企业经营的稳健性,帮助企业建立规范的管理和治理机制。秉承开放合作的理念,打破区域壁垒和地方保护主义,加强区域间的合作交流,搭建产业项目的投资、合作平台,为企业发展拓展市场空间,实现信息互通、客源互送和利益互惠。

第四,立足实体经济改善金融服务,加强现代金融环境建设。进一步深化金融改革,建立健全与市场相适应的利率形成和调控机制,按照"主动性、可控性和渐进性"原则继续推动人民币汇率形成机制改革,在保持人民币汇率在合理均衡水平上基本稳定的同时增强汇率弹性。根据经济发展动力的变化,构建与之相适应的差异化、多层次、全周期的金融体系。金融机构要加快信贷产品和服务创新,探索和推出与中小企业、轻资产行业相适应的信贷模式和产品,探索运用大数据、云计算等新技术,提升金融服务效率和服务的便捷性。立足实体经济的融资需求,推动多层次资本市场发展,优化企业债务和股本融资结构。积极发展债券市场,扩大债券融资规模,丰富债券市场品种,更好满足不同企业的发债融资需求。健全宏观审慎监管、金融机构退出等制度建设,形成以市场原则为基础的市场退出机制和破产法律制度。完善对互联网金融等新金融业态的监管。

第五,多措并举、长短结合,进一步降低实体经济综合成本。推动落实《国务院关于印发降低实体经济企业成本工作方案的通知》。保持合理的工资增长,各地最低工资的调整应充分考虑当地劳动生产率的增长情况。增强企业社保缴费比率的灵活性,在经济下行、企业经营普遍出现困难时,可考虑出台社保缓交政策;考虑根据企业年平均工资与当地平均工资差异,降低中小企业和劳动密集型企业的社保缴费比例。进一步落实简政放权、放管结合、优化服务改革综合措施,为企业设立和生产经营创造便利条件。建立全国统一的物流管理制度,加强市场监管,加大对乱设卡、乱收费、乱罚款等行为的清理整顿;鼓励物流企业兼并重组,提高物流企业的规模效应;完善综合运输通道和交通枢纽节点布局,加强不同运输方式之间的衔接。加快建立房地产市场发展长效机制,促进房市健康发展,避免房价大起大落。

第六,加快社会信用体系建设,提升社会诚信水平。要按照 2020 年社会信用体系发展目标和任务,加强信用信息基础设施建设。进一步完善全国和地方信用信息系统,抓紧建立覆盖全社会的征信系统,加快完善互联网金融信用信息平台建设,将互联网金融活动等纳入征信系统。建立政务诚信信息共享机制,推进查询和使用政务诚信记录工作试点,提升政府公信力。建立健全跨部门协同监管和联合惩戒机制,加强信息公开与共享。加快推进对失信被执行人信用监督、警示和惩戒建设,完善失信被执行人名单制度,让失信者寸步难行,逐步促进社会诚信水平提升。

第七,结合中国实际情况,建立全面的营商环境指标体系。为更好地激励各地区政府优化营商环境,更客观、全面地反映中国营商环境情况,更好地发现问题、总结经验,可考虑建立中国营商环境统计制度。在借鉴国际机构营商环境评价体系的合理部分的同时,立足中国实际情况,建立并定期公布相关指标体系。

第七章　中国特色的宏观调控体系
　　　　　与宏观调控

　　宏观调控是稳定经济的必要手段，也是政府的主要经济职能。西方国家宏观调控方面的主要手段是凯恩斯主义的需求管理政策，包括货币政策和财政政策。需求管理政策本身具有严重的缺陷，同时随着经济复杂化程度的提高和全球化的加速，需求管理政策的局限性越来越大（苏剑，2017）。首先，凯恩斯主义需求管理政策刺激出来的需求质量将越来越差，最终使得经济变得更为"肥胖"而不是更为"强壮"，不利于经济的高质量发展。其次，随着经济的全球化，需求管理政策的外溢性越来越大，一个国家的需求管理政策刺激出来的可能是对外国产品的需求，这是典型的"为人作嫁"。最后，随着经济复杂化程度的提高，宏观调控不仅要针对商品市场，实现经济增长、价格稳定、充分就业和国际收支平衡等目标，还要兼顾金融市场（包括股市、债市、汇市等）的稳定，甚至还要兼顾社会稳定，而在多目标调控下，单一的需求管理往往顾此失彼。因此就需要宏观调控体系的创新。

　　实际上，目前的西方宏观调控政策体系严重滞后于宏观经济理论体系的发展。西方宏观经济学已经发展到了总供求模型，但西方宏观调控政策体系还建立在 60 年前提出的 IS-LM 模型的基础上，显然没有体现宏观经济理论的最新进展。可以预见的是，西方宏观经济政策体系必将发展到以总供求模型为基础。

　　改革开放以来，中国一直面临非常复杂的经济形势，在这个过程中，中国形成了独有的宏观调控体系。本章首先介绍中国特色的宏观调控体系，然后以 2017 年中共中央经济工作会议以及其他文件中关于 2018 年宏观调控的论述为例来说明这一宏观调控体系。在关于 2018 年中国宏观调控的论述中，我们首先探讨在没有宏观调控的情况下中国经济在 2018 年可能的自然走势，然后分析中国政府的宏观调控目标，根据自然走势和政策目标的差距考虑用什么样的宏观调控政策组合来实现这一目标。

第一节　中国的宏观经济政策体系

　　苏剑（2017）认为，应该依据总供求模型，而不是 60 年前提出的、目前依然作为宏观调控体系的理论基础的 IS-LM 模型，来建立宏观调控政策体系。

　　凯恩斯主义学派认为宏观调控之所以有必要，是因为市场失灵，而市场失灵的形式就是价格刚性。在价格刚性的情况下,经济无法通过价格调整回复到瓦尔拉斯均衡,所以就需要提供需求管理政策来实现。这就是需求管理政策的由来。

问题在于,如图 7.1 所示,供给管理同样可以用于宏观调控(苏剑,2008)。因此,宏观调控体系中应该包含供给管理政策。

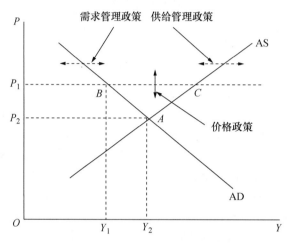

图 7.1   基于总供求模型的宏观调控体系

更重要的问题在于,既然宏观调控的必要性来源于价格刚性,那为什么不设法消除价格刚性呢?一旦消除了价格刚性,市场机制的功能得以恢复,那么就不需要需求管理和供给管理政策。因此宏观调控政策体系中应该包含旨在消除价格刚性的价格管理政策。

因而,按照总供求模型,宏观调控政策体系应该包括需求管理、供给管理、价格管理三大类(见图 7.1);其中价格管理的目的是消除价格刚性,恢复市场机制的功能,一旦市场机制的功能得以恢复,就不需要需求管理和供给管理政策,因此价格管理是宏观调控中的治本之策;需求管理和供给管理是在价格刚性在短期内无法被完全、快速消除的情况下的治标之策。

由于市场失灵不仅仅只有价格刚性一种,尤其是对于中国这样的各种制度还不完全成熟的发展中经济来说,市场失灵的形式就更多,所以宏观调控就不仅仅要针对价格刚性,还要针对其他的各种市场失灵。因此,这类政策应该被称为"市场化改革政策",其目的是恢复市场功能,让市场在资源配置中起决定性作用。

作为发展中国家,中国的宏观调控政策体系应该包括市场化改革、供给管理、需求管理三大类政策。实际上,中国的宏观调控体系的确如此。最近几十年中国的价格改革就是价格政策,目的在于提高价格灵活性,而且中国还采取了大量其他方面的市场化改革,这些都是为了恢复市场活力而采取的政策,同时中国还采用供给管理比如包括国有企业改革、家庭联产承包责任制等体制改革政策扩大总供给,还通过需求管理政策来调控总需求。

第二节　2018 年中国经济的自然走势

接下来,我们用上述宏观调控理论体系来分析 2018 年的中国宏观调控政策。我们从 2018 年中国经济的自然走势说起。

本节所说的"自然走势",指的是没有进一步政策干预的情况下经济的自然走势。本节的分析用的是总供求分析法,宏观调控体系也基于总供求模型,因此就分别从总需求和总供给的自然走势来讨论。

一、总需求的自然走势

2018 年三大需求的自然增速均有可能回落。一是汽车、房地产相关产品、衣食等消费增速下滑或将拉低整体消费增速。二是房地产政策调控、环保趋严、地方政府去杠杆、企业去杠杆将导致投资增速继续下滑。三是贸易摩擦增加,发达国家制造业回流,世界经济复苏存在不确定性,再加上高基数效应,中国出口增速可能下降。

（一）消费

综合考虑拉动和抑制消费的因素,我们预计 2018 年社会消费品零售总额同比增速继续下滑。促进消费同比上升的因素主要有两个方面。第一是网络消费因素。2016 年、2017 年网络消费的兴起成为抑制社会消费品零售总额同比增速下滑的主要因素,2018 年这一因素将继续对消费同比增速起到提升作用。一方面,当前网络实物消费主要体现在食品、衣着、日用品等小商品方面,而餐饮、生鲜食品等其他商品仍有相当大的开发空间。另一方面,随着基础设施的完善,网络消费将对农村消费产生更大的促进作用。2017 年社会消费品零售总额中的农村消费同比增长 11.8%,高于 2016 年 0.9 个百分点,而城市消费相对 2016 年下降了 0.4 个百分点。第二是科技因素,微信、支付宝等便捷支付方式的广泛应用很大程度上刺激了居民的日常消费。

抑制消费同比增长的因素主要有三个方面。首先是环保因素。2018 年环保趋严将可能成为抑制消费的重大因素。其一,环保趋严将可能导致经济增速下滑,影响消费。英国、美国治霾过程中,均出现不同程度的经济增速下滑和价格上涨。中国刚刚进入环境治理的初级阶段,供给减少是避免不了的,对经济与就业也会产生一定的负面影响。短期的滞胀必将对消费产生短期的负面影响。其二,汽车消费在社会消费品零售总额中占比较大,汽车消费的下滑将直接对消费增速上涨产生抑制作用。环保趋严主要通过三个途径影响汽车消费:第一,受环保趋严影响,燃油价格可能出现较大幅度上涨,增加开私家车的成本,降低消费者购车

的欲望。第二,环保趋严对汽车排量的限制政策将影响潜在购车者的消费预期。第三,环保趋严会导致加强限号出行,开私家车是为了方便,若是限制条件太多会逼退边缘消费者的购车欲望。

其次是部分产品边际效用递减。这主要体现在食品、衣着、日用品等小商品方面。虽然网络消费将刺激消费增加,但此类商品是网络消费出现之初的主要消费品。经过几年的发展,此类商品的网络消费已经相当成熟,进入了消费边际效用递减阶段。当前网络消费吃、穿同比增速已经逐月下滑。

最后是房地产调控。当前房地产去泡沫的限售限购政策,将影响与房地产有关商品的消费。随着房地产调控政策的升级,2017年下半年各地房价与房子销量下滑的同时,家用电器和音像类器材、家具类的消费额同比增速也出现逐月下滑。

(二) 投资

综合考虑拉升和抑制投资的因素,预计2018年的固定资产投资同比增速可能继续下滑。固定资产投资同比增速拉升因素有两个方面。第一,预计2018年第一产业投资应该有所上升,对全国固定资产投资同比增速产生提拉作用。其一十九大报告指出,农村土地承包到期后再延续30年。我国第一轮土地承包从1983年前后到1992年止,承包期为15年,第二轮土地承包从1997年开始,土地承包期为30年。虽然距离2028年还有10年的承包期,但农产品存在长周期的特点,很多农产品的投入在10年间甚至连成本都未必能收回。因此,十九大报告提出的"保持土地承包关系稳定并长久不变,第二轮土地承包到期后再延长三十年"无疑给种养殖户吃了颗定心丸。预计2018年第一产业或将继续加速扩大再生产。其二虽然当前食品价格相对较低,但随着种养殖的规模化,其平均成本减小,利润空间上升。而且食品的网络消费,也正在由加工食品向生鲜食品扩展,进一步提高了农民的收入,也构成了第一产业投资增速加快的提拉因素。第二,网络消费兴起,需要配套设施的完善,这主要集中在第三产业。道路运输、互联网及其相关服务行业的投资均是2018年固定资产投资的拉升因素。

固定资产投资同比增速的抑制因素有三个方面:第一,房地产去泡沫。曾经作为国民经济支柱的房地产业对经济的增长依旧起着很重要的作用。当前的房地产去泡沫调控,很有可能对房地产开发投资产生拉低效应。其实从2017年5月以来,房地产开发投资增速就已经开始逐月下滑,2017年房地产开发投资同比增长7.0%,较当年第一季度回落2.1个百分点。房地产开发投资占全国固定资产投资比重的17%左右,房地产投资增速的下滑将直接影响固定资产投资增速的走势。第二,去杠杆。无论是去政府的杠杆还是去企业的杠杆,都将对固定资产投资产生抑制因素。去政府的杠杆,财政支出减少,逆周期调控减弱,主要体现在第三产业投资增速下滑方面。去企业杠杆,原本的政策目的是限制僵尸企业,但一方面,由于企业杠杆泡沫化难以定量,去杠杆程度难以把握,易导致过度去杠杆,影响扩大再生产的动力与源泉;另一方面,由于银行的成本与操作的可行性,在去产能的大背景下,很容易产生"一刀切"的机制,对民间投资产生抑制。第三,环保趋严。对固定资产投资来说,环保趋严也不全是抑制因素,对于制造业来说,就存在一定的拉升作用。环保趋严会促进企业技术改造升级,促进制造业投资。但受政策不完善的影响,许多企业将处于被迫关停,或因担心政策的摇摆而观望、减少投资的状态。

（三）进出口

预计 2018 年中国出口额、进口额同比增速均呈放缓趋势。

出口方面,从拉升因素看,第一,全球经济复苏仍在持续中,较为强劲的外需对中国出口贸易有着正向的影响。根据 IMF 最新预测,2018 年全球经济增速将达到 3.9%,高于 2017 年的 3.7%(IMF,2018)。第二,2017 年 12 月 2 日美国政府通过税改法案,成为 30 年来最大规模的税改。税改法案的通过能够加快美国经济复苏,有利于中国对美国的出口,尤其是机电设备的出口。

从压低因素看,第一,2017 年出口增速上升部分原因来自 2016 年同期的低基数效应,随着低基数效应逐步淡化,2018 年出口额同比增速将受到较大影响。

第二,以美国为代表的发达经济体"制造业回归"对中国出口产生较大的挤出效应。特朗普政府的"美国优先"政策将引导海外企业回流,同时业已通过的税改政策也将对美国经济产生较大的刺激作用,制造业或将出现良好发展势头,从而促进出口,进而在世界市场上对中国出口贸易产生一定程度的竞争。

第三,发达国家贸易保护升温。2018 年全球贸易冲突升级可能性增加。全球贫富差距扩大、恐怖袭击等原因导致全球政治气候右转,贸易保护势力抬头。特朗普政府为了实现"美国优先"目标,2017 年年初便退出跨太平洋伙伴关系协定(TPP),和中国及其他国家的贸易摩擦也大幅增加。2017 年美国对中国发起多项反倾销和反补贴调查,并于 11 月正式拒绝中国在全球贸易规则下获得"市场经济待遇"的要求。除了美国外,欧盟、日本也已正式拒绝承认中国市场经济地位。12 月 18 日特朗普政府公布了其首份《国家安全战略报告》,提出"经济安全就是国家安全",并将中国视为"战略竞争对手",2018 年中美经济关系可能恶化。随着贸易保护的升温,各国可能采取回应措施,贸易战、金融战的风险上升。

第四,世界经济复苏存在不确定性。美联储加息,或将导致世界经济出现收缩,暂缓世界经济复苏势头。此外,包括欧盟一体化、中东局势以及朝核问题在内的地区局势问题也增加了世界经济复苏的不确定性。综合上述分析,预计 2018 年全年出口同比增速较 2017 年将有所放缓,但仍会维持正值。

进口方面,从拉升因素看,第一,消费结构升级促进进口同比增长。随着经济发展,中国居民消费结构也逐步在改善,对海外进口产品的需求在不断增长。第二,关税进一步降低。从 2017 年 12 月 1 日起,中国将进一步降低部分消费品进口关税,共涉及 187 项商品,平均税率由 17.3% 降至 7.7%,这也将推动中国进口同比增长。从压低因素看,第一,2018 年中国经济增速可能低于 2017 年,投资所需的设备进口增速或下降;第二,环保政策将对环境污染较大的进口产品产生较大影响。综合来看,预计 2018 年全年进口增速较 2017 年将有所放缓。

二、总供给的自然走势

2018 年,受环保加强、能源及劳动力成本上升、发达国家"再工业化"等因素影响,总供给增速或将呈现一定程度的收缩。

(一)环保力度加强

环保标准的提高以及环保督察力度的加大对于中国目前处于新常态下的经济来说是必要的,但这二者至少在短期内都会提高企业的生产成本。一方面,环保督察使得环保压力持续上升,落后产能淘汰加快,开工率下降,产能减少,进而导致产品供给减少,总供给下降。另一方面,环保督察可能会倒逼企业加大对引入环保型生产流程等新手段的投入,短期内提高企业生产成本,对总供给产生一定程度的负向影响。同时,大规模的环保督察在实施过程中,可能出现"一刀切"的现象,导致环保要求的实现速度快于预期,这对中国经济短期造成较大的负面冲击。

(二)能源成本上升

国际原油价格在 2018 年"暂时"还有进一步上涨空间。从供给层面来看,根据高盛(Goldman Sachs)的预测,一是,亚太经济合作组织(APEC)和俄罗斯等产油国承诺延长减产协议,并计划在 2018 对 6 月复审执行此前协议后减产的效果,这意味着明年库存将减少,进而抬高油价;二是,中东局势不稳定可能给石油供给带来冲击;三是美国更高的管道运输价格,引致原油成本上涨。从需求层面来看,全球维持经济复苏势头,尤其是美国实施减税政策之后,原油需求或将趋于上涨。历史经验显示,美国减税将对全球经济产生外溢效应,带动全球经济回升,引致对原油等能源需求增加,进而支撑原油等工业原料价格上行。

(三)劳动力成本增加

随着经济的增长,劳动力需求会增加,而中国的经济活动人口供给却在下降,在二者的共同作用下,劳动力成本或将继续上升,短期内对总供给产生负面影响。第一,部分大城市限制人口将导致"低端劳动力"返乡回流,在劳动力市场配置效率仍较低的情况下,劳动力再配置成本增加,可能导致企业用工成本上升。第二,随着中国社会老龄化程度的不断深入,劳动力人口供给将继续下降,这种老龄化社会引致的劳动生产率下降结合劳动力供给缩减导致的工资上升,将双向提升劳动力成本,不利于总供给扩张。

(四)发达国家"再工业化"施压及全球竞争性减税

美国等发达国家通过推进"再工业化""制造业回流"等战略对中国工业生产形成新的压力。美国减税取得重大进展,2017 年 12 月 2 日美国参议院通过了总规模为 1.4 万亿美元的税改法案。根据最终方案,减税主要有三点:第一,企业所得税税率从 35％降至 21％;第二,提高个人所得税起征点,降低个人所得税税率,其中最高税率从 39.6％降至 37％;第三,企业海外收入汇回美国只需一次性纳税,现金类资产征税 15.5％,固定资产征税 8％。税改将刺激美国经济增长、吸引美国海外资产回流。美国减税可能引起全球减税竞争,日本政府拟将企业所得税税率降至 25％左右,而更多国家已提前减税。2017 年 1 月,德国宣布税改,通过减税每年为企业减负 150 亿欧元。4 月英国减税法案生效,企业所得税和资本利得税都有降低。7 月法国宣布,2018 年该国强制性征税金额将减少约 70 亿欧元。美国减税可以通过实体经济和货币金融两个渠道影响中国经济,一方面中国面临不断上升的劳动力、环保以及一些隐性成本,另一方面,减税将增加美国制造业优势,制造业将回流美国,将对中国经济供给侧造成压力。

2018 年总供给的拉高因素可能源自改革红利释放和技术进步的推进。但这两个因素对经济的中长期影响将大于短期,对短期总供给的冲击有限。

三、小结

在自然走势下,2018 年的中国经济将面临供给、需求"双收缩"的局面,结合供给与需求的自然走势,我们判断,没有政策干预下的 2018 年 GDP 增速可能为 6.0％以下,经济下行压力较大。受环保限产影响,供给增速下降幅度可能大于需求增速收缩幅度,2018 年自然走势下的 CPI 增速较 2017 年有所上升,约为 2.5％,个别月可能更高一些,对于中国来说,这样的 CPI 上涨率整体上比较温和,也处于历年政府通货膨胀目标以下。

第三节　中国 2018 年的宏观调控

我们首先判断中国宏观调控的目标,然后根据经济的自然走势跟政策目标之间的差距来确定政策组合。

一、宏观经济政策的目标

中国还是发展中国家,目前人均收入只有 9 000 美元左右。2020 年中国要实现全面建成小康社会,以及国内生产总值和城乡居民人均收入比 2010 年翻一番的宏伟目标。要实现这个目标,就需要一定的经济增速支持。另外,稳增长就是保就业,就业关系到民生和社会稳定。根据刘伟和苏剑(2014)的测算,GDP 增速保持在 6.5％以上可保证就业不出现全局性问题。预计 2018 年的 GDP 增速目标

为 6.5%以上,新增就业量目标维持在 1 000 万的水平。自然走势下的经济增速低于经济增长目标,因此需要扩展性政策的配合,稳增长压力较大。

按照 2017 年中央经济工作会议的精神,中国经济已由高速增长阶段转向高质量发展阶段,稳增长不会再走数量扩张的老路,而是以供给侧结构性改革为主线,促进新动能成长,加快产业结构调整,扩大有效供给。

预计 2018 年政府的 CPI 增速目标仍是 3%以下,与 CPI 的自然走势总体一致,因此 2018 年通货膨胀不是宏观经济政策关注的主要问题。

二、总体政策组合

按照 2017 年中共中央经济工作会议的精神,2018 年,中国宏观调控政策的组合包括市场化改革、供给管理和需求管理三个方面。其中,市场化改革的政策取向很明确,就是加快市场化改革;供给管理方面总体是扩张,但扩中有缩,“缩”的政策包括“大力破除无效供给,把处置‘僵尸企业’作为重要抓手,推动化解过剩产能”、生态文明建设和生态保护等;需求管理方面,总体是扩张,具体表现是财政扩张、货币中性。

三、具体政策

2017 年中央经济工作会议对 2017 年的宏观经济政策论述得非常全面。此处将其中提到的各项政策按照上述宏观调控体系做归类说明,并在需要的时候提出自己的一些具体政策建议。

（一）市场化政策

十九大报告指出,“经济体制改革必须以完善产权制度和要素市场化配置为重点,实现产权有效激励、要素自由流动、价格反应灵活、竞争公平有序、企业优胜劣汰。……全面实施市场准入负面清单制度,清理废除妨碍统一市场和公平竞争的各种规定和做法,支持民营企业发展,激发各类市场主体活力。深化商事制度改革,打破行政性垄断,防止市场垄断,加快要素价格市场化改革,放宽服务业准入限制,完善市场监管体制。”2017 年中央经济工作会议也指出,“坚持使市场在资源配置中起决定性作用”,“深化要素市场化配置改革,重点在‘破’、‘立’、‘降’上下功夫。”。

这些论述体现了市场化改革在中国宏观调控中的重要性,其中提到的“加快要素价格市场化改革”就是为了消除价格刚性,是典型的价格政策。其中提到其他方面的改革也都是市场环境的治理,目的在于恢复市场活力,使市场发挥决定性作用。显然,这是宏观调控中的治本之策。

上述论述提到了市场化改革的各个方面。由于市场化改革的各个方面都很复杂,需要做的事情都很多,限于篇幅,此处不做进一步论述。

（二）供给管理政策

供给管理在中国宏观调控体系中的重要性仅次于市场化改革。2017 年中央经济工作会议指出，"要围绕推动高质量发展，做好八项重点工作"，即深化供给侧结构性改革（第一项）、激发各类市场主体活力（第二项）、实施乡村振兴战略（第三项）、实施区域协同发展战略（第四项）、推动形成全面开放新格局（第五项）、提高保障和改善民生水平（第六项，该项提到了医疗、养老、中小学教育等，这些都是供给侧问题）、加快建立多主体供应、多渠道保障、租购并举的住房制度（第七项）、加快推进生态文明建设（第八项，这一项有可能提高环保标准，导致企业生产成本增加，也有可能通过别的途径影响企业生产成本，因此也属于供给管理政策）。因此，2017 年的八项重点工作，无一不是供给管理政策。可见供给管理在中国宏观调控中的重要作用。

我们认为，2018 年在以上大框架下，应该重点关注以下方面：供给管理政策应侧重于降低企业成本，完善市场体系，提高国企效率，改善劳动力市场流动性，加快产业和技术升级，以及扩大对外开放。

1. 降低企业生产经营成本

2018 年可能降低的企业成本包括税费负担、社保费用、制度性交易成本以及资金成本等。第一，减税。特朗普政府于 2017 年 12 月通过的减税法案迫使其他国家也不得不跟随减税步伐。2018 年中国可能会进一步优化增值税结构，改善征税流程，降低税率。第二，继续降低社保费率和公积金缴存比例。第三，降低国有企业的政策性负担，主要原因在于国企承担了大量社会功能，如教育、医疗和养老等。第四，完善对创新活动的税收优惠支持政策和环保征税制度。第五，进一步完善金融配套措施，提高金融服务企业效率，降低企业融资成本。

2. 通过供给侧改革降低制度性成本

通过市场环境改革，充分发挥市场的作用，减少政府的过度干预，降低企业的交易成本和制度成本。在中国这样的转轨国家，制度变迁经常发生而且可以很快。总的来说，为促进经济稳定增长，可以进行大量的供给侧改革，其中包括行政体制、企业体制、创新体制、财税金融体制以及基础制度供给改革等。行政体制改革主要包括减轻政府对市场的过度干预和不必要的监管，释放市场经济的活力；企业体制改革则包括国有企业改革和促进民营企业发展等；创新体制改革则主要包括增加研发投入、完善创新环境、增加对创新的人力资本激励；财税金融改革则主要包括优化税收结构、完善中央和地方财权事权关系以及完善金融发展环境；基础制度改革则主要包括社会保障制度、产权保护制度以及环境保护制度的完善。

3. 国有企业改革

国有企业改革是供给侧改革的重点之一。2017年中央经济工作会议提出要推动国有资本做强做优做大，完善国企国资改革方案，围绕管资本为主加快转变国有资产监管机构职能，改革国有资本授权经营体制。加强国有企业党的领导和党的建设，推动国有企业完善现代企业制度，健全公司法人治理结构。作为国企改革的突破口，2018年混合所有制改革将加速推进。第一，为了调动地方政府和企业的积极性，混改权力可能下放，允许地方政府根据实际情况确定混改企业以及混改方案。第二，前期进行混改的主要是垄断行业的国有企业，2018年可能推进充分竞争行业的国企混改。

4. 改善劳动力市场流动性

高程度的劳动力流动可以降低劳动者技能与工作类型的错配，提高工作效率，增加劳动者收入，促进经济增长。为进一步改善劳动力市场流动性，2018年可从以下三点开展：第一，消除歧视。注重解决结构性就业矛盾，解决好性别歧视、身份歧视问题。第二，户籍改革。逐步推动全面取消农业户口，部分地区可以进一步完善户籍制度，比如进行条件入户或积分入户改革。第三，完善用工制度。进一步完善最低工资、保险等方面的用工制度，保障劳工的合法权益。

5. 产业结构升级

推进产业结构升级，提升要素利用效率和产业竞争力，扩大有效供给。首先，改造传统产业。逐步淘汰落后低端产能，同时避免产业结构转型中的空心化现象。其次，提升新兴产业比重。鼓励发展新兴产业和高科技产业，充分利用世界新一轮产业技术革命，紧跟时代发展潮流，发展新技术，学习新工艺，发掘新管理模式。最后，增加对新兴产业的支持。扩大政府的研发投入规模，支持支柱产业、战略性产业以及新优势产业的发展。

6. 技术升级

工艺创新、资源创新和部分类型的制度创新能够提高企业的生产率，扩大供给。政府可从以下四方面促进技术升级：首先，建立和完善技术创新基础设施。根据经济发展规模和技术水平，建立配套的高新技术园区和产业技术研发基地，形成技术创新规模效应。其次，加大政策支持力度。政府可以加大对新技术、关键领域技术以及基础性技术研发的研发投入力度。再次，培育人力资本。加大对技术创新型人才的培育力度，鼓励创新，增加对技术创新人员的制度和财政上的激励。最后，进一步推进产学研一体化。新的技术最终应用于产业，需要高校、科研院所和生产部门的协调，政府将积极促进高校和科研院所的技术研发向实体经济的转化。

7. 扩大对外开放

对外开放在增加需求的同时也能增加供给。扩大对外开放有助于企业得到更为优质、廉价的原料和能源,缓解中国的资源约束;能够吸引更多外商直接投资(FDI),从而提高中国的资本积累;同时能够带来先进的管理经验和生产技术。2018年中国继续扩大对外开放,增加外资吸引力。具体来看,有序放宽市场准入,全面实行准入前国民待遇加负面清单管理模式,保障外商投资的合法权益。另外,继续推动自由贸易试验区的发展,积极引进先进的机械设备、生产技术和管理经验,以及下调部分产品进口关税,扩大进口。

(三)需求管理政策

就需求管理,2017年中央经济工作会议指出,"积极的财政政策取向不变,调整优化财政支出结构,确保对重点领域和项目的支持力度,压缩一般性支出,切实加强地方政府债务管理。稳健的货币政策要保持中性,管住货币供给总闸门,保持货币信贷和社会融资规模合理增长。"

我们认为,货币政策将保持稳健中性,全面降准可能性不大,将继续通过中期借贷便利(MLF)补充流动性,同时会扩大可以使用MLF的金融机构范围,改善流动性分布不均的情况。投资增速处于低位,央行不会提高基准利率。积极的财政政策将通过减税、转移支付来刺激企业和居民需求。另外,还将通过对外开放扩大外需。我们预计具体政策措施如下。

1. 货币政策

第一,继续通过MLF补充流动性。根据央行数据,2018年1—10月,央行共进行了约45 255亿元的MLF操作。2018年全面降准可能性不大,一方面降准不利于去杠杆,另一方面,全球进入货币紧缩周期,中国货币宽松将导致资本外流、汇率贬值。2018年央行仍将主要通过MLF补充流动性。MLF操作需要质押品,大型金融机构相比小型金融机构拥有更多的质押品,更容易从央行获得资金。2017年12月15日中国人民银行发布了《中国人民银行自动质押融资业务管理办法》,自2018年1月29日起扩大质押债券范围,合格质押债券范围由国债、中央银行债券、政策性金融债券等扩大到中国人民银行认可的地方政府债券及其他有价证券。2018年央行会继续扩大MLF质押品范围,使更多的金融机构能够使用MLF,改善流动性分布不均。

第二,继续上调短期政策利率但不改变基准利率。美联储于2017年12月加息,2018年可能加息四次[①]。除了美联储外,2018年会有更多央行加息,全球进入

[①] "美媒:鲍威尔证词打开美联储今年加息四次大门",中国新闻网,2018年3月2日,http://www.chinanews.com/gj/2018/03-02/8457909.shtml,访问时间2017年11月23日。

货币紧缩周期,再加上全球竞争性减税,中国资本外流压力增加。为了应对资本外流,防范金融风险,2017 年 12 月 14 日中国央行上调公开市场操作(OMO)、MLF 利率 5 个基点,上调幅度较小,象征意义较大,后续央行可能根据美联储加息步伐择机继续上调短期政策利率。货币市场利率长期高于政策利率,短期政策利率上调只是"随行就市",不会对市场造成重大影响。如果是在美国,上调货币市场利率就是加息,但是中国利率市场化不够,存贷款利率仍以央行基准利率为参考。2018 年央行上调基准利率可能性不大,主要原因是 2018 年中国经济下行压力大于 2017 年,尤其是制造业投资同比增速一直处于低位。

2. 财政政策

第一,支持重点基础设施建设。为了稳定增长,2018 年和 2019 年积极的财政政策取向不变,但是调整优化财政支出结构,确保对交通运输、保障房建设、农村基础设施、生态保护、污染防治等重点领域和项目的支持力度,以及支持加快实施"一带一路"建设、京津冀协同发展、长江经济带发展"三大战略"。

第二,降低并简化增值税税率。未来中美之争的核心在于实体经济,而降低增值税,有利于减轻企业负担,推动实体经济增长。2018 年《政府工作报告》提出了"改革完善增值税制度,按照三档并两档方向调整税率水平,重点降低制造业、交通运输等行业税率,提高小规模纳税人年销售额标准"的要求。国务院常务会议决定,从 2018 年 5 月 1 日起,实施以下深化增值税改革措施:一是适当降低税率水平,原有的 17％、11％、6％三档税率调整为 16％、10％、6％。二是统一增值税小规模纳税人标准,将工业企业和商业企业小规模纳税人的年销售额标准由 50 万元和 80 万元上调至 500 万元。三是退还部分企业的留抵税额。当前已执行16％、10％、6％三档税率,但对于在不继续降低整体水平的同时,如何按照三档并两档方向调整税率水平,成为未来增值税改革的重要任务。

第三,个人所得税减税。目前消费对经济增长的贡献率在 60％以上,稳定消费可以防止经济下行过快。影响消费的主要因素是可支配收入,提高所得税征收起点、全面降低税率,有助于刺激消费。2018 年 8 月 31 日,关于个人所得税法的决定经十三届全国人大常委会第五次会议表决通过。新个税法于 2019 年 1 月 1 日起施行,2018 年 10 月 1 日起施行最新起征点和税率。本次个税法主要做了四个方面的修正:一是由分类税制向综合税制转变;二是将按月征收个税改为按年征收个税;三是将个人所得税起征点由 3 500 元提高至 5 000 元,并扩大了低税率级距;四是新增专项附加扣除的规定。当前面临诸多不稳定因素,或将考虑进一步提高个税起征点,降低税率,以稳定居民可支配收入。

第四,继续增加转移支付。2017 年和 2018 年上半年为了提高居民人均可支配收入,加大了转移支付力度,有效防止了消费增速过度下滑。预计 2018 年下半年和 2019 年,仍将继续增加退休人员的收入,提高低保收入的标准,尤其是增加农村居民的收入。提高低收入群体的收入,能够在缩减贫富、城乡差距的同时,促进消费。

第五,妥善解决地方政府债务问题。一方面,整体来看,今年我国地方政府债务规模有所上升,但总体可控。另一方面,随着去杠杆的推进,政府杠杆率小幅下降。但是尽管政府总体债务水平可控,不同地区债务风险差异较大,部分地区风险较高。地方政府债务成为影响经济稳定发展的重要因素。2018 年 9 月 13 日,中共中央办公厅、国务院办公厅印发了《关于加强国有企业资产负债约束的指导意见》(以下简称《意见》)。《意见》指出,对于严重资不抵债、失去清偿能力的地方政府融资平台公司,依法实施破产重整或清算,坚决防止"大而不能倒"。这就要求,首先,要准确核算当前地方政府债务规模,尤其是隐性地方政府债务,为合理处置债务风险奠定基础;其次,对地方债务问题继续推行严监管,推动业务相同或互补的地方城投平台合并,扩大规模和业务范围,提高效率;最后,规范 PPP 项目。

3. 对外开放

对外开放有利于扩大外需,对中国经济至关重要。2017 年正是在出口的拉动下,中国经济实现了超预期增长。2018 年将继续推动"一带一路"和区域经济一体化进程,加强与伙伴国家的合作,积极运用国际规则解决贸易摩擦,促进贸易和投资的发展。

(四)总结

中国宏观调控体系具有自己的特色。中国的宏观调控体系包括市场化改革、供给管理、需求管理三大类,建立在目前西方宏观经济学中的主流模型——总供求模型——的基础上,超越了建立于 60 年前且依然是目前西方宏观调控政策体系基础的 IS-LM 模型。因此,相对于西方目前主流的仅包括需求管理的宏观调控政策体系而言,中国的宏观调控体系更为完整,理论基础更为先进、扎实,政策组合也更为丰富,可以应对多目标宏观调控。2018 年中国宏观调控政策组合明确展现了这个宏观调控体系。

2018 年,虽然世界经济持续复苏,但是全球加息减税、贸易保护升温、地缘政治不稳等,使中国面临的外部环境恶化。2018 年中国经济自然走势是供给需求"双收缩"。供给端,受环保加强、能源及劳动力价格上升、民营企业投资空间收缩、发达国家"再工业化"影响,生产扩张速度放缓。需求端,三大需求增速均下滑。收入增速下滑,以及房地产相关消费和汽车消费动力不足将导致消费增速小幅下降;房地产调控、环保趋严、企业去杠杆、地方政府去杠杆将使处于低位的投资增速进一步下滑;2017 年出口大幅增长支撑了中国经济,但同时也形成了高基数,再加上贸易摩擦增加以及世界经济复苏存在不确定性,中国出口增速将下降。

2018 年经济下行压力增加,稳增长将是首要经济政策目标。按照 2017 年中央经济工作会议的精神以及其他相关文件的精神,可以看出,中国 2018 年的宏观调控将以市场化改革为主,供给管理次之,需求管理为辅,这也跟改革开放以来中国的宏观调控政策组合是一致的。宏观经济政策的组合应该是加快市场化改革、供给扩张、需求扩张这样的政策组合。结合经济自然走势以及可能的宏观经济政策,我们预计能够实现 2018 年的宏观调控目标。

第八章　中国收入分配差距：
现状、原因和对策研究

在中国经济迅速增长的同时,居民收入分配差距也不断增加,收入分配结构调整已经迫在眉睫。本章首先是从城乡间、地区间和行业间的收入分配差距三个维度出发,分析了中国收入分配结构的演变历程。其次,详细分析了人口流动、区域发展战略、税收制度和贸易自由化四个因素对收入分配格局的影响机制。最后,指出中国应在短期内主要使用结构性货币政策保增长,同时加大转移支付的力度以实现收入再分配;在长期内应推动要素市场改革和供给侧改革,调节规模性和功能性收入分配结构。此外,可以通过征收财产税和推行教育均等化的方式避免收入分配差距的代际传递,提高中国的经济增长质量。

第一节　引　　言

改革开放以来,中国经济发生了天翻地覆的变化。国内生产总值从 1978 年的 3 679 亿元增长到 2017 年的 827 122 亿元[①],年均增长率超过了 9%,是人类经济史上当之无愧的"增长奇迹"。然而,在经济飞速增长的背后,隐藏着一系列结构性的矛盾,居民的收入分配差距就是其中之一。在计划经济时代"平均主义"分配制度的作用下,改革开放初期中国居民的收入分配相对公平,基尼系数只有0.288,但在此后一直呈上升趋势,2008 年达到了峰值 0.491;尽管从 2008 年到2015 年,中国居民收入的基尼系数有所下降,但绝对值依然较高,超过了联合国所划定的 0.4 的警戒线;2016 年开始,居民的收入分配差距又呈现扩大的趋势(如图 8.1 所示)。如果居民的收入分配差距长期过大,不仅会导致总需求不足,降低经济增长速度,还可能引发一系列社会矛盾,危及社会稳定。在当今中国,由收入不平等所引发的各种经济和社会问题开始凸显,收入分配差距亟待调整。

目前中国的经济正从数量型增长转变为质量型增长模式,这为调整居民收入分配结构,缩小贫富差距提供了机遇。在此之前,只有对中国收入分配的演变和影响因素进行深入的了解,才能做到对症下药,采取最适当、最有效的措施扭转收

[①]　数据来源:中经网统计数据库。

入分配不公的局面。基于此,本章对改革开放以来中国城乡间、地区间和行业间的居民收入分配差距进行了直观的展示和描述,然后指出存在制度约束的人口流动、与地区经济状况不匹配的区域发展战略、不合理的税收结构和税制设计,以及贸易自由化都是加剧居民收入不平等的重要因素。最后,本章认为,中国未来需要维持经济增长和收入结构调整的平衡,在短期内设计合适的转移支付政策以避免贫富差距的进一步恶化,同时辅之以结构性的货币政策以稳定经济增长;在中长期内,推动要素市场改革和供给侧改革齐头并进,从根本上改变中国的功能性和规模性收入分配结构,缩小居民的收入分配差距。此外,利用财产税和教育均等化“双管齐下”,遏制财富不平等,避免形成收入分配差距与财富分配差距的双向反馈机制,确保代际收入分配结构的流动性,从而保证中国经济的长治久安。

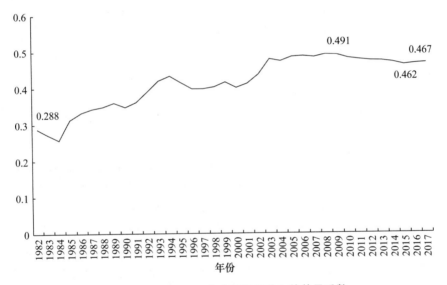

图 8.1　1981—2017 年全国居民收入的基尼系数

注:中国基尼系数的官方估计是 2013 年由国家统计局正式发布的,但公布的年份从2003 年开始。此前年份的基尼系数尽管许多学者进行了测算,但差别较大。在此我们借鉴李培林和朱迪(2015)的做法,采用了共识度较高的测算结果。

资料来源:1982—1999 年数据来自毕先萍和简新华(2002);2000—2002 年数据来自胡志军等(2011);2003—2017 年数据来自 Wind 经济数据库。

本章剩余部分的安排如下,第二节是文献综述,简要回顾了国内外现有的对于收入分配差距的度量方法和影响因素的研究。第三节从城乡、地区和行业三个维度展示了改革开放以来中国居民收入分配结构的演变趋势,为分析现阶段的收入分配差距提供了一个直观的视角。第四节中我们分析了影响收入分配的主要因素及其传导机制,包括人口流动、区域发展战略、税收制度和国际贸易,这些因素在促进中国经济增长的同时,对于居民收入不平等也起到了推波助澜的作用。在第五节,我们针对经济发展的不同阶段,给出了调整收入分配结构的几点建议。第六节是总结。

第二节　文　献　综　述

一、收入分配差距的度量指标

目前学界最常采用的度量收入分配差距的指标是基尼系数和泰尔指数,我们在此对这两类指标进行简要说明。首先定义一些变量,假定总人口的数量为 n,依据所要研究的问题,将总人口分为 N 组,第 i 组人口的数量为 n_i;令 y_i 为每一组的人均收入,其中 $i \in N$;令 $\mu = \left(\sum_{i=1}^{N} y_i\right)\Big/ N$ 表示总体的人均收入。

基尼系数由 Hirschman(1964)提出,考察了既定分布的洛伦兹曲线与绝对平均分布的洛伦兹曲线包含面积之比,取值范围在 0—1,计算公式为:

$$G = \frac{1}{2\mu N^2} \sum_{i=1}^{N} \sum_{j=1}^{N} |y_i - y_j|. \tag{8.1}$$

基尼系数越大,表示不平等的程度越大。国际上通常认为当基尼系数小于 0.2 时,表示收入分配绝对平均;而当基尼系数超过 0.5 时,则表示收入分配差距悬殊。最早的基尼系数计算公式要求每组人口的数量必须相等。Thomas *et al.*(2001)将之拓展到了非等分组的情形,给出了当每组包含的个体数量不同时计算基尼系数的方法。

泰尔指数是 Theil(1971)利用信息理论中熵的概念计算出的衡量个人或地区间收入分配差距的指标,计算公式为:

$$T = \sum_{i=1}^{N} \frac{y_i}{\mu} \ln\left(\frac{y_i}{\mu}\Big/ \frac{n_i}{N}\right). \tag{8.2}$$

泰尔指数的独特之处在于其具备良好的可分解性质,即将样本分为多个群组时,可以分别衡量组内差距与组间差距对总体差距的贡献。此外,由于泰尔指数对高收入水平的变化较为敏感,而基尼系数对中间收入水平的变化敏感,因此两者具有一定的互补性。

然而,不论是基尼系数还是泰尔指数都存在一个问题,即它们只能测量某个分布的总体非均等状态,并不能解释这一变化是由怎样的结构变动引起的。例如,当基尼系数或泰尔指数上升时,我们并不能了解收入差距的扩大是因为高收入人群的比例增加了,还是低收入人群的比重增加了,还是两者兼而有之,而极化指数则可以帮助我们揭示这种结构变迁。

极化指数是 Wolfson(1994)提出的用于衡量收入分配两极分化程度的指标,

其计算公式为:

$$W = \frac{2\{2[0.5 - L(0.5)] - G\}}{m/\mu}. \tag{8.3}$$

其中 $L(0.5)$ 为收入最低的 50% 人群的收入占总收入的份额,G 为基尼系数,m 为收入的中位数。极化指数的取值也在 0 到 1 之间,为 0 时,表示两极完全没有分化;为 1 时,表示两极完全分化。实践表明,极化指数和基尼系数(或泰尔指数)的趋势不一定相同,如果只用后者度量收入分配差距,就会忽略两极分化的效应。因此,研究收入分配差距不能仅仅局限于某一度量标准,而是需要用不同的测量方法相互印证,全面地分析收入分配结构的演化过程。目前在中国,主要还是采用基尼系数方法测定居民的收入分配差距,泰尔指数以及极化指数方法虽有应用,但是相对较少。本章在测度城乡间、地区间和行业间的收入分配差距时,综合考虑了三种指标,以期全方位地展示中国居民收入分配格局的真实状况。

二、影响居民收入分配的因素

长期以来国内外学者就影响居民收入分配的因素进行了大量的研究。李实(1999)指出,当农村存在大量的剩余劳动力时,农村劳动力的流动有助于提高农民工的收入,在抑制农村内部收入差距扩大的同时缓解城乡收入差距。这一结果得到了马忠东等(2004)、Qu and Zhao(2008)等的验证。然而,钟笑寒(2008)把进城务工的农民工作为独立阶层进行分析,发现中国城乡间的人口流动扩大了收入分配差距;邢春冰(2010)进一步把流动人口分为了永久移民和农民工两类,发现不同类型的流动人口对城乡间收入分配差距的影响也不同。

这种看似矛盾的结论还出现在对于影响收入分配因素的其他分析中。例如,Burtless(1995)指出,国际贸易有利于增加发展中国家的劳动者收入,缩小收入分配差距,这与标准的赫克歇尔-俄林(H-O)理论是一致的。但 Verhoogen(2008)和 Topalova(2010)的研究表明,由于行业异质性和劳动力就业黏性等因素,国际贸易会扩大发展中国家出口行业与其他行业间的收入差距。

总结前人的文献,我们认为,造成这种差异的原因主要有三个。第一,假设条件不同,对于人口流动和贸易自由化会缩小发展中国家的收入分配差距的结论都是基于完全市场的假设得到的,然而现实中存在许许多多的市场不完备因素,如果将这些因素考虑进去,就可能得到相反的结论。第二,研究的时间跨度不同,同一个因素对收入分配差距可能产生正反两方面的影响,在经济发展的不同阶段,这些影响的相对强弱关系可能发生变化,因而就会产生相反的结果。第三,研究所使用的方法不同,中国研究收入分配的文献大多各自为政,在对于收入分配差距的变量定义、使用的数据等方面都存在较大差异,因而得到不同的结果也就不足为奇了。本章吸取了这些研究的经验和教训,采用统一的分析框架考察了人口流动、区域发展战略、税收制度和国际贸易四类因素对于收入分配的影响，并详细讨论了其传导机制，希望有助于更深刻地揭示中国居民收入分配演变的原因。

第三节 中国收入分配差距的发展历史

为了全面考察改革开放以来中国收入分配差距的演变历程，在本章中我们从城乡、地区和行业三个维度测定居民的收入分配差距，以求更加统一、直观地展示各群体内部和不同群体间收入不平等的状况。

一、城乡居民的收入分配差距

城乡收入差距历来是中国居民收入分配中最受关注的部分。图 8.2 展示了1978 年以来农村居民收入占总收入比重以及农村人口占总人口比重的变化趋势。

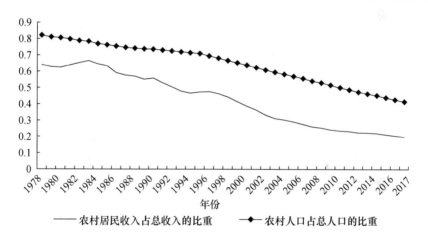

图 8.2 1978—2017 年农村居民收入和人口占比

注：农村居民收入占总收入的比重＝农村居民人均纯收入×农村人口数/（农村居民人均纯收入×农村人口数＋城镇居民人均可支配收入×城镇人口数）；农村人口占总人口的比重＝农村人口数/（农村人口数＋城镇人口数）。其中，由于从 2016 年起不再公布农村居民纯收入，并且从 2013 年开始公布人均居民可支配收入，因此 2016 年与 2017 年的农村居民纯收入是由这两个年份的农村居民可支配收入折算得到的。

资料来源：中经网统计数据库。

从宏观角度来看，国民总收入中农村居民的收入份额始终低于总人口中农民的份额，这意味着农村居民在总体的收入分配中处于相对弱势的地位。此外，农村居民收入份额相对于人口份额的下降较快，这一趋势直到 2008 年才有所好转。

为了从微观角度更清晰地解释城乡内部以及城乡间收入分配差距的变化，我们计算了全国、城镇内部、农村内部以及城乡间的泰尔指数，并在图 8.3 中汇报了结果。

总的来看,中国城镇及农村内部的泰尔指数相对平稳,但城乡间和总体的泰尔指数有较大幅度的上升,且两者走势高度相关。进一步计算城乡内部和城乡间的泰尔指数对总泰尔指数的贡献率可以发现,城乡间的居民收入差距对全体居民的收入分配差距贡献最大,农村内部次之,城镇居民的最小。因此,改革开放以来中国城乡间收入分配差距的扩大是造成总体居民收入不平等情况的主要因素。值得注意的是,与图 8.2 类似,2008 年后城乡间的泰尔指数扭转了上升的趋势,开始逐渐下降,同时带动了总泰尔指数的下滑。

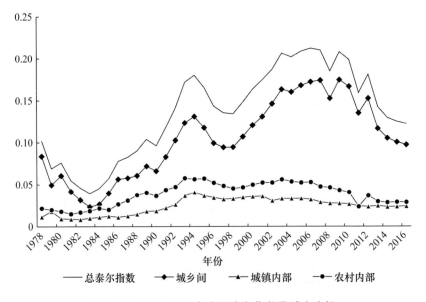

图 8.3　1978—2016 年中国泰尔指数及城乡分解

　　注:泰尔指数是利用各年中国 31 个省、自治区和直辖市的城镇居民人均可支配收入以及农村居民人均纯收入计算得到的。

　　资料来源:中经网统计数据库以及各省统计年鉴相关年份的数据。

　　本节进一步计算了极化指数以考察城乡居民收入分配的两极分化程度。受到数据可得性的约束,我们选取 2007 年的微观收入数据进行计算,并将结果整理成表 8.1。城镇内收入位于中位数以下的人群的总收入所占份额仅有 12.19%;这一指标在农村更低,为 6.82%。城镇居民收入的极化指数为 0.5510,农村的则高达 0.8759。由此可见,农村居民收入以中位数收入为分界点聚集在两端的情况非常严重,穷者极穷、富者极富、中产阶级缺失的状态对中国农村的经济发展和社会稳定构成了一定的威胁。

表 8.1 2007 年城乡及流动人口收入极化指数

	收入份额(%)	基尼系数	中位数	均值	极化指数
城镇	12.19	0.5305	6 447	7 866.87	0.5510
农村	6.82	0.6399	2 300	4 503.50	0.8759

资料来源:中国居民收入调查数据库(CHIPS),2007 年。

二、区域间的收入分配差距

区域间的收入分配差距是需要关注的另一个重要指标,它受到各地区的发展战略以及地方政府财政政策的影响,反过来又会影响这些政策的制定。本节利用非等分组基尼系数法计算了中国四大经济区域①的基尼系数,如图 8.4 所示。

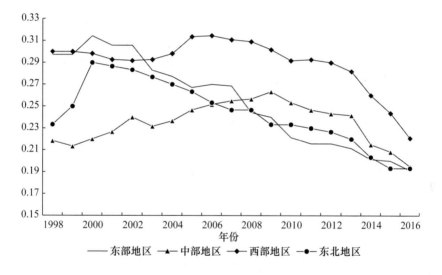

图 8.4 1998—2016 年中国各地区基尼系数的比较

注:地区的基尼系数由地区内省级单位所包含的地级市的地区生产总值数据以及人口数据计算得到。其中,由于直辖市每年只有一个人均收入数据和人口数据,无法计算基尼系数,因而东部地区不包含北京市、天津市和上海市,西部地区不包含重庆市。

资料来源:各省统计年鉴相关年份的数据。

可以看出,在 2008 年以前,不同经济区域的基尼系数走势不尽相同,但 2008 年后都趋于下降。其中,东部地区的基尼系数总体呈下降趋势,这意味着东部地

---

① 四大经济区域:东部地区(包含北京市、天津市、河北省、山东省、江苏省、上海市、浙江省、福建省、广东省、海南省);中部地区(包括山西省、河南省、湖北省、湖南省、江西省、安徽省);西部地区(包括四川省、广西壮族自治区、贵州省、云南省、重庆市、陕西省、甘肃省、内蒙古自治区、宁夏回族自治区、新疆维吾尔自治区、青海省、西藏自治区)和东北地区(辽宁省、吉林省、黑龙江省)。

区不仅经济发展状况在四大地区中处于领先地位,收入分配也相对公平;中部地区经历了先上升后下降的趋势,其基尼系数在2007年首次超过东部地区,且在其后一直保持在较高水平;东北地区的基尼系数在2000年有较大上升,其后走势与东部地区基本类似;西部地区的基尼系数最高,尽管在2008年后有较明显的下降趋势,但绝对值依然远高于其他三个地区,这意味着西部地区收入不平等的状况最为严重。

接下来,我们以省为单位,估计了1998—2016年中国27个省及自治区的基尼系数,限于篇幅不表于此。取而代之,我们利用核密度估计的方法,采用Epanechikov核函数估计了2000年、2005年、2010年、2015年这四个年份各地区基尼系数的分布情况,绘制出了地区收入的分布函数(见图8.5)。

图8.5显示,四个年份间各省的基尼系数展现出两大特征。第一,均值先上升后下降。基尼系数的均值在2005年上升,但在2010年和2015年都不断下降,这符合图8.1中基尼系数在2008年出现拐点的特征。第二,密度函数的变动区间先扩大,后逐渐缩小。从2000年至2005年,基尼系数的分布函数的变动区间有所扩大,这意味着不同省份间收入分配的离散程度逐渐增大,但在2010年和2015年变动区间都有所缩小,证明各省份的基尼系数相对集中,地区间的收入分布有所改善。不过,值得注意的是,2015年基尼系数的密度函数表现出较强的"厚尾"(fat tail)特征,这意味着基尼系数较大省份的数目仍然较多。

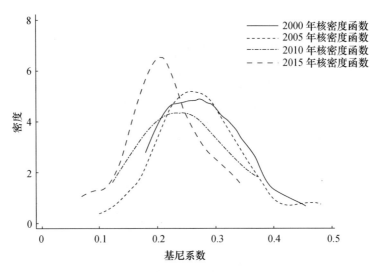

图 8.5 中国省级基尼系数的核密度函数图

资料来源:各省统计年鉴相关年份的数据。

三、行业间的收入差距

行业间的收入不平等同样是影响居民收入分配差距的重要因素之一。因此本节中我们利用 1990—2015 年各行业[①]的平均工资水平和就业人数等数据,计算了中国 19 个门类的行业基尼系数和泰尔指数(见图 8.6)。

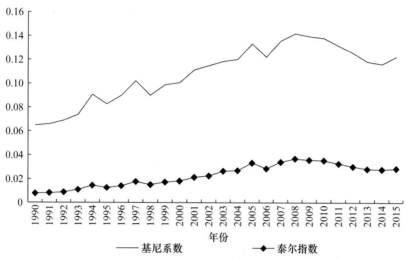

图 8.6 1990—2015 年我国的行业收入差距

注:参考陈钊等(2011)的做法,行业的基尼系数和泰尔指数均利用 19 个门类的行业平均工资和就业人数计算得到。

资料来源:《中国统计年鉴》中相关年份的数据。

从图 8.6 可以看出,中国行业间收入的基尼系数和泰尔指数的走势基本相同。在 1990—2008 年,这两类指数都呈现上升的趋势,这意味着随着中国经济的发展,行业间的收入差距也在不断扩大。2008 年后,趋势的拐点再次出现,基尼系数与泰尔指数都开始逐渐下降,行业间收入不平等的现象得到了一定程度的遏制。值得注意的是,2015 年后行业间的收入分配差距又有回升的迹象。

改革开放以来随着经济的发展,中国的产业结构经历了较大的调整,三大产业占 GDP 的份额以及各产业内部结构都发生了一系列深刻的变化。为了揭示产业结构的调整对行业间收入分配的影响,我们根据国家统计局的标准,将 20 个门类的行业进一步分为三大产业,并计算了各产业内和产业间的泰尔指数(见图 8.7)。

---

① 本章遵循 GB/T4754-2011 的分类标准,把中国的行业分为:农、林、牧、渔业;采矿业;制造业;电力、燃气及水的生产和供应业;建筑业;交通运输、仓储和邮政业;信息传输、软件和信息技术服务业;批发和零售业;住宿和餐饮业;金融业;房地产业;租赁和商务服务业;科学研究和技术服务业;水利、环境和公共设施管理业;居民服务、修理和其他服务业;教育;卫生和社会工作;文化、体育和娱乐业;公共管理、社会保障和社会组织;国际组织这 20 个门类。

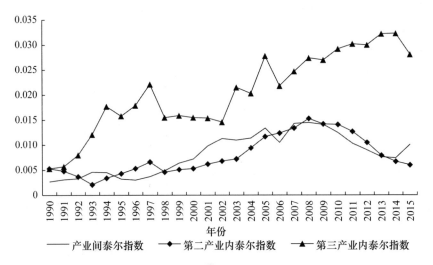

图 8.7　1990—2015 年中国产业内和产业间的泰尔指数分解
资料来源:《中国统计年鉴》中相关年份的数据。

　　由于第一产业只包含农、林、牧、渔业,且我们在各年份只有一个该行业的平均收入值,无法计算第一产业内的泰尔指数,因此图 8.7 只包含了第二、第三产业内和产业间的泰尔指数。图 8.7 给我们三点启示。首先,从 1990 年开始产业间的收入分配差距不断上升,在 2008 年达到峰值,此后逐渐下降。其次,相比于第二产业,第三产业内部的收入分配差距更为严重。在 1990 年,第二、第三产业的泰尔指数基本相同,但此后第三产业的泰尔指数增长则明显快于第二产业,尽管在部分年份有所波动,但总体而言第三产业的收入不平等是呈上升趋势的,并且在 2008 年这种趋势也没有逆转。最后,在 2008 年前,产业间的收入差距对居民总体的收入分配差距的贡献度最大,但是 2008 年后,产业内部的收入差距成为影响总体收入不平等的主要因素。

第四节　中国收入分配差距演变的原因探究

一、人口流动对收入分配演变的影响

　　人口的大规模流动是中国经济发展过程中的重要特征之一。据国家统计局的数据,中国流动人口从 2000 年的 1.21 亿人增长至 2014 年的 2.53 亿人,2015 年略微下降至 2.47 亿人。就城乡间的人口流动而言,《2016 年农民工监测调查报告》表明 2016 年中国外出农民工 1.69 亿人,其中进城农民工 1.36 亿人。

　　从经济学理论的角度来看,如果生产要素市场是完备的,那么当劳动力在城市所获得的边际回报高于在农村所获得的边际回报时,劳动者将自动地从农村流

入城市。由于生产要素的边际回报关于要素投入是递减的，城市的工资率会因为就业人数的增加而下降，农村居民的人均收入则会因为人口外流而提高。人口流动的这种趋势会一直持续下去，直到居民在城市部门和在农村部门获得的收入相等为止，此时城乡居民的收入分配应当绝对均等。

然而，这一结论的成立有两个前提：首先，劳动力必须是同质的。如果劳动力本身存在异质性，那么拥有更高人力资本的个体可以从事相对复杂的劳动以获得更高的收入，而低技能的个体只能从事对能力要求较低的农业生产，两者的收入差距会扩大。考虑到中国城镇和农村的基础设施、社会保障以及教育医疗等方面的差异较大，拥有较高人力资本的农民会倾向于到生活环境更好的城市定居，扩大城乡间的收入不平等，这一效应被称为劳动力的自选择性。其次，即使劳动力是同质的，工资趋同的现象也必须以劳动力市场的完备为条件。如果要素市场上存在摩擦，限制了劳动力的流动规模和所获得的收入，那么收入的趋同效应就会减弱，导致城乡收入的长期不均等。中国的户籍制度正是阻碍农村劳动力流向城市的一大障碍，户籍制度不仅约束了城乡间劳动力的流动，无法根本改变产出在城乡间的分配格局，而且引发了一系列对农村劳动力的歧视，出现大量"同工不同酬"的现象，进而阻碍城乡收入差距的缩小。

由此可见，人口流动对城乡间居民收入分配差距的影响是复杂的。尽管居民从农村向城市迁移的大趋势有助于缩小城乡间的收入不平等，但个体异质性和劳动力市场摩擦等扰动都会倾向于提高城乡间的收入分配差距。最终的结果取决于这两种效应的相对强弱。为了更准确、深入地剖析中国的人口流动对收入分配的影响，我们采取了反事实估计的方法[①]，即通过回答"如果人口没有从城市流向农村，那么城乡居民的收入分配格局会如何变化"这一问题，考察这两种效应在中国的实际情况。

考虑到从农村向城市迁移的人群包含两种，一种是落户在城市定居的，我们称之为"永久移民"；一种是定居农村，但在城市从事各种形式的劳动并赚取工资的，也就是通常我们所说的"农民工"。由于永久移民者的个人能力往往高于其他农民，他们移居城市的决策带有自选择效应，这部分人群不满足我们先前所提到的"个体同质性"假定。因此，在进行反事实估计时需要把流动人口分为"永久移民"和"农民工"两个群组进行考察。

通过对农村居民、农民工、永久移民的真实收入以及农民工和永久移民群体

---

①　本节采用的反事实估计方法为DFL分解法。DFL通过半参估计的方法，对已知分布特征的样本重新设置权重，直接构造出整个分布的反事实估计。限于篇幅，具体的反事实收入分布构造和估计结果在此不表，有兴趣的读者可以向作者索要。

的反事实收入进行核密度估计,我们发现,相较于真实收入,农民工和永久移民的反事实收入降低了,这意味着迁居城市或进城务工确实提高了部分农村居民的收入。另外,将农村居民的真实收入分布与农民工和永久移民的反事实收入分布进行对比,我们发现如果永久移民在农村而非城市工作,他们的收入会高于农民工的真实收入,但农民工的反事实收入分布与农村居民的真实收入分布几乎重合,这意味着永久移民群体存在自选择效应,这部分人群的迁移扩大了城乡收入差距。

综上所述,不论农民工还是永久移居城市的农民,他们的收入都因为在城市工作而得以提升。由于永久移民的农民在农村本就是收入较高的群体,他们离开农村定居城市有助于缩小农村内部的收入不平等,但会扩大城乡间的收入分配差距。从中国城乡收入差距的典型事实来看,2000—2008 年中国农村内部收入分配差距缩小,但城乡间收入不平等程度扩大,这意味着在这一阶段,农民的自选择效应占据主导;而农民工群体依然属于农村人口,因而他们进城务工并获得的高工资有助于缩小城乡间的差距,2008 年后,随着进城务工的农民工规模的不断扩大,越来越多的农民获得了更高的收入,人口流动效应逐渐占据了上风,城乡间的收入分配差距得以缩小。

二、区域发展战略对地区收入分配差距的影响

中国不同地区的收入分配差距主要源于各省经济发展水平的不同,而各省的发展水平又与政府所推行的发展战略息息相关。在中央层面上,20 世纪 80 年代至 90 年代,中国打破了计划经济时期的区域平衡发展战略,将发展的重心转移向东部沿海地区,提出了东部地区优先发展战略。在一系列配套政策的支持下,以长三角和珠三角为核心的东部地区率先崛起,经济发展水平和居民收入远超其他区域。到了 20 世纪末,考虑到地区间经济发展不均衡的现象较为严重,中央政府的区域发展战略从局部地区优先发展转向了区域间均衡、协调发展。一方面,推动东部地区的产业结构转型,将部分工业企业转移到其他地区以支援当地建设;另一方面,分别针对中部、西部和东北部地区的经济基础制定适合各地区的特色发展战略。[①] 在地方层面上,由于长期以来地方的 GDP 都是政府官员政绩考核的核心指标,因此地方政府官员在招商引资时,有强烈的激励选择拉动 GDP 最明显的第二产业在本地区进行投资。此外,自从 1994 年分税制改革后,地方政府的财力和事权不匹配,也有动机选择对政府税收的边际报酬更高的工业企业优先发展,因此实质上各地区的地方政府所执行的都是优先发展第二产业的战略。近年

---

① 在 21 世纪,中央先后确立了"西部大开发"战略,"中部崛起"战略和"振兴东北老工业基地"战略,遵循"效率优先,兼顾公平"的原则,以促进中国各地区间的均衡发展。

来,东部地区结合自身的发展状况和产业结构,发展重心逐渐从制造业向服务业过渡,但中、西、东北部地区依然把制造业赶超作为发展战略的核心。

由于中央层面的发展战略往往是以四大经济区域的方式制定的,且各经济区域内部的省级单位间的发展水平差异不大,因此本节中我们将经济区域作为单位,考察地方政府所执行的区域发展战略是否促进了各区域的发展。就区域内部而言,根据库兹涅茨的理论,如果地方政府执行的发展战略适应了本区域的产业结构、要素禀赋等特征,则有助于促进区域整体的经济增长速度提高以及居民收入水平提高;并且随着要素在不同省份间的流动,同一区域的不同省份间的收入分配差距会呈现出先上升后下降的“倒 U 形”曲线。反之,如果地方政府不顾本区域的经济基础,执行了与本区域当前环境不相符合的发展战略,则会导致要素配置的扭曲,阻碍产业结构的调整,进而降低区域的经济增速,扩大区域内部的贫富差距。就区域间的相对发展情况而言,根据 Barro et al.(1991)提出的条件收敛理论,如果四大区域都制定并执行了合适的发展战略,则它们的经济水平将会有条件地趋同,从而地区间的收入分配差距会不断缩小。然而,如果某些区域的发展战略与经济基础不匹配,将会抑制其人均收入的增长,造成区域间收入分配差距的扩大。由此可见,可以把区域发展战略作为评价各经济区域发展状况及收入分配情况的核心变量,本节中我们对这一指标进行量化,以便揭示区域发展战略对区域内和区域间收入分配差距的影响。

本章采用的区域发展战略的代理变量是林毅夫和刘明兴(2003)提出的 TCI 指数,其定义如下:

$$\mathrm{TCI}_{it} = \frac{\mathrm{AVM}_{it}/\mathrm{GDP}_{it}}{\mathrm{LM}_{it}/L_{it}}, \tag{8.4}$$

其中,AVM_{it} 是区域 i 在第 t 期的工业增加值,GDP_{it} 是生产总值,LM_{it} 为制造业的就业人数,L_{it} 是三大产业的总就业人数。TCI 指数衡量了各区域在某一时点上的制造业产值密度,其值越大,意味着制造业在本区域产业结构中越占据主导地位,即地方政府采用的是工业优先的发展战略。根据对 1998—2015 年四大经济区域的 TCI 指数进行计算,我们发现东部地区的制造业产值密度最小;中部地区的较大,且呈现上升趋势;东北地区较中部地区更高;西部地区的 TCI 值最大。这证明了除了东部地区以外,其他三大经济区域都执行了工业优先发展的战略。

进一步考察制造业产值密度对各地区人均收入的影响,我们发现东部地区放弃发展制造业,由第二产业向第三产业转型的发展战略促进了地区生产总值的提高,且地区内部的人均收入已有了趋同的趋势。这与 1998—2015 年东部地区内部的基尼系数不断下降的特征事实相吻合。而制造业优先发展的战略同样促进了中部地区的经济增长,在一定程度上完成了“中部崛起”的国家战略,地区内部

的收入分配差距也由最开始的发散转向收敛,这一点也与图 8.4 中中部地区"倒U 形"的基尼系数曲线相吻合。然而,优先发展工业的战略阻碍了东北地区和西部地区的经济发展,并使得两地的人均收入和东、中部地区的差距逐渐拉大。对于地区内部而言,这两个地区的表征并不相同,东三省的人均收入表现出趋同的趋势,不过这种趋同是低水平上的趋同;而西部地区各省份间的人均收入则依然发散,地区内部的收入不平等日趋严重。

总而言之,中国的区域发展战略喜忧参半。东部地区的产业结构大转型和中部地区的工业优先发展战略很好地匹配了本地区的产业结构特征,因而在提高本区域经济水平的同时,促进了区域内部收入分配差距的缩小。但东北地区和西部地区的工业赶超战略并没有很好地契合本地区的产业结构,在一定程度上阻碍了本地区的发展,拉大了区域间和区域内的收入分配差距。

三、税收制度对收入分配差距的影响

财政政策作为一种结构型政策,一直是各国政府调节经济结构最常使用的重要手段。收入分配作为一个结构性的问题,自然与财政政策息息相关。在财政政策的各项工具中,税收和转移支付最常被用于调节居民的收入分配差距。本节中,我们考察中国的税收制度对居民收入分配的影响。

按照税收负担是否可以转嫁,可以将税收种类分为直接税和间接税。其中直接税的征收对象是居民和企业,即中国的个人所得税和企业所得税。间接税是对销售商品和提供劳务征税,如营业税、消费税和增值税等。值得一提的是,并非所有的税收工具都有利于缩小居民的贫富差距,当且仅当税率随着居民的收入增加而提高时(累进税),才可以做到对低收入者少征税,对高收入者多征税,缩小居民的收入分配差距。然而,如果税收工具具有累退的特征,即税率随着居民的收入降低而提高时,则会恶化收入分配结构。

通常而言,直接税的征税对象较为明确,税收负担很难转嫁,因而属于累进税。在中国的各种税收工具中,累进特征最明显的税种是个人所得税。个人所得税采用的分级超额累进税率随着收入的逐级增加而不断提高,有助于缩小居民的收入分配差距。对于中国企业所得税是否具有累进的特征,学界一直争论不休。尽管企业所得税的征税主体较为明确,但由于企业可以通过提高产品价格将税收负担转嫁给消费者,或是通过压低劳动力价格将负担转嫁给工人,使得企业本身承担的税负比例较小,其税收的累进性被削弱,因而对于调节收入分配的作用有限。间接税则具有较明显的累退性,这是因为其征收对象的主体不明确,税收负担往往都转嫁到了消费者身上。由于低收入者往往具有较高的边际消费倾向,因

此其会面临较高的平均税率。① 因此间接税不仅无助于调节收入结构,反而会提高居民的收入分配差距。

中国长期以来一直执行的是以间接税为主体的税制结构。2000 年,增值税、消费税和营业税三项间接税的税收收入占总收入的 57.86%。近年来尽管间接税收入占比逐年下降,但依然接近税收总收入的一半。而对居民收入分配调节功能最明显的个人所得税占比很低,2015 年仅占 6.9%,而在美国这一比例为 47%,日本为 31.64%。因此,从整体的税收结构设计来看,中国以累退税为主的税收制度不利于调节居民的收入分配差距。

考虑到个人所得税在居民收入分配的调节方面具有非常积极的作用,自然而然的问题是,当前中国个人所得税的税制设计是否合理? 是否真正有效地缩小了收入不平等? 为了回答这些问题,有必要对个税的调节作用进行实证分析。本节中,我们采用 Kakwani(1984)提出的 MT 指数来衡量个税的收入分配效应,其定义为:

$$MT = (C_Y - G_Y) + \frac{t}{1-t}(C - G_X),\qquad(8.5)$$

其中 C_Y 为以税前收入排序的税后收入集中系数,G_Y 为税后收入基尼系数,t 为平均税率,C 为税收集中度,G_X 为税前收入的基尼系数。

式(8.5)右边第一项为个人所得税的横向公平效应,考察了居民收入与纳税额之间的关系。如果税收是横向公平的,征税前后不会改变个人收入排序,则该项的值为 0;如果存在横向不公平,则税后收入集中系数小于税后收入基尼系数,该项为负。第二项为纵向公平效应,即衡量不同收入阶层的税收负担是否公平。该效应受到两方面影响,一是平均税率,平均税率越高,纵向公平效应越大,税收的再分配功能越大;二是税收累进性,累进性越大,纵向公平效应越大。因此综合来看,MT 指数的数值越大,个人所得税对收入分配的改善效果就越明显。

利用式(8.5),我们计算了中国的 MT 指数,发现 MT 指数的值虽然均大于 0 且呈上升趋势,但数值很小,这意味着中国的个人所得税在一定程度上缩小了收入分配差距,但效应较弱。其主要原因是横向公平始终是负值,表明中国的个人所得税主要促进了税收的纵向公平,但存在横向不公平的现象。自 2000 年以来,中国的个人所得税征收方案进行过三次改革,第一次是 2006 年,将个税起征点从 800 元提高至 1600 元;第二次是 2008 年,起征点进一步提高到 2000 元;第三次是 2011 年,将个税起征点提高至 3500 元,并将 9 级税率调整至 7 级。为了评价这些

---

① 考虑两类人群,低收入者和高收入者,其边际消费倾向分别为 C_1 和 C_2,其中 $C_1 > C_2$。假定消费税的边际税率为 τ_c,则低收入家庭的平均税率为 $\tau_1 = (1+\tau_c)C_1$,高收入家庭的平均税率为 $\tau_2 = (1+\tau_c)C_2$,不难发现低收入家庭的平均税率高于高收入家庭,因此消费税具有累退税的特征。

税制改革是否使得个人所得税的征收更为合理,我们对这三个年份的 MT 指数进行了反事实估计①,发现三年的反事实 MT 指数都有所上升,这意味着三次税制改革反而削弱了个税对于收入分配的调节作用。通过对 MT 指数进行分解,我们发现反事实估计下的纵向公平效应影响明显提高了,这表明三次税改中,个税起征点的提高削弱了个人所得税的累进性,降低了纵向公平效应,弱化了对于收入分配差距的调节作用。值得注意的是,2011 年税改后 9 级税率调整为 7 级,略微提升了横向公平效应。

总而言之,中国整体的税收结构中具有累退特征的间接税占比较大,削弱了税收对于收入分配差距的调节功能。此外,具有明显累进性特征的个人所得税在一定程度上优化了收入分配结构,但由于占比较低以及税制设计不合理等问题,调节效应有限。当前,提高个税起征点的呼声越来越大,但历次税改的教训告诉我们,提高个税起征点会因为削弱收入分配的纵向公平效应而降低个税的再分配效应。相比而言,修改税率等级可以通过提高横向公平效应来优化收入分配结构,因此未来应当提升个人所得税在总税收收入中的比重,并进一步优化税率等级的设置。

四、贸易自由化对收入分配的影响研究

国际贸易一直是中国经济增长的重要引擎。纵观改革开放以来近 40 年的发展历程,中国对外贸易的发展可以分为两个阶段。第一个阶段是 1978—2001 年,在这期间中国执行的是保护主义的对外贸易战略,即鼓励出口,但以关税、非关税壁垒和进口配额等方式限制进口。第二个阶段是 2001 年至今,2001 年 12 月中国加入 WTO 后,对外贸易发生了结构性的变化。中国取消了绝大多数进口贸易壁垒,实现了贸易进出口的自由化,并利用本国劳动力价格较低的比较优势,确立了"投资+出口导向型"的发展战略,保证了中国经济在此后 6 年间的高速增长,并一跃成为世界第一大出口国和第二大进口国。

根据国际贸易中的 H-O 理论,不同国家的比较优势使得国际贸易成为可能。发达国家的比较优势是资本,发展中国家是劳动力,因此发达国家向发展中国家输出资本密集型产品,进口劳动密集型产品,这会导致发达国家提高对资本的需求,降低对劳动力的需求,造成工人的失业,扩大社会的贫富差距。发展中国家则相反,大量劳动密集型行业的兴起会提高对于劳动力的需求,提高劳动者的工资收入,进而缩小贫富差距。然而,部分学者的研究表明,现实经济并没有完全支持 H-O 理论的预言。当考虑产品质量时,发展中国家的出口企业可能会提高工资来

---

① 由于我们缺少 2011 年居民收入的微观数据,参考徐建炜等(2013)的做法,用 2009 年的住户调查数据模拟 2011 年的数据进行反事实估计。

雇用高能力的劳动者以替代对于低技能劳动者的需求,从而扩大两者的收入差距;此外,出口企业往往给工人提供了更高的工资,这使得相同能力的人在对外贸易部门与对内部门的收入存在差异,而劳动力市场的黏性限制了工人在不同企业间的流动,从而导致收入差距长期存在。

中国作为世界第一大出口国,利用人口红利这一比较优势,向世界输送了大量劳动密集型产品,"中国制造"享誉世界。21世纪以来,国际贸易也确实成为中国经济增长的引擎之一,使得中国居民的人均收入水平大幅提高。然而,贸易自由化对于中国居民收入分配的影响还需要进一步研究。由先前的分析可知,中国真正开始积极参与国际贸易是在2001年加入WTO以后,因此"入世"可以看成是对国际贸易的结构性冲击,这就给我们以反事实分析的可能。在本节中,我们想要回答的问题是"如果中国没有加入WTO,那么国际贸易对居民收入分配的影响如何"。借鉴 Topalova(2010)的研究,我们采用双重差分(DID)的方法,将关税作为国际贸易的代理变量,用全国居民收入的基尼系数作为被解释变量进行分析。结果显示,关税的下降显著提高了居民的基尼系数。这意味着,在行业异质性和劳动力市场黏性等因素的作用下,贸易自由化在提升中国经济增速的同时,也加剧了中国居民的贫富差距。贸易自由化对收入分配的影响可以在一定程度上解释图8.7中产业内部以及产业间收入差距的演化。在2008年前,出口行业蓬勃发展,来自国际市场源源不断的需求使得出口行业相对于其他行业提供给工人更高的工资,因而产业内和产业间的收入分配差距上升。2008年后,受到美国次贷危机以及欧洲主权债务危机的冲击,西方世界普遍陷入衰退的泥潭,外部需求的急剧下降对出口行业形成严重的打击,因而由行业异质性造成的收入差距得以缩小,收入不平等的趋势开始逆转。

第五节 调整中国居民收入分配结构的建议

由于中国的居民收入分配差距长期较大,已经对经济发展和社会稳定产生了一定的冲击,改变中国的收入不平等问题迫在眉睫。本章认为,应当抓住中国经济正在进行结构转型的机遇,采取一系列措施,推动居民的收入分配结构趋向合理水平。从短期来看,中国应该以转移支付这一再分配工具作为调节收入差距的主要手段,并避免采用总量宽松的货币政策刺激经济,以此遏制收入不平等扩张的趋势。在中长期内,既要通过要素市场改革,提高要素流动的自由度以缩小规模性收入分配,还要扎实推进供给侧改革以优化功能性收入分配结构。从长远的角度来看,收入不平等和财富不平等的双向反馈机制同样值得重视,需要采用财产税,并实行全国范围内的教育均等化,防止收入分配差距的代际传递。

一、以转移支付为主要工具保证短期内收入分配差距不扩大

政府的财政政策工具可以分为收入和支出两类。在上一节中,我们讨论了税收制度对收入分配的影响,本节中我们将分析政府支出工具中的转移支付对收入分配的影响。财政转移支付是政府将一部分财政资金无偿地转移给同级、下级政府或者居民,包括政府的社会保障支出、财政补贴、中央补助拨款、税收优惠和税收返还等。它与居民的收入分配息息相关,既是收入二次分配的重要模式,也是财政非市场性再分配作用的集中表现。居民的收入分配差距是结构性问题,要从根源上进行改革是一项较为漫长的工作。而转移支付政策的外部时滞较短,在补贴低收入群体,缩小居民收入不平等方面的作用立竿见影。因此,转移支付有助于缓解城乡、地区乃至行业间等多维度的收入分配差距,维护社会稳定,提高经济增长质量。中国当前正面临经济结构的调整,结构转型往往伴随着"创造性破坏",新兴产业和传统产业的更迭会推动居民收入差距的进一步扩大。在此背景下,更有必要制定相应的转移支付政策,将居民的收入差距维持在合理区间内,为中国的经济转型创造良好的环境。

为了更好地设计转移支付政策,有必要先对中国目前所执行的转移支付政策在缩小收入分配差距方面所起到的作用进行评价。我们使用中央补助拨款作为转移支付的代理变量,考察了1998—2015年转移支付政策对城乡间及地区间收入分配差距的影响。结果显示,转移支付政策缩小了城乡间以及城镇内部和农村内部的收入分配差距,但效果都不显著。从地区层面来看,转移支付的收入再分配效应在东部地区最弱,中部地区和东北地区次之,西部地区最强,但整体的改善效果也比较小。这意味着当前的转移支付政策并没有能够真正地对居民收入进行再分配。其主要原因在于,第一,转移支付政策的力度不够,对于低收入群体的补助不够。第二,转移支付政策执行不到位,没有真正落实到最需要帮助的家庭。由于政府和居民间存在信息不对称,一些中高收入的家庭有激励伪装成低收入者以享受转移支付,使得高收入者入住保障性住房、骗补等现象屡屡发生,转移支付的福利没有真正落实到最需要的群体手中。第三,转移支付的形式较单一,无法为低收入家庭提供长期稳定的保障。目前中国的转移支付主要是通过货币发放。虽然在短期内,一定的货币补助可以帮助贫困家庭解决燃眉之急,但从长期来看,这依然无助于他们走出贫困。此外,西方高福利国家的证据表明,即使提高货币补助,例如失业保障、最低工资等的金额,也只能让低收入者更安于现状,没有激励去提高自身的收入。转移支付的最终目的不应该是给低收入家庭提供源源不断的补助,而是应该鼓励和帮助他们提高自身的能力,以赚取更高的收入。

对于当前中国而言,一方面居民间收入分配不公平的现象已较为严重,另一方面正值推进经济结构转型的关键期,产业内和产业间的结构调整会使得居民的收入差距存在进一步扩大的压力。考虑到转移支付具有实施对象明确、外部时滞较短、政策效果显著等优点，本节认为，中国应当把转移支付政策作为短期内调节居民收入分配的最主要的工具。未来对于转移支付政策的设计应该侧重于如下几个方面。首先，提高居民收入统计的范围和精确性，按照收入水平和收入来源对不同的收入群体进行细分。其次，对不同的群体执行差异化的政策，加大对于最低收入部分人群的补助。再次，转移支付的补助方式应当多元化。在给低收入家庭提供货币补助的同时，还可以为其提供免费的教育培训，以提高其人力资本，进而提高收入水平；或者积极向失业家庭提供各类招聘信息，帮助减少摩擦性失业等。最后，提高转移支付政策执行的透明度，并完善监管体制，提高政策的执行效率。

二、避免使用全面扩张的货币政策来"保增长"

货币政策作为总需求管理的两大手段之一，在各国的经济发展中都发挥了重要的作用。在中国，根据《中国人民银行法》的规定，稳定经济增长是货币政策的最终目标之一，而货币政策确实也为中国长期以来的高速增长贡献了一份力量[①]。然而货币政策在刺激经济增长的同时，也会对居民的收入分配结构产生影响。本节认为，货币政策对收入分配的影响效应主要有两种，一是影响就业者的收入结构，即内部效应；二是影响居民收入的可得性，即外部效应。

从内部效应来看，货币政策影响居民收入分配的主要机制是对不同群体的工资性收入和财产性收入的非对称效应。首先，当央行执行了宽松的货币政策后，经济中的价格水平会上升，如果工资可以灵活调整，那么名义工资的上升幅度应等于通胀率，从而保证工人所获得的实际工资不变。然而现实中工资调整存在黏性，且对于不同的收入阶层而言，工资黏性的程度不同。由于高收入群体相对而言拥有更高的议价能力，因而有更高的概率调整自己的名义工资水平以避免实际工资下降。低收入群体由于议价能力较弱，其名义工资调整的幅度要小于高收入群体，导致两个群体间的工资性收入差距扩大。

其次，高收入家庭和低收入家庭的财产构成情况也有很大差异。低收入家庭的主要资产是银行存款，而高收入家庭拥有更多的股票、债券、房产等资产，财产构成的差异导致了财产性收入来源的差异。货币政策对于财产性收入的影响是通过利率的传导机制发生作用的，且对于不同类别财产的影响不同：对于股票、债券或房产而言，利率降低会使得资产价格升高，这意味着更多的财产性收入；但是

---

① 例如在 1998 年东南亚金融危机和 2008 年的美国次贷危机时，受到来自国外的负向需求冲击的影响，以出口导向为主要增长引擎的中国经济面临着增速下滑的风险。但是，中国政府利用货币政策和财政政策力挽狂澜，帮助中国经济一次次地化险为夷，使得中国在近 40 年内年均 GDP 的增长率达到了 9.8%，成就了人类经济史上当之无愧的增长奇迹。

对于银行存款而言,存款利率的降低会导致居民获得的存款收入减少。因此,扩张性的货币政策会造成居民间财产性收入差距的扩大。

最后,低收入者和高收入者的收入构成情况也不相同。低收入者的主要收入来源是工资性收入,而高收入群体的总收入中财产性收入的比重较高。当央行执行扩张性的货币政策时,较高的工资黏性和较为单一的财产结构使得低收入家庭的名义工资上升有限。而高收入家庭可以更容易地调整其名义工资水平并通过购买高收益资产规避通胀率的上升,因而其实际收入受到扩张性货币政策的影响较小。货币政策对于两类家庭的这种非对称冲击进一步扩大了收入分配差距,这就是货币政策对收入分配影响的内部效应。

但是上述分析的一个前提假定是,所有居民的收入可得性并没有受到货币政策的影响。实际上,货币政策是会影响到可以获得收入的人群的。菲利普斯曲线告诉我们,当通胀率上升时失业率是下降的。这意味着当央行执行宽松的货币政策时,将有更多的居民能够找到工作,进而获得工资性收入。在数据中,这表现为工资性收入中更少的零值,从而收入不平等程度会缩小。反之,如果政府执行紧缩性的货币政策,失业率会上升,这会导致收入分配差距的扩大。我们把这一机制称为货币政策的外部效应。

由此可见,货币政策对收入分配的影响是复杂的。一方面,货币政策会通过改变通胀率和名义利率对各个分项收入产生影响,影响程度取决于居民的名义工资黏性、资产配置结构和收入构成状况。另一方面,就整体经济而言,扩张性的货币政策会提高通胀率并降低失业率,使得可以获得工资性收入的群体更多,因而居民的收入分配差距会倾向于缩小。最终货币政策对收入分配差距的影响取决于这两种效应的相对大小。为了分析货币政策在中国居民收入结构演化中所扮演的角色,本节中我们考察了货币政策对于城乡居民收入分配差距的影响。

首先,我们采用 Christiano *et al.*(1999)的递归假设方法识别出了外生的货币政策冲击,然后利用 Coibion *et al.*(2017)自回归分布滞后模型,将全国居民的总泰尔指数对货币政策冲击进行回归,并计算了货币政策冲击对于泰尔指数的脉冲响应函数。我们发现,正向的货币政策冲击会使得总泰尔指数发生跳跃性的上升。这意味着,对于全体居民而言,中国的货币政策冲击的内部效应高于外部效应。此后,冲击呈波动递减,最终消失,这是因为货币政策毕竟是短期政策,不可能从根本上改变居民的收入分配结构。

为了进一步分析货币政策对于收入分配差距的传导机制,我们有必要量化货币政策的内部效应和外部效应。然而遗憾的是,由于国家统计局从 2013 年才开始公布各省居民的分项收入,我们无法直接讨论货币政策对工资性收入和财产性收入的影响。此外,由于缺乏与居民就业及工资相关的微观数据,也无法直接分析外部效应。退而求其次,我们利用货币政策对城镇和农村内部以及城乡间的泰尔指数的影响近似替代。这是因为在中国,城镇居民的收入主要由工资性收入和财产性收入构成,农村居民的收入主要由工资性收入和经营性收入构成,这两类群体收入构成的差异为我们近似地检验货币政策的内部效应和外部效应提供了可能。基于此,我们分别用城镇内部居民收入的泰尔指数和农村内部居民收入的泰尔指数对货币政策冲击进行回归,并对它们进行脉冲响应分析。

结果显示,扩张性的货币政策对于城乡内部的泰尔指数影响是非对称的。对于城镇居民而言,货币政策冲击的累积效应为正,即货币政策扩大了城镇居民的收入分配差距。这主要是源于居民间的工资异质性和财产构成。城镇中的高收入家庭可以通过要求更高的工资和配置高收益型资产以规避通胀,而低收入家庭由于议价能力差和投资渠道单一,名义收入的上升有限。因此,扩张性的货币政策扩大了城镇居民的收入分配差距。对于农村居民而言,虽然货币政策冲击在最初扩大了收入分配差距,但其后却使得泰尔指数出现了较大幅的下降。本节认为,这主要是外部渠道的贡献。当通胀率上升时,由于低收入群体的工资黏性更大,其实际工资下降更多,因而用工需求的增加往往针对这一群体。而农民工的人力资本较低,从事的工作大多是低技能、低收入的,劳动力需求的提升使更多的农民工获得了工资性收入,从而缩小了农村内部的收入分配差距。最后,货币政策对城乡间居民的泰尔指数有非常显著的正向影响,这主要是由城乡居民的收入构成导致的。由于城镇居民的财产性收入相对于农村居民较多,且其工资水平也高于农村居民,因此当通胀率上升时,城镇居民可以更容易地提升自己的名义工资;而以工资性收入和经营性收入为主的农村居民缺乏有效的规避通胀的手段,导致城乡间的收入不平等程度上升了。

上述分析给我们的启示是,扩张性的货币政策在带来中国经济繁荣的同时,也为居民收入分配差距的扩大埋下了隐患。在未来,政府应当避免走"以宽松促增长"的老路,谨慎使用"大水漫灌"式的货币政策。而是应该坚持以稳健为主的货币政策,在短期内使用定向降准、PSL 抵押补充贷款等结构性货币政策支持特定部门,把货币政策作为辅助结构调整,而非拉动 GDP 增长率的政策工具。

三、提高资源的流动性,改变规模性收入分配结构

资源配置的效率决定了一国经济的发展。对于中国而言,1949 年后首先建立了计划经济体制,由中央政府根据各地区各部门的需求情况配置资源。然而,由于缺乏激励机制、信息不对称以及对产业结构不了解等因素,中央政府配置资源的效率极其低下,导致生产力大幅度下滑。痛定思痛后,以邓小平同志为首的领导人意识到了市场对于资源有效配置的重要性,从 1978 年起引领中国步入了改革开放的新时代,其核心在于在计划经济的体制下逐渐引入市场机制以提高资源

的配置效率。经历了30多年的发展,市场机制在中国经济中已然占据了非常重要的地位,资源配置效率相较于计划经济时代得到了极大的提高。

目前学者大多关注资源配置效率对经济增长的影响,却忽略了它在"公平"方面发挥的重要作用。如果生产要素的流动是自由的,那么它们会按照边际生产率相等的原则在各经济部门之间进行配置。假设经济中的某个部门因为技术进步等因素提高了边际生产率,使得生产要素在该部门内获得的收益要高于其他部门,那么该部门就会成为价值"洼地",该部门和其他部门间就产生了收入差距。只要资源流动不受限制,以收益最大化为目标的要素所有者必然会把资本、劳动力等生产要素配置到这一部门。受到生产要素边际报酬递减的约束,随着资源不断从其他部门流向这一部门,该部门的要素的边际回报率会逐渐下降,而其他部门的要素回报率则会因资源的流出而提高,最终,生产要素在各部门的回报率应该相等。这里的"部门"可以是城市与农村、不同的地区以及不同的行业。如果生产要素在城乡间、地区间和行业间的流动不受限制,那么最终资本和劳动力的收益都应该相等,即不存在收入分配差距。从动态调整的情况来看,各部门的收入也应该表现出收敛的趋势。

当前中国仍然存在许多扭曲资源配置的因素。例如,户籍制度、学区房制度和社保制度等限制了劳动力在城乡和地区间的流动。尽管中国每年有大量的农民工选择从农村进入城市,或是从经济欠发达的地区到相对发达的地区工作。然而,户籍制度和社保制度不仅限制了他们在工作所在地长期定居的可能,而且由于这部分流动人口的工资弹性较低,容易引发企业的用工歧视,使得具有相同技能、从事相同工作的流动人口的工资低于常住居民的工资,限制了收入分配结构的调整。此外,学区房制度进一步导致流动人口的后代无法获得与常住人口的子女享受相同的教育资源的权利。考虑到中国教育资源分配严重不均,收入较高的地区往往也聚集了更加优质的教育资源,因而农村以及低收入地区的孩子所接受的教育往往落后于城镇和高收入地区,从长期来看,较低的人力资本意味着较低的收入,收入分配差距出现了代际传递的趋势,阶层的流动会变得愈发困难。因此,这些制度在限制人口流动的同时,也限制了居民乃至其子孙后代的收入分配差距缩小的可能。

在资本市场上,同样存在着很多限制资本流动的制度。长期以来中国人民银行对商业银行的存贷款利率进行管制。这是因为中国的国有企业并非以利润最大化为目的,且存在大量的政策性负担,从而导致其资金的使用效率较为低下。如果不给它们以政策补贴,而是任由其在市场上与民营企业竞争,那么国企将会因为其运营效率较差而无法生存下去,一旦国有企业破产,将会引发国有资产流失以及大量的劳动者失业,对国家财产安全和社会稳定形成严重的冲击。因此,长期以来商业银行给国有企业的贷款利率往往都是基准贷款利率的下限,而给民营企业的贷款利率却由市场决定,高出贷款基准利率很多。贷款利率双轨制导致了贷款资金价格的扭曲,使得资本在国有企业和民营企业间无法得到有效的配置。另外,中国商业银行对民营企业的信贷约束较为严重,民营企业,尤其是中小型企业在缺乏固定资产作为抵押物的情况下,往往无法获得自身发展所需要的资金,而大量的资本流入效率较低的国有企业,这种行为进一步限制了资本在不同行业间的流动,恶化了资本配置效率。考虑到中国国有企业大多集中于第二产业,民营企业则主要分布在第三产业,如果民营企业长期被"融资难、融资贵"的问题所困扰,无法获得充足的资本,其发展必定会受到限制。长此以往,这将严重阻碍中国的产业结构调整。不仅如此,由于央行同样限制了居民的存款利率上限,使得商业银行可以以较低的成本吸收大量存款以支援国有企业,因而居民从存款中所获得的利息收入也被进一步压低了。正如上一节所分析的,由于中国的金融市场不够发达,收入较低的居民的财富形式是银行存款,存款利率管制进一步扩大了居民的财产性收入差距。

由此可见,资源错配不仅降低了中国经济的增长潜力,而且对于居民收入分配差距的扩大也难辞其咎。仅凭转移支付这种二次分配的政策并不能从根本上改变中国居民收入分配的格局,应当从源头出发,修正造成资源错配的各类市场扭曲。在劳动力市场上,从短期来看,可以首先建立起全国联网的社会保障系统,使得流动人口在非户籍所在地也可以享受与本地居民相同的社会保障服务;从长期来看,调整现行的户籍政策,放松对于长期在城镇以及高收入地区的流动人口的落户条件,这样有助于促进城乡间和地区间居民收入的趋同。此外,改革学区房政策,推进教育资源的均等化,让流动人口的随行子女也能享受到与本地居民子女同等的教育条件,这样有助于提高其人力资本积累,防止收入分配差距的代际传递。在资本市场上,一方面要大力推进利率市场化改革。2013 年 7 月 20 日,中国已经放开了贷款利率下限,2015 年 10 月,更是进一步放松了存款利率上限。然而,利率管制的放松并不意味着利率市场化的完成,还需要建立起市场化的利率形成机制并加强对于金融机构的监管机制。此外,随着利率管制的放开,传统的以货币供应量为中介目标的货币政策有效性不断下降,有必要尽快培育起基准利率作为新的中介目标,推动货币政策从数量型转为价格型,增强其对于金融和经济的调节功能。另一方面,进一步完善银行业的准入、退出和监管机制,培育一批针对中小型民营企业进行贷款的地方性银行,解决民营企业的融资难、融资贵的问题。只要这些改革能够顺利推进,那么扭曲资源配置的因素将越来越少,资源会遵循边际收益原则在各部门自由流动。长期来看,必然有利于缩小城乡间、地区间和行业间的收入分配差距。

四、推进供给侧结构性改革,优化功能性收入分配结构

居民的收入分配可以分为功能性收入分配和规模性收入分配(李小林等,2016)。规模性收入分配着眼于微观,指的是收入在各微观主体间如何配置,我们先前所讨论的城乡间、地区间和行业间的收入分配都属于规模性收入分配。功能性收入分配是指收入在各类生产要素间的配置,也即通常所说的收入的初次分配。从定义可以看出,功能性收入分配是与生产紧密相连的。在生产过程中,各类生产要素参与了多少,发挥了什么样的作用,直接决定了其所能获得收入的多少。一个国家的整体产业的资本密集度越高,在初次分配时资本获得的收入比重就会越高,劳动的收入份额则相对较低,这就造成了功能性收入分配差距。尽管学者们在研究收入分配差距时往往关注规模性收入分配差距,但功能性收入分配差距同样重要。这是因为,功能性收入分配差距可以直接引起规模性收入分配差距。由于每个微观个体的要素禀赋不同,劳动力是所有人与生俱来的禀赋,但资本和土地往往集中在少数富裕的个人或家庭手中。如果一国的劳动收入份额较高而资本收入份额相对较低,那么个人的工资性收入也会相对较高,因而其规模性收入分配差距就会相对较小。相反,如果一国的劳动收入份额偏低,那么对于以工资性收入为主要收入来源的个体而言,其获得的收入就会相对较低,导致全体居民的收入分配差距扩大。

对于中国而言,由于长期以来一直执行"投资+出口导向型"的发展战略,使得第二产业在中国国民经济中占比一直较高,历年第二产业增加值在 GDP 中所占比重都接近 50%,直到 2015 年才有所下降。尽管自从 2011 年起,第二产业对 GDP 的贡献率和拉动作用就在不断下降,而服务业则在不断上升,但由于发展的路径依赖以及出于税收贡献率等问题的考虑,中央和地方政府并没有积极推动经济结构从第二产业为主向第三产业为主的转型,反而进一步在各地兴建同质化的工业企业,造成了大量重复投资,阻碍了产业转型的整体趋势。由于第二产业是资本密集型的,第三产业是劳动密集型的,因此当前的产业结构决定了资本在初次分配中占据了主导地位,而劳动的收入份额则相对较低,导致中国的功能性收入分配结构极不合理。

2013 年,中央提出了"供给侧结构性改革"的概念,其核心在于矫正供需结构错配和要素配置扭曲,减少无效和低端供给,扩大有效和中高端供给,促进要素流动和优化配置,实现更高水平的供需平衡(王一鸣等,2016)。截至 2017 年年末,随着"三去一降一补"的顺利推进,供给侧改革已进入攻坚阶段。本节认为,供给侧改革有助于缩小规模性收入分配差距,从根本上改变中国居民收入分配不公的格局。不论淘汰落后产能,降低国有企业杠杆率,还是降低企业的交易成本,都是为了后续推动整体经济结构的变革埋下伏笔。从第二产业内部来看,降低低端、落后产业的占比,培养高端和高附加值的制造业有助于提升资本和劳动力的使用效率,从而提高要素收入;从行业间来看,逐渐降低第二产业在经济中所占比重,提高服务业占比有助于改变当前资本的收入份额偏高而劳动力收入份额较低的格局,从源头上修正功能性收入分配不公。因此,深化供给侧结构性改革,才是解决中国居民收入分配差距过大的根本之道。

五、推行财产税和教育均等化,打破收入不平等和财富不平等的双向传导机制

居民的财富不平等与收入不平等息息相关,财富分布结构甚至比收入分配结构更为重要。这是因为收入是流量,可以相对容易地被调查、统计和调整;然而,财富是存量,不仅在统计上存在困难,而且由于存量的调整较为困难和缓慢,财富不平等一旦形成就很难改变。因此,居民的财富分布状况同样值得我们重视。

收入不平等和财富不平等之间存在很强的反馈机制。可以用一个简单的例子说明这一点,假定最初所有居民的财富都为零,仅获得工资性收入,且由于个体间存在异质性,他们的人力资本不同,因而收入有高有低。通常而言,高收入者的边际储蓄倾向更高,而低收入者拥有较高的边际消费倾向,因而在本期末高收入家庭积累了更多的财富。假定家庭从每一单位中获取的财产性收入是相同的,那么在下一期,人力资本较高的家庭不仅获得了较高的工资性收入,而且财产性收入也更高,从而在本期末他们会积累更多的财富。如此往复,高收入的家庭积累的财富会越来越多,他们从财产中获得的收入也越来越高,收入不平等逐渐累积成财富不平等,而财富的不平等又进一步强化了收入的不平等。在这种"滚雪球"效应的作用下,居民的收入分配差距和财富分布差距都会越拉越大。需要注意到,在上面这个例子中我们假定家庭从每单位财富中获得的收入是均等的,实际上在现实中,由于风险偏好往往随着收入的提高而上升,高收入家庭有更大的激励去从事高风险、高收益的投资项目;且由于他们的人力资本较高,相比低收入家庭能更有效地配置自己的财产,因而其财富的平均收益率往往高于低收入家庭,进一步强化了"滚雪球"效应,拉大了整个社会的贫富差距。

上述分析的启发是,财富不平等可能会引起收入不平等的代际传递。由于子女是父辈财产的第一法定继承人,高收入家庭的子女可以从父母那里获得大量的财富,使他们赢在"起跑线"上。此外,高收入的家庭往往更重视教育,也更有能力为其子女提供更为优质的教育条件,因而高收入家庭的子女通常拥有较高的人力资本。如此一来,子代的收入不平等现象将比父代的更为严重,形成"富者愈富,贫者恒贫"的现象,导致社会阶层流动性变差。一旦阶级固化,那么将对经济发展和社会稳定构成强烈的威胁。

对于中国而言,目前财富不平等的现象凸显。根据我们的测算,中国目前居民财富不平等的程度高于收入不平等的程度,这说明"收入-财富"不平等的反馈机制已经出现苗头。因此,我们不仅应当重视收入不平等,还需要采取措施遏制财富不平等。一方面,尽快出台并推广财产税。在发达国家,遏制财富不平等的重要手段之一就是征收房产税、遗产税、赠与税等财产税,而在中国的税制结构中这一块尚处于空缺状态。与个人所得税类似,财产税具有明显的累进特征,有助于缩小居民的财富不平等。考虑到中国居民的财产分布不均主要体现在房产上,因此当务之急是尽快出台可以有效缩小财富分布差距的房产税,遏制住财富不均等的扩大趋势,并在未来设计符合中国国情的遗产税和赠与税等。另一方面,促进全国范围内的教育均等化。自古以来,教育就是不同阶级间最坚实的桥梁。只有让所有收入阶层的子女都有机会接受相同质量的教育,才能为低收入家庭孩子积累更高的人力资本创造条件,让他们有机会通过自己的努力来提高收入,改变现有的收入分配结构。因此,未来中国应该双管齐下,采用征收遗产税和推行教育均等化的方法避免收入分配与财富分配的反馈机制的形成,从而确保国家的长治久安。

第六节 总 结

随着中国经济的飞速发展,居民的收入分配差距也在不断扩大,对经济增长的效率和社会稳定构成了一定的威胁。本章旨在构建一个统一的框架,考察改革开放以来中国收入分配差距的演化历程、现状以及影响因素,并给出调整收入分配结构的有益对策。

本章发现,中国城乡间、地区间和行业间的收入分配差距长期呈现扩大的趋势。尽管2008年后这一趋势有所缓解,但不论从哪个维度看,居民的收入不平等依旧处在较高的水平上,并没有明显缩小的态势。进一步地,我们考察了造成居民收入分配差距扩大的原因。发现人口流动、区域发展战略、税收制度和贸易自由化这四个因素在促进中国经济增长的同时,也推动了居民收入差距的不断扩大。

当前中国的经济发展战略正在从数量型增长转向质量型增长,经济结构的调整成为主要任务之一。本章认为,中国应当抓好这一机遇,改变中国的收入分配格局。短期内,在采用结构性货币政策"保增长"的同时,设计并采用符合中国国情的转移支付制度对国民收入进行再分配,遏制收入不平等的扩大趋势。从中长期来看,应当积极推进要素市场改革,放松对于资本和劳动力流动的限制,缩小规模性收入分配差距;同时,深化供给侧改革,调整产业结构,优化功能性收入分配格局。此外,还应当通过征收财产税的方法遏制财富不平等,并推行教育均等化制度维持后代的人力资本平等,以此防止收入分配差距和财富分配差距的相互传导。

第九章 技术进步减少了劳动力需求吗？

第一节 引　　言

技术进步和就业的关系一直是经济学关注的焦点问题之一。如今，人工智能技术的发展，使人们再次产生了对于"机器替代人"的担忧。许多学者对此问题进行了深入研究，发现技术进步对就业总量具有替代效应和补偿效应。一方面，技术进步提高了劳动生产率，使得单位产品所需的劳动投入减少，降低了劳动力需求。Aghion and Howitt(1994)认为如果技术进步速度加快，工作岗位的生命周期也会缩短，失业率随之提高。[①] 另一方面，技术进步会降低产品的成本和价格，扩大产品需求，提高企业预期投资回报率，刺激企业投资，从而增加了对劳动力的需求(Vivarelli,1995;Ebersberger and Pyka,2010)。Pissarides(1990)认为技术进步会提高企业创造工作的资本回报，激励企业创造工作岗位，减少失业，即"资本化效应"。Mortensen and Pissarides(1998)发现较高的技术进步率会导致工作岗位在不同行业和企业之间的再分配，对于就业总量的影响是不确定的。对于技术进步究竟是增加还是减少了就业总量，学术界仍未达成一致。

本章认为，从长期看，技术进步是增加就业的。劳动力需求取决于其边际产出，随着技术的进步，劳动力的边际产出不断提高，因而对劳动力的需求也会增加。另外，从人类社会的历史来看，就业总量跟技术水平是在不断同步增长的。技术进步在替代一部分劳动力的同时也创造了大量的就业岗位，长期来看，其补偿效应大于替代效应。随着人们消费需求的扩大和升级，产业规模的不断扩张，未来会有更多的就业岗位。

第二节 技术进步影响就业的机制

从历史发展和已有文献研究可以发现，技术进步对就业的影响是一把双刃剑，一方面技术进步对就业具有替代效应，另一方面，技术进步也会通过多种渠道创造就业岗位，即补偿效应。技术进步对于就业的总效应取决于替代效应和补偿

---

① 参见 Aghion, P., and Howitt, P., "Growth and Unemployment", *Review of Economic Studies*, 1994, 61:477—494.

效应的相对大小。

一、技术进步对就业的替代机制分析

首先,技术进步提高劳动生产率,导致单位产品所需的劳动力投入降低,在产出给定的情况下,减少了就业量(龚玉泉和袁志刚,2002;姚战琪和夏杰长,2005)。

其次,技术进步通过缩短工作岗位生命周期影响就业总量。Aghion and Howitt(1994)运用搜寻模型解释了技术进步的创造性破坏效应,他们认为,失业率由劳动力与空缺岗位的比例和岗位的生命周期共同决定。如果技术进步速度加快,工作岗位的生命周期也比较短,这会造成失业人数的增多,同时,由于人力资本价格随技术进步而增长,企业利润也会下降,这就减少了企业进入市场的激励,缺乏创造工作岗位的动机。

最后,技术进步引起经济周期波动,造成周期性失业或技术性失业。熊彼特(1990)认为,创新过程的不确定性和不规则性造成了经济的波动,而"技术失业是周期性失业的一个组成部分"。熊彼特认为,经济不景气时的失业只是暂时的,一旦企业利润被用于投资,"对劳动的实际需求便会开始增加"。[①] 只有在新的生产要素组合改变了土地和劳动的边际产出比时,对于劳动的实际需求才会"永久地降低"。弗里曼和佩雷斯(1992)的技术范式理论认为,随着新技术经济模式的扩散,旧的社会制度不再适应新的技术经济模式,这种不匹配会导致结构性危机的发生,造成长期衰退,而失业便是其表现之一。所以在新技术扩散导致社会发生结构性变革的时期,会出现失业率上升的现象,当社会经济制度逐渐适应新技术经济模式以后,经济会再次繁荣,伴随着劳动力结构的调整,失业率也会下降。[②]

二、技术进步对就业的补偿机制分析

(一)产品价格下降的补偿机制

技术进步尤其是工艺创新往往会降低生产成本,从而降低产品价格。一方面产品价格的降低会增加消费需求,带动企业扩大生产规模,增加对劳动力的需求(Ebersberger and Pyka,2010)。当然,产品价格降低以后是否会导致需求量增加还受到产品价格弹性的影响,如果某种商品需求的价格弹性较小,那么价格降低带来的产品需求量的增幅有限,技术进步对就业的补偿作用就比较小。如果价格下降以后产品需求量增加幅度很大,那么企业需求的劳动力数量也会增多,因而技术进步对就业的补偿效应也较大。另一方面,如果将货币考虑进来,新古典经济学家认为价格的下降会使真实货币余额增加,货币供给大于需求,引发利率下

---

① 参见〔美〕约瑟夫·熊彼特著,何畏、易家祥译:《经济发展理论》,商务印书馆,1990年,第278页。
② 参见克里斯托弗·弗里曼、卡洛塔·佩雷斯:"结构调整危机:经济周期与投资行为",载〔意〕G.多西等编,钟学义等译,《技术进步与经济理论》,经济科学出版社,1992年,第57—74页。

降,促进企业投资。

(二) 产品创新的补偿机制

产品创新创造新的消费需求,开拓新的市场,使得企业雇用更多工人(Ebersberger and Pyka,2010)。Harrison *et al.*(2014)选取了法国、德国、西班牙、英国的企业数据,对工艺创新和产品创新带来的就业变化进行研究,发现产品创新引致的新产品需求的增加极大地促进了就业。由产品创新带来的就业中,至多有 1/3 来自同行的工人的转移,最少有 1/3 来自新产品的生产带来的市场扩张,而产品创新对就业量的补偿大于工艺创新减少的就业量。Brouwer(1993)、Greenan and Guellec(2000)的研究也都论证了产品创新对就业有补偿效应。

产品创新促进了新兴产业的产生和发展。虽然技术进步导致一部分传统产业的衰退,但是新兴产业也在不断壮大,产业门类越来越丰富,社会分工逐渐细化,生产规模日益庞大。新产业的兴起创造了更多就业岗位,吸纳了来自传统行业的劳动力,就业的总量也在不断增加。

(三) 技术扩散的补偿机制

正如马克思在《资本论》中所言:"虽然机器在应用它的劳动部门中必然排挤工人,但是它能引起其他劳动部门就业的增加。"[①]一方面,技术进步不仅在其产生的部门创造了就业,也在应用新技术的部门创造了就业。随着计算机的普及和相关设计软件的发展,装修设计行业的服务更为便捷,客户可以利用软件进行个性化定制,设计师在后台为顾客提供意见,节省了沟通时间,提高了生产服务效率,人们对设计师的需求也随之增加。再如,随着收入的提高,消费者对法律、教育、职业等咨询服务的需求也越来越多,而数据挖掘技术的发展使得咨询人员可以更迅速地对大量数据进行捕捉和处理,提高了获取信息的效率,更好地满足了客户的需求,也吸引了更多的消费者。

另一方面,技术进步扩散到上下游产业,促进了关联产业的发展。网络支付手段的便捷化促进了中国电子商务的发展,拉动了消费和投资需求的增长,也为物流行业创造了大量就业岗位。国家统计局的数据显示,2017 年全年实现社会消费品零售总额 36.6 万亿元,其中全国网上商品和服务零售额约为 7.18 万亿元,在社会消费品零售总额的占比约为 20%[②]。网络购物的发展在对实体零售店造成冲击的同时,也促进了物流行业的繁荣,增加了物流行业对劳动力的需求。根据国家统计局公布的数据,2017 年全国规模以上快递服务企业业务量累计完成 400.6 亿件,业务收入累计完成 4 957.1 亿元,同比增长 24.7%。中国物流行业处在一个

---

① 参见〔德〕卡尔·马克思:《资本论》(第一卷),人民出版社,1975 年,第 484 页。

② 笔者根据国家统计局数据计算所得。

快速发展的阶段,需要大量的人力、资源的投入,目前中国物流专业技能人员较为匮乏,物流行业面临巨大的人才缺口。

（四）收入增加的补偿机制

一方面,技术进步带来了居民收入的增加,刺激了消费需求。技术进步后,由于生产成本降低,产品价格降低,因而真实工资上升,消费者购买力增加,消费需求增加;居民储蓄的增加也为企业投资提供了更多资金,刺激了投资需求,创造出更多的就业岗位。Autor(2015)认为,随着农业生产率的提高,食物支出在家庭支出中所占的比例越来越小,用于医疗保健、娱乐等方面的消费支出逐渐增多。餐厅服务、清洁服务、理发等工作很难被机器取代,而人们对这些服务类消费需求的收入弹性比较大,随着技术进步以后带来的收入增长,这些行业的就业人数也可能会出现增长。

另一方面,由于劳动力供给曲线最终是向上弯曲的,随着收入的增加,劳动力的供给也会发生变化。财富增加以后,人们对于闲暇的需求会增加,这将减少每个人的劳动供给时间。因此,技术进步以后,可能会出现更多的工作岗位,而与之相伴随的将是每个岗位工作时间的缩短。

（五）新投资的补偿机制

技术进步带来了优质的投资机会。优质投资是能够给投资者带来较高的预期收益率的投资。[①] 一方面,技术进步促进了产品创新,新产品的出现刺激了优质需求,增加了企业经营利润,提高了企业的预期投资回报率,从而吸引市场对新产品的研发和生产进行投资。另一方面,对旧产品的工艺创新降低了生产成本,进而降低产品价格,扩大了市场需求量,也增加了企业利润,从而吸引企业进行投资。

（六）资本化效应

Pissarides(1990)运用资本化效应解释了非物化型技术进步对于就业的影响,他假定技术是外生的、劳动增进型的,其增长率为 g。工资与技术进步的增长率呈正相关,企业在雇用工人的过程中会产生成本,如果企业预料到在稳态时雇佣成本会随着利润率以相同比率增长,就会提早开始雇用工人,来节约雇佣成本。因此技术进步的增长率较高时,企业提供的工作岗位数量增加,从而失业率下降;当技术进步的增长率较低时,雇佣成本低,企业不急于雇用工人,因而市场上的空闲工作岗位数量减少,失业率上升。这些结果取决于技术进步率对企业有效折现率的影响。从另一个角度来看,技术增长率较高时,未来收入的净现值较低,企业可以提前开始雇用工人,使未来的雇佣成本(或创造新工作岗位的成本)以较低的折

---

① 参见苏剑:"全面改革是中国经济长期健康发展的前提",《开放导报》,2015 年第 6 期,第 22—26 页。

现率转移到现在,因此,较低的折现率促进企业创造工作岗位,从而降低了失业率,此即技术进步的"资本化效应"。

（七）技术的研发、应用过程创造就业岗位

技术的研发和生产本身就需要高技能劳动力的大量投入。Acemoglu（2002）认为在过去的 60 年中,技术进步呈现出技能偏好型的特点。计算机的使用特别是人工智能技术的发展导致市场对高技能劳动力的需求增加,对低技能劳动力的需求减少。人工智能在对程式化的工作带来挑战的同时,也创造了大量劳动力需求。根据智联招聘《2017 人工智能就业市场供需与发展研究报告》的数据,2017年第三季度,人工智能人才需求量比 2016 年第一季度增长了 179％,是 2016 年第一季度人才需求量的近 3 倍。[1] 而根据德勤的研究报告,在过去的 35 年里,英格兰和威尔士地区的信息技术管理人员增加了 6.5 倍,编程和软件开发人员增加了将近 3 倍。[2]

随着人工智能的发展,全球对于高技能劳动力的需求将会不断增加。在技术产生和发展的最初阶段,由于劳动技能转化需要的时间较长,难免存在结构性失业。但是随着人力资本的不断提升,长期来看,会有越来越多满足岗位需求的劳动者。

（八）生产活动范围的扩大

技术进步扩大了人们的活动范围,开辟了新的生产空间。目前全球约有 21％的陆地面积是沙漠,如果将沙漠改变成可以储水的土壤,那么人类的生产活动范围将被极大地拓展。目前,中国已研发出了一种植物性纤维黏合材料,让沙子变成拥有"自我修复和自我调节性质"的土壤,从而使沙漠具有土壤的水肥保持能力。预计未来随着这项技术的成熟和普及,大量的生产活动会在沙漠地区展开,拉动当地和沿线地区的经济发展,带动周边地区的就业。

第三节　新古典的劳动力需求模型

从以上论述可以看出,技术进步对就业的影响途径是多样的,总体影响是不确定的。从新古典的劳动力需求理论来看,劳动力需求决定于其边际产出。企业按照边际收益等于边际成本的原则确定劳动力的需求。在短期内,假定只有劳动可变,当企业实现利润最大化时,劳动的边际成本等于边际收益产品,即 $w = MR \times MPL$。其中 W 为工资,MR 为边际收益,MPL 为劳动的边际产品。在完全竞争

---

① 转引自:"AI 人才需求集中于一线城市,七成从业者月薪过万",《2017 人工智能就业市场供需与发展研究报告》,2017 年,https://www.sohu.com/a/209701554_115124,访问时间 2018 年 5 月 10 日。

② 参见 Deloitte, LLP., "Technology and People: the Great Job-Creating Machine", 2015, [2018-05-20], https://www2.deloitte.com/uk/en/pages/finance/articles/technology-and-people.html。

市场中,企业是产品价格的接受者,因此 $w = P \times \mathrm{MPL}$。假定产品价格不变,名义工资不变,技术进步会提高劳动力的边际生产率 MPL,这样边际成本小于边际收益产品,企业会继续雇佣劳动直至等式成立。

长期来看,资本水平也会改变。如果假定企业生产的目标是在给定产量 Y_0 下的成本最小化,那么用较少的劳动力投入就可以达到原来的产量,企业对劳动力的需求会减少。假定生产函数为 $Y = AK^\alpha L^{(1-\alpha)}$①。那么,劳动力的需求函数为:

$$L = \left[\frac{(1-\alpha)r}{\alpha w}\right]^\alpha \frac{Y_0}{A}. \tag{9.1}$$

技术进步时,A 增加,在给定产量 Y_0 不变的假设下,企业对劳动力的需求减少。

但是,如果放松产量固定的限制,随着技术的进步,企业生产成本会下降,导致产品价格下降,从而扩大了消费需求,企业为了实现利润最大化会扩大生产规模,继而增加对劳动力的需求。因此,随着技术进步,总需求也会增加;技术进步对就业的影响就决定于技术进步率及其引发的总需求增长率的相对大小,也就是总需求的技术弹性,如果这个弹性大于1,技术进步就是增加就业的;如果小于1,技术进步就是减少就业的;如果等于1,技术进步对于就业就是中性的。那么,实际情况究竟如何呢?

第四节　技术进步长期来看增加了就业总量

如上所述,技术进步对就业的影响取决于总需求的技术弹性。短期看,技术进步率对需求的影响可能较小,长期内总需求的技术弹性可能会比较大。因此,技术进步在短期内可能降低就业,在长期内可能增加就业。

从 20 世纪四五十年代的第三次科技革命以来,美国的技术取得了巨大的进步,虽然目前较难获得关于技术进步率的数据,但是从图 9.1 来看,美国的技术进步并没有带来大规模失业。其一,自 1959 年以来,美国的就业人数和总人口同步增长。1959 年 1 月美国总人口为 1.76 亿人,2017 年 12 月总人口增长至 3.27 亿人,在此期间,美国就业人数从 6 386.8 万人增长到 1.54 亿人。其二,自第三次工业革命以来,美国失业率没有显著变化。虽然就业率存在短期波动,但失业率并没出现明显的上升趋势。当前美国的失业率为 3.9%,低于历史上大多数时期。从美国的历史数据来看,第三次工业革命到目前并没有带来大规模的失业。这就表明技术进步总体上是增加就业的,不是降低就业的。

---

①　柯布-道格拉斯型生产函数,K 为投入的资本,L 为投入的劳动,A 为技术水平,α 为资本产出的弹性系数,$(1-\alpha)$ 为劳动力产出的弹性系数。

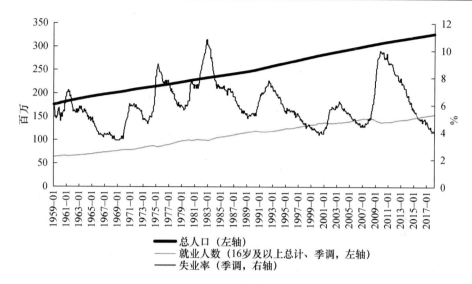

图 9.1　1959 年以来美国的总人口、就业人数与失业率（月度数据）
资料来源：美国劳工统计局（U. S. Bureau of Labor Statistics）。

　　Bessen(2015)用美国 ATM 机的例子论证了机器的增加未必会减少银行职员的数量。20 世纪 70 年代，美国和其他发达国家引进了 ATM 机，替代了银行职员存取现金、查询余额的工作。从 20 世纪 90 年代以来，银行开始大规模使用 ATM 机，2010 年美国已经有 40 多万台 ATM 机。然而银行职员的数量并没有因此减少，从 1970 年到 2010 年，美国的银行职员数量从 20 多万增长到 50 多万。Bessen(2015)认为，银行职员之所以增加有两个重要的原因：其一，ATM 机的使用降低了银行的运营成本。由于 ATM 机的出现，经营一个支行所需的银行职员数量从 1988 年的 20 个降到 2004 年的 13 个。成本的降低促进了银行积极建立分支机构抢占市场，城市的分行数量增加了 43%。尽管每个支行所需的职员少了，但是支行数量的增多总体上增加了对银行职员的需求。其二，尽管 ATM 机替代了一些常规工作，但是仍有一些任务是 ATM 机无法实现的。随着各大银行积极扩大市场份额，银行职员开始发挥其在拓展和维护客户关系方面的重要作用。相比机器而言，银行职员更能深入了解客户多样化的需求，并且可以针对不同客户量身定制相应的理财方案，推广银行的信用卡以及其他理财产品。因此，银行职员的功能从现金处理的业务转向了人际互动与销售。[①]

　　技术可以替代一些程式化的工作（routine jobs），例如收银员、搬运工人等的

---

　　①　参见 Bessen, J., "Toil and Technology", *Finance & Development*，2015，52(1)，16-19。

工作,但技术并不是无所不能的,仍然有一些人类所具备的能力是很难被技术实现的,例如决策能力、随机应变的能力、创造力等。Autor(2003)等学者认为计算机与从事程式化工作的劳动者之间是替代关系,与非程式化的创造性工作是互为补充的,例如管理咨询师和分析员等。还有一些非程式化的体力劳动也是技术很难取代的,例如尽管机器可以对疾病做出较为准确的诊断,但是它们还无法像医生那样及时根据病人的反应做出临床处理;虽然人工智能的发展使得淘宝等购物网站可以针对消费者的浏览习惯推荐消费者可能感兴趣的商品,但是客服人员在沟通过程中能够更加了解消费者对商品的偏好、细节的要求以及消费者的购买心理,当出现售后问题时,也需要客服人员随时进行处理。

德勤的一份研究报告中根据英国的劳动力调查(Labor Force Survey)数据进行了计算,发现自 1992 年到 2014 年,英国就业人数增长了 23%,从职业来看,护理人员(nursing auxiliaries and assistants)的就业人数增长了 9 倍,教辅人员(teaching and educational support assistants)增长了 5.8 倍。从总体趋势来看,护理行业、技术部门和商业部门的就业人数的增加弥补了农业和制造业的就业人数损失。①

技术替代了哪些岗位是显而易见的,但如果我们去思考技术将会创造哪些岗位或许没有那么直观。技术的发展是一个长期的过程,其最终影响的范围可能与最初产生的领域相差很远,计算机的发明和应用就是一个很好的例证。第一代计算器体积十分庞大,最初主要用于军事研究。由于集成技术的发展,半导体芯片的集成度更高,计算机的逻辑元件不断更新,从而出现了微处理器,促进了微型计算机的问世。微型计算机体积小,价格便宜,成为居民耐用消费品,广泛应用于各行各业。这种由工艺创新引发的产品创新刺激出新的消费需求,形成了规模庞大的计算机产业,也带动了计算机配件、维修、软件开发、培训等相关行业的就业需求。

由此可见,技术进步是一个逐渐发展和扩散的过程。在技术进步初期,采用新技术的产业规模有限,对相关产业链的影响尚未波及,对就业的取代较为明显,随着技术的逐渐扩散,采取新技术的产业规模日益扩大,相关产业链也随之健全起来,旧产品的价格下跌以及新产品的出现都可能刺激消费需求,创造出大量的就业岗位。

---

① 参见 Deloitte, LLP., "Technology and People: The Great Job-Creating Machine", 2015, [2018-05-20], https://www2. deloitte. com/uk/en/pages/finance/articles/technology-and-people. html.

第五节　总结及评论

从人类历史的发展进程来看,技术在替代一部分工作的同时也创造了新的工作岗位。这种创造就业的过程一方面是通过产品价格的下降、收入的增加以及新产品的出现刺激消费和投资需求来实现的,另一方面是通过技术进步扩散到上下游产业、促进了新产业的壮大来实现的。此外,技术的研发和生产扩散本身就需要大量高技能劳动力的投入,技术进步的过程也伴随着对高技能劳动力需求的逐渐增加。当然,在新技术发展之初可能伴随着阶段性的失业率上升,但随着人力资本的逐渐提升,劳动者的技能与工作岗位的匹配度也会提高。

根据目前技术发展的状况可以看出,技术并不是无所不能的,技术的确取代了一些程式化的工作,但技术与非程式化的认知工作之间是互为补充的,还有一些工作例如医生等也是很难被技术所取代的。人类的认知能力、想象力、创造力以及应变能力等也是机器在短期内无法具备的。随着技术的发展,人类会逐渐从程式化的劳动中解放出来,拥有更多的时间去从事与创造力、认知能力相关的工作,例如设计师、作家、科研人员等。

综合来看,技术进步在短期内可能降低就业,在长期内可能增加就业。虽然技术进步在一定阶段会带来结构性失业,但随着社会生产规模的不断扩大,产业门类的日益增多,消费结构的不断升级,人力资本的不断提升,未来将创造更多的工作岗位。考虑到世界主要经济体人口增长速度的放缓,以及人口结构的老龄化,未来新增劳动人口将逐渐减少,长远来看,劳动力的短缺可能是今后需要解决的问题。

第十章 中国经济目标增长率的确定

在确定中国经济的目标增长率时,就业是最为关键的考虑因素。保增长的最终目的是保就业。那么,对当前的中国经济而言,经济增速最低是多少就可以保证充分就业?本章试图回答这一问题。

到目前为止,研究关于经济增长和就业增长之间互动关系问题的大部分文献,几乎都忽略了工资对就业的自动调节机制。这些文献直接研究经济增长对就业的拉动作用。本章在经济增长和就业增长之间引入劳动力需求的增长,即经济增长先是拉动劳动力需求的增长,然后劳动力需求的增长拉动就业的增长以及工资的上涨。经过计算分别得到经济增长对非农产业、第二产业和第三产业创造的劳动力需求的增长率以及每个百分点经济增长所能拉动的不同产业的劳动力需求人数,然后分析劳动力需求的增长对就业的影响,最终得出经济增长对相关行业就业的影响。从保就业的角度来看,更加准确的计算结果能够为目标经济增长率的确定提供重要的理论依据。

在本章中,通过估算,我们得到的结果是:GDP增长一个百分点能够拉动第二产业劳动力需求平均增加77.32万人,第三产业劳动力需求平均增加253.87万人。在工资不上涨的情况下,6.5%的经济增长率就能创造出2 093万人的劳动力需求,足以吸收从农村向城市转移的劳动力,同时保证一定的工资上涨。

本章的结构如下,首先整理回顾了之前一些学者关于经济增长与就业增长之间关系的研究,并指出这些研究中的理论缺陷。其次,引入真实工资的增长率,估算经济增长对非农劳动力需求的拉动作用;再次,从细分产业的角度,估算经济增长对第二、第三产业劳动力需求的拉动作用;最后,以2018年《政府工作报告》中6.5%的目标增长率经济增长速度估算,得出中国的劳动力需求创造问题不算严峻的结论。

第一节 文 献 综 述

关于经济增长和就业之间关系的文献最早可以追溯到1962年的"奥肯定律"。阿瑟·奥肯(Arthur Okun)通过分析美国的季度经济数据,发现失业率每上升1%,实际GDP与潜在GDP之间的差额(也称产出缺口)就对应地降低约2%。

但中国学者关于中国经济的研究却得到了相反的结论:他们认为,中国的经济增长和就业增长之间的关系是不确定的。中国学者主要通过计算就业弹性的方法，来反映经济增长是否会带动就业增长，能带动多少增长以及这种关系的年度变化趋势。对于就业弹性的计算，我们归纳了文献中最普遍采用的两个方法：分别是直接计算弹性法和间接计算弹性法。直接计算弹性法，就是按照弹性的定义公式：$E=(\Delta Y/\Delta X)(X/Y)$，简单计算就业弹性，也称作差分法；间接计算弹性法，是通过建立经济增长模型，运用计量工具进行回归，得到表示就业和经济增长之间关系的系数，即就业弹性。在文献中最普遍使用的间接计算弹性法计量模型有以下两种：第一种是将新古典生产函数两边同时取对数，转化为双对数模型：$\ln L_t = \frac{1}{\beta}(\ln Y_t - \ln A - \alpha \ln K_t)$，其中 K 和 L 分别代表资本投入和劳动力投入。另一种是将双对数模型的等号两边进行全微分处理，再用差分近似替代微分，得到新古典经济增长模型：$GY = \lambda + \alpha \times GK + \beta \times GL$，其中 GY 表示 $\Delta Y/Y$，GK 表示 $\Delta K/K$，GL 表示 $\Delta L/L$），接着进行最小二乘法估计。

    许秀川（2005）、李红松（2003）都分别使用就业定义差分公式和新古典经济增长模型两种方法，计算了中国在 1978—2001 年间每一年份的就业弹性，结果发现，中国总体的就业弹性和不同产业的就业弹性在这 20 多年的观察期内，都呈现出不断下滑的趋势。按照他们的计算结果，假定技术水平恒定，就业弹性保持在 0.302 的水平，即使保持未来年均 7% 的增速，劳动供给与需求之间的矛盾仍然将进一步加剧。

    唐鉱和刘勇军（2003）对于改革开放以来中国经济增长与就业非一致性的原因，大体归纳为以下几点：第一，技术进步论；第二，经济结构调整论；第三，名义就业量与有效就业增长理论；第四，实际就业弹性没有下降，只是不稳定震荡影响。龚玉泉和袁志刚（2002）在文章中这样解释：第一，中国的就业增长率是通过统计意义上的从业人员数计算而来，有效劳动力需求与名义就业增长之间的变动方向并不一致。第二，农村剩余劳动力向城镇流入而未列入城镇就业人口的部分，以及自雇用和临时工等非正规就业人员部分都会使得实际有效就业增长被低估。实际上也承认了中国较高的经济增长同时带来了实际就业的增加。常进雄（2005）提出了中国就业弹性影响因素综合评价模型，引入实际利率水平、经济体制的变革、经济及收入增长共三个主要因素；通过回归，最终得到结论：经济体制变革是对就业弹性影响最大的因素，其次是收入增长，影响最小的则是低利率。经济体制变革中包含经济主体产权制度和劳动就业制度，经济主体产权制度多元化能够直接创造更多就业机会，而劳动就业制度却会造成大量工人被迫下岗。虽然两者效果相悖，但从长期影响来看，整体上还是能够提高就业弹性。

    但如果更加细致地观察以上提及的两种计算中国就业弹性的方法论，就会发现二者都存在很大的理论缺陷。首先,按弹性定义直接计算虽然能够得到每年的具体弹性数值并观察变动情况,但得出的结果往往变动幅度较大,具有不稳定性。更重要的是,以差分法计算弹性的理论前提是在保持其他影响因素不变的情况下,一单位经济增长能促进的就业增长。然而在现实状况中,技术进步、资本投入、制度变迁都在不断变化和影响着经济增长和就业,并不能满足计算的前提假设,那么这样得到的计算结果并不具有强有力的说服力。

其次,再看间接计算的方法,多数学者只是简单地将经济增长对就业进行回归,模型中不包含控制变量,设置过于简单。与用定义法计算的缺点一样,这种简单粗暴的回归忽略了其他变量带来的影响,也缺乏足够的理论支持。尤其是利用回归所得到的弹性系数的准确性应当建立在中国的经济增长与就业增长二者在一定的置信区间内存在稳定的相关关系的基础上,但这一点目前在学术界持很大的争议,因此直接利用最小二乘法计算弹性系数缺乏准确性和说服力。

如此看来,要想真正理清中国就业弹性的状况和变化轨迹,不妨从理论的源头入手,先搞清楚经济增长到底通过何种渠道影响就业的变化,再进一步探究它们之间的数量关系。我们认为,经济增长对就业并不是直接影响的关系,它们之间存在一个中间环节:劳动力需求。经济增长首先影响劳动力需求,由劳动力需求的变化才会进一步传导到劳动力市场,最终同时导致就业增长和真实工资增长两个结果。这就是说,如果想正确认识到经济增长对就业的拉动,自然不能只考虑经济增长与就业的单边关系,而忽略真实工资的变化影响。上述文献均存在这种理论缺陷,因此计算出的就业弹性有失准确性。

本章的创新点和意义就在于充分考虑真实工资的影响作用,从理论的角度重新计算经济增长对劳动力需求的拉动效果,从更加科学的角度解释二者之间的数量关系。

第二节 经济增长对非农劳动力需求的拉动作用的估算

一、理论背景

根据之前的文献总结,我们发现对于中国的经济增长和就业之间的关系研究,前人已经有较为完善的经验。但经济增长对就业产生影响的过程是怎样的呢?实际上,从宏观经济的角度来看,劳动力市场由劳动供给曲线和劳动力需求曲线构成,两条曲线的交点对应着均衡的就业水平和工资水平。假设经济增长,首先带来的是劳动力需求曲线的向上平移,这时形成的新均衡点就会决定新的就业与工资水平的组合。也就是说,经济增长其实并不是直接影响就业人数的增加量,而是需要引入一个劳动力需求作为作用传导的中间量,先直接带动劳动力需求增加,再通过劳动供需曲线相交的均衡点计算出就业的增加量和工资的上涨量。由于劳动供给曲线的性质不同,均衡点对应的就业和工资水平会形成一系列组合,考虑在劳动供给曲线的弹性为 0 的情况下,经济增长全部体现为工资上涨;而在另一种情况下,当劳动供给曲线的弹性为 +∞ 时,经济增长则会全部反映为均衡就业增加。中国的劳动供给曲线弹性目前处于 0 到 +∞ 之间,这就是说如果劳动力需求曲线右移,就业量和工资两个均衡量都会有所增加。这样,我们就可以把就业和工资看作劳动力需求变化所带来的两个结果。同时,就业增加和工资上涨可以彼此替代,以工资上涨对劳动力市场进行自动调节。在劳动供给曲线确定的情况下,为了维持劳动力市场出清,就需要工资的调整来实现。

还有一个因素影响经济增长对劳动力需求的拉动作用,那就是劳动生产率。在给定产出的情况下,劳动生产率的提高可以降低劳动力需求。因此,我们可以用式(10.1)估算劳动力需求的增长:

劳动力需求的增长率 = 实际工资的增长率 + 均衡就业量的增长率
                    − 劳动生产率的增长率。   (10.1)

式(10.1)是本章的重点,因为通过该式所表达的理论关系,我们就可以根据历史数据对劳动力需求的增长率进行计算,从而估算经济增长对于劳动力需求的拉动作用。

二、数据处理及推算过程

估算所需要的数据主要属于国民经济核算与就业两个主要的类目,因此我们选择《中国统计年鉴》(1999—2017)中的统计数据作为原始数据并根据计算所需进行数据处理。我们选择的观察期间是 2000—2016 年,选择的主要原因是考虑这个年份区间内数据类型相对较为全面,数据统计口径一致,数据可信度较高,得到的结果能够对经济目标增长率的确定有借鉴意义。接下来就是具体进行劳动力需求拉动作用的估算步骤。

第一步,由于在《中国统计年鉴》中未提供实际产业增加值的年度数据,因此,我们通过名义国内生产总值与以 1978 年为基准的国内生产总值指数二者进行换算,就能算出根据 1978 年为基期的分产业的实际国内生产总值。在这一部分的计算中,我们研究的重点是劳动力转移问题,也就是经济增长对于非农产业的劳动力需求的拉动作用,因此就选用第二产业和第三产业的实际产业增加值之和来量化非农经济增长。

第二步,根据年鉴中"按三次产业分就业人员数"中第二、第三产业的就业人数,计算出非农实际就业人数的增长率。

第三步,用前两步中计算得到的实际非农产业增加值与非农就业人数相除,得出实际非农劳动生产率,并计算出非农劳动生产率的增长率。

第四步,我们可以近似地用城镇单位在岗职工平均实际工资来表示非农产业就业人员实际工资,用城镇单位在岗职工的平均实际工资指数(上年＝100)数据得出非农产业平均实际工资增长率。在年鉴的统计指标解释中,平均实际工资的定义是指就业人员名义工资剔除物价变动因素之后的平均工资,计算公式为:

$$平均实际工资指数 ＝ 就业人员平均工资指数 / 城镇居民消费价格指数。$$

(10.2)

第五步,把以上所计算出来的非农实际就业人数的增长率、非农就业人员实际工资增长率和非农劳动生产率增长率带入三因素计算公式(10.1),便可计算出非农劳动力需求的增长率。

第六步,用非农劳动力需求的增长率和非农就业人数相乘,求得非农劳动力需求的增加量,再除以总体的经济增长率,就能最终得到每个百分点的总体经济增长拉动的劳动力需求的增加量,这就是我们所说的经济增长能够创造多少非农劳动力需求。

三、计算结果及分析

根据以上的计算过程,我们就可以得到如表 10.1 所示的 2001—2016 年经济增长对劳动力需求拉动影响的结果(由于需要计算增长率,因此观察期内第一年2000 年数据被舍去)。

从表格最下面一行数据来看,非农劳动力需求增长率的平均值为 0.066,每个百分点经济增长拉动的非农劳动力需求的增长量的平均值达到 322.04 万人。此外,如果将 2001—2016 年每个百分点经济增长对非农劳动力需求的拉动量做一个折线图(见图 10.1),我们会发现一个很有意思的现象:在我们的观察期内,经济增长对劳动力需求的拉动量在 170 万—470 万人波动,并且呈现出类似周期性的波动规律,分别在 2003 年、2007 年、2010 年以及 2016 年出现波谷,周期大约为3—4 年。如果按照这个规律推测,那么 2014 年应该会出现波谷,但现实情况是,在 2013 年到 2015 年,经济增长对非农产业劳动力需求的拉动在高位出现了一个平台期。

我们推测,出现波谷延后的原因可能来自政策因素:2014 年李克强总理首次提出"大众创业,万众创新"的口号,并在 2015 年将该理念写入《政府工作报告》。大力实施对创业孵化园区给予税收减免、对小微企业申请创业贷款提供优惠、对重点人群统筹推进就业等举措,鼓励创业带动就业。同时,国务院也在 2014 年出台《国务院关于进一步做好为农民工服务工作的意见》[①]等文件,关注劳动力转移问题,为农民工在就业技能提升,岗前、在岗培训,劳动保障制度等方面给予更多

---

① 国务院,《国务院关于进一步做好为农民工服务工作的意见》(国发〔2014〕40 号),http://www.gov.cn/zhengce/content/2014-09/30/content_9105.htm,访问时间 2017 年 4 月 15 日。

表 10.1 2001—2016 年经济增长对非农产业劳动需求的拉动作用

年份	国内生产总值指数(上年=100)	1978年不变价国内生产总值		非农产业增加值(亿元)	就业				劳动生产率		工资		非农劳动力需求		
		第二产业(亿元)	第三产业(亿元)		第二产业就业人数(万人)	第三产业就业人数(万人)	非农产业就业人数(万人)	非农就业人数增长率	真实劳动生产率	真实劳动生产率增长率	城镇单位在岗职工平均实际工资指数(上年=100)	城镇单位在岗职工平均实际工资增长率	非农劳动力需求增长率	非农劳动力需求增长量(万人)	每个百分比经济增长拉动的非农劳动需求增长量(万人)
2001	108.30	20 423.51	9 566.91	29 990.41	16 234	20 165	36 399	0.010	0.824	0.080	115.20	0.152	0.082	2 989.87	360.22
2002	109.10	2 2445.50	10 569.76	33 015.26	15 682	20 958	36 640	0.007	0.901	0.094	115.50	0.155	0.068	2 491.58	273.80
2003	110.00	25 288.92	11 578.04	36 866.96	15 927	21 605	37 532	0.024	0.982	0.090	112.00	0.120	0.054	2 034.97	203.50
2004	110.10	28 106.02	12 750.14	40 856.16	16 709	22 725	39 434	0.051	1.036	0.055	110.50	0.105	0.101	3 979.80	394.04
2005	111.40	31 516.37	14 325.92	45 842.29	17 766	23 439	41 205	0.045	1.113	0.074	112.80	0.128	0.099	4 083.21	358.18
2006	112.70	35 755.18	16 350.63	52 105.81	18 894	24 143	43 037	0.044	1.211	0.088	112.70	0.127	0.083	3 581.24	281.99
2007	114.20	41 136.62	18 978.14	60 114.76	20 186	24 404	44 590	0.036	1.348	0.114	113.60	0.136	0.059	2 611.26	183.89
2008	109.70	45 184.11	20 966.64	66 150.76	20 553	25 087	45 640	0.024	1.449	0.075	111.00	0.110	0.058	2 667.94	275.05
2009	109.40	49 833.64	22 976.87	72 810.51	21 080	25 857	46 937	0.028	1.551	0.070	113.00	0.130	0.088	4 137.84	440.20
2010	110.60	56 154.11	25 197.98	81 352.10	21 842	26 332	48 174	0.026	1.689	0.089	110.00	0.100	0.038	1 817.70	171.48
2011	109.50	62 156.90	27 589.26	89 746.16	22 544	27 282	49 826	0.034	1.801	0.067	108.50	0.085	0.053	2 625.18	276.33
2012	107.90	67 355.80	29 799.51	97 155.31	23 241	27 690	50 931	0.022	1.908	0.059	109.20	0.092	0.055	2 806.68	355.28
2013	107.80	72 735.49	32 273.15	105 008.64	23 170	29 636	52 806	0.037	1.989	0.042	107.30	0.073	0.067	3 556.97	456.02
2014	107.30	78 113.42	34 792.95	112 906.37	23 099	31 364	54 463	0.031	2.073	0.042	107.20	0.072	0.061	3 315.78	454.22
2015	106.90	82 954.26	37 644.01	120 598.28	22 693	32 839	55 532	0.020	2.172	0.048	108.60	0.086	0.058	3 224.37	467.30
2016	106.70	88 025.04	40 563.87	128 588.90	22 350	33 757	56 107	0.010	2.292	0.055	106.90	0.069	0.024	1 347.89	201.18
平均值	109.48	50 449.06	22 870.24	73 319.29	20 123	26 080	46 203	0.028	1.521	0.071	110.88	0.109	0.066	2 954.52	322.04

的扶持,助力农民工创业就业,力图在 2020 年实现劳动转移人口市民化目标。2015 年,李克强总理首次提出"互联网＋"行动计划,在科技、制造、金融、教育、医疗等各种领域创造了融合的机遇和可能性。一方面,"互联网＋"意味着与传统行业的交融,驱动社会创新发展,另一方面,互联网行业不断繁荣所产生的平台效应,又能够充分地释放就业潜力。这些政策的出台意味着国家近年来将关注民生的重点放在就业问题上,同时,在经济转型的同时更加鼓励通过创新创业,发展互联网等第三产业,创造更多劳动力需求,解决就业问题。因此,在 2014 年和 2015 年,经济增长对于非农劳动力需求的拉动仍然处于高位。

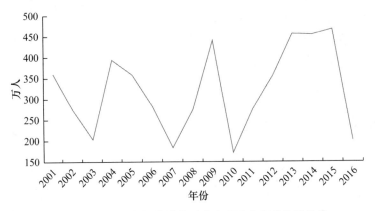

图 10.1　每百分点经济增长对非农劳动力需求的拉动量

但至于为什么观察期内的劳动力需求拉动量会呈现近似规律的波动情况,我们目前暂时无法给出准确的回答。

第三节　经济增长分别对第二产业、第三产业
劳动力需求的拉动作用的估算

在上一节,我们对经济增长对于非农产业的劳动力需求的拉动作用进行了计算。在数据充足的情况下,如果能够更加具体地分别看到经济增长对第二产业和第三产业的劳动力需求的拉动作用,将会对于认识中国产业结构的调整状态和分析未来就业趋势有所帮助。因此,我们分别重新计算了第二产业和第三产业的劳动力需求增长率以及每单位的经济增长对于这两个产业的劳动力需求的拉动作用。

一、数据处理及推算过程

具体的计算方法与上一节计算经济增长对非农产业劳动力需求的拉动非常相似,数据来源也与上一节一致。但由于其中分产业的数据不够全面,因此我们

未完全采用原始数据,而是对原始数据进行了一定的加工处理和计算得出了估算所用的指标:

首先,《中国统计年鉴》中提供了按行业分城镇单位就业人员工资总额,其中,第二产业分四个行业统计(采矿业、制造业等),第三产业分十一个行业统计(批发和零售业,交通运输、仓储和邮政业等)。我们将各产业分行业的城镇单位就业人员工资总额加总,就得到第二、第三产业就业人员工资总额。由于在 2003 年之后分行业的数据所使用的行业分类方法不一致,2003 年之前第二产业分两个行业统计,第三产业分九个行业统计,造成 2003 年前后的数据差距较大,不具有可比性,因此我们只选取 2003 年之后的有效可比数据作为计算指标。

其次,将分产业的工资总额与上一节中分产业的就业人数分别相除,就可以得到第二、第三产业的城镇单位就业人员平均工资。但需要注意的是,此时得到的平均工资是名义工资,不能直接代入式(10.2),我们计算需要的是实际平均工资。为了得到实际工资,就必须剔除物价变动即通货膨胀所带来的影响。因此,我们参照上一节中平均实际工资的计算公式,引入城市居民消费价格指数,并用名义平均工资除以 2003 年为基准的城市居民消费价格指数,得到的就是以 2003 年物价指数进行调整后的第二、第三产业城镇单位就业人员的实际平均工资,再继续计算实际平均工资增速即可以得到我们需要的指标。

最后,同样代入我们的三因素计算公式:分别用第二、第三产业实际工资的增长率减去第二、第三产业劳动生产率的增长率再加上第二、第三产业均衡就业量的增长率,即可分别得到第二、第三产业劳动力需求的增长率。

如果将劳动力需求增长率与各产业就业人数相乘再除以总体经济增速,就能够得到每个百分点的总体经济增长能够创造多少的第二、第三产业劳动力需求。如果除以各产业的经济增速,就能够得到每个百分点的各产业经济增长能够创造多少的第二、第三产业劳动力需求。

二、计算结果及分析

经过以上计算,我们能够得到 2004—2016 年的经济增长对于第二产业和第三产业劳动力需求的拉动作用结果(由于需要计算增长率,因此 2003 年的数据被舍去,有效数据从 2004 年开始),如表 10.2 所示。

从表格最下面一行的平均值来看,第二产业劳动力需求增长率的平均值为 0.048,低于第三产业劳动力需求增长率的平均值 0.077。每个总体 GDP 增长能够拉动第二产业劳动力需求的大小的平均值为 77.32 万人,而每个总体 GDP 增长能够拉动第三产业劳动力需求的大小的平均值为 263.87 万人。此结果表明经济增长对第三产业劳动力需求的创造要多于第二产业,相当于第二产业创造的劳动力需求的三倍左右。

表 10.2　2004—2016 年每个百分比总经济增长和分产业经济增长分别对第二、第三产业劳动需求的拉动作用

年份	国内生产总值指数（上年=100）	1978年不变价国内生产总值（亿元）		就业（万人）		劳动生产率		实际工资		第二产业劳动需求增速	第三产业劳动需求增速	非农劳动力需求			
		第二产业	第三产业	第二产业就业人数	第三产业就业人数	真实劳动生产率	真实劳动生产率增长率	第二产业实际工资增速	第三产业实际工资增速			每个百分比经济增长拉动的第二产业劳动需求增长量（万人）	每个百分比增长经济增长拉动的第三产业劳动需求增长量（万人）	每个百分比第二产业经济增长拉动的第二产业劳动需求增长量（万人）	每个百分比第三产业经济增长拉动的第三产业劳动需求增长量（万人）
2004	110.10	28 106.02	12 750.14	16 709	22 725	1.036	0.055	0.096	0.102	0.086	0.107	141.79	240.76	129.02	240.76
2005	111.40	31 516.37	14 325.92	17 766	23 439	1.113	0.074	0.107	0.133	0.116	0.075	180.87	154.97	170.41	142.47
2006	112.70	35 755.18	16 350.63	18 894	24 143	1.211	0.088	0.128	0.130	0.125	0.052	186.23	97.97	175.19	88.24
2007	114.20	41 136.62	18 978.14	20 186	24 404	1.348	0.114	0.108	0.149	0.099	0.012	140.79	19.87	132.40	17.53
2008	109.70	45 184.11	20 966.64	20 553	25 087	1.449	0.075	0.120	0.112	0.060	0.066	126.45	169.84	125.16	156.90
2009	109.40	49 833.64	22 976.87	21 080	25 857	1.551	0.070	0.095	0.126	0.045	0.094	101.35	258.24	92.49	252.86
2010	110.60	56 154.11	25 197.98	21 842	26 332	1.689	0.089	0.109	0.086	0.057	0.027	117.91	68.31	98.41	74.64
2011	109.50	62 156.90	27 589.26	22 544	27 282	1.801	0.067	0.119	0.077	0.079	0.056	186.83	161.83	165.88	161.83
2012	107.90	67 355.80	29 799.51	23 241	27 690	1.908	0.059	0.089	0.088	0.069	0.039	203.39	136.17	191.28	134.47
2013	107.80	72 735.49	32 273.15	23 170	29 636	1.989	0.042	0.085	0.074	-0.001	0.132	-3.07	502.36	-3.00	472.09
2014	107.30	78 113.42	34 792.95	23 099	31 364	2.073	0.042	0.069	0.071	-0.012	0.111	-36.88	475.66	-36.38	445.17
2015	106.90	82 954.26	37 644.01	22 693	32 839	2.172	0.048	0.054	0.105	-0.045	0.118	-146.40	563.67	-162.93	474.31
2016	106.70	88 025.04	40 563.87	22 350	33 757	2.292	0.055	0.034	0.136	-0.058	0.115	-194.16	580.60	-213.26	498.72
平均值	109.55	56 848.23	25 708.39	21 087	27 273	1.664	0.068	0.093	0.107	0.048	0.077	77.32	263.87	66.51	243.08

再看表格中的最后两列数据,这是我们分别计算的各产业经济增加值对于第二、第三产业劳动力需求的平均拉动效果。结果说明,第二产业的增加值每上升一个百分点,就能平均拉动第二产业增加 66.51 万人的劳动力需求,而第三产业的增加值每上升一个百分点,就能平均拉动第三产业增加 243.08 万人的劳动力需求。从结果来看,分产业计算的平均劳动力需求的增加值低于按照总体 GDP 计算的平均劳动力需求的增加值,数据来源显示第二、第三产业分产业的经济增长速度普遍略高于总经济增速,因此,按照我们的计算方法,平均拉动作用是通过每个产业劳动力需求平均增长量除以平均经济增速得出的,所以分产业的拉动作用在统计结果上小于总经济增速的拉动作用。根据 2017 年《中国统计年鉴》的数据,2016 年第二、第三产业对于经济增长的贡献率分别为 37.4% 和 58.2%,而上年则分别为 42.4% 和 52.9%。可以看出,第三产业已经是经济增长当中最主要的贡献者,随着经济转型的步伐,其贡献率还将继续提升。因此,我们预计,今后第三产业所能拉动的劳动力需求量也会不断增加,第三产业已经成为未来创造就业机会的新增长点。

在表 10.2 中,我们还观察到一个与之前的结果不同的新现象:从 2013 年开始,第二产业的劳动力需求的增长率开始呈零增长或负增长,并且负增长速度逐渐变大(图 10.2)。2013—2016 年这四年每百分点的经济增长所拉动的第二产业的劳动力需求分别为 -3.07 万人,-36.88 万人,-146.40 万人和 -194.46 万人。说明经济增长不仅没有为第二产业创造更大的劳动力需求,相反还在不断压缩。这一点在前一部分计算非农劳动力需求增速的结果当中被第三产业正向的劳动力需求的增长所掩盖。

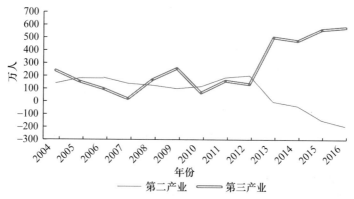

图 10.2　每百分点经济增长对第二、第三产业劳动力需求的增长量

进一步观察数据(见图 10.3),我们能够发现,在观察期内,第三产业的就业人数呈现不断上升的趋势,而第二产业的就业人数在 2012 年之后进入了缓慢的衰

减期,从 2012 年的 2.32 亿人下降到 2016 年的 2.11 亿人,共约 2 000 万人口从第二产业中被挤出。在同一转折点上,第三产业的就业人数反而加速上涨,从 2012 年的 2.77 亿人攀升到 2016 年的 3.38 亿人,增加超过 6 000 万就业人口。如此一来,第二、第三产业就业人数之间的差距逐渐扩大。

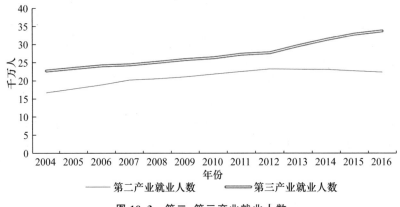

图 10.3　第二、第三产业就业人数

　　近年来,中国正处于调整经济结构的重要时期,经济发展的主要驱动力正逐渐从第二产业向第三产业转移。为了优化产业结构,国家也出台了一系列鼓励服务业发展的政策倾斜和制度支持:2012 年“营改增”政策出台,整体上为服务业、小微企业减轻税负;2014 年提出“新常态”的概念,意味着经济发展降速度、增质量、转结构,简政放权激发市场活力;2014 年起国家引导“大众创业,万众创新”,越来越多的互联网、科技、教育、新能源企业应运而生。由于第三产业综合了劳动密集、知识密集、技术密集的特点,且产业链条短,吸引投资的难度较小,因此具有非常大的发展潜力,是中国产业转型的必然结果。同时第三产业也对于扩大就业具有重要作用,由于服务业点多面广,高端服务业能够吸引高校毕业生和具有专业特长的精英劳动力,提高初次就业率,而低端服务业进入门槛较低,能够吸收因产业升级而从第二产业中转移出的劳动力,也承接从农村进入城市的转移人口。除了政策原因外,中国第二产业劳动生产率提高的空间较小,高端制造行业普遍引入了机械化生产线,出现了机器取代劳动力的情况,因此,经济增长对第二产业的劳动力需求量逐渐减少。相反,第三产业是新兴产业,是未来国家经济发展的支柱产业,服务业更注重人才、技术,平均工资也更具有竞争力,对于劳动力的需求也会不断扩大。如此,我们能较为合理地从产业结构调整的角度解释经济增长对第二产业和第三产业劳动力需求的不同作用。

第四节　中国经济目标增长率的确定

就业决定着目标经济增速的下限。既然现在我们能够量化经济增长与劳动力需求以及就业之间的关系，那么，就可以据此来制定目标增长率的下限，即选择最低在多大的经济发展速度下，就足够实现充分就业。回顾之前我们所说，制定目标增长率不能忽视工资的调节作用，目标增长率也不是定得越高越好。如果能够容忍工资上涨率的下降，即使选定一个较低的目标增长率，也同样可以消化所有的劳动力供给。

在 2018 年 3 月的《政府工作报告》中，2018 年目标经济增长率为 6.5％左右，与 2017 年目标增长率持平。从这一信号中，我们能够解读出中国的发展路径已经不再是追求高速发展，而是正在实践"底线思维"，将"保就业，稳增长"作为新的目标。从这样的政策选择角度来看，如果按照我们在前文中计算的每个百分点经济增长能带动的非农劳动力需求人数的平均值来估算，那么，在工资不上涨的情况下，6.5％的经济增长率就能创造出 2 093 万人的新增劳动力需求，足以吸收从农村向城市转移的劳动力。因为如果观察实际非农就业量的增加量，我们能够发现，观察期内最近的年份 2016 年实际劳动力转移量仅为 575 万人，从 2002 年到 2016 年实际劳动力转移量的平均值也只有 1 314 万人，仍然低于创造出的劳动力需求量，多余的劳动力需求则会通过工资上涨被吸收。

因此，根据我们的计算，能够得出一个在满足充分就业的基础上的最低经济增速，在此之上的任何一个目标经济增速都可以被政策制定者选择，这就形成了工资上涨率和目标经济增速二者多种多样的组合。具体在这些组合中选定哪一个数值，就不仅需要考虑就业这一个维度，而是需要结合整个的经济状况和政策需要所决定。

第五节　结　　语

步入新常态，中国经济发展需要逐渐从"论数量"转向"论质量"。不可否认，经济增长是一切发展的前提，经济发展质量的提升也以一定的经济增长作为基础，而经济增长目标的确定需要保证充分就业。因为充分就业是拉动内需，扩大消费的重要原因，只有满足充分就业，才能期待未来的经济发展具有旺盛持久的动力。李克强曾说："我们首先应该将就业置于发展的优先位置，这是因为，就业是包容性增长的根本。如果没有比较充分的就业，就无法实现包容性增长，增加收入、创造社会财富同样会成为无本之木。"①在保证充分就业的前提下,在当前的经济政策制定和战略规划中,就可以确定中国在调结构等方面有多大的回旋空间。

综合本章的分析和计算,我们认为,经济增长先拉动劳动力的需求,再影响就业和工资变动。在这个机制下,目前经济较为稳定的中高速发展速度已经能够很好地解决劳动力转移的问题,工资上涨也能将剩余的劳动力需求消化掉,因此中国就业问题的压力并不大。随着产业结构调整的步伐加快,第三产业已经开始承担劳动力需求创造的主要角色,今后也将会对第一产业、第二产业转移出的劳动力具有更大的吸收作用。鼓励第三产业发展,提高就业水平和质量,对于未来中国经济稳定持久发展具有重要的战略意义。

---

① 李克强:"李克强总理 2017 年夏季达沃斯论坛致辞",2017 年 6 月 27 日,http://www.gov.cn/premier/2017-06/27/content_5205948.htm,访问时间 2017 年 6 月 27 日。

第十一章　共享经济:动因、问题和影响

第一节　引　言

2008 年全球金融危机爆发之后,各国收入增速下降,部分人群绝对收入降低,于是降低消费成本、增加收入成为人们的迫切需求。随后,随着 Airbnb、Uber 等公司的出现和快速发展,共享经济自美国兴起并快速发展,迅速扩散到了包括中国在内的许多国家和地区。

eMarketer 2017 年 7 月的统计数据显示,在美国已有 5 000 余万共享经济用户,占到全体成年网络用户的 26%。这还是在 eMarketer 对共享经济的定义很狭窄的情况下的数据。该定义认为,共享经济仅包括基于社区的财产和商品的在线共享服务,不包括众筹、集体购买、专业服务和 eBay 等在线市场。按照这个数据,截至 2017 年,有 16.9% 的美国成年网民至少使用过一次 Airbnb,相当于有 3 680 万人使用过;20.4% 的成年网民至少使用过一次 Uber,即相当于 4 440 万人用过这一服务。

在中国,自 2008 年开始,受到国外共享经济发展的影响,很多领域开始出现共享型企业,如滴滴出行、人人贷、蚂蚁短租、途家网、红岭创投等。此后随着中国互联网移动信息技术及相关技术的发展,国内外共享经济运营模式的不断完善,以及 2014 年以来政府对"大众创新,万众创业"的号召,共享经济在中国的规模迅速扩大,客户群体也越来越广泛。在 2015 年 10 月的第十八届五中全会公报中,首次提及"分享经济"(即"共享经济"的另外一种说法),该公报提出了中国要促进分享经济的发展。

国家信息中心分享经济研究中心发布的《中国分享经济发展报告 2017》中的数据显示,2016 年中国分享经济市场交易额约为 34 520 亿元,比上年增长 103%;其中,生活服务、生产能力、交通出行、知识技能、房屋住宿、医疗分享等重点领域的分享经济交易额共计达到 13 660 亿元,比上年增长 96%;2016 年中国参与分享经济活动的人数超过 6 亿人,比上年增加 1 亿人左右;2016 年中国分享经济的服务供给者人数约为 6 000 万人,比上年增加 1 000 万人;分享经济平台的就业人数约 585 万人,比上年增加 85 万人。并且,在 2016 年,鼓励分享经济发展的国家政策密集出台,为分享经济发展带来明显的政策倾斜和相关法律依据,促进了分享

经济的规范运营和快速发展。

据《中国分享经济发展报告 2017》预测，未来几年分享经济仍将保持年均 40％左右的高速增长，到 2020 年分享经济交易规模占 GDP 比重将达到 10％以上，到 2025 年占比将攀升到 20％左右。

近年来，随着共享经济的不断发展及越来越多共享平台的出现，国内的一些学者也基于经济学基础理论，进行了颇多对共享经济的学术研究。

谢志刚(2015)以哈耶克知识与自发秩序理论为基础，提出一个经济交往活动的知识结构分析框架，分析了"共享经济"模式的基本逻辑，揭示和解释了其关键特征并不在于"共享"，而在于社会知识结构动态优化，并提出"共享经济"是"知识经济"的发展新阶段和哈耶克"自发秩序"的具体表现。

汤天波和吴晓隽(2015)系统地分析了共享经济和互联网技术的相互促进作用，他们认为在"互联网＋"背景下孕育而生的共享经济显示出了强大的发展趋势，带来了全新的生产模式、消费模式和企业运营模式，已成为不可忽视的未来全球经济发展趋势。

卢现祥(2016)认为共享经济可以促进相应市场交易成本最小化，分析了相关制度变革的必要性，认为中国制度供给中存在的问题不利于共享经济的发展，提出能否满足共享经济对制度的需求是共享经济能否成功的关键。

本章从产品的性质出发讨论共享经济发展的动因和对宏观经济运行的影响，并简要讨论一下共享经济的前景。

第二节 共享什么?

在对经济中的各种物品进行分类时，人们常常依据两个指标：可排他性和竞争性。就某种物品而言，如果能够排除他人使用该物品，我们就认为这个物品具有可排他性；如果一个物品在被一个人使用时他人就不能使用，我们就认为这种物品具有竞争性。

可排他性决定了一种物品可否由市场提供。如果一种物品是可排他的，这种物品的所有者就可对这种物品的使用收费，所有者就可以通过提供这种物品谋利；如果一个物品不具有可排他性，即所有者无法阻止别人使用这种物品，那他就无法收费，也没有积极性去提供这种物品，因此，这种物品就无法通过市场来提供，如果这种物品必不可少，那就只能由政府提供。

竞争性决定了一种物品是否能够被多个消费者共享。如果一种物品的使用有竞争性，那就无法共享，否则就可以共享。当然，在现实经济中，竞争性往往不是绝对的，而是取决于共享的成本和风险，如果成本或风险很大，竞争性就很强。

根据这两种特点，可将一个经济中存在的物品分为四种类型，如表 11.1 所示。

表 11.1 四种类型的物品

		竞争性	
		是	否
可排他性	是	私人品	自然垄断品
	否	公共资源	公共品

第一种物品是私人品。如果一个物品同时具有可排他性和竞争性,我们就称之为私人品,这种物品可以由市场提供,且不能共享。这种物品在经济中占的比例最大。第二种物品是公共品。同时不具有可排他性和竞争性的物品被称作公共品,这种物品由于不可排他,所以必须由政府提供,但由于没有竞争性,所以可以大家共享。这种物品在经济中也普遍存在,比如国防、外交、一些不可排他的基础设施等。第三种物品是公共资源。不可排他但具有竞争性的物品是公共资源,这类物品往往是冲突的根源,要么可能会通过战争或别的手段使其具有可排他性,要么就设法降低其竞争性从而可以至少在一定程度上共享。因此,这种物品的存在时间可能比较短暂。第四种物品是可排他但没有竞争性的物品。这种物品可排他,因此可以用来谋利;同时又没有竞争性,所以使用的人可以很多,使用者越多收益率越大,因此具有规模经济。这种物品被称为自然垄断品,也被称为"俱乐部物品",其生产最终会形成自然垄断。

我们在谈到"共享经济"时,往往指的是私人企业的行为,也就是私人企业可以通过产品的提供来谋利,从而通过市场来提供这种产品。因此,共享经济涉及的产品必须具有可排他性和非竞争性,前者使生产者可以谋利,后者使产品可以共享。因此,共享经济涉及的产品就只能是上述第四种物品,也就是自然垄断品或者俱乐部产品。

因此,共享经济的发展主要有两条途径:一是使私人品可共享,即弱化私人品的竞争性;二是使公共品可排他,即提高公共品的可排他性,让私人部门有激励进入。当然,也可以使第三种物品同时具有可排他性和非竞争性,但这种物品的存在本身就很少,所以重要性不大。

第三节　共享经济发展的原因:技术进步

近年来共享经济的蓬勃发展是技术进步的结果。技术进步尤其是信息技术的进步,降低了排他和共享的成本,即提高了物品的可排他性,降低了物品的竞争性。

一、技术进步对产品竞争性的影响

技术进步和共享经济将弱化产品竞争性,这主要是通过降低共享的成本实现

的。这种竞争性产品之所以能够共享,是由于使用者的使用时间有差别。对于很多具有竞争性的产品来说,在同一时间段只能由一个人使用,是具有竞争性的,然而在不同的时间点则是不具有竞争性的。共享单车就是明显的例子。

技术进步通过四条途径解决了竞争性产品的共享问题。第一,技术进步解决了信息和匹配的问题,互联网平台向消费者有效传递了什么时间、什么地点有闲置物品,什么时间、什么地点有人需要这些物品的信息,解决了信息不对称的问题。这在以前是不可想象的。第二,技术进步解决了信任的问题。在共享平台出现之前产品的共享也是存在的,但是往往仅限于亲友等相互信任的人之间。随着技术的进步,人们可以通过评价、信用积分等方式了解到对方的可信程度,解决信任问题。第三,技术进步解决了收费问题。在共享平台和线上支付出现以前,很多共享产品的使用无法收费或者收费的成本太高,如今很多共享产品单次使用收费非常低廉,在共享平台出现之前这部分的产品收费的成本可能要远高于其共享收益。第四,技术进步催生了一些共享平台,共享平台也相应地设立了一些监督和惩罚机制,有助于保障共享产品供给者和消费者的人身及财产安全。

二、技术进步对产品可排他性的影响

技术进步降低了排他成本,以前不可排他的产品变得可排他。如软件、电影等知识产品,排他的难度很大,但随着技术的进步,识别这些产品的使用者和使用次数的成本就变得很低,尤其是一些需要联网或需要经常更新的产品。比如电影,如果在网上播放并通过网络传播,就可以跟踪其使用情况,降低排他成本。这对于知识密集型经济来说就必不可少。实际上,知识是不具有竞争性的产品,可以共享,但以前可排他性很弱,无法收费或者收费成本很高,这就导致了知识产权被大量侵犯的情况。技术进步为知识的使用提供了可排他性,有助于保护知识产权,刺激技术进步。

排他成本的降低把本来不可排他的产品变成可以排他的产品,这样,这些产品的生产者就可以通过收费来取得收益,从而这些产品可以由市场提供。这就为私人部门进入这些行业提供了激励。

三、技术进步通过制度变迁降低共享成本

技术进步也导致社会和生产组织方式的变化,从而降低了共享成本。第一,共享平台的出现使相关行业得以去中介化或再中介化,把过去的个人与企业的雇佣关系转变为供求双方个人与共享平台的合约关系,实际是用一种合约取代另一种合约,而新的合约可以降低交易成本。第二,共享平台改变了劳动者或供给者与消费者之间的关系,经济活动由"劳动者-企业-消费者"的传统商业模式转向"供给者-共享平台-消费者"的共享模式,而共享平台的运营成本和中介费用往往比企业低,因此降低了交易成本。在实际市场中很多产品都由"以买为主"转变为

"以租为主",这正是交易成本降低的很好体现。

第四节　共享经济对宏观经济运行和管理的影响

共享经济的出现对宏观经济运行和管理产生了巨大的影响,并提出了新的要求。

一、经济统计方面的问题

共享经济的发展将造成产品的竞争性弱化,存量产品的使用率提高,对相应的流量产品的需求量就形成替代,而国内生产总值(GDP)是流量。因此按照目前的 GDP 统计方法进行国民经济核算时,共享经济将降低 GDP 的统计量。

以自行车为例,若原先每人需要一辆自行车,共享的结果是 n 个人一辆自行车即可;若按照 GDP 统计,则 GDP 中减少了 $n-1$ 辆自行车的价值;但老百姓享受到的交通服务却没有减少,甚至由于有专业的自行车共享服务企业提供维修等服务而降低了了维护成本,实际福利进一步增加。这样将会造成 GDP 数字在衡量经济福利时误差变大,在从传统经济向共享经济的转型过程中国民经济更难以被准确衡量。

二、形成或加剧产能过剩

在共享经济模式下,闲置资源的利用率提高,并且可能形成一些正的外部性,如改善交通拥堵、减少空气污染等,同时这些产品的拥有者(如车辆和房屋所有者)还可以从中获得经济利益。但这就降低了对这些产品的需求,可能在生产这些产品的行业造成产能过剩,或者加剧其产能过剩的程度。

三、促进市场的整合和扩大及市场结构的调整

共享经济的产品必然是具有自然垄断性质的,同时共享经济以互联网为平台和基础,因此共享经济必然是网络经济。共享经济作为一种网络经济,其市场规模越大,平均成本越低,收益率就越高,具有规模经济的特点。在降低成本扩大收益的激励下,共享经济将促进市场的整合及扩大。

在市场结构方面,共享经济内在地具有削弱市场竞争、产生垄断的倾向,因此市场结构必然是不完全竞争的,最终将以垄断市场或者寡头垄断市场为主。

因此,垄断和反垄断,成为共享经济领域的显著特点。

第五节　共享经济的影响

共享经济近年来迅速发展,涉及众多消费者。并且,随着信息技术的进一步发展,共享经济在各方面的优势都将扩大,因此共享经济的迅速发展、不断扩张是不可避免的趋势。共享经济的影响主要有以下几个方面:

一、节约资源,降低经济活动的环境损耗

随着人口的增加和人民生活水平的提高,对各种产品和服务的需求增加,因此对各种资源的需求也增加了。共享经济的新模式可以很好地解决资源无法被充分利用的问题。以合理的方式进行产品共享,使得一份资源在每个时间段、资源的每一部分被充分利用,既保留了私有产权的特性,也提高了资源的利用效率。共享是节约资源、降低经济活动的环境损耗的有效途径。

二、技术进步将进一步降低交易成本和排他成本,弱化产品的竞争性,提高盈利性

技术的进步是永无止境的。技术的每一个进步都会降低排他成本或者共享成本,从而推动共享经济的进一步发展。大数据、云计算、人工智能等技术的进步显然在这些方面会产生进一步的效果。

三、提高经济效率

共享经济使得市场的作用加大,市场范围扩大,对政府有替代作用,而市场提供产品的效率要比政府高,因此可进一步促进经济效率的提高。

以共享出行如顺风车等共享型企业为例,共享经济使个人可以以低边际成本的方式进入服务行业,降低了服务业的进入门槛,丰富的竞争将使服务供给的质量得到改善,降低服务的价格。这是由于对于供给者而言,他只是将闲置的物品在闲置的时间提供给市场,因此其提供服务的边际成本很小,这使得市场中供给者数量大幅增加,提供的产品和服务价格降低并且具有个性化和差异化。在这样的市场经营模式下,低成本高质量的产品和服务的提供定将促进经济效率的提高。

四、满足消费者的临时性和个性化需要

随着全球化和人们生活水平的提高,人口流动增加,对各种资源的临时性和个性化需求增加。共享经济在这一方面具有独特的优势。

共享经济改变了"以买为主"的消费方式,转变为"以租为主",人们占有或可使用一种商品或服务的时间缩短,便利的租赁可以满足消费者短时间、临时性的需要。以共享单车为例,它满足了消费者通勤时可快速地从地铁站到公司的需要,享用该产品的时间可能仅为 10 分钟左右,消费者不需要拥有自行车所有权的同时,还可以享受短时间内自行车使用权带来的便利。

五、扩展收入分配方式,有助于改善社会分配结构

在传统经济的收入分配结构中,往往由企业进行收入分配,生产者分配得到的收入也以劳动性收入如工资,或转移性收入为主。但是在共享经济的模式下,共享收入及财产性收入将会在总收入中占到越来越大的比重。

第六节　共享经济对政府、市场及二者之间关系的影响

政府与市场之间的关系在经济学中是一个重大问题,经济自由主义和国家干预主义的较量一直是经济学研究的核心问题。共享经济的发展对政府的经济职能、市场的效率和适应范围,以及政府与市场之间的关系都产生了影响。

一、国有还是民营?

到目前为止,不管哪个国家都有国有企业,区别仅在于数量和比例的不同。为什么会有国有企业呢?传统的解释之一是,有些产品是公共品,无法排他,民营企业没有激励提供,只能由政府来提供,因而就必须有国有企业。那么,为什么民营企业没有激励呢?因为无法排他,所以无法收费。随着信息技术的发展,排他成本越来越低,这就为民营企业进入这些行业提供了条件。

在国际学术界,有一个共识就是国有企业效率低下、人浮于事、产品质次价高,而且往往亏损严重,加剧政府财政赤字。因此有一种倾向,就是尽量发挥市场的力量,能由市场提供的尽量不要让政府参与。随着排他技术的提高和排他成本的降低,市场的适应范围将越来越广阔。

共享经济中市场的功能被强化,对政府直接参与经济活动的需要减弱。原先必须由政府提供的公共品在共享经济下可以由私人部门提供。如在 Airbnb 的运营模式中,产品的提供者为零散的个人,消费者也以个人为主,由纯市场化的 2008 年企业 Airbnb 平台进行管理和监督。在这样的运营模式中,供给和需求完全为市场控制,由共享平台进行协调,产品价格也是市场交易的结果,不需要政府的参与。运营平台为了保障产品的质量和交易的实现,有对产品供求双方进行监督的激励,因此对政府的监督需求也减弱。

二、还要不要宏观经济政策?

现代经济中各个国家都有宏观调控,其主要政策工具是财政政策和货币政策,这种宏观调控的理论基础是凯恩斯主义经济学。但凯恩斯主义经济学成立的一个前提是价格刚性的存在。价格刚性是市场失灵的一种,指的是价格不能灵活调整的情形。

在一个市场经济中,价格调整能够起到均衡供求的作用,从而保证经济的平稳运行。在这样一个经济中,市场机制能够发挥作用,因而不需要政府干预。但是,如果价格不能灵活调整,那么在经济出现失衡的情况下,经济就无法凭借自己的力量实现均衡,这时就需要政府干预,而政府干预的政策工具就是财政政策和货币政策。这就是凯恩斯主义宏观调控理论的核心。

当然,作为凯恩斯主义宏观经济学的基本前提,价格刚性的假定受到了许多

宏观经济学家的批评,但新凯恩斯主义经济学家提出了许多证据和理论证明价格刚性存在的现实性和合理性。

问题在于,即使价格刚性在一个市场经济中是存在的,也会受到共享经济的影响。共享经济的出现使得价格调节更为灵活,有以下几个原因:首先,供求信息的出现和匹配更为灵活;其次,供求双方讨价还价的成本降低,谈判成功的可能性加大;最后,存量资产被投入市场进行共享,导致供给增加,同时也使得特定资产的内在特点(比如地理位置、装饰、内部设施、大小等)能够更好地被反映在价格中,这些都导致价格的多样性、个性化特征提高。

随着价格灵活性的提高,政府的宏观调控存在的理由就越来越少,市场功能的发挥就更充分。

三、克服外部性

外部性是市场失灵的一种,也是约束共享经济发展的因素之一。不管是正的外部性还是负的外部性,其根源其实都是排他成本太高。通过降低排他成本,外部性就可以被消除,相关各方就可以按照市场规则来运作,提高经济效率。

四、政府在共享经济运行和发展中的作用

共享经济从另一个角度强化了对政府的需要。在实际运营过程中很多共享经济平台由于缺少相应的行业规范、法律政策、政府管制等,出现了市场运行不畅的状况。如在共享单车市场上,频繁出现恶意破坏竞争对手车辆、乱停车等不良现象,这就需要政府提供相应的服务,消除或者至少缓和这类问题。同时,这些新产生的共享平台有可能与现有行业制度发生冲突或存在法律监管空白,包括规避税收、信息共享的数据安全问题、机会主义行为等,这同样需要政府协调。

另外,共享经济必然存在走向垄断的倾向,因此需要政府在反垄断方面有所作为。

第七节　总　　结

本章从产品的性质出发分析了共享经济出现的原因、对经济可能产生的影响以及对政府和市场运行的影响。本章认为,"共享经济"中"共享"的关键是消除产品使用的竞争性,而"经济"的核心是由民营部门来提供,这就需要民营部门能够从中获益,因而其关键是要提高产品使用的"可排他性"。"可排他性"使得企业可以收费,削弱"竞争性",使得产品可以共享,二者结合就构成了共享经济。

共享经济之所以近年来得到快速发展,主要原因是信息技术的进步,使得提高产品的"可排他性"、削弱产品使用的"竞争性"成为可能,这就降低了排他和共享的成本,便利了共享经济的发展。

共享经济对于经济运行和宏观调控会产生广泛的影响,尤其是对政府与市场的关系及二者的作用边界将给予重新界定。

鉴于共享经济能够节约资源,有助于保护环境,同时能够便利人们的生活,因而具有广阔的发展前景。

第十二章　理解中国金融改革
——一个制度金融学范式的解释框架

第一节　引　言

现代金融体系在一国的经济发展中居于重要地位。如果从中华人民共和国成立算起,中国的金融体系在不断改革中已经度过了近 70 年的时间。从制度金融学的观点看,金融体制本无好坏之分,而且任何金融制度都不是事先给定的,而是一个长期变迁过程的结晶(张杰,2011)。因此,对中国金融体系的改革和演变历程进行大历史和长周期的考察,能够更深刻地理解其中的内在逻辑。本章试图建立统一的制度分析框架,梳理 1949 年以来中国整个金融体系形成、改革和发展的历史逻辑和理论逻辑,并在此基础上,展望下一步中国金融改革的动向。

制度金融学的分析范式将成为本章基本的研究框架。新古典金融学构建的是一个无摩擦、无交易成本的金融世界,它把金融组织、金融制度和金融企业家等要素看作是既定存在的,而把金融机构看作一个"黑箱"。按照罗纳德·科斯(Ronald Coase)的交易成本理论,在交易成本为零的情况下,金融交易由何种主体、何种金融组织、在何种金融制度结构下完成并不重要,且都会形成最优的金融资源配置效果。但在制度金融学看来,金融制度是一种节约交易资源与增进效率配置的制度安排,而金融制度变迁是金融活动中的经济主体不断降低交易成本的结果。在降低交易成本的过程中,会受到外部宏观环境如政治制度、法律制度、文化乃至宗教信仰等多方面基础制度或底层制度的影响。制度金融学对制度本身持均衡观的看法,认为制度是参与其中的理性经济主体力量博弈的结果,是一种博弈均衡,并处于不断的动态变化过程之中。其分析范式基本上是"个体主义"和"演进主义"的,并且注重对"过程"的分析。也就是说,不仅关注"尘埃落定"的结果,而且关注尘埃是如何落定的、均衡是如何实现的。因此,研究长周期背景下中国金融改革和金融制度变迁的具体历程,制度金融学是更为合适的分析框架。

对于中国金融改革某个单一领域(如人民币国际化、利率市场化、国际资本流动、农村信用社改革、商业银行改革等)的研究,积累的文献已非常丰富;但是对中国在较长历史时期内金融改革的理论逻辑和历史逻辑进行研究的文献则较为匮乏。张杰(1998)将中国早期金融改革中的国家、产权、国有商业银行、地方政府等因素纳入统一的制度分析框架,是系统考察中国金融制度结构与变迁问题为数不多的早期学者之一。丁骋骋(2010)将中国金融改革放在30年和60年的历史框架下进行分析,提出中国金融改革呈现出"机构改革-市场改革-制度改革"的强制变迁路径。陆磊(2014)认为,中国金融改革在过去是以机构改革为主线推进的,但这一模式在未来10年无法持续,未来的金融改革将是以市场为导向的增量改革。易纲(2014)认为,在2020年前,中国金融改革应围绕以下两条主线进行:一条是金融市场的对内对外开放,另一条是从市场的开放到价格的开放。冯柏和朱太辉(2016)从金融稳定与效率的跨期平衡视角审视了中国金融的市场化改革,认为如果考虑金融效率和金融稳定的跨期平衡,金融市场化改革总体上存在三种模式,即同步提高型、稳定优先型和效率优先型;中国的金融市场化改革总体上遵循的是稳定优先型路径,由于过于注重短期的金融稳定,导致金融资源错配不断积累,金融体系脆弱性不断提高,因此下一步改革要更加注重提高金融效率。上述代表性文献对中国金融改革逻辑的研究,主要是对金融改革不同阶段改革主体和对象的总结,以及对中国金融改革类型及取向的判断,极少涉及中国金融制度形成及动态演进的诱因。本章将试图在此方面做初步的尝试。

本章内容安排如下:第二节,提出用于分析中国金融制度体系演变和改革的理论基础,阐明金融体系所蕴含的制度内涵;第三节,对中华人民共和国成立后中国垄断均衡的金融体系的形成逻辑及其制度悖论进行分析;第四节,梳理中国金融体系由垄断走向垄断竞争的几个驱动因素;第五节,对中国目前金融改革的性质、两条主线和五大领域进行诠释;第六节是结论性评述,并初步回答中国金融改革向何处去这一基本问题。

第二节　理论分析基础:金融体系的制度内涵

要分析任何国家或地区金融体系的制度内涵,必须回答以下三个基本问题:第一,这个金融体系从何而来?第二,这个金融体系与其社会结构能否良好兼容?第三,这个金融体系与其经济结构能否良好兼容,能否为实体经济提供充分、有效的金融支持?回答以上三个问题,需要以下述三个基本理论作为分析的基础。

一、金融制度的两种形成方式

金融机构的产生有两种基本方式:一种是由国家创办,这是一种外生性成长模式;另一种是随着经济社会的发展和制度条件的改善,由经济体中的微观经济主体创办,这是一种内生性成长模式(周治富,2014;葛立新等,2012)。由于金融机构是金融制度的外在表现和载体,因此金融制度的产生方式也相应有外生和内生两种。

外生性金融机构(制度)的产生方式是自上而下的,其产生与发展由国家主导,很大程度上反映了国家的战略意图,如中国的四大国有商业银行以及政策性银行等。内生性金融机构(制度)的产生方式是自下而上的,其产生基于微观经济主体的理性决策,因而是一个自然发育的过程,反映经济系统对于金融业务的内在需求。在本质上,中国金融领域中长期存在的地下钱庄、民间借贷以及方兴未艾的互联网金融等,都属于内生性金融的范畴,而由民间资本发起设立的自主经营、自担风险的民营银行则是典型的内生性金融机构。

二、金融体系的内外三重结构

从更宏观的角度来看,任何制度的形成都是利益相关方博弈的结果,特有的金融制度就是一种博弈均衡或博弈稳态的基本表现。因此,外生性金融机构一般也有自身存在的逻辑。

(一) 社会治理与金融结构

政府、社会组织和个人是一个国家中的三重基本力量。社会结构则是对这三重力量相对关系的描述。一般而言,社会组织是作为政府(或国家)和个人之间的缓冲层而存在的,发育良好的社会组织能在一定程度上缓和个人与政府之间的冲突,阻止政府权力向下无限延伸(许田波,2009)。根据是否存在发育良好的中间结构,社会结构有二重结构与三重结构之分。不同的社会结构主导着不同的行为逻辑,进而形成具有显著差异的金融体系(周治富,2014)。

二重结构是指主要由顶层的政府和底层的个人所组成的一种社会结构,这种结构体现的是一种政府对个人的"支配逻辑"。由于中间结构的发育不完全,国家或者政府的权力能够很容易地直接延伸至基层民众中间,民众的自由度因此受到限制。而与二重结构不同,三重结构是指由顶层的政府、中间的各类社会组织和底层的个人组成的一种较为均衡的社会结构,体现的是三重力量之间的"制衡"。在三重社会结构中,中间结构(一般包括产权结构、法律结构、市场结构等)得到有效且充分的发育,政府权力在约束状态下运行,民众有较多的自由度。

将上述原理套用于金融制度领域,在一个二重结构的社会中,大多数金融制度都是外生供给的也就不足为奇了。具体而言,在一个二重性质的社会结构中,一方面,由于政府的权力过于庞大,金融制度的供给理所当然应该由政府承担;另一方面,由于金融业具有较大的规模经济效应,政府所主导供给的金融业总会具有极为庞大的体量,进而会形成具有垄断性质的金融业产业组织。而在三重结构的社会中,权力广泛地分散于民间;政府是一个有限政府,其权力运行受到较大程度的约束。在这种情形下,由理性经济人之间所产生的各种交易以及当事人不断降低交易成本的努力,将会形成一整套制度结构。这种民众之间的博弈也是形成内生金融产业组织的基础。在此情形下,由于金融机构不再由国家进行单方面的供给,而是由经济体中有实力的金融企业家来供给,因而金融业的产业组织结构必定带有强烈的竞争色彩。这种金融产业组织以美国、英国等为典型代表。

（二）金融体系的三重结构

从国外金融体系的发展演变历史可以看出,西方国家的金融体系大都是内生而来,金融业力量的强大甚至可以延伸到政府权力,金融资本家能够干预或影响政府的决策行为。金融系统的内外三重结构如图 12.1 所示(周治富,2014)。

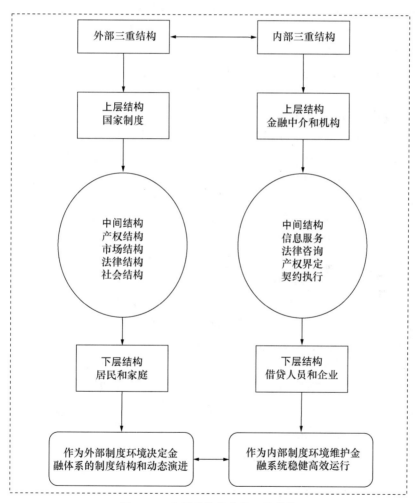

图 12.1 金融系统的内外三重结构

外部三重结构为上层的国家,中层的产权结构、市场结构、法律结构和社会结构,以及下层的普通民众。而金融体系的内部三重结构为上层的金融机构体系,中层的信息服务、法律咨询、产权界定、契约执行等机构,以及下层的储蓄者或贷款者。内部三重结构是指金融产业组织或者金融体系内部的三重结构,其最高层由金融机构体系组成,最底层是作为金融市场参与者的个体,而中间层是为了解决金融体系运行效率问题而存在的。

就中间结构的作用而言,外部中间结构能够极大地影响金融体系的制度结构和制度形态,而内部中间结构则在很大程度上直接影响金融体系的运行效率。后者影响金融体系运行效率的内在机理在于,每一笔金融交易都是有交易成本的,一般由搜寻成本、签约成本、监督成本和执行成本等组成,而信息不对称是造成金融交易成本的主要原因。内部中间结构如信息服务(如不良贷款记录、信用评级等)、法律咨询(律师事务所等)、产权界定(各类仲裁机构等)、契约执行(法院、公安系统等)等如果发育完善,能够显著降低金融交易的信息不对称程度,进而提高金融体系以及金融产业组织的运行效率。

三、经济结构与金融结构

从金融史的角度来看,"经济决定金融"是一个基本命题。这个命题更为准确的说法就是实体经济决定虚拟经济,而金融体系属于虚拟经济范畴。在历史上,人们总是忘记这一基本而朴素的命题,导致虚拟经济与实体经济的严重脱节,进而导致金融危机的爆发。经济决定金融的根本原因在于,实体经济对金融的需求更多的是一种"引致需求",其最终目的是借助于金融工具顺利实现商品的生产和交换,以获取利润。因此,在一个不受人为干预而自然发展的经济体中,经济发达程度决定了金融的发展程度,经济体系的内部结构决定了金融体系的内部结构。因此,当实体经济发生结构性变化时,我们有理由认为,服务于实体经济的虚拟经济也会发生结构性变化。而变化的一个重要方面就是外生性金融与内生性金融相对结构的变化。这种变化往往伴随着内生性金融成长的过程。

然而在很多国家,特别是发展中国家,经济发展受到政府因素的较大影响,无论是"金融抑制理论"还是"金融约束理论",都能反映这一问题。此时,虽然经济发展仍是决定金融发展的根本要素[①],但金融的制度结构和制度形态却受到除经济因素之外的其他因素的影响。也就是说,在强势政府的经济体中,金融制度的形成是多种因素"合力作用"的结果。

第三节　早期垄断金融体系的形成逻辑及制度悖论

一、早期垄断金融体系的均衡性质

中华人民共和国的成立伴随着革命性的制度变迁。这种制度变迁使得整体性制度安排具有"推倒重来"的性质,即建立一个与当时的意识形态、政治结构和社会结构相容但是与过去又迥然相异的制度结构。在整体性制度安排中,相对某

---

① 当然金融发展也能反作用于经济发展。

一项制度(包括金融制度)而言,一方面,存在与其他制度进行互补和耦合的问题。如果该项制度能与其他制度进行功能互补和充分耦合,那么这项制度的效力就会得到良好发挥,否则制度效力就会减弱。如果该项制度在整体性制度安排中效力较弱,那么这项制度要么被遗弃,要么对整个制度安排做出反应进行制度变迁,以重新融入整体性制度安排中。另一方面,如果其他制度组合发生了重要的制度变迁,那么该项制度就有相应进行配合性制度变迁的必要。这样一来,该项制度就与其他制度一起组合构成了整体性(共时性)制度安排(青木昌彦,2001)。

因此,在制度的层级结构上,中华人民共和国成立之后形成的高度垄断的金融体系,隶属于当时高度集中的政治经济体系,是其中的一个子系统。作为嵌入在整体性制度安排一部分的金融制度,其所具有的制度形态和制度结构也必然被整体性制度安排所限定。唯有如此,局部制度与整体制度才能做到充分耦合。在完成对经济社会的社会主义改造后,中国选择了苏联的模式,建立了一个高度集中的计划经济体制。这种经济制度的产权基础是公有产权或共有产权。事实上,在界定产权或产权明晰化的过程中,公有产权是产权界定初期的一种状况,从公有产权到清晰界定的私有产权的发展,能够极大提高资源配置效率。但在此时,公有产权成为集权式计划经济的制度基础。在这种整体性制度安排下,金融制度的结构也必然是高度集中和单一的。这种集权式金融体制的典型表现,就是在中华人民共和国成立后很长一段时间,中国人民银行几乎能够代替整个中国金融体系。可见,中国金融体系的肇建就是自上而下的强制性制度变迁的结果,并不是一个由经济主体进行理性博弈形成局部制度均衡后,再加总为整体制度均衡的诱致性制度变迁的过程。在很大程度上,中国的金融制度结构是一个宏观博弈的结果,即各种政治力量、社会结构、意识形态等因素使然,而不是私人主体进行微观博弈的产物。从制度的博弈均衡观点来看,这种制度安排并非是整体性制度安排的最优选择。由于其具有宏观均衡的特征,因而是一个垄断均衡的金融体系。

二、早期垄断均衡金融制度的形成逻辑

对于垄断金融体系的均衡性质的分析表明,共有产权是其得以产生的产权基础。除此之外,这种金融体系的形成,与中国社会传统的二重结构以及经济发展战略密切相关。

(一)中国社会的二重结构

中国社会结构具有明显的二重性质,是一个"强国家、弱社会"的格局,即上层结构强而有力,下层结构弱而分散,且缺乏一个厚重且具有缓冲和协调功能的中间结构。这种二重结构历史悠久,是从秦帝国开始的封建社会一直延续下来的。然而目前,这种延续数千年的二重结构正处于向三重结构的缓慢过渡之中。在中国历史上,向三重社会的制衡逻辑演进的可能性是存在的。在春秋战国时期,"春秋五霸"与"战国七雄"的割据共生,实际上构成了一种均势体系,但历史的结局却是支配逻辑压倒了制衡逻辑。有学者认为,在多国均势体系中,打破制衡逻辑的关键在于战争,而战争又取决于谋略和实力。大秦帝国完美地将二者结合,以至于它能够摆脱制衡的力量,从而完成国家体系的统一。而在此之前,商鞅变法为秦国缔造了"一个强大到极点的政府,一个萎缩到极点的社会以及一群沉默到极点的个人"(许田波,2009:第Ⅳ页)。这是一个高度两极化的二重结构,这种结构被秦国建立的大一统的封建国家所沿用,直到今天依然影响深远。而在欧洲,制衡逻辑在很早之前就发育得较为成熟。如英国 1215 年颁布的《大宪章》中,就限制了王权过多剥夺封建贵族的政治和经济权益。在欧美国家,大都有一个发育良好的中间结构,而这是形成具有制衡逻辑的三重结构的必要条件。

　　具体到金融制度的形成和供给,国家在二重结构中是储蓄动员、资本形成与经济增长的主要推动者,也是制度的主要供给者。因此,在中间结构不完善的中国,其大多数正式制度均具有外生性的特征,而下层民众所发展出来的制度大多具有非正式的特征。比如,在金融制度结构方面,正式的金融制度(如银行、证券市场等)也都是外生而来的,而滋生于民间的金融组织大多处于不规范状态,且总是要与上层结构达成妥协和合谋才能获取利益。因此,中国历史上的许多金融形式都未能演化为现代的金融制度安排。由此可见,中国的社会结构本身就决定了中国必定会拥有一个垄断性质的金融产业组织的结构。

　　(二)赶超发展战略下的金融支持

　　中华人民共和国成立后,实行的是重工业和军事工业优先发展的战略,在某种程度上也是一种先军经济。重工业是技术密集型和资金密集型产业[①],而在中华人民共和国成立初期,中国的基本情况是"一穷二白",仅有大量的人力资源可用。因此,这种发展战略并不符合自身的要素禀赋结构,体现出一定的冒进性。当一个国家采取的发展战略与其要素禀赋结构不一致时,政府将通过资源的扭曲来实现战略目标(林毅夫和龚强,2010)。具体到中国,就是对金融体系实行强有力的控制。而公有产权已经为建立垄断性的国有银行体系打好了基础,而且这一国家垄断的金融产权形式在储蓄动员方面具有比较优势,能够按照总量原则迅速和大量地提供储蓄存单。[②] 因此,这一产权形式一经建立,国家就会具有扩张垄断金融产权边界的倾向(张杰,1998)。由此可见,国家为了动员储蓄来筹集资金,自

---

　　① 在技术上,当时主要的选择是借助苏联专家的力量;而在资金上,就是建立一个集权式的金融制度结构。

　　② 总量原则是指按照总收益等于总成本的原则,而不是边际收益等于边际成本的原因。事实上,国有垄断银行的关键效应在于强制储蓄,因为没有其他银行可以提供存款贷款服务,因此居民的存款只能存放于国有银行体系,以满足国家实行重工业发展的资金需求。

上而下地建立起垄断性的国有银行体系就成为国家行为的自然逻辑。垄断性的国有银行体系的本质在于改变了金融资源的配置模式,使得金融权力仅集中于国家之手。[①]

三、垄断均衡制度持续的原因分析

虽然银行业是一个有较大规模效应的产业[②],但是银行业的最优产业组织结构却不是高度垄断的,而是带有强烈的垄断竞争的特征。

中国垄断均衡的金融制度结构之所以会长期存在,可能的原因有以下四点。

第一,制度变迁的路径依赖以及动力依赖性。如前所述,中国的金融体系一开始就是外生建立的,以这种方式建立起来的金融体系也需要外生动力的维护。金融制度变迁本身所具有的路径依赖特征,再加之对保证制度正常运行的外生动力的依赖,使得制度变迁也具有了动力依赖性。这两种依赖性的叠加,使得中国的金融体系具有了较强的制度刚性和惯性。可以预见,外生动力即国家推动在中国未来的金融体制改革中依然会扮演重要角色,但制度条件的逐步改善和内生性金融的成长,会使得内生动力发挥越来越重要的作用。

第二,制度变迁的公共品性质使得内生性金融制度变迁的过程表现为间断性均衡。内生金融制度具有公共物品的属性,而且随着推动内生性金融制度变迁的利益集团的数量增加,内生性金融也会自动扩张。因此,内生性金融使得推动其成长的利益集团具有共容利益的性质(周治富,2015)。与其他利益集团相比,共容利益集团能够采取更加有效的集体行动。然而,只要是集体行动,都不可避免地会遇到集体行动难题,即"搭便车"问题。在内生性金融领域,表现为制度变迁的社会成本和收益与个人的成本和收益是不一致的,这二者之间的差距需要逐步消除和弥合,制度供求均衡也是分部分实现的(张曙光,1992)。制度均衡是一个由个体均衡到局部均衡再到一般均衡的过程,因此内生性金融成长的过程就表现为间断性均衡,这意味着垄断均衡制度将会因此长期存在。另外,如果共容利益集团能够进行有效的选择性激励,那么可以更快地达到制度供求均衡;但是中国渐进式改革的路径选择,注定了内生性金融的成长是一个长期的过程,因此垄断均衡的制度结构在可以预见的未来仍会长期存在。[③]

第三,理性的无知与集体行动的困境。理性的无知通常用于公共选择领域,是指如果人们用投票的办法来进行制度选择时,如果能够投票的人数足够多,那

[①] 在这里,金融垄断就成为国家实行金融控制的自然结果。

[②] 在新古典经济学中,规模报酬递增是形成垄断的一个重要原因,而且这种垄断是一种自然垄断。

[③] 曼瑟·奥尔森(Mancur Olson)的著作《国家的兴衰:经济增长、滞涨和社会僵化》(*The Rise and Decline of Nations:Economic Growth, Stagflation, and Social Rigidities*)和《集体行动的逻辑》(*Logic of Collective Action*)对利益集团和集体行动进行了出色的研究。

么单个个人将会意识到他自己的那一票对投票结果不会产生任何影响。在这种情况下,个体也不会尽全力去获取进行决策所需的全部信息,他只选择获取部分信息而保留对其他信息的无知,并会在行为决策上选择不去投票或者不负责任地乱投票(柯武刚和史漫飞,2008)。此类现象也被称为"理性的无知"。理性的无知是难以形成有效的集体行动的重要原因。对于一个已经形成的制度而言,调整或者改进的重要障碍之一就是大多数独立的参与者难以有效联合,形成集体行动(张宇燕,1993)。与之类似,尽管人们知道垄断性的金融体系是低效的,但由于存在理性的无知,每个人都没有足够的激励去改变制度现状。特别是国家对自由进入金融业有诸多限制或者制度条件较差时,改变制度现状的成本就更大。只有当个人受到的损害过大,受损人数也足够多,且人们预期改变制度现状的收益可能会超过成本时,人们才可能会"揭竿而起",形成强有力的集体行动。因此,理性的无知使得有效的集体行动只有在既有的制度结构对多数群体造成严重损害时才会发生,从而导致了制度变迁的滞后和垄断金融制度的长期存在。

第四,有限开放的金融系统造成金融制度的僵化。在一个完全封闭的系统中,制度会表现得十分稳定,而且人们只能基于有限信息进行制度选择,导致这种选择往往是次优的(张宇燕,1993)。中国垄断均衡的金融制度结构能长期存在的一个重要原因,正是金融系统的封闭性。虽然中国在 2001 年加入世界贸易组织后履行入世承诺,使金融业对外开放达到了较高的水平,但金融业对内开放的程度还远远不够。其典型表现就是民间资本进入金融领域受到诸多限制,导致产业资本向金融资本的转移存在不少障碍。

由上述分析可知,二重社会结构以及赶超发展战略使得外生性的、垄断的金融体系的形成在某种程度上成为一种必然和长期稳定状态。然而随着市场化改革进程的深入推进,这一宏观上的垄断均衡状态难以满足大量中小企业、民营企业的贷款需求的问题已日渐显现,中小企业和民营企业融资难问题愈加突出。这一微观上的非均衡状态为内生性金融的成长留下了宝贵的制度空间,使得打破上述宏观垄断均衡的内生动力不断成长和集聚。既有的中国金融制度虽然在宏观上看起来风平浪静,但是在微观经济领域却已暗流涌动。从而,中国的金融体系呈现出了宏观垄断均衡与微观非均衡的独特之处。

第四节　垄断竞争金融体系的发展

随着中国市场化改革进程的深入推进,私有经济也在快速成长,经济体系中蕴藏的突破垄断均衡金融体系的力量在不断积聚。较之改革之前,中国当前的金融体系中,市场因素和竞争因素已经有了大幅增加。这意味着至少在金融体系的局部,已经形成了垄断竞争的格局。从中华人民共和国成立以来金融发展的历史看,以下因素在打破垄断均衡的金融体系中起着重要作用。

一、地方间的经济竞争与金融资源抢夺

张五常(2009)认为,县域经济的竞争是中国经济得以高速发展的重要原因。中国地方间经济的竞争乃至恶性攀比的存在,是一个不容置疑的事实。现有的官员考评机制在一定程度上导致了地方政府的功利主义和短视化倾向。1994 年分税制改革后,地方政府的财权与事权更加不匹配,地方财政收入不足以支撑地方政府的职能,形成了财政缺口,造成了对土地财政的依赖。为了晋升和增加财税收入,招商引资成为地方政府之间竞争的主要战场,然而企业的投资需要大量的资金。如果地方政府能够配置足够的金融资源,那么在招商引资时就会有一定的比较优势;即使不用于对招商引资企业的信贷,也能满足本地企业的信贷需求。基于此,地方政府自然会加强对地方金融分支机构的控制,这些分支机构因此在一定程度上与地方形成了隶属关系。如此一来,诸侯经济成就了地方政府对金融资源的控制。[①] 为了占有更多的金融资源,地方政府之间展开了激烈的竞争。这种竞争表现为各地方政府都鼓励在本地开设银行的分支机构,几乎每个省级行政区都有自己的证券公司,而且每个地方政府都不愿本地的金融机构被外地兼并或收购。值得注意的是,地方政府竞争金融资源控制权的一个正外部性在于,其有利于新的内生性金融机构的创设,从而有利于打破垄断均衡,走向垄断竞争。

二、国有商业银行的市场化改革

中国的金融体系中,银行业仍占据主导地位,国有银行是国有垄断金融体系的主要组成部分。国有商业银行的市场化改革有利于引入更多的市场因素,降低垄断程度。在理论上,作为垄断利益既得者,国有银行体系缺乏市场化改革的动力,倾向于维护现有的体制(周治富,2015);但为了提高资金的运用效率与更好地应对加入世界贸易组织后国际大型金融机构的竞争,国家主导了国有商业银行的市场化改革,并已初见成效。目前国有五大商业银行基本完成了"股改、引战、上市"三部曲,成为与国际接轨的现代化商业银行。这意味着,国有商业银行需要有更多的决策权力。决策权力的扩大使得国有商业银行的行为不仅是国家意志的反映,也是国有银行本身权衡成本收益结果的反映。这表明,国有银行的市场化改革使其具有了私人利益,而私人利益将驱使国有银行采用市场交换逻辑而不是国家权力逻辑来进行金融资源的配置。市场化因素逐渐在金融资源配置中发挥更多的作用。此外,随着中国金融开放程度的提高,越来越多的国外金融机构进入中国经营,进一步瓦解了垄断性的金融体系。

---

① 目前地方政府对于全国性银行所在地方分支机构控制力有所减弱,但银行分支机构在其辖区内经营所受到的影响不可小觑;而对地方农商行或城商行而言,地方政府甚至掌握着人、财、物等权限。

三、民营经济的崛起与内生性金融的成长

目前,中国民营经济已经成为创造产值、增加就业与促进经济发展的主要动力。与其经济地位相比,民营经济的金融地位处于更为尴尬的境地,大多数民营企业难以从正规金融机构获得信贷支持,融资贵、融资难问题迄今尚未得到很好的解决。在金融体系的经济基础发生较大变化时,金融制度结构也应该发生相应的变化。随着民营经济的发展,其自身的资本积累也达到了一定程度,相互之间的借贷随之盛行。在这种情况下,一旦国家放开民营资本进入银行业,这些民营资本便会形成资本联盟,发起设立民营银行。[①] 民间资本自发联盟、自发组织、自担风险设立的民营银行,属于内生性金融的范畴。由于民营银行本身就脱胎于民营经济体系,在专门行使向民营企业提供信贷支持方面存在先天优势。然而,诞生于此的民营银行也面临着严峻的外部环境:一方面,目前利率市场化、互联网金融等因素对商业银行有着较大冲击;另一方面,国家对国有银行的隐性担保难以完全消除,而民营银行仅有存款保险制度作为后盾,在信用背书方面两者不可等量而语。然而,即便如此,民营银行也可能会找到一条自身发展的独特路径。以民营银行为代表的内生性金融的成长对于打破垄断均衡的格局具有决定性意义。与地方间政府竞争和国有商业银行市场化改革不同,内生性金融的成长本身是增量意义上的改革,而前者只是存量意义上的边际性的制度调整。展望未来,内生性金融所具有的革命性制度变迁以及成长的潜力不可低估。

综上所述,地方间经济竞争、国有企业和国有银行的市场化改革,以及内生性金融的成长,有利于中国构建一个合意的垄断竞争性质的金融制度结构。

第五节　未来金融改革的主线与领域

对金融企业而言,鉴于其较大的规模效应,接近完全竞争的市场结构基本不存在。经济学理论已经证明,一个可竞争的市场与完全竞争市场有着同样的经济绩效。所谓可竞争的市场,是指可以自由进入或退出的市场。因此,经济金融体制改革的核心在于简政放权,由市场对企业进行生死评判(进入或退出),政府只保留最低限度的必要职能。此外,市场作为评判者,也需要尽可能地公平、公正、透明、高效。在金融体系的内外三重结构中,内部中间结构和外部中间结构都是为了确保不断提高金融体系的运行效率而存在的,因此,在本质上,所有的经济金融改革都是为了不断充实中间结构,以使社会结构和经济结构由二重结构向三重结构过渡。中国金融领域充实中间结构的改革,主要围绕以下两条主线和五大领

---

① 事实上,国家的政策已经远落后于民营资本的需求。这也解释了为什么国家在正规金融领域刚一开口子,民间资本就蜂拥而入的情况。

域进行。

一、金融改革的两条主线

（一）金融机构准入的市场化

中国金融体系是以国有银行为主导的，民间资本在很长一段时期内被排除在外。为了提高金融机构之间的竞争，提高金融资源的配置效率，国家开始鼓励民间资本进入金融领域。在国务院两次发布的"非公经济36条"中[1]，都明确允许私人资本进入金融领域，但效果都不甚显著。2013年7月，国务院办公厅发布了《关于金融支持实体经济结构调整和转型升级的指导意见》，提出"尝试由民间资本发起设立自担风险的民营银行、金融租赁公司和消费金融公司等金融机构"，这可视为是金融体系对内开放的里程碑。在这个文件的指导下，证监会、银监会等监管机构开始着手修订现行的管理法规。未来，不仅有望形成国有银行和民营银行共同竞争的银行业产业组织，而且在其他非银行金融领域，也会越来越多地看到民间资本的身影。金融机构准入市场化的本质在于金融机构的准入、绩效表现等交由市场来评判，监管部门只做好规则制定、风险把控等工作，这也意味着监管部门的简政放权是未来一段时期改革的重点任务之一。

（二）金融要素价格的市场化

和要素市场的价格一样，金融价格也是一种要素，即资金的价格。这种价格能够反映资金的稀缺程度，并决定了金融资源配置的效率。对内而言，资金的价格就是利率；对外而言，资金的价格就是汇率。目前，中国的利率市场化已经完成，金融市场的各种利率已经基本实现了市场化[2]；与此同时，中国也在大力推进人民币汇率的市场化，人民币汇率实行参考一篮子货币的有管理的浮动汇率制。通过汇率形成机制的改革，目前人民币汇率已经达到或接近均衡水平，并呈现出双向波动。[3] 汇率的市场化将有力地促进人民币的国际化以及资本账户的开放，为构建开放型经济体系奠定了基础。

二、金融改革的五大领域

未来中国的中长期金融改革应聚焦在以下五个主要领域。

---

[1] 2005年2月25日，国务院发布《关于鼓励支持和引导个体私营等非公有制经济发展的若干意见》（国发〔2005〕3号）；2010年5月13日国务院再次发布《国务院关于鼓励和引导民间投资健康发展的若干意见》（国发〔2010〕13号）。两个文件的意见均都有36条，故称之为"非公经济36条"。

[2] 2015年10月24日起，央行下调金融机构人民币贷款、存款基准利率和存款准备金率，并对商业银行和农村合作金融机构等不再设置存款利率浮动上限，标志着中国利率市场化基本完成。

[3] 2015年8月11日，中国人民银行宣布完善人民币中间价报价机制，由原来中国人民银行授权中国外汇交易中心发布的模式，改为由做市商参考上一交易日银行间市场外汇收盘汇率，并考虑外汇供求情况和主要货币汇率变化情况向外汇中心提供中间价报价的模式。

（一）完善存款保险制度，激发金融机构竞争活力

2015年2月，国务院发布《存款保险条例》，标志着中国存款保险制度正式推出。存款保险制度与利率市场化、民营银行的发展息息相关。在本质上，存款保险制度是一个风险防火墙，能够防止问题金融机构将风险直接传递或转嫁给广大储户，从而造成局域性乃至系统性金融危机。因此，存款保险制度具有金融稳定器的作用，属于金融体系内部中间机构的范畴。需要说明的是，存款保险制度对于国有银行和民营银行有着不同的效应。包括五大行、股份制银行、城市商业银行等在内的国有商业银行体系，都具有国家（或地方政府）信用的隐形担保，因此其信用含金量很高；而对于民营银行而言，只能依赖存款保险制度这一显性的担保制度来增强自己的信用。更重要的是，国有大行由于体量巨大存在"大而不倒"的情形，导致国家信用可能无法全部退出，从而使国有大行具有了国家信用和存款保险制度信用的双重保障。从这个角度看，民营银行与国有大行在起点上就存在不公平竞争的问题。因此要促进各类金融机构主体的公平竞争，还需要相关政策的进一步调整。

（二）建立健全互联网金融监管体系

随着云计算、大数据技术的发展以及智能终端通信设备的普及，互联网金融已经成为金融行业发展的大趋势。从制度变迁的角度来看，互联网金融无外乎是技术进步推动下的金融制度变迁，其金融的核心功能并没有发生任何变化。然而，互联网金融毕竟是对传统金融的异化和改造，使得金融运行方式呈现出新的特征。其中蕴藏的风险若不很好地把控，有可能催生互联网金融泡沫。目前中国已根据"一行三会"等的监管职责和各类互联网金融业态的金融属性，确立了相关部门的监管对象和分业监管架构（朱太辉和陈璐，2016）。但是这种以机构为对象的监管可能造成监管真空和监管重叠，因此，未来需要逐步过渡到针对互联网金融功能的功能性监管。

（三）推动多层次资本市场的建设

如同放开民营银行的设立，建设多层次资本市场对于解决大量的民营企业及高科技企业融资困境问题也具有重要意义，所不同的是前者是间接融资，后者是直接融资。多层次资本市场的建设，要以服务实体经济为核心，进一步明确各板块的功能定位，明确转板规则和流程，发挥股市融资和财富管理的功能，发挥好期货市场的价格发现和风险管理功能。推动多层次资本市场建设的另一项重要内容是推进资产的证券化进程。从西方发达国家资产证券化的实践来看，合理的资产证券化有助于资产和风险的优化配置，而过度资产证券化则会带来较大风险。因此，资产证券化是一柄双刃剑。要推动资产证券化的有序推进，也要加快提高相关的会计、审计、律师事务所、投资银行等各类中介机构的配套服务能力，进而

充实金融体系的内部中间结构。

（四）推进人民币国际化和资本账户开放

一国货币在国际货币体系中的地位与该国经济实力和开放程度密切相关。人民币的国际化是中国经济和世界经济发展的内在需要[①]，应该是一个自然的历史进程。人民币国际化需要资本账户的逐步开放，并应遵循积极稳妥的原则，审慎评估开放的各类风险，合理选择对外开放的次序，以市场内在驱动为主要动力。目前，中国已在自由贸易试验区大幅放开了对资本账户的管制。今后，一方面，监管当局要做好相应的配套改革；另一方面，要不断加强世界级金融中心的建设，提高中国在国际金融规则制定中的话语权。

（五）健全宏观经济金融调控体系

目前，中国经济已步入中高速增长的新常态，人口的老龄化、经济开放程度的提高、互联网金融的异军突起等因素，在很大程度上改变了原有的经济金融运行模式，也给政府和监管部门的宏观调控带来了新的挑战。因此，监管部门要基于新的形势，研究新的调控工具、调控方式，不断健全财政政策、货币政策、监管政策等宏观调控体系。这也是未来中国金融改革过程中的一个重要课题。随着市场一体化的进一步深入，未来的宏观调控体系要更加注重对市场的一般均衡分析，把调控的透明性与引导市场预期结合起来，打好调控的组合拳，确保经济金融体系的稳定。

第六节　结论性评论

本章利用制度金融学的分析范式，对中国金融改革进行了在大历史和长周期视角下的考察。结果显示，中国二重性质的社会结构和赶超式经济发展战略，是中国最初形成垄断均衡金融制度的根源。其中，社会结构的二重属性来自长期以来的历史传统，而经济发展战略则是中国的主动选择，可以视作影响金融制度结构的短期因素。由于制度变迁的路径依赖、动力依赖性、制度变迁的公共品性质、内生性金融制度变迁的间断性、理性的无知与集体行动的困境，以及有限开放的金融系统造成僵化的金融制度等原因，使得这种垄断均衡金融制度一旦形成，就不容易被打破。地方政府间的经济竞争与抢夺金融资源、国有商业银行的市场化改革、民营经济的崛起与内生性金融的成长等因素，则正在推动中国金融体系由垄断均衡走向垄断竞争。展望未来，市场化改革仍然是中国金融改革的主基调，金融机构准入的市场化以及金融要素价格的市场化，是未来中国金融改革的两条

---

① 2016 年 10 月 1 日，人民币正式加入特别提款权（SDR）货币篮子，成为人民币国际化进程中的里程碑事件。未来有望形成美元、欧元和人民币三足鼎立的国际货币体系格局。

主线,而健全存款保险制度和激发金融机构竞争活力、建立健全互联网金融监管体系、推动多层次资本市场建设、推进人民币国际化和资本账户开放,以及健全宏观经济金融调控体系,则是未来金融改革所应聚焦的五大领域。

　　长周期的历史考察能够初步回答未来中国的金融改革向何处去以及会形成何种金融体系的问题。市场化改革毋庸置疑是金融改革的方向,但是把欧美式的金融制度结构作为中国金融改革的最终目标则有欠妥当。中国的政治结构、社会结构、法律结构和底层的经济结构与欧美国家存在显著差别,作为嵌入整体性制度安排的金融制度而言,其最优的金融制度结构和形态也必须与上述各类制度达到充分而有效的耦合,而且这种金融制度结构一定是动态和边际调整的。欧美国家的有益金融改革经验当然必须汲取,但是以其作为最终目标则可能出现南橘北枳的效果。大量制度经济学的案例研究也表明,对制度的简单复制粘贴往往会导致失败。因此,中国必须从自身实际出发,构建与中国整体性制度环境相适应的金融体系。而要实现这一目标,还有很长的路要走。

第十三章　内生性金融成长与中国金融结构的动态演进

——基于制度金融范式的分析

　　长期以来,市场主导与银行主导的二分法成为研究金融制度和金融结构差异的基本范式,但在这一范式指导下形成的众多理论却难以对以中国为代表的诸多发展中国家的金融结构与经济绩效做出令人信服的解释。事实上,在政府主导型的发展中国家,金融服务是由国家提供还是由市场提供是一个更为根本和实质的问题。若追溯金融机构的起源,则不可避免地涉及金融体系的内生和外生问题。本章通过对内生性金融和外生性金融的划分,研究了内生性金融成长的逻辑起点、动力机制、演进边界及其动态历程,并在理论上刻画了以内生性金融和外生性金融相对规模为核心的中国金融结构的动态演进过程。

第一节　引言:经济发展中的金融制度结构

　　"金融发展是重要的"以及"金融发展能够有效促进经济增长"等命题已经成为多数经济学家的共识[①],但是在不同国家和地区金融制度差异的原因以及金融制度变迁受到哪些因素的影响、如何影响以及影响程度的大小等方面依然充满着争议。正如 Levine(1997)曾指出的那样,对于金融结构之间差异的起源及其变迁,我们所知甚少。理论史上,Goldsmith(1969)堪称金融结构理论研究的先驱,在《金融结构与经济发展》(*Financial Structure and Development*)一书中,正式引入了金融结构,并将其定义为一国金融工具和金融机构的形式、性质及相对规模,既包括金融体系与实际经济的相对关系,也包括金融体系不同金融工具、金融机构、金融资产之间的比例关系,并对 35 个国家进行了跨国分析,直观地展示了不同国家和地区之间金融结构的差异。由于金融结构的定义过泛且并未形成统一内涵,学术界逐渐把金融结构之间的差异聚焦到金融制度形态和制度结构的差异上来。Allen 和 Gale 的《比较金融系统》(*Comparing Financial Systems*)一书于 2000 年出版后,市场主导型金融体系(market-based financial systems)和银行主

---

　　① 大量研究关注了金融发展与经济增长之间的关系,Levine(1997,2005)曾对相关研究进行了出色的综述。

导型金融体系(bank-based financial systems)的两种金融制度分野被学术界广泛接受。

　　围绕市场主导和银行主导两种金融体系,形成了两大研究方向,一个是研究哪种金融体系最有利于经济增长,另一个是研究哪些因素造就了两种金融体系之间的分野。第一个研究方向所积累的文献颇多,但远没有达成共识,以至于形成了银行主导论、市场主导论和无关论(金融功能观[①])三种派别,林毅夫等(2009)、马勇(2010)、张成思和刘贯春(2016)等多名学者对此均有综述。值得注意的是,尽管学者们对银行主导还是市场主导存有分歧,但都公认随着经济发展,金融体系中的市场化因素是逐步增多的。第二个研究方向着重探讨了特定金融制度形成的决定因素,总结起来,主要有以下四种理论:一是金融制度决定的法律渊源论,其中以 La Porta *et al.* (1997、1998、2000)、Beck *et al.* (2003)等为代表,其核心意涵是英美法系为判例法,对私人产权保护较好,故其金融契约以私人之间协商为主,发展出了较好的金融市场;而大陆法系是成文法,国家对于私人有较多的干涉,故其以银行等金融机构为主导。二是金融制度决定的政治制度论。如 Haber(2008)的研究认为,在非民主化国家,政治精英通过政治权力限制银行业进入,从而为已有的银行体系创造了"租金",而垄断性的银行体系会与政治精英共享这些租金;随着政治竞争(如两党竞争),政治精英将不再有足够的能力限制银行业进入,租金随之消散,则金融体系向市场主导转型。Sambit(2013)的研究发现,政治体系的民主化程度越高,越有可能发展出一个市场主导型的金融体系。三是金融制度决定的社会资本论。社会资本一般定义为在人际关系网络中能够为人们带来经济利益的普遍的信任和规范[②]。如 Guiso *et al.* (2000)认为,较高的社会资本水平意味着人们之间有较低的道德风险,更易于促进金融市场的繁荣。四是金融制度决定的文化差异论。Kwok and Tadesse(2006)认为国家文化在金融制度的形成中扮演了重要角色,具有高度不确定性规避偏好(或风险厌恶偏好)的国家更容易发育一个银行主导型体系[③]。

　　上述不同金融制度形成的决定理论为我们更深入地了解金融体系提供了多角度的视野,似乎每种理论都对解释金融结构之间的差异具有一定的说服力,这

---

　　① 由 Merton and Bodie(1995)年提出的理论,其基本含义为金融功能比金融机构更为稳定,金融功能是内生的而金融制度形态是外生的。

　　② 关于社会资本概念的一个综述参见伊斯梅尔·萨拉格尔丁(Ismail Serageldin)和克里斯琴·格鲁特厄特(Christiaan Grootaert):"定义社会资本:一个综合的观点",载《社会资本——一个多角度的观点》,〔印度〕帕萨·达斯古普特(Partha Dasgupta)、〔埃〕伊斯梅尔·撒拉格尔丁(Ismail Serageldin)编,张慧东等译,中国人民大学出版社,2005年。

　　③ 除上述四种论述外,中国学者如张杰(1998)、周治富(2014)等从社会结构的视角,探究了社会结构对于经济金融制度演进的影响。

使得金融结构之间优劣的比较成为难题,由此进一步延伸到对于最优金融结构的研究。林毅夫等(2009)首次提出了最优金融结构理论,认为经济体中一定的要素禀赋决定了最优产业结构及其企业规模特征和风险特征,进而形成对金融服务的特定需求;另外,各种金融制度在动员储蓄、配置资金和分散风险方面各有优劣,因而需要各种金融制度组合形成满足实体经济需要的最优金融结构。龚强等(2014)考虑了产业结构、风险特征与最优金融结构认为,在技术和产品较为成熟时,风险较低,银行是更加有效的融资渠道;而在创新产业中,当技术和产品风险较高时,金融市场能够提供更加有力的金融支持,且在中国经济的产业升级中,金融市场的重要性将逐步凸显。张成思和刘贯春(2016)对最优金融结构的存在性、动态特征和经济增长效应进行了研究,表明当且仅当对规模适中的企业进行监管,社会福利才能实现最大化,此时存在唯一的最优金融结构与实体经济相匹配。因此,最优金融结构并非绝对的市场主导型或银行主导型,而是取决于一国实体经济的需求。

无论是金融制度形成差异原因的研究,还是最优金融结构研究,都是基于银行主导和市场主导这一金融制度的"二分法"。在这一二分法模式下的研究成果虽然众多,但共识较少,甚至有的研究结论截然相反。如有的认为经济发展中市场比银行更重要,而有的认为银行比市场更重要,也有的认为二者与长期经济增长不存在显著的相关关系。金融制度决定的多因素也未能纳入统一的理论框架。[①] 因此,La Porta et al.(2000)认为,把金融体系划分为中介主导和市场主导,既不符合实际,也缺乏成效;马勇(2010)也认为,强行区分银行主导和市场主导,对于理解长期经济增长而言并不是一个好的选择。

本章认为,对于以中国为代表的政府主导型的多数发展中国家而言,其金融体系和金融结构更重要的不是市场主导还是银行主导,而是金融服务本身提供方的差异,即这一金融服务是由国家提供还是由市场提供。正如张杰(2017)所指出的:人们通常认为,中国金融体系整体上的所谓"低效率"根源在于国有银行体系的"低效率",实际情况或者更为准确的表达应当是,中国金融体系的整体"低效"不是因为国有银行低效(它已经足够高效),或者规模过大(个头的确有些大),而是非国有"市场化"金融体系成长乏力或者规模过小。事实上,对于金融机构的起源来说,若追溯其是由国家提供还是由市场提供,必然涉及金融机构的内生性和外生性问题。循着这一思路,本章摒弃金融制度的市场主导和银行主导的二分

---

① 如前所述,金融制度受到法律渊源、政治制度、社会资本、社会文化、社会结构等多因素影响,但哪种因素是最具决定性的因素以及各因素之间互相影响的机制并不明朗。这意味着依然没有在整体上探明金融制度决定的因素及内在机制。

法,重新定义新的金融制度和金融结构。我们将由国家提供的金融服务(不论是金融市场还是金融机构)统称为外生性金融,以自上而下产生为特征,往往反映了国家的战略意图;由市场提供的金融服务(不论是金融市场还是金融机构)统称为内生性金融,以自下而上产生为特征,反映了市场主体的理性决策和市场的内在需求;将金融结构定义为外生性金融和内生性金融二者规模的相对比例。在此基础上,研究内生性金融成长的逻辑及其金融结构的动态演进。

本章的研究主要有以下几个发现:一是内生性金融的成长能够促使金融产业组织结构由垄断走向垄断竞争,且内生性金融的成长具有显著的配置性效率增进的含义,有助于形成更高水平的金融资源配置效率。二是当制度成本拓展到运作成本和转换成本之和时,由于经济结构的变化,制度的成本结构也将随之变化,进而推进整体性金融制度的变迁;更进一步的形式化分析表明,如果某整体性制度安排随着时间的变化其转变成本下降得更快(或转变收益上升得更多),那么这项制度发生变迁的时间就更早;有效的制度结构在于其强大且及时的纠错能力,因此合意的制度结构总是处于动态变迁之中。三是在不同的约束条件下,内生性金融的成长具有不同的边界,具体可以分为自然边界、技术边界、市场边界和实际边界四种类型。四是考虑一个具有柯布-道格拉斯效用函数的国家效用最大化时内生性金融成长的动态历程,其在静态情形同时受到国家财富和国家偏好的影响,而在动态情形仅与内生性金融和外生性金融的相对价格有关。五是更进一步地研究内生性金融成长的动态历程发现,可以将内生性金融成长与金融结构的变化分为三个阶段,在第一阶段,外生性金融承担着将国家财政补贴转换为金融补贴的特殊职能;而在长期随着金融体系的充分发育,内生性金融的净价格终将与其成长规模呈负向关系。

本章余下的部分安排和内在逻辑如下:第二节分析了内生性金融成长对于金融产业组织和金融资源配置效率的影响,阐明其发展的重要意义;第三节分析内生性金融成长的动力机制,即逻辑起点问题;第四节分析内生性金融成长的边界问题,即其成长的终点问题;在完成起点和终点的分析后,第五节聚焦于内生性金融成长的动态历程及金融结构的动态演进;第六节是本章的评论和总结。

第二节　内生性金融成长:垄断竞争市场形成与配置性效率的提高

一、内生性金融成长:由寡头垄断到垄断竞争

既有内生性金融的宏观表现形式和微观运行机制(其实质是金融契约执行机制)将成为当下中国内生性金融成长的初始条件和逻辑起点,而就整个中国金融

业的产业组织而言,内生性金融的成长具有显著的效率增进含义。一个直接的解释就是,内生性金融的成长将提高金融业的竞争程度,将市场的微观结构由垄断推进到垄断竞争,进而增进了整个产业组织的运行效率。如果把金融企业也看作类似实体的厂商,则可以借用微观经济学中关于垄断企业的厂商分析模型分析其市场结构的变化与资源配置效率之间的关系。

如图 13.1 所示,在内生性金融没有进入的情况下,垄断金融企业面临的需求曲线是 $D(AR)$,这个也是平均收益曲线[①],其边际收益曲线由 MR_1 表示。边际收益与边际成本曲线的交点形成了短期均衡,此时均衡利率为 R_1。随着内生性金融企业逐渐成长和进入,金融业的竞争程度进一步加剧,金融企业所面临的需求曲线将更加富有弹性,也即更加平坦,此时的需求曲线用 $d(AR)$[②]表示,边际收益曲线为 MR_2,它与边际成本曲线相交形成了垄断竞争行业的短期均衡[③],形成的利率水平为 R_2。由图可知 $R_2 < R_1$,因此竞争的加剧导致了资金利率水平的下降。

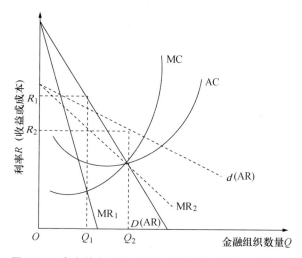

图 13.1 内生性金融的成长与垄断竞争产业体系的形成

二、内生性金融成长:配置性效率的提高

按照一般的经济学原理,如果市场结构由垄断转变为垄断竞争,那么整个产

① 垄断竞争厂商有两条需求曲线,即 D 需求曲线和 d 需求曲线,前者是考虑厂商之间相互影响的实际需求曲线,后者是不考虑厂商相互影响的预期需求曲线。$D(AR)$ 也可以看作是垄断竞争行业的 D 需求曲线,即实际需求曲线。

② 类似的,这可以看作是垄断竞争企业的 d 需求曲线。

③ 此时由于平均收益大于平均成本,金融企业能够获得超额利润。事实上,这可能是对垄断竞争金融业的典型刻画,因为金融行业的规模效应,即便是金融产业形成了垄断竞争的产业格局,也有较强的垄断色彩而不是竞争色彩。

业的产出效率将提高,在此意味着金融资源配置的效率提高了。如果我们将效率提高分解为适应性效率和配置性效率,那么国有银行的市场化改革与内生性金融的成长具有不同的效率含义。我们用一个修正的模型来说明这一点(Furubotn and Pejovich,1972;张杰,1998、2011)。如图 13.2 所示,假定使用两种金融资源 FR_1 和 FR_2 来进行生产,它们具有一般性状的生产函数和生产可能性边界(PPC)。在原有的垄断均衡制度下,生产可能性边界为 PPC_1,但是国有银行的低效运行使得产出并不处于有效率的边界上,此时无差异曲线为 U_1;随后市场化改革的深入推进使得原来国有银行的诸多体制机制已不适应新的经济形势,作为对整个经济体制市场化改革的配套,国家开始对国有银行的市场化改革。国有银行改革的结果使得国有银行体制逐步适应了新的经济形势,体制机制的改革使得社会福利水平提高,推动无差异曲线移向 U_2,U_2 与 PPC_1 相切形成均衡点 A。由此可见,国有银行的商业化改革使得其适应性效率得以提高,但是就金融资源的配置而言,国有银行依然没有改变向国有企业提供信贷的偏好,或者说市场化运作的商业虽然增加了向优质私营企业的信贷,但是其信贷投放结构并未发生较大变化。

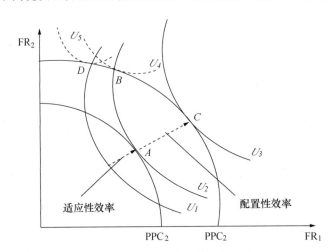

图 13.2　内生性金融成长的效率增进含义

　　而内生性金融的成长意味着整个金融产业生产效率的提高,金融业的生产可能性曲线边界变为 PPC_2,此时如果人们的偏好是稳定的,则无差异曲线就由 U_2 移向 U_3,U_3 与 PPC_2 相切形成均衡点 C。内生性金融的成长意味着金融资源配置方向的较大变化,金融资源配置效率得以提高,这表明内生性金融的成长主要表现为配置性效率的增进。重要的是,此时 U_1、U_2 和 U_3 处于同一簇无差异曲线上,这意味着不仅效率得到了增进,而且福利水平得到了提高。然而,产出的增加并不总是意味着福利水平的提高,如果内生性金融的成长使得人们的偏好发生了系统性变化,若此时形成的无差异曲线为 U_4,则从增进福利的视角来说,最优产出均衡从 A 到 C 的增进使得福利水平没有变化,因为均衡点 B 仍位于原来的无差异曲线 U_2 之上,表明人们的满足程度没有变化;如果偏好改变后的无差异曲线为 U_5,则均衡点为 D,但是此时人们的福利水平却下降了,因为 D 点位于原来的无差异曲线 U_1 之上,而就满足程度而言 $U_1 < U_2 < U_3$。因此,国有商业银行改革和内生性金融的成长使得金融资源配置的效率实现了帕累托改进,但却并不一定能够提高社会的福利水平。由此引申出的一个政策含义是,在中国的金融体制改革和内生性金融的成长中,不但要注重提高资源配置效率,而且要更加注重公平,制度变迁中的获益者应该给予受损者适当的补偿,以促进整个社会福利水平的提高。

上述分析表明,虽然国有银行的市场化改革和内生性金融的成长都有助于打破目前垄断均衡的制度结构,但是二者却有着不同的效率增进的含义。国有银行的市场化改革在于提高了其适应性效率,而内生性金融的成长具有显著的增进配置性效率的含义。虽然配置性效率是一种静态效率,但这是一种新的、更高水平的资源配置效率。因此,只有大量的内生性金融的成长(即便是非正规的民间金融),才能将以国有银行为主体的垄断均衡的制度结构的"极化效应"转变为增进福利的"涓滴效应"[①]。

第三节　内生性金融成长的动力机制:
从交易成本到制度成本

一、制度成本的结构

制度经济学的理论基石——科斯定理清晰地说明,产权的界定和保护对于促进产出效率的提高是重要的。然而,产权的界定也是有成本的,由模糊产权走向清晰产权的过程中必然会耗费一定的经济资源。产权的界定无外乎两种手段,一种是由第三方如国家等界定和保护,所有人必须强制性遵从;另一种是由自利动机的人们在交易中不断博弈而形成,这是一种自发性的、自我实施的产权界定模式。产权在本质上是一种行为规则,这种行为规则界定了排他性的使用经济资源的权利。因而,产权的清晰界定能够增加交易频率,使得原来不能进行的交易得以发生,从而交易双方获得交易剩余,以此促进社会福利水平的提高。但是物品

---

① 极化效应和涓滴效应(又称为"渗漏效应""滴漏效应"等)来自发展经济学,前者是指某一地区形成经济增长极进而拉动其他地区经济发展或者某一产业拉动其他相关产业的发展,而后者是指优先发展起来的地区或者群体通过消费、就业、投资等带动其他后进地区进而获得均衡发展的情形。本章在此指代生产性资金的流动。在垄断金融体系下,货币资金通过国有银行这一"极点"流入国有企业,民营企业只能获得极少数的"剩余资金",此谓之"极化效应";而内生性金融的成长犹如在经济体中布满了资金流动的管道,可以将货币资金流动到每一个需求者那里,此谓之"涓滴效应"。

的交易本质上是产权的转让,而产权的转让会产生交易成本。虽然产权的清晰界定能够增加交易频率,但在降低交易成本方面却作用有限。经济活动中理性的人们总是选择使得交易成本最小化的制度形态和制度结构,因此,人们不断降低交易成本的努力是形成各种经济制度(如公司、企业等)的动力源泉。

问题的关键在于,经济制度一旦建立起来,不论是否有市场交易或者是产权转让行为,制度的运行和维护总是有成本的。因而,张五常(Cheung,1982、1983)认为应将广义的交易成本扩展为制度成本(institutional costs)。更进一步地,他认为制度成本主要由两个部分组成,一个是制度运作和维护的成本(operating costs),另一个是制度转变的成本(changing costs),也即改变一项制度的成本;而制度转变的成本又由两个部分构成,一部分是寻求其他可行制度安排的费用,称为"信息成本"(information costs),另一部分是来自与既得利益集团博弈以及谈判的费用,本章在此将其称为"博弈成本"(game costs)。也就是说,式(13.1)成立:

$$\begin{cases} 制度成本 = 运作成本 + 转变成本 \\ 转变成本 = 信息成本 + 博弈成本 \end{cases} \tag{13.1}$$

如果将交易成本扩展为制度成本,那么就如人们总是试图选择和构建交易成本最低的制度一样,理性的经济人也总是选择和构建总制度成本最低的制度形态和制度结构。此处的重要含义在于(Cheung,1982、1983):第一,如果采用或者改变某个制度是无成本的,那么人们必定会选择运作费用最低的制度;第二,如果采用或者改变某个制度要付出高昂的代价,那么被采用的制度的运作费用不一定是最低的,理性的人们将会谋求总的制度成本(即转变成本与运作成本之和)的最小化;第三,如果有一个运作成本较低的制度,而制度改变的成本要小于该制度所能节省的费用,那么制度就会有发生变迁的强烈倾向。

事实上,将上述关于单个制度的表述扩展为整体性制度安排,基本结论也是成立的。也就是说,作为一个整体性制度安排,总的制度成本也由运作成本和转变成本组成,而转变成本包括信息成本和博弈成本;理性的人们将会谋求使总制度成本最小化的整体性制度安排。如果这个整体性制度安排的运作费用越来越大但转变费用越来越小,那么整体性制度安排本身及其内部结构将会发生显著变化。

二、经济结构、制度成本与整体性金融制度的变迁

我们将中国的整个金融制度作为一个整体性制度安排来研究,探讨经济结构的变化对这个整体性制度安排制度成本的影响。一个合乎逻辑的推论是,对于任何一个外生建立的制度而言,在建立之初会经历一个较高的运作成本和维持成本。[1] 这是因为新建立的制度不但需要内部磨合,而且也有一个与外部环境相适应的过程。这个过程的长短与外生制度构建的主体有关,也与整个外部环境的兼容性有关。如果某项制度是由某个具有强大号召力和执行力的主体所构建,并与当时的外部环境有良好的兼容性,那么该项制度会很快经过运作成本较高的阶段。随着这一过程的完成,该项制度的运作成本将会下降。然而随着制度的不断运行,原有的制度安排将不能适应新的情势,人们的心智结构将出现异质化。[2] 因此可以预见,在该项制度的生命周期的中后期,运作成本又开始上升。因而,制度的运作成本呈现出一个"U形"图景。

　　毫无疑问,中国的金融制度是典型的外生构建型,这种外生而来的金融系统在建立之初,也由国家支付了一笔固定成本(如国家注资、收购私营金融企业等)。与一般性的外生制度一样,这一金融体系也经历了一个运作成本较高的时期,但是由于国家的强制力,再加之该金融体系与当时国家的发展战略和政治结构相适应(周治富,2017),这一运作成本较高的时期比较短,随后迅速进入运作成本逐渐下降的时期。在这一时期,以国有银行为主体的银行业体系支撑看中国建立了完整的工业体系和国民经济体系,并且维持了改革开放后近 40 年的高速增长。

　　这种以国有银行为主的外生性金融制度结构是与当时以国有经济为主的经济结构相适应的。然而,随着民营经济的崛起,经济结构发生了显著变化。在理论上,如果国有银行体系不但能够向国有经济提供充足的信贷,而且也能够给民营经济或者中小企业提供良好信贷的话,那么该项制度安排依然是高度有效的。问题在于,国有银行体系天然地与私营经济不相兼容,而私营经济在经济体系中所占的比重又在逐渐增加。如果既有的金融制度不能给占产出比重愈来愈大的民营经济体或中小企业提供充足的信贷,那么金融资源的配置将被严重扭曲。这意味着,维护既有体制的成本越来越大。[3] 从转变成本的角度来看,民营经济的崛起使得转变成本迅速下降。大量民营经济资金融通的需要必然使得它们去寻求另外有效的金融手段,这一过程表现为内生性金融(不论是正规的还是非正规的)的成长,而民营经济的发展也使得寻求其他金融制度安排的信息成本在大量群体之间分摊;技术进步也使得信息成本进一步降低。而且寻求内生性金融成长的主体是一个共容利益集团,能够形成更加有效的集体行动和博弈行为,博弈力量的

---

　　① 容易得出,该推论对于内生而来的制度并不成立。

　　② North(2005)认为,人类演化变迁的关键在于参与者的意向性,也就是说参与者的意向性决定了人类制度变迁的方向,而参与者的意向性又是由学习以及人类相互交往所形成的心智结构(mental structure)决定的。因此,人类的心智结构决定了制度变迁的方向,信念成为理解经济变迁过程的关键。

　　③ 这种维护成本很大程度上表现为机会成本,即不能够给民营经济或中小企业提供充足信贷而造成的效率损失、产出损失和福利损失。

增强使得博弈成本得以降低。因此,经济结构的变化增加了运作成本而降低了转变成本,当制度转变的收益大于总制度成本时,整体性制度安排将会发生变迁。这一整体性金融制度变迁的机理可以用表 13.1 表示。

表 13.1　运行成本与转变成本的变化与中国整体性金融制度安排的变迁

运行成本的变化	+	转变成本的变化	=	制度变迁
建立之初经历了短暂的较高的运行成本;随后经历了运行成本的逐步下降;民营经济的崛起使得经济结构发生显著变化,原有制度运行成本增加。		民营企业的成长使得单位企业承担的制度变迁的信息成本下降;技术进步也降低了信息成本;共容利益集团增强了博弈力量,降低博弈成本(周治富,2015)。		整体性金融制度安排的变化,主要表现为内生性金融(正规和非正规)的成长。

三、对整体性金融制度变迁的一个形式化分析

我们建立一个形式化的模型对上述机理进行进一步的分析。以中国的整体性金融制度安排为研究对象,有如下假定:(1) 这一整体性制度安排的成本由两部分组成,运作成本和转变成本,记制度成本为"IC",运作成本为"OC",转变成本为"CC";(2) 随着时间的推移,运作成本呈现"U 形"曲线,这一曲线可用一个二次函数来表示;(3) 随着时间的推移,民营经济逐渐发展壮大,转变成本将一直呈下降态势,我们假定转变成本是线性下降的,可以用一个线性函数来表示;(4) 当制度转变的收益大于总的制度成本时,将会发生制度变迁。

将上述成本都表示为时间 t 的函数,就可以研究曲线的形状和位置。运作成本 OC 的函数可以表示为 $OC = at^2 + bt + c$,由于运作成本均为正,则参数满足条件[①] $a > 0$、$b < 0$ 和 $c > b^2/4a$。转变成本 CC 可以表示为 $CC = -dt + e$,由于假定转变成本是线性下降的,则参数满足条件[②] $d > 0$、$e > 0$。一般而言,在制度创建初期,即 $t = 0$ 时,制度的转变成本大于运作成本,则有 $e > c > 0$。由于总的制度成本 $IC = OC + CC$,则 IC 关于时间 t 的函数就可以表示为 $IC = at^2 + (b - d)t + (c + e)$,其中的参数满足上述参数的条件[③]。由此可见,总的制度成本的函数曲线仍然是二次的,这就存在一个最小的制度成本点,而且就曲线的位置而言,IC 曲线至少有

---

① 运作成本总是正的,表示该函数顶点坐标 $(-b/2a, (4ac - b^2)/4a)$ 均大于 0,运作成本先下降再上升表示该二次曲线开口向上,即 $a > 0$,由 $-b/2a > 0$ 可以推出 $b < 0$,再由 $(4ac - b^2)/4a > 0$ 可以推出 $4ac - b^2 > 0$,即 $c > b^2/4a$。

② $d > 0$ 保证了该函数曲线向下倾斜的性质,即转变成本线性下降,而 $e > 0$ 表示当 $t = 0$ 时,即制度建立之初,转变成本必然是大于 0 的。

③ 由于 $b < 0, d > 0$,则有 $b - d < 0$,因而保证了其对称轴曲线 $X = -(b - d)/2a$ 大于 0。

一部分位于 OC 曲线之上，且 IC 曲线的对称轴比 OC 曲线的对称轴更靠右[①]。上述分析表明式(13.2)成立：

$$\begin{cases} OC = at^2 + bt + c; \quad a > 0,\, b < 0,\, c > b^2/4a; \\ CC = -dt + e; \quad d > 0,\, e > c > 0; \\ IC = OC + CC; \\ IC = at^2 + (b-d)t + (c+e). \end{cases} \tag{13.2}$$

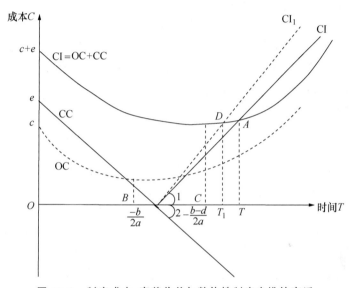

图 13.3　制度成本、变革收益与整体性制度安排的变迁

如图 13.3 所示，制度的运作成本由 OC 曲线来表示，呈"U 形"；制度变革成本的曲线由 CC 曲线来表示，呈现线性下降趋势，总的制度成本曲线用 IC 曲线来表示。如前所述 OC 曲线和 IC 曲线分别在 $t = -b/2a$ 和 $t = -(b-d)/2a$ 处达到最低点(图中的 B 点和 C 点)。当总的制度成本曲线 IC 达到最低点时，制度处于高效运行的状态。然而，当越过最低点时，总的制度成本将开始逐渐上升。这意味

---

①　推导过程如下，两条曲线的位置由其顶点坐标确定。OC 曲线的顶点坐标为 $(-b/2a, (4ac-b^2)/4a)$，而 IC 曲线的顶点坐标为 $\{-(b-d)/2a, [4a(c+e)-(b-d)^2]/4a\}$。就顶点纵坐标而言，因为总的制度成本曲线是制度运作成本曲线和转变成本曲线的加总。因而，总的制度成本曲线至少有一部分位于制度运作曲线之上，但是总的制度成本曲线的最低点却不易判断，这个最低点是由两个曲线顶点坐标的纵坐标决定的，将二者相减即得 $[4a(c+e)-(b-d)^2]/4a - (4ac-b^2)/4a = 4ae + 2bd - d^2$，该式在现有的参数条件下不能判断是大于 0 还是小于 0。其中的原因在于线性的转变成本曲线向下延伸，其纵轴会取到负值(横轴表示时间，总是正的)，抵消了正的运作成本，使得最低点难以判断。但是两条曲线左右的相对位置比较明确，二者的左右位置由对称轴曲线决定，OC 曲线的对称轴曲线为 $X = -b/2a$，而 IC 曲线的对称轴曲线为 $X = -(b-d)/2a$，用后者减去前者有 $[-(b-d)/2a]-[-b/2a] = d/2a > 0$，因而 IC 曲线更靠右。

着该整体性制度安排已经不能适应新的情势。然而,总的制度成本开始上升,并不意味着就立刻会发生制度变迁。这是因为制度变迁的收益可能并不足以支付变迁成本,因而维持既有的制度结构是理性的。如果将线性的转变成本曲线向右下方延伸,其在纵轴的取值会产生负值。我们将负的转变成本视作转变收益(changing income)[1],将第四象限中的直线映射到第一象限,即有∠1=∠2成立,用 CI 表示转变收益曲线,则 CI 曲线将与 CC 曲线的函数有着对偶关系,即有 CI=$dt-e$。当 CI 曲线越过 A 点时,变革收益曲线将位于总的制度成本曲线 IC 曲线之上。[2] 这意味着转变收益大于总的制度成本,如果制度变革的收益足以支付总的制度成本,那么一项制度和某个整体性制度安排必然会发生变迁。这是因为,即使维持原有的制度形态,变革收益也足以支付其制度成本后还有剩余,整个社会的福利水平会得到增进。在 A 点有 CI=IC,即满足等式 $dt-e=at^2+(b-d)t+(c+e)$,求解该等式可得 T 值的表达式为:

$$T = \frac{(2d-b) + \sqrt{4a(c+2e) - (b-2d)^2}}{2a}. \tag{13.3}[3]$$

上述参数决定了制度变迁的时间点[4]。总的来说,制度变迁的时间点与转变成本曲线(或转变收益曲线)的斜率是负相关的,这意味着 $T_d^1<0$。它表明,在运作成本变化趋势不变的情况下,如果某整体性制度安排随着时间的变化其转变成本下降得更快(或转变收益上升得更多),那么这项制度发生变迁的时间就越早。如图 13.3 所示,CI_1 曲线的斜率比 CI 曲线的斜率更大,意味着在同一时间段下,该条曲线的制度转变收益上升更多,因而制度变迁发生得越早。CI_1 曲线与 IC 曲线相交于 D 点,其所形成的制度变迁的时间点为 T_1,满足 $T_1<T$,上述命题得证。

制度转变成本是由信息成本和博弈成本构成的,因此信息成本和博弈成本决定了制度转变成本以多快的速度下降。除了技术变迁以外,信息成本受到制度变迁主体数量的影响,如果推动制度变迁的利益集团足够大,则单个主体所承担的信息费用是极小的,而且也能寻找更多的制度变迁路径以供试错,因而更能创造合意的制度结构;博弈成本也与推动制度变迁的利益集团有关(周治富,2015)。然而,在本质上,利益集团能否成长壮大并采取有效的集体行动与外部既定的制度条件有关,这意味着良好的制度条件更有利于推动制度变迁。这似乎是一个悖

---

[1] 此处负的制度转变成本纯粹是与假设条件有关,如果转变成本不是呈线性下降的,而是呈指数下降的,如:转变成本曲线函数为 $CC=1/t^2$,则随着时间的推移,转变成本无限逼近 0 而不是负数。此时总的制度成本函数将是高次方程,此处的线性转变成本较为简化。

[2] 应当说明,直线 CI 与曲线 IC 的交点可能有一个、两个或者无交点三种情形,本章假定转变收益曲线与总的制度成本曲线有且仅有一个交点。

[3] 假定根号下 $4a(c+2e)-(b-2d)^2>0$ 成立;另一根因不符合经济含义予以舍弃。

[4] 当然,在实际情形中,制度变迁发生的时间更有可能是一个区间。

论,如果制度条件是良好的,则不存在变迁的空间,为什么还会有利于推动制度变迁呢?这里的关键是,有效的制度结构在于其强大且及时的纠错能力。如果外部制度条件是良好的,若整体性制度安排中局部制度出现失效,则能迅速实现纠正,进而制度总是处于动态变迁之中,并保持一个接近最优的制度结构;相反,如果外部制度条件极为恶劣,即使整体性制度安排是低效或者无效的,也不足以形成强大的纠错能力,进而形成僵化的制度结构。因此,制度变迁可能有较强的正反馈效应。

中国既有的整体性金融制度安排,已经面临着越来越高的维持成本和越来越低的转变成本。上述分析表明,国家的重要作用在于创造良好的制度条件,以促进整体性制度安排及时纠错并不断逼近最优的制度结构,而在良好的制度条件下的内生性金融的成长,是中国整体性金融制度安排变迁的重要组成部分[1]。

第四节　内生性金融成长的边界:从自然状态到国家控制

上一节的分析探明了内生性金融成长的动力机制,当制度转变的收益大于制度成本时,制度变迁将会发生,且一项制度的制度转变成本下降得越快,则其制度变迁发生的时间越早。随之而来的问题是,内生性金融的成长将在达到何种体量时停止? 显然,在有限的地域和经济资源的约束下,内生性金融的成长并不是无边无际的。因此,我们需研究内生金融的边界问题。[2] 一个合乎逻辑的推论是,在一个自然状态下演进的内生性金融与在一个有强有力的政府约束下演进的内生性金融有着不同的边界及其决定边界的因素。基于此,我们分为几种情形来讨论。

一、自然边界

自然状态理论最初被资产阶级政治学家用来解释国家的起源,如托马斯·霍布斯(Thomas Hobbes)的《利维坦》(*Leviathan*)、约翰·洛克(John Looke)的《政府论》(*Two Treatises of Civil Government*)、大卫·休谟(David Hume)的《人性论》(*A Treatise of Human Nature*)以及约翰·罗尔斯(John Rawls)的《正义论》(*A Theory of Justice*)等。美国经济学家安德鲁·肖特(Andrew Schotter)在《社会制度的经济理论》(*The Economic Theory of Social Institutions*)中将自然状态

---

[1]　整体性金融制度变迁另外一个重要的部分是对于外生性的国有银行体系以及资本市场体系的改革。

[2]　关于金融边界问题学者们的专门论述较少,杨秀萍和白钦先(2015)曾对金融边界理论做了系统的梳理和研究,并指出:金融边界问题,是金融发展偏离实体经济究竟应该有多远的可能性边界问题。本章对于内生性金融成长边界的研究依然立足于金融与实体经济的相互关系,并考虑技术进步、国家对金融成长边界的影响。

引入制度变迁的研究。在这个自然状态中,最初根本没有任何社会制度,仅赋予人天然的平等、自由、独立的权利,再加上行为人、偏好以及将投入转换为产出的技术。在此最初经济状态下研究货币、银行、产权、国家等的起源和发展,这种自然状态研究类似一个"思想实验"。

在一个自然状态中,内生性金融的演进没有任何约束,是一个自然演进的历程。当内生性金融的演进达到动态稳定的制度结构时,将会形成一个自组织临界系统[1],此时这个系统就决定了内生性金融的边界,我们将这个边界称为"自然边界"。与混沌系统[2]不同,自组织临界系统具有相当稳定的制度结构,即使初始条件有显著差异,也都会演进到这一稳定的临界值。如果将货币的演进看作是一个自组织系统,那么由此可以解释,为什么世界各国的货币最终都演变为纸币的形式。因此,如果内生性金融系统是一个自组织临界系统,那么该系统的边界将由其自身的自然演进来决定,从而形成的是一个"自然边界"。

二、技术边界

技术进步是推动制度变迁的重要力量,它可以通过影响经济资源的价值、影响产权界定的成本、影响信息成本等促使制度变迁的发生。技术进步的影响往往是普遍的,影响对象聚焦于整个金融产业组织,因此我们需要研究技术变迁对于金融产业组织的影响。

我们将金融业产业组织作为一个研究对象[3],并做出如下假定:(1)金融业的产业组织结构由外生性金融与内生性金融的相对规模来衡量。(2)外生性金融自上而下产生,内部运行采用集权形式;内生性金融自下而上产生,内部运作采用分权形式。(3)金融业特定结构的产业组织具有相应的产业组织成本[4],总的组织成本由两类组成,一类是"因目标不一致而引起的成本",另一类是"因缺乏信息而引起的成本"。(4)知识(信息)分为两种,一种是专业知识,此类知识在代理人中转换成本(传递成本)很高,因而代理人所占有的工作岗位具有较低的替代性。另

---

[1] 关于自组织临界系统的一个著名例证是"沙堆模型"(Bak,1996)。考虑如下情境:在一个极为平坦的平面上向同一个地点一粒一粒地落下沙子,进而会形成沙堆,当这个沙堆的高度达到一定量值后,再落下一粒沙子就有可能导致整个沙堆坍塌;如果继续扔沙子,沙堆高度会逐渐增加,但当增加到同样的高度时也会发生坍塌。因此,沙堆的高度是由其本身决定的,沙堆就形成了一个自组织临界系统。

[2] 混沌系统是指初始条件的极小变化会导致最终结果难以预测或者具有很小初始条件差异的两个系统会有截然不同的演进结果。

[3] 此处所构建的模型的基本原理是 Jensen and Meckling(1992)在研究企业最优决策权的分配时所提出的,但与其不同的是本章将整个金融产业组织作为一个研究主体,来研究在产业组织成本最小化时的最优产业组织结构,即内生性金融和外生性金融所占比例的多少。

[4] 类似于单个企业存在组织成本,整个产业也存在"产业组织成本"。在此,产业组织成本可以视作企业组织成本的简单加总,以及政府为了产业规范运行所付出的各类成本(如制定法律法规、设立监管机构等)之和。

一种是一般知识,其传递成本较低(Jensen and Meckling,1992)。(5)因目标不一致而引起的成本主要由一般性知识引起,而因缺乏信息引起的成本主要是由专业知识引起的。(6)在集权化经营的外生性金融中,其目标是由顶层结构明确规定的且具有强制性,因而因目标不一致引起的成本较低,但是由于科层结构形成的多重代理问题,因缺乏对于实体经济的融资需求信息而引起的成本较高;对于分权经营的内生性金融而言,其成本结构刚好相反,由于其本来就内生于实体经济,因此它们信息较为充分,但是分权化的决策造成了目标冲突,使得目标不一致的成本较高。也就是说外生性金融的成本主要是由缺乏信息所引起的成本构成,而内生性金融的成本主要是由目标不一致所引起的成本构成。(7)技术进步有利于降低一般性信息的传递成本,但对于专业性知识和信息的传递影响较小,因为专业性知识和信息的获得主要是一个学习的过程。因此技术进步对于因目标不一致而导致的成本具有更大幅度的降低作用,也就是说对于外生性金融和内生性金融而言,技术进步降低成本的效应具有不对称性,对内生性金融成本的降低幅度要大于外生性金融。

在上述假定下,技术进步对于最优金融产业组织结构可以做如下分析,如图 13.4 所示。在一个金融业组织结构是完全外生的情况下,主要成本是由缺乏信息引起的;在完全内生的情况下,主要是由目标不一致引起的。总的产业组织成本的最低点决定了外生性金融和内生性金融的最优结构,即 A 点,产业组织结构更靠近外生性金融一端。现在假定经济体中出现了技术进步,技术进步对于因目标不一致引起的成本具有显著的降低作用,从而导致该条曲线下降,总的产业组织成本曲线也下降,最优的产业组织结构由 A 点移向 B 点,更靠近内生性金融一端。上述分析表明,技术进步由于降低了信息成本而促进了内生性金融的发展。

上述分析表明,当考虑技术进步时,技术变迁决定了金融体系的最优产业组织结构,进而也就决定了内生性金融的边界。我们把这种由技术水平和技术变迁决定的内生性金融的边界称为"技术边界"。

三、市场边界

当我们将视角由产业缩小到金融机构本身时,就涉及金融机构本身的进入和退出。理论上,金融企业家是否创建内生性金融机构并进入金融行业也是经过成本收益权衡的结果。[①] 如前所述,内生性金融的成长将使得原有的垄断均衡的市场结构走向垄断竞争。在垄断竞争的短期均衡中,内生性金融机构是可以获得超额利润的;而在垄断竞争行业的长期均衡中,只能获得正常利润。在只能获得正常利润的情形下,内生性金融机构将没有足够的激励进入金融行业,而金融业中

---

① 当然技术状态也能够影响内生性金融机构的成本收益。

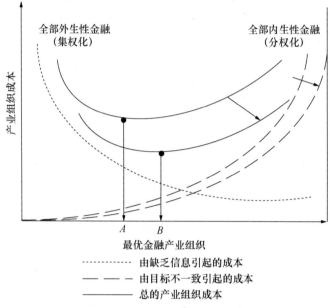

图 13.4 技术变迁、信息成本与最优金融产业组织结构

的机构数量也达到了相对稳定的状态。因此,如果从市场结构的角度来考虑,垄断竞争的长期均衡决定了内生性金融成长的边界,我们把这种由市场决定的边界称为"市场边界"。

四、实际边界

然而,上述三种边界的确立都过于理想化了,均没有考虑国家的作用。事实上,由国家负责构建的基础性制度条件对于内生性金融的成长有着显著影响,而国家是一个有着自身效用函数和行为逻辑的实体。在上述几种边界中国家也能发挥作用,如国家能够影响技术进步,国家的政策能够影响进入金融行业的成本等。因此,国家极大地影响着内生性金融演进的外部环境,进而决定着内生性金融成长所能达到的边界;特别是在中国这样一个有着强有力的政府影响的经济体中,尤其如此。国家的效用偏好决定着国家的行为,而国家的行为又决定着内生性金融成长的边界,我们把这种边界称为内生性金融成长所能达到的"实际边界"。

从对内生性金融成长的约束来看,自然边界、技术边界、市场边界和实际边界是逐渐增加的。一个合理的推论是,约束越多,则内生性金融成长所可能达到的边界范围就越小。因而,上述四种边界可能具有图 13.5 所示的圈层包含关系。

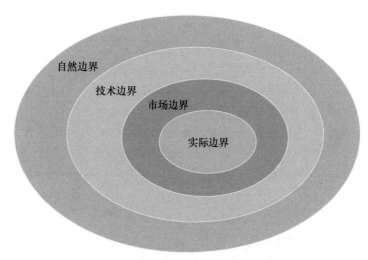

图 13.5   内生性金融成长的四种边界之间的圈层关系

第五节   内生性金融成长的动态历程:基于国家效用函数的分析

关于内生性金融成长的动力机制以及边界确定的研究为内生性金融制度变迁确定了起点与终点,而内生性金融成长的动态历程则与金融制度结构的动态变化紧密关联。在现实中,国家对于金融行业总是存在多种形式、多种渠道的深度干预,这种干预也有着国家自身的行为逻辑。正如林毅夫等(2009)所指出的,作为现代社会最重要的制度安排之一,政府在本国经济发展和金融体系的形成和演变过程中具有特殊的位置。而本章关于金融结构的定义正是以是否由政府创办作为根本分野的。因此,任何关于金融制度变迁的研究都不能忽略国家这一重要因素,将国家效用及其行为纳入金融制度变迁的研究极为必要。

一、关于国家效用函数的说明

前文已经说明,国家效用函数以及由其所决定的国家行为[①]大致框定了内生性金融成长的实际边界。在现代经济社会中,国家一般是由政党控制的,因而国家的效用和国家的行为往往反映了政党及其所代表的利益集团的利益诉求,而这个又与政党所秉承的意识形态和执政理念有关。本节在此并不关注政党行为对于国家行为的影响,而是将注意力集中在国家这个层面上。并且假定,国家具有

[①]   对于金融制度的变迁而言,这里的国家行为主要是国家的制度构建行为,即国家可以选择将有限的资源用于构建以国有银行为主的外生性金融制度,还是用于构建内生性金融成长的制度条件。

自身的效用函数和相对稳定的偏好。

在此,我们将国家进行人格化。影响国家效用的变量有两个,一个是外生性金融制度,在中国即指以国有银行为主的金融体系;另一个是内生性金融制度。这是因为,无论国家是追求经济增长速度最大化还是税收最大化[①],都必须要依靠金融体系进行储蓄向投资的转化,因而外生性和内生性的金融体系的"存量"就在很大程度上决定了国家的经济增长[②],进而决定了国家效用的大小。进而,国家为了实现其效用最大化,可以用其有限的资源来构建外生性或者内生性的金融制度[③],而这个又与国家的偏好有关。一个偏好集权的国家必然投入大量资源构建外生性的金融制度以便控制金融资源。进一步地,无论是构建外生性金融制度还是构建内生性金融得以成长的外部制度条件,都需要一定的成本;这两种金融制度支持下的实际经济所创造的物质财富构成了国家的整个财富。因此,国家在其财富约束下选择制度构建行为,并以此决定国家效用的大小。

需要指出的是,随着经济社会条件的变化,国家的偏好将会发生相应的变化。国家并不是何时何地都选择去构建外生性的金融制度。一个合理的推论是,随着内生性金融相对价值的提升,追求效用最大化的理性国家有足够的激励去构建内生性金融得以成长的制度条件。也就是说,较之以前,国家可能把一部分偏好由外生性金融转移到了内生性金融,进而相应的资源也进行同方向的转移。然而有一点需要指明,内生性金融的成长并不意味着外生性金融的边界就在收缩,二者可能都是一个成长的过程,只不过成长的速度有所差异。鉴于国家偏好的缓慢变化,因此我们需要研究国家在短期偏好稳定和长期偏好变化的情形下内生性金融的动态成长。

二、国家效用最大化下的内生性金融成长:静态情形

根据上述关于国家效用函数的说明,做出如下假设:(1)有两种金融制度影响国家效用,外生性金融制度(以国有银行为主的金融体系)用 F_s 表示,内生性金融制度用 F_e 表示。(2)国家有一个柯布-道格拉斯式的效用函数,且国家的偏好 ρ 处于 $(0,1)$,即 $\rho \in (0,1)$,国家效用函数的表达式为 $U = F_s^{\rho} F_e^{1-\rho}$;$\rho$ 的大小反映了国家偏好的不同。[④] 事实上,该函数表现出规模效应不变的性质,因此,ρ 和 $(1-\rho)$ 分

---

① 　追求最大程度的赋税是 North(1990) 和 Olson(1993) 国家模型中国家的主要目标。

② 　大量的研究亦表明,对于经济增长有重要影响的技术进步也与金融体系有很大关系。

③ 　在此并不是指国家直接构建金融制度,否则这种金融制度依然是外生的;这里所谓的国家构建内生性金融制度是指国家将有限的资源投入内生性金融得以产生的外部制度条件和制度环境上。

④ 　二者的边际效用替代率为 $\mathrm{MRS} = -\dfrac{\partial U/\partial F_s}{\partial U/\partial F_e} = -\dfrac{\rho F_s^{\rho-1} F_e^{1-\rho}}{(1-\rho) F_s^{\rho} F_e^{-\rho}} = -\dfrac{\rho F_e}{(1-\rho) F_s} < 0$,满足边际效用替代率递减规律。

别表示了在整个国家效用中，外生性金融和内生金融所占比例的大小。[①]（3）其中外生金融的价格[②]为 P_s，内生性金融的价格为 P_e，财富水平为 W，由于金融体系为实体经济的映射，在假定没有泡沫金融的经济环境中，金融体系的总量应与实体经济总量大致相当，因此用 $F_s P_s + F_e P_e = W$ 能够基本代表国家的财富约束。

在一个短期中，国家的偏好是固定不变的，其所拥有的财富数量也是既定的，这是一个静态约束条件下的最优化问题。该问题可表述为式（13.4）：

$$\begin{cases} \max: U = F_s^\rho F_e^{1-\rho}, \\ \text{s.t.}: F_s P_s + F_e P_e = W. \end{cases} \tag{13.4}$$

构建拉格朗日函数为：

$$L(F_s, F_e, \lambda) = F_s^\rho F_e^{1-\rho} + \lambda(F_s P_s + F_e P_e - W). \tag{13.5}$$

对拉氏函数中三个变量分别求偏导数并令其为 0 可得：

$$\begin{cases} \dfrac{\partial L}{\partial F_s} = \rho F_s^{\rho-1} F_e^{1-\rho} + \lambda P_s = 0, \\[2mm] \dfrac{\partial L}{\partial F_e} = (1-\rho) F_s^\rho F_e^{-\rho} + \lambda P_e = 0, \\[2mm] \dfrac{\partial L}{\partial \lambda} = F_s P_s + F_e P_e - W = 0. \end{cases} \tag{13.6}$$

推导可得结果为[③]：

$$\begin{cases} F_s = \dfrac{\rho W}{P_s}, \\[2mm] F_e = \dfrac{(1-\rho)W}{P_e}. \end{cases} \tag{13.7}$$

---

① 外生性金融在整个效用中所占比例可表示为 $F_s \dfrac{\partial U}{\partial F_s}$，类似地，内生性金融占比部分为 $F_e \dfrac{\partial U}{\partial F_e}$。由于函数的规模效应不变，所以满足欧拉定理，即有 $F_s \dfrac{\partial U}{\partial F_s} + F_e \dfrac{\partial U}{\partial F_e} = U$，因而下式成立：

$$F_s \frac{\partial U}{\partial F_s} + F_e \frac{\partial U}{\partial F_e} = F_s \rho F_s^{\rho-1} F_e^{1-\rho} + F_e(1-\rho) F_s^\rho F_e^{-\rho}$$
$$= \rho F_s^\rho F_e^{1-\rho} + (1-\rho) F_s^\rho F_e^{1-\rho} = \rho U + (1-\rho)U = U$$

因此，ρ 和 $(1-\rho)$ 分别表示了外生性金融和内生性金融对国家效用的贡献比例。

② 由于金融机构提供的金融产品和服务是多种多样的，故此价格为综合平均价格或者"价格指数"的概念。

③ 推导过程如下：

$$\text{原式} \Rightarrow \begin{cases} \rho F_s^{\rho-1} F_e^{1-\rho} = -\lambda P_s \\ (1-\rho) F_s^\rho F_e^{-\rho} = -\lambda P_e \\ F_s = \dfrac{W - F_e P_e}{P_s} \end{cases} \Rightarrow \begin{cases} \rho \left(\dfrac{F_e}{F_s}\right)^{1-\rho} = -\lambda P_s \\ (1-\rho)\left(\dfrac{F_e}{F_s}\right)^{-\rho} = -\lambda P_e \\ F_s = \dfrac{W - F_e P_e}{P_s} \end{cases} \Rightarrow \begin{cases} \dfrac{F_e}{F_s} = \dfrac{P_s}{P_e} \times \dfrac{1-\rho}{\rho} \\ F_s = \dfrac{W - F_e P_e}{P_s} \end{cases} \Rightarrow \begin{cases} F_s = \rho W/P_s \\ F_e = (1-\rho)W/P_e \end{cases}$$

式(13.7)表示了在一个静态情形中,内生性金融和外生性金融的规模和边界。由内生性金融规模决定的表达式 $F_e=(1-\rho)W/P_e$ 可知,内生性金融的边界既与国家的偏好 ρ 和财富水平 W 有关,也与自身的价格因素 P_e 有关。简单说来,如果国家越偏好于外生性金融(国有银行体系),则内生性金融的边界越小;国家的财富越多,则内生性金融的边界越大;内生性金融的价格越是低廉,则其边界越大。事实上,一个国家整体的财富规模提供了可金融化或者可货币化的物质实体,因而对内生性金融的成长起需求诱致作用;而国家的偏好决定了国家动用资源构建何种类型的金融制度,或者决定了将有限的资源在两种金融制度中作何分配。因此,国家的偏好决定了内生性金融成长的外部环境和制度条件,内生性金融的价格因素既与国家偏好有关,也与内生性金融自身的体系有关。一个没有良好外部条件的内生性金融或者没有一个发育良好的内部中间结构的内生性金融系统,必然有着较高的风险溢价,因此其价格必然向上攀升(周治富,2014)。前文已经指出,中国民间借贷利率要显著高于银行同期的贷款基准利率,高昂的价格因素或许是中国内生性金融体量较小的一个重要原因。然而,若要究其根本,可能在于国家对国有银行体系的偏好造成了内生性金融成长所需的外部制度条件的供给严重不足,从而使得内生性金融在夹缝中艰难成长。但是,民营经济的崛起使得经济结构发生重大变化,推动了在民营经济体内形成的内生性金融价值的上升,国家的偏好也随之变化。因此动态和长期地看,内生性金融边界可能有着独特的决定因素。

三、国家效用最大化下的内生性金融成长:动态情形

　　国家的存在显然不是短期的,即使在西方轮流执政的国家中,至少也会在一个执政周期内具有一致性的偏好[①]。一个理性的国家将追求其在长期的总效用的最大化。基于前面的研究,我们补充如下假定:(1)国家在时间段[0,T]内存在,且国家的偏好 ρ 将随着时间的变化而变化,即它将成为时间 t 的一个函数,记为 $\rho=\rho(t)$。(2)进一步假定,随着时间的变化,国家对内生性金融的偏好将逐渐增加,据此我们拟定 $\rho=\rho(t)$ 的具体函数形式为 $\rho=t/T$,且满足 $t\in(0,T)$[②]。(3)内生性金融与外生性金融在区间[0,T]内的价格和规模也是变化的,分别记二者的价格为 P_{et} 和 P_{st},由于该区间内国家财富为财富增量的累加,故定义内生性金融和外生性金融的净价格(即收入减成本,对于商业银行而言可视为贷款利率减去

---

① 在此排除总统或者首相遭遇弹劾或其他意外的极端情形。
② 仅从具体函数形式来看,国家对内生性金融的偏好可在分布在 0—1 的任何区间,但是在以国有银行为主的金融体系中,国家对内生性金融的偏好更接近 0 一端,几乎不可能达到 1。

存款利率的净利差)乘以各自的规模为金融体系的财富总量,同样在假定无金融泡沫的经济中,金融财富增量的总量与实体财富大致相当,此外分别记内生性金融与外生性金融的规模为 F_{et} 和 F_{st}。(4)为了与假设(2)相符且便于计算,我们将原有的国家效用函数改写为 $U(F_{st}, F_{et}) = F_{st}^{\rho(t)} F_{et}^{1-\rho(t)}$。(5)国家追求在时间段[0,$T$]内总效用的最大化。

在上述补充假定下,该动态最优化问题可表述为:

$$
\begin{cases}
\max: U(F_{st}, F_{et}) = \int_0^T F_{et}^{\rho(t)} F_{st}^{1-\rho(t)} \, \mathrm{d}t; \quad \rho(t) = t/T, \ t \in (0, T), \\
\mathrm{s.\,t}: W(T) = \int_0^T (F_{st} P_{st} + F_{et} P_{et}) \mathrm{d}t.
\end{cases}
\tag{13.8}
$$

式(13.8)中的 P_{et},P_{st},F_{et},F_{st} 均为可变量且形式未做设定,故求解上述动态规划较为困难。由于我们的目的在于观察内生性金融与外生性金融的规模、价格与国家偏好三者之间的关系,在国家具有一致性偏好的情况下,国家偏好的动态变化一般会引起二者规模和价格的同时调整,进而满足这一时期内国家效用最大化的要求。这就犹如在一个均衡的市场上,当均衡状态被打破时,通过价格调整和数量调整有可能达到新的均衡。为了便于求解,我们对这一时期国家偏好变化时累计效用最大化作为目标函数,并且进一步假定:(1)在[0,T]区间内,内生性金融与外生性金融的平均规模分别为 F_e 和 F_s,平均净价格分别为 $P_s = P_s(T)$、$P_e = P_e(T)$[①];(2)假定国家在这一区间拥有的平均财富总量为 $W(T)$,则平均财富水平为 $F_s P_s(T) + F_e P_e(T) = W(T)$;(3)以平均规模 F_e 和 F_s 为基准,国家偏好按照 $\rho = t/T$ 的形式变化,其在区间内累计效用最大化记为 $U(F_e, F_s)$,其平均最大效用为 $U(F_e, F_s)/T$;(4)国家追求在这一时期的平均效用最大化[②]。

根据上述进一步假定,可将动态优化问题表述为:

$$
\begin{cases}
\max: U(F_e, F_s) = \dfrac{1}{T} \int_0^T F_e^{\rho(t)} F_s^{1-\rho(t)} \, \mathrm{d}t; \quad \rho(t) = t/T, \ t \in (0, T), \\
\mathrm{s.\,t}: F_s P_s(T) + F_e P_e(T) = W(T).
\end{cases}
\tag{13.9}
$$

构建拉格朗日函数为:

$$
L(F_e, F_s, \lambda) = \frac{1}{T} \int_0^T F_e^{\rho(t)} F_s^{1-\rho(t)} \, \mathrm{d}t + \lambda [F_s P_s(T) + F_e P_e(T) - W(T)].
\tag{13.10}
$$

---

① 通过该假定,将原来四个变量 P_{et},P_{st},F_{et},F_{st} "临时"作为常量处理,求得目标函数最大化的值,并研究目标函数最大化时,四个变量之间呈何种关系。这种求解类似于 Excel 中单变量求解的思路,规定好目标值与可变量之间的函数关系,通过给可变量赋值,求得一个目标值;其后通过改变目标值,反求可变量。

② 由平均效用的表达式可知,在[0,T]区间,平均效用最大化与区间累计总效用最大化完全一致。

为了便于对拉格朗日函数求解,我们将其中的定积分求解为普通表达式,推导可得如下方程[①]:

$$
\begin{cases}
\dfrac{1}{T}\displaystyle\int_0^T F_e^{\rho(t)} F_s^{1-\rho(t)}\,\mathrm{d}t = \dfrac{F_e - F_s}{\ln\dfrac{F_e}{F_s}} = \dfrac{F_e - F_s}{\ln F_e - \ln F_s}, \\
F_e \neq F_s,
\end{cases}
\tag{13.11}
$$

其中 $F_e \neq F_s$ 是为了保证效用函数大于 0 且上式有意义[②]。

因此动态优化问题可变更为:

$$
\begin{cases}
\max: U(F_e, F_s) = \dfrac{F_e - F_s}{\ln F_e - \ln F_s}, \\
\text{s. t}: F_s P_s(T) + F_e P_e(T) = W(T).
\end{cases}
\tag{13.12}
$$

因此可构建拉格朗日乘数为:

$$
L(F_e, F_s, \lambda) = \left(\frac{F_e - F_s}{\ln F_e - \ln F_s}\right) + \lambda\left[F_s P_s(T) + F_e P_e(T) - W(T)\right].
\tag{13.13}
$$

对拉氏函数中三个变量分别求偏导数并令其为 0 可得:

---

① 推导过程如下:

$$
\frac{1}{T}\int_0^T F_e^{\rho(t)} F_s^{1-\rho(t)}\,\mathrm{d}t \xrightarrow{\rho(t)=t/T} \frac{1}{T}\times T\int_0^T F_e^{t/T} F_s^{1-t/T}\,\mathrm{d}(t/T) \xrightarrow[\because t\in(0,T),\ \therefore x\in(0,1)]{\diamond\ \rho(t)=t/T=x} \int_0^1 F_e^{x} F_s^{1-x}\,\mathrm{d}x
$$

$$
\xrightarrow{\because\ \text{对}\,x\,\text{积分},\ \therefore\ F_s\,\text{和}\,F_e\,\text{为常量}} F_s\int_0^1 F_e^{x} F_s^{-x}\,\mathrm{d}x \Rightarrow F_s\int_0^1 \left(\frac{F_e}{F_s}\right)^x \mathrm{d}x \Rightarrow F_s\,\frac{1}{\ln\dfrac{F_e}{F_s}}\left(\frac{F_e}{F_s}\right)^x\bigg|_0^1
$$

$$
\Rightarrow F_s\,\frac{1}{\ln\dfrac{F_e}{F_s}}\left(\frac{F_e}{F_s}-1\right) \Rightarrow F_s\,\frac{1}{\ln\dfrac{F_e}{F_s}}\frac{F_e}{F_s}-F_s\,\frac{1}{\ln\dfrac{F_e}{F_s}}
$$

$$
\Rightarrow \frac{F_e}{\ln\dfrac{F_e}{F_s}}-\frac{F_s}{\ln\dfrac{F_e}{F_s}} \Rightarrow \frac{F_e - F_s}{\ln\dfrac{F_e}{F_s}} \Rightarrow \frac{F_e - F_s}{\ln F_e - \ln F_s}
$$

② 分析如下:

$$
\text{对于式}:\frac{F_e - F_s}{\ln\dfrac{F_e}{F_s}} \Rightarrow
\begin{cases}
\text{当}\ F_e>F_s>0\ \text{时},\ \dfrac{F_e}{F_s}>1,\ \text{则}\ F_e-F_s\ \text{和}\ \ln\dfrac{F_e}{F_s}\ \text{同时大于}\,0,\text{该式大于}\,0, \\[2mm]
\text{当}\ 0<F_e<F_s\ \text{时},\ \dfrac{F_e}{F_s}<1,\ \text{则}\ F_e-F_s\ \text{和}\ \ln\dfrac{F_e}{F_s}\ \text{同时小于}\,0,\text{该式大于}\,0, \\[2mm]
\text{当}\ F_e=F_s>0\ \text{时},\ \dfrac{F_e}{F_s}=1,\ \text{则}\ F_e-F_s\ \text{和}\ \ln\dfrac{F_e}{F_s}\ \text{同时等于}\,0,\text{因分母为}\,0,\text{该式无意义}.
\end{cases}
$$

在本章的经济学含义上,$F_e=F_s$ 意味着外生性金融的平均规模与内生性金融大致相当,与均衡的概念极为类似,在此我们排除这种极端巧合的情形。

$$\begin{cases} \dfrac{\partial L}{\partial F_e} = \dfrac{\ln F_e - \ln F_s - (F_e - F_s)\dfrac{1}{F_e}}{(\ln F_e - \ln F_s)^2} + \lambda P_e(T) = 0, \\[3mm] \dfrac{\partial L}{\partial F_s} = \dfrac{\ln F_e - \ln F_s - (F_e - F_s)\left(-\dfrac{1}{F_s}\right)}{(\ln F_e - \ln F_s)^2} + \lambda P_s(T) = 0, \\[3mm] \dfrac{\partial L}{\partial \lambda} = F_s P_s(T) + F_e P_e(T) - W(T) = 0. \end{cases} \quad (13.14)$$

推导可得结果为[①]:

$$\begin{cases} \dfrac{A\ln A + 1 - A}{A\ln A + A^2 - A} = \dfrac{P_e(T)}{P_s(T)}, \\[3mm] A = \dfrac{F_e}{F_s}, \end{cases} \quad (13.15)$$

其中,$A = F_e/F_s$ 表示外生性金融和内生性金融相对规模的比例,如果 A 得以确定,也就间接确定了动态情形中内生性金融成长的边界。由 A 的隐函数表达式可知,在长期,只有内生性金融与外生性金融的相对净价格因素即 $P_e(T)/P_s(T)$ 决定了二者的相对规模,而国家的偏好对于二者的边界没有影响。然而,上述结论是在我们假定有一个明确的国家偏好函数的情形下得出的,我们先验地假设了 $\rho = t/T$,即随着时间的推移,国家对于内生性金融的偏好会增多。但是在一个较长的历史时期,即当 $T \to +\infty$ 时,内生性金融相对价值的变化将会推动理性国家偏好的相应变化,也就是说,在长期国家偏好并不是先验给定的,而是内生形成的。因此,长期视角下内生性金融与外生性金融的相对净价格已经包涵了国家偏好的

---

① 推导过程如下:

$$原式 \Rightarrow \begin{cases} \dfrac{\partial L}{\partial F_e} = \dfrac{\ln F_e - \ln F_s - 1 + \dfrac{F_s}{F_e}}{(\ln F_e - \ln F_s)^2} + \lambda P_e(T) = 0 \\[3mm] \dfrac{\partial L}{\partial F_s} = \dfrac{\ln F_e - \ln F_s - 1 + \dfrac{F_e}{F_s}}{(\ln F_e - \ln F_s)^2} + \lambda P_s(T) = 0 \\[3mm] \dfrac{\partial L}{\partial \lambda} = F_s P_s(T) + F_e P_e(T) = W(T) \end{cases} \Rightarrow \begin{cases} \dfrac{\partial L}{\partial F_e} = \dfrac{\ln \dfrac{F_e}{F_s} - 1 + \dfrac{F_s}{F_e}}{\left(\ln \dfrac{F_e}{F_s}\right)^2} = -\lambda P_e(T) \\[3mm] \dfrac{\partial L}{\partial F_s} = \dfrac{\ln \dfrac{F_e}{F_s} + \dfrac{F_e}{F_s} - 1}{\left(\ln \dfrac{F_e}{F_s}\right)^2} = -\lambda P_s(T) \\[3mm] \dfrac{\partial L}{\partial \lambda} = F_s P_s(T) + F_e P_e(T) = W(T) \end{cases}$$

$$\Rightarrow \partial L/\partial F_e = \dfrac{\ln \dfrac{F_e}{F_s} - 1 + \dfrac{F_s}{F_e}}{\left(\ln \dfrac{F_e}{F_s}\right)^2} \bigg/ \dfrac{\ln \dfrac{F_e}{F_s} + \dfrac{F_e}{F_s} - 1}{\left(\ln \dfrac{F_e}{F_s}\right)^2} = \dfrac{-\lambda P_e(T)}{-\lambda P_s(T)}$$

$$\dfrac{\partial L/\partial F_e}{\partial L/\partial F_s} = \dfrac{\ln \dfrac{F_e}{F_s} - 1 + \dfrac{F_s}{F_e}}{\ln \dfrac{F_e}{F_s} + \dfrac{F_e}{F_s} - 1} = \dfrac{P_e(T)}{P_s(T)} \xrightarrow{\ \text{令} \frac{F_e}{F_s} = A\ } \dfrac{\ln A - 1 + \dfrac{1}{A}}{\ln A + A - 1} = \dfrac{A\ln A + 1 - A}{A\ln A + A^2 - A} = \dfrac{P_e(T)}{P_s(T)}$$

因素,进而决定了二者的比例,再利用相应时期的国家财富数量$W(T)$就能够确定二者的边界规模。更进一步地,国家财富$W(T)$只能决定二者的绝对规模,而在长期中决定二者相对规模的因素只有相对净价格。由于国家偏好已经内生化,因此国家行为也是内生的,即国家选择用有限的资源构建何种形式的金融制度也取决于二者的相对净价格。由此可见,在长期,内生性金融是一个自然演进的历史进程。在此种情形下,一个合乎逻辑的推论是,金融体系将自然地迈向垄断竞争的制度结构,进而在长期,内生性金融所能达到的"实际边界"将与"市场边界"接近或重合。

四、对动态情形的进一步讨论:金融制度结构变迁的动态历程

最后推导的结论$\dfrac{A\ln A+1-A}{A\ln A+A^2-A}=\dfrac{P_e(T)}{P_s(T)}$展示了内生性金融与外生性金融相对规模与相对净价格之间的关系。基于该式,一旦确定了二者的相对规模,就能确定二者价格的相对比例;反过来,一旦确定了二者的价格相对比例,则也能确定二者的相对规模。利用该隐函数的表达式,可以通过给A赋值来研究函数值的规律及其经济学含义。

显然,A取值在$(0,+\infty)$,即$A\in(0,+\infty)$。但由于分母不应为0,则$A\neq1$。事实上,在前文规定效用函数的时候,已经表明$F_e\neq F_s$,即$A\neq1$。因此我们可以研究A在$(0,1)$和$(1,+\infty)$函数取值即相对净价格的变化情况。首先,对于函数的整体形状进行研究。对于A以0.1为间距单位,从0.1开始赋值一直到10,中间除去赋值为1的情形,共99个模拟值,其所形成的函数图像如图13.6所示。

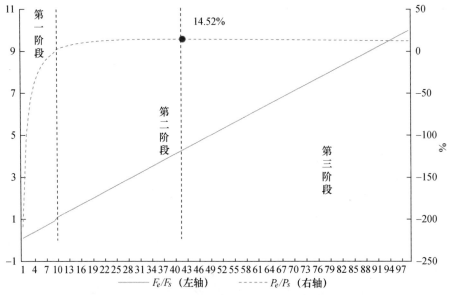

图13.6 以0.1为间距的0.1—10数值模拟图像

从图 13.6 来看，可以将图像分为三阶段，第一阶段是内生性金融的规模小于外生性金融规模（即 $F_e/F_s<1$）和相对净价格同向变化，且相对净价格为负的阶段；第二阶段是内生性金融的规模大于外生性金融的规模（即 $F_e/F_s>1$）和相对净价格同向变化，但相对净价格为正的阶段；第三阶段是内生性金融的规模大于外生性金融的规模（即 $F_e/F_s>1$）和相对净价格反向变化，且相对净价格为正的阶段。图中最高点出现在 14.52% 处（此时 $F_e/F_s=4.4$），之后逐步下降。

第一阶段，在体量上表现为内生性金融的平均规模小于外生性金融。这种情况在中华人民共和国成立初期以及在政府主导型发展模式下的很多发展中国家均存在。金融机构基本为国有，民间金融较少，此时金融产业的市场结构为垄断市场。然而此阶段二者相对净价格比值为负，这意味着二者必有一方向社会提供了"净价格为负"的金融产品和服务[①]。一般来说，内生性金融出于商业性、营利性的要求，其价格总是大于 0，否则其生存和发展将不可持续。而外生性金融由于是国家创办的，承担了储蓄动员、维护金融稳定、提供基本金融服务等多重职能，其发展是多目标的权衡和统一。正是基于此，外生性金融往往存在相当程度的国家"财政补贴"。由于其可持续发展（至少在初期）依赖于国家财政补贴[②]，为了实现国家战略目标，就有可能提供低于成本价的金融服务。如在计划经济时期，国有金融机构对于国家政策性、半政策性或其他国家支持的项目，存在贴息贷款、存贷利率倒挂等情形，类似情况至今仍个别存在。在这种情形下，外生性金融机构给国有企业或国家项目的贷款不足以覆盖其成本，因此就出现了净价格为负的情形，其实质是一种"金融补贴"。因此，外生性金融机构往往承担着将国家的"财政补贴"转化为"金融补贴"的职能，而这种职能，有可能在国家长远发展中具有重要的基础性作用，进而形成国家在抢抓战略性发展机遇时所形成的一种战略性金融制度安排，并通过该战略性金融制度安排实现战略性资源的跨期配置（张杰，2016）。更进一步地，如果这种基础性作用具有强大的正外部性，则国家的财政补贴促使金融机构的私人成本和私人收益大体一致，此时财政补贴就是必要的。从这个角度讲，外生性金融机构并不必然就是效率低下的，外生性金融的存在和发展，依然能够极大地促进经济发展和全社会福利水平的提高。

第二阶段，在体量上表现为内生性金融的平均规模大于外生性金融，内生性

①　例如当内生性金融规模是外生性金融的 0.1 倍即 1/10 时，$F_e/F_s=0.1$，此时 $P_e/P_s=-209.13\%$；假定内生性金融的净价格为 $P_e=6\%$，则可计算外生性金融的净价格为 $P_s=-2.87\%$。由于函数设定的形式，有的赋值会得到与现实不甚相符的数据，因此本章更关心数据背后的经济逻辑和制度内涵。

②　借用林毅夫和刘培林（2003）的"自生能力"概念，则该阶段外生性金融尚无自生能力。林毅夫定义的企业自生能力是指：在一个开放、竞争的市场中，一个具有正常管理的企业在没有政府或其他外力的扶持和保护的情况下，可以获得市场上可以接受的正常利润率。

金融虽然快速发展但依然没有得到充分有效的发育,外生性金融依然举足轻重。此时金融产业的市场结构为寡头垄断市场。在价格方面,二者相对净价格均为正,意味着已经没有任何性质的金融机构向市场提供净价格为负的金融产品和服务,内生性金融与外生性金融自身具有了独立、可持续发展的自生能力。然而,该阶段二者的相对规模与相对净价格成正向变化,意味着内生性金融的净价格水平在提高的同时,其市场份额也在不断增加,即对内生性金融需求的价格弹性为正。其原因可能在于:一方面随着内生性金融的成长,在寡头垄断市场上的议价能力在提高;另一方面,经济发展所带来的市场空间足够广大,内生性金融进一步挤占了外生性金融的市场份额。

第三阶段,在体量上仍然表现为内生性金融的平均规模大于外生性金融,但是此阶段内生性金融经过充分发展,其体量已足够庞大,成为金融体系中的主力。此时金融产业的市场结构为垄断竞争市场,这是一个接近可自由出入的可竞争市场。[①] 在价格方面,二者的相对净价格均为正。但是二者的相对规模与相对净价格呈负向变化,表明当内生性金融的价格降低时,其市场份额进一步增加,即对内生性金融需求的价格弹性为负,符合一般商品的价格规律。在这一阶段,由于内生性金融之间以及内生性金融与外生性金融之间较为激烈的竞争,价格将成为占据市场份额并形成自身规模的决定因素。因此,长期来看,内生性金融与外生性金融的相对规模以及内生性金融自身的绝对规模,唯一地取决于二者相对净价格的水平。事实上,若将期限进一步拉长,赋值进一步增大,则二者的负向关系表现得更为明显。对于 A 以 0.5 为间距单位,从 1.5 开始赋值一直到 50,共 98 个模拟值,其所形成的函数图像如图 13.7 所示。从数值模拟图像来看,二者的相对规模和相对净价格在长期将形成“剪刀差”的负向关系。

以上演进历程可总结为表 13.2。

表 13.2　金融制度演进的三个阶段性特征

阶段	相对规模	相对净价格	市场格局
第一阶段	$F_e/F_s < 1$	$P_e/P_s < 0$	接近垄断
第二阶段	$F_e/F_s > 1$	$P_e/P_s > 0$	寡头垄断
第三阶段	$F_e/F_s > 1$	$P_e/P_s > 0$	垄断竞争

① 事实上,由于金融机构所具有的规模效应,完全竞争的金融产业组织几乎不存在,更接近实际的是一个垄断竞争市场。之所以说“接近可自由出入”,是因为作为持牌金融机构,其进入总需要经过一定的资质审核,其退出也应履行相应的程序,以避免对金融体系造成较大震荡。

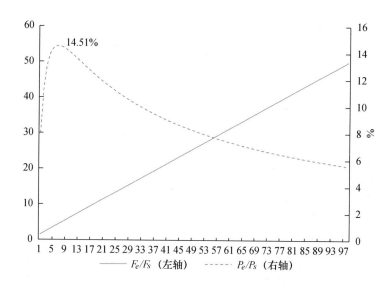

图 13.7 以 0.5 为间距的 1.5—50 数值模拟图像

五、"价格"的制度经济学含义

上述分析表明,在金融制度结构的长期动态演进中,相对净价格是极其重要的决定性因素,而且几乎是唯一重要的决定因素。然而在金融制度变迁的视野下,这个相对净价格并不是简单的由内生性金融或者外生性金融的供求关系决定。相对净价格表示了内生性金融和外生性金融所获取预期超额收益的对比情况,而二者所能获取的预期超额收益,既取决于二者之间和二者内部的竞争情况,也取决于市场需求情况;既取决于二者自身运营成本,又取决于实体经济所能负担的成本,而金融机构自身运营成本和实体经济所能负担的成本,又受到技术进步、管理模式影响,受到政府提供的法律法规、产权保护、契约执行等公共服务产品的影响,还受到整个社会的信用文化乃至道德、宗教习俗等非正规制度因素的影响。因此,二者向微观经济主体提供金融服务索要的价格以及可能获取预期收益的净价格是各种综合制度结构和制度变量影响的结果,反映了一国的制度结构和制度形态,价格本身就成为各类制度浓缩的产物。更进一步地,二者的相对净价格也具有丰富的制度内涵,前面关于制度演进的三阶段论述就清楚地反映了这一点。对于内生性金融而言,如果有一个良好的外部环境,并能够发育一个厚实

的内部中间结构①,那么内生性金融的运营成本将大大降低,且运营效率大大提高(周治富,2014、2017),进而其在相对价格竞争中就处于优势地位,推动金融制度向内生性金融方向演进。

第六节　结论性评论

长期以来,市场主导与银行主导的二分法成为研究金融制度和金融结构差异的基本范式,但在这一范式指导下形成的众多理论却难以对以中国为代表的诸多发展中国家的金融结构与经济绩效做出令人信服的解释。以西方标准的金融体系来衡量,中国的金融体系无疑庞大而笨重。2011 年,两位美国学者卡尔·E. 沃尔特(Carl E. Walter)和菲舍尔·霍伊(Fraser Howie)出版的小册子——《红色资本主义:中国非凡崛起的脆弱金融基础》(*Red Capitalism: The Fragile Financial Foundation of China's Extraordinary Rise*)即反映了西方学者的代表性见解。然而,就是这一看似"低效"的金融体系却支撑着中国经济 40 年的高速增长。事实上,无论是金融市场还是金融机构,其所发挥的金融的基本功能并无二致。在履行同样的金融功能的前提下,形成什么样的金融制度结构则是内生于一国已有的宏观制度框架中。因此,强行区分市场主导和银行主导并评判哪个更优就有失偏颇。

本章的研究认为,内生性金融和外生性金融的划分对于以中国为代表的许多发展中国家而言具有更加实质的意义。两种类型的金融制度结构反映了国家权力、市场力量的对比,更能准确地刻画中国金融制度结构的动态演进,并更加贴切地反映金融结构与经济发展绩效之间的关系。由外生性金融和内生性金融共同组成的金融体系,如果该体系能够有力地支持实体经济的发展,且其结构也随着实体经济的发展而动态变化,最终促使实际经济增长速度逼近潜在增长速度、经济实际发展质量逼近潜在发展质量,则这种金融制度结构就是最优的。因此,在制度金融学的视野中,不存在僵化的、先验最优的金融制度结构。所谓接近最优的金融制度结构,都是在动态博弈和历史演进中逐步形成的,是经济社会各层级制度约束下人类活动在金融领域中的制度结晶和制度浓缩。

本章关于金融结构长期演进动态历程的研究表明,长期来看,国家偏好也将内生于经济结构的变化之中。这似乎印证了凯恩斯的名言:在长期,我们都将死

---

① 周治富(2014、2017)曾提出金融体系的内外三重结构理论,金融体系的外部三重结构:上层结构是指国家制度,中间结构是指产权结构、市场结构、法律结构、社会结构,下层结构是指居民和家庭;金融体系的内部三重结构:上层结构是指金融中介和金融机构,中间结构是指提供信息服务、法律咨询、产权界定、契约执行的各类政府和非政府机构,下层结构是指借贷人员和企业等微观经济主体。其中外部中间结构决定了金融体系的制度结构和演进方向,内部中间结构决定了金融体系的运行效率。

去。基于本章的研究,或许后面还可以再加上一句话:唯有市场之树常青! 然而,著名的诺斯悖论告诉我们,国家是经济增长不可或缺的条件,但同时也是经济衰退的根源。因此,如何评判国家或政府在短期与长期经济发展中的作用以及如何推动形成"好"的政府(抑或国家制度)则是需要进一步研究的问题。

第十四章　区域创新对经济增长的影响
——基于金融环境的视角

第一节　引　　言

自 2008 年全球性金融危机爆发以来,全球的经济结构重新整改,中国经济发展正处于持续下行阶段。经济驱动战略已从传统的规模驱动转向创新驱动,中国经济和社会发展进入了新常态。这意味着中国经济发展必然转向以创新驱动为战略的发展方式,在此方式下推动结构性改革,大力发展高新技术企业,提高经济发展质量。金融发展能影响区域创新水平和经济增长,并对地区经济发展水平有重要影响。在经济增长速度放缓,增长乏力的背景下,研究区域创新水平对地区经济的影响,以及金融环境对区域创新水平的经济效应的影响具有重要意义。

已有研究对区域创新和经济增长间关系的研究主要集中在创新中间产出和最终产出,即创新的数量,如专利申请数量和已授权专利量等对经济发展的影响(程俊杰,2016)。在目前经济发展下,创新的中间产出已不能衡量区域创新发展水平的经济效应。虽然,专利申请数量的增多体现了人们追求创新的积极性,但仅凭专利申请量并不能有效反映创新水平。因为,在现有申请专利中有部分专利并不能在未来获得授权,无法有效衡量创新水平,对创新发展的贡献可忽略不计(李小平和李小克,2017)。因此,本研究从创新投入和创新产出两方面衡量地区创新发展水平,涵盖了创新意愿、创新积极性、创新能力以及创新效益等多个方面。区域创新发展的水平高低带来的经济效应会受到地区金融环境的影响,中国市场上存在明显的金融抑制现象,即金融发展水平较低,影响着创新创业所需的前、中、后期的巨额资金投入(张杰等,2016)。因此,有必要探讨在经济发展战略转变背景下,金融发展水平对创新发展的经济效应的影响。

本章的其他部分如下:第二节是对本研究理论背景的介绍和研究假设的描述;第三节是对本研究变量设置和数据来源的介绍,以及对研究变量的描述性统计的分析;第四节是研究模型的建立,并对本章使用的计量经济模型进行论述;第五节是对实证检验结果的分析;第六节是本章的结论和建议。

第二节　理论背景和研究假设

一、区域创新水平与经济增长的关系研究

（一）区域创新水平的研究综述

区域研究的开拓者 Cooke（2001）认为区域创新系统是企业、政府、高等学校以及金融机构等相关组织之间相互作用并有机结合的系统，由这些相关组织共同推动区域创新。通过对近年来有关区域创新水平的相关文献资料进行整理，发现现有研究主要围绕在区域创新水平的内涵界定和评价测量的方法，以及创新差异的影响因素分析等方面。

1. 区域创新水平的界定

目前，关于区域创新水平的界定在业内没有形成统一的标准，研究者们都是以不同的视角来界定区域创新水平。

以创新过程和机制为视角的研究者认为区域要素被创新重新整合的能力才能真正体现区域创新能力的水平。区域内部和区域外部创新能力的互相结合构成了区域创新能力，将机制蕴含在内的创新能力通过蕴含的机制去影响需进行的管理活动，以此达到要素管理的高效运作（Schiuma and Lerro，2008）。区域的创新能力能通过区域创新的网络来重新配置已有的资源配置，包括资源开发、资源更新和资源再利用，以此不断维持竞争优势的状态（Tura et al.，2005）

2. 区域创新水平的评价

为了科学合理地评估一个地区的创新能力水平，有必要将创新投入与创新产出相互联系起来。近年，欧洲工商管理学院（INSEAD）建立了全球范围内较权威的创新水平指标体系。中国科技发展战略小组从 1999 年开始筹备《中国区域创新能力报告》（中国科技发展战略小组，2016），对国内各省、自治区和直辖市的年度创新能力进行评价，其中，指标体系以区域创新系统为框架，并以此设计评价指标。邹华等（2013）以创新的主体和环境两个方面为框架构建了创新能力评价指标体系，并对中国 10 个地区进行了区域创新能力评价，评价结果显示区域创新能力存在显著差异。郭子枫和崔新建（2014）以知识的创造、传播、选择和应用 4 个方面为框架构建了区域创新能力评价指标体系，还定量评估了中国中部地区 6 个省的创新能力，并分析了区域的创新能力不同的原因。

3. 区域创新水平的差异化分析

基于区域创新能力的异质性和不可复制性，在不同区域所展现的创新能力和形成原因不尽相同。Porter and Stern（2000）采用了 17 个 OECD 国家从 1973—1996 年间的专利活动数据，建立生产函数，研究分析了不同国家创新能力差异的原因。官建成和刘顺忠（2005）研究了中国除西藏外的 30 个省市 1985—2000 年的

区域创新能力,并通过 K 平方聚类分析法与泰式函数分析了不同区域的创新能力不平衡指数。Mikel *et al.*(2006)利用因子分析方法,从 4 个维度研究西班牙 5 种类型的区域所表现出来的创新能力差异的原因。王晓光与方娅(2010)采取主成分分析法,从产业集群视角研究哈尔滨、大庆、齐齐哈尔等城市的区域创新能力。

(二)创新水平与区域经济增长的研究综述

1. 区域经济增长研究

对于经济增长的相关研究,研究理论主要为以下三个理论:古典经济理论、新古典经济理论和新经济增长理论。Harrod(1948)与 Domar(1946)提出的 Harrod-Domar 模型是典型的古典经济增长理论模型。马克思(2004)从劳动价值理论、剩余价值理论、资本积累理论、资本主义再生产理论、社会总资本的再生产和流通理论等角度出发,分析研究了西方资本主义国家的经济增长,提出科学技术能够推动社会发展。20 世纪 50 年代末,Solow(1957)和 Swan(1956)对 Harrod-Domar 模型进行了修正,构建了著名的 Solow-Swan 模型。到了 20 世纪 80 年代,新经济增长理论逐步融入技术进步的元素,以此作为内生变量加入理论模型中,最终产生了四类模型:内生技术进步的增长模型(Romer,1994)、人力资本积累的增长模型(Shultz,1968)、劳动分工演进的增长模型(Lucas,1988)以及制度变迁经济增长模型(杨小凯等,1999)。

2. 创新能力与区域经济增长相关性研究

在创新能力与经济增长相关理论的研究中,国内的研究人员主要从技术创新与经济增长的关系以及创新动力机制方面展开研究。一部分研究者利用灰色关联度方法,将创新的资源投入、创新支撑环境、技术成果转化等方面作为影响因素进行研究,结果表明不同的影响因素对区域创新能力的影响有显著差异(赵艳华和赵士雯,2017)。胡艺(2013)基于当前中国社会经济发展情况,提出了提高武汉城市圈区域创新能力的办法,指出区域创新发展离不开政府的保障作用、金融体系的支持。解学梅(2011)把技术创新放到一个区域中研究,并分析其对区域经济增长的机理。

其他一些研究者在实证研究方面做了大量工作。惠树鹏(2009)从创新的投入、创新的产出以及创新成果的转化三个方面来研究不同区域的技术创新能力差异,并以此为影响因素来分析经济的发展状况,分析结果显示区域的技术创新能力不同是导致其对经济发展影响差异的原因。王丽洁(2016)以"长江经济带"为研究区域,从区域创新能力的投入和产出两个角度出发,对区域创新能力和区域经济增长的相互关系进行分析,发现"长江经济带"区域创新能力对经济增长的长期动态关系因地而异。周方召和刘文革(2013)对企业家精神差异配置的内生化理论模型发展做了较为详细的阐释。除此以外,研究者们还从管理创新(李子奈和鲁传一,2002)、资本积累(严成樑,2012)、外商投资(葛顺奇和罗伟,2011)和贸易开放度(万勇,2011)等角度对创新能力与区域经济增长的关系进行了深层次的研究。

二、金融环境对区域创新水平的经济效应的调节作用

从金融环境的角度出发,区域创新能力的研究随着金融创新和区域金融的发展而更加深入。从经济发展的角度出发,研究人员对金融在经济生活中所起作用的理解在不断变化。从两者之间的非相关性,到金融对经济生活有部分影响,到之后的金融推动经济增长的观点,以渐进的方式反映了研究人员对金融和经济生活研究的深入。

国外的研究经常从实证角度给出它们之间关系的定量结果。这些研究主要集中在金融机构财政拨款的区域差异上,这导致了不同地区经济增长的差异。Katherine and Samolyk(1991)验证了美国各州的金融环境与经济绩效之间的关系,验证结果显示,贷款质量较高的地区经济发展水平较高,且地区间具有较大差异。Dow and Rodríguez-Fuentes(1997)通过研究发现,银行和其他金融机构在发展过程中具有阶段性特征。结合地理空间理论,他们认为金融机构的发展存在空间变化和时间变化,导致地区间金融发展的差异。

国内学者对金融发展和经济增长的研究主要集中于实证分析。他们从国家和地区的角度研究了金融发展与经济增长的关系。衡量金融发展的大多数指标,都集中在财务相关比率和存贷款转换率上。另外,由于统计分析数据的有限性,在区域金融发展和区域经济增长研究中,研究者们采用了不同的数据范围,其中一些是基于省级的。刘乃全等(2014)采用了中国 31 个省、市、区的面板数据,发现对全样本而言,金融实力在区域创新能力中发挥着不可替代的作用,对经济欠发达地区而言,这种影响更为明显。因此,特别是对于经济水平落后的地方政府而言,发展金融、优化金融结构是提升创新能力、发展经济的一个有效途径。姚永玲和王翰阳(2015)以北京为研究区域,研究金融对技术创新的影响,证明了金融市场与技术创新具有共生共赢的关系。因此,应发挥非信贷融资的积极作用,形成共生共赢的良性循环。同时,应进一步扩大中小企业融资渠道,支持企业上市,为企业家提供公平公正的金融支持环境。马国建和刘天辰(2016)以镇江市 2009—2013 年的数据为样本,研究技术金融是否对新产品和高新技术产业有促进作用。研究发现,应大力发展科技金融,增加新产品的产量,使高新技术产业取得更大发展。邵妙(2015)在金融的发展基础上,建立基于财政支持与创新绩效的研究框架,将财政支持分解为三个经济实体:政策金融结构,商业金融结构和资本市场,分析高技术产业创新绩效的财政支持现状并提出建议。

在研究金融发展和经济关系的基础上,中国的许多研究者也研究了经济增长与金融发展的关系。贾俊生等(2017)指出信贷市场对创新有显著的促进作用,但资本市场融资功能的不完善限制了其作用的发挥;创新是影响经济增长和金融发展的重要渠道。另外,金融环境对经济增长的影响具有区域异质性。在经济发达的东部地区,金融发展和技术创新促进经济增长的程度高于中西部地区(李宝礼和胡雪萍,2013),金融发展水平较高的东部地区对经济增长的直接效应具有正向促进作用,金融发展水平相对滞后的中西部对经济增长的直接影响具有抑制作用(王金波,2018)。

第三节　变量设置和数据来源

一、变量设定

1. 被解释变量

本研究的被解释量是各省份经济发展水平,用地区人均 GDP 的对数值衡量。在以往的研究中,对地区经济水平的衡量都离不开 GDP,例如人均实际 GDP、GDP 的对数值等。本研究根据数据的易得性和实用性,采用各省人均 GDP 的对数值来衡量其经济发展水平。

2. 解释变量

本研究的解释变量为区域创新发展。在以往的研究中,对地区创新水平的衡量主要集中在专利申请量、专利授权量等,也有研究者从创新数量(即创新中间产出和最终产出)和质量两个角度衡量创新水平,也有以研发投入与企业的销售收入比值来衡量的(潘健平,2015)。但是仅依赖创新的中间产出和最终产出数量作为衡量指标,无法有效衡量地区创新发展水平,而且有些专利申请不能获得授权,所衡量的创新水平有效性较低(李小平和李小克,2017)。因此,本研究从创新投入和创新产出的两个角度衡量地区创新水平。创新投入包括了科研人员数量投入、科研活动经费投入、R&D 经费内部支出投入[①]。创新产出包括创新产品和创新技术产出,因为一个地区研发机构的数量与投入水平的提高往往伴随着创业活动的兴盛(孙金云和李涛,2016)。

3. 调节变量

本研究为探究金融环境发展水平对创新发展的经济效应的调节作用,引入金融机构数作为衡量金融发展水平的指标。在以往的研究中,对金融发展的衡量主

[①] R&D 经费内部支出,指研究与开发机构当年用于本机构内部的实际支出,不包括生产性活动支出、归还贷款支出及转拨外单位支出。

要有金融资产总值/国民财富、货币存量/国民生产总值、全部金融机构贷款/名义GDP 等(尹宗成和李向军,2012),但上述指标可能反映的是经济货币化的程度,无法反映真实有效的金融水平。因此,固定资产投资中的国内贷款与国家预算中的资金比例也用于反映中国的金融发展。袁红林和蒋含明(2013)使用银行贷款余额作为衡量金融发展的指标。齐结斌和安同良(2014)用金融机构的存款(贷款)余额/ GDP 来衡量金融发展水平。在邵传林和张存刚(2016)的研究中,衡量指标较为完善,分别是以私人信贷(金融机构向私人企业贷款/GDP)、金融中介(期末贷款余额/GDP)、金融相关税率(期末贷款余额加期末存款余额/GDP)和存贷比(期末贷款余额/期末存款余额)来衡量金融环境。然而,许多研究同龙海军(2017)相同,以《中国分省企业经营环境指数 2013 年报告》的金融服务指数作为金融环境测度指标。本研究在考虑了数据可得性和有效性的基础上,使用当地金融机构数量的对数值作为衡量指标,一切与金融相关的业务都要依托具体的载体,金融机构数量越多,展开的相关金融业务才能越多。因此,金融机构数量越多,金融发展水平越高。

4. 控制变量

影响经济发展的因素很多,比如区域人力资本和城市开放程度。区域人力资本是推动经济发展的重要因素,根据人口规模和老年人的情况来衡量。老年人口相对较多,劳动力和生产力将下降,影响经济增长。另外,城市开放程度对经济发展具有显著影响,外商投资会拉动区域经济增长,因此用外商的直接投资总额衡量城市开放程度。

二、数据来源

本研究的数据来源于 2007—2017 年的《中国统计年鉴》《中国科技统计年鉴》和 Wind 数据库的经济、人口数据。构建短面板数据,探究金融环境水平对区域经济发展水平的经济效应的影响。由于数据的可得性,控制变量只选取了 2009—2016 年的数据。为了统一维度并减少数据的波动,对变量进行了无量纲处理,即执行标准集中处理,并将处理后的数据用于回归测试。用标准中心变量构造交互项可以有效地避免多重共线性问题。处理前的变量描述性统计如表 14.1 所示。被解释变量的均值为 10.496,标准差为 0.551,数据波动较小。由于数据的可获得性,各变量获得的观测值数量有所不同,但各变量的标准差均较小,数据变化稳定,能进行有效的分析。

表 14.1 描述性统计

变量名	变量定义	观测值	均值	标准差	最小值	最大值
区域经济水平	地区人均 GDP 的对数值	341	10.496	0.551	8.971	11.767
创新投入:科研活动人员	科研活动人员/总从业人员	307	0.244	0.147	0.104	1
创新投入:科研活动经费	科研活动经费/总收入	307	0.043	0.0116	0.0127	0.1013
创新投入:R&D经费内部支出	R&D经费内部支出/总收入	307	0.022	0.0081	0.0027	0.0823
创新产出:产品销售收入	产品销售收入/总收入	307	0.886	0.097	0.457	1.024
创新产出:技术销售收入	技术销售收入/总收入	307	0.0484	0.06	0.002	0.377
金融规模(机构数量)	金融机构总数的对数值	383	8.567	0.7636	6.376	9.759
金融规模(从业人员)	金融机构从业人员的对数值	383	11.316	0.8094	8.579	12.7892
老年人口情况	老年人口抚养比	248	12.62	1.716	7.313	15.089
人口规模	总人口数的对数值	248	12.642	2.693	6.71	20.04
城市开放程度	外商直接投资总额的对数值	248	8.1086	0.8469	5.693	9.305

第四节　模型设定

为探究中国区域创新水平对经济发展的影响，以及地区金融环境对该影响效应的调节作用，本章设定如下计量经济学模型。

$$Y_{it} = C + \beta_1 X_{it} + \beta_2 M_{it} \times X_{it} + \beta_3 D_{it} + \varepsilon_{it}, \tag{14.1}$$

其中，Y_{it} 为地区经济发展水平，X_{it} 为地区科技创新水平，包括创新投入（NOI）和创新产出（NOP）两个维度，创新投入具体包括科研人员的比例（科研人员数量/年末员工人数），研究活动的比例（研究活动支出/总收入）和 R&D 经费内部支出占比（R&D 经费内部支出/总收入）；创新产出具体包括产品产出和技术产出两个维度，具体为产品产出占比（产品销售收入/总收入）和技术产出占比（技术销售收入/总收入）。

因此，式（14.1）可以进一步表示为：

$$Y_{it} = C + \beta_1 \text{NOI}_{it} + \beta_2 \text{NOP}_{it} + \beta_3 M_{it} \times \text{NOI}_{it} + \beta_4 M_{it} \times \text{NOP}_{it} + \beta_5 D_{it} + \varepsilon_{it},$$

$$\tag{14.2}$$

其中，M_{it} 为地区金融环境变量，用金融机构数来衡量，在稳健性检验中用金融机构的从业人员数衡量。交互项 $M_{it} \times X_{it}$ 为金融环境变化对地区创新水平和经济增长间的调节作用。D_{it} 表示控制变量，包含老年人口抚养比、人口规模（总人口数）和城市开放程度（外商投资总额）。ε_{it} 为扰动项，包含未被观测到的影响经济增长的变量。β_1、β_2、β_3、β_4 表示关系系数。

第五节　实证检验

一、检验结果

在表 14.2 回归结果中，主要考察创新投入、创新产出对地区经济的影响，在此分析中，用地区人均 GDP 作为衡量地区经济的指标。其中，模型（1）—模型（5）中包含最小二乘法估计模型（OLS），随机效应模型（RE）和固定效应模型（FE），经 Hausman 检验，本研究选取固定效应模型对金融规模的调节效应进行检验。

在模型（1）中使用 OLS 回归作为参考，回归结果显示创新技术收入水平对地区经济发展的影响显著为正（$\beta = 0.232$，$p < 0.05$），R&D 经费内部支出对地区经济发展具有显著的正向促进作用（$\beta = 0.352$，$p < 0.01$），但创新产品销售收入与区域经济发展之间的关系系数显著为负（$\beta = -0.167$，$p < 0.1$）。这表明随着创新技术收入和 R&D 经费内部支出的增加，区域经济水平得到显著提高；但是，随着创新产品销售收入的增加，区域经济水平显著下降。

使用模型（2）中的随机效应模型测试理论假设。结果表明，科研人员投入对经济发展的影响显著为正（$\beta = 0.175$，$p < 0.05$），技术收入的影响对地区经济发展

的作用显著为正($\beta=0.124$，$p<0.05$)，R&D 经费内部支出对区域经济发展的影响显著为正($\beta=0.233$，$p<0.01$)，研究活动对区域经济发展的影响显著为负($\beta=-0.091$，$p<0.01$)，产品销售收入对区域经济发展的影响显著为负($\beta=-0.258$，$p<0.01$)。这意味着科研人员数量、技术收入和内部支出越多，区域经济增长就越快，研究活动和产品销售的增加将抑制经济增长。随即，本研究利用固定效应模型对该回归进行了检验，创新产出和创新投入对地区经济发展的影响方向未发生变化。通过 Hausman 检验($p<0.000$)，严格拒绝随机效应模型假设。

进一步，在模型(4)中加入老年人口抚养比、人口规模、开放程度作为控制变量，老年人口抚养比、人口规模、开放程度控制变量对地区经济发展的影响均显著为正。此时，科研活动人员对地区经济发展的影响显著为负($\beta=-0.213$，$p<0.01$)，影响方向发生了转变。产品销售收入对地区经济发展的影响显著为负($\beta=-0.086$，$p<0.1$)，但显著性明显降低。R&D 经费内部支出对地区经济发展的影响显著为正($\beta=0.061$，$p<0.01$)，具有一致的显著性和作用方向。特别的，加入控制变量后，科研活动经费的负向影响和技术收入的正向影响变得不再显著。此外，固定效应模型的拟合优度 R^2 提高为 0.7211，意味着，老年人口抚养比、人口规模、开放程度能够进一步解释约 48%(0.72-0.24)的地区人均 GDP 变动。

为了检验财务规模的监管效果，本研究介绍了模型(5)中财务规模与创新投入和产出之间的相互作用。结果显示，科研活动人员对地区经济发展的影响显著为负($\beta=-0.216$，$p<0.05$)，说明随着科研活动人员的增加，地区经济水平在不断地降低；R&D 经费内部支出对经济发展的影响显著为正($\beta=0.068$，$p<0.01$)，这表明随着 R&D 经费内部支出的增加，区域经济水平显著增加。在回归结果中，控制变量下的产品销售收入对地区经济的影响显著为负，加入调节变量后，影响系数变得不再显著。此外，金融规模对科研活动经费与区域经济发展之间的负相关关系具有显著的抑制作用。但是，R&D 经费内部支出与区域经济之间的积极影响得到了显著提升。这表明，在金融环境较好的地区，科研活动经费支出对地区经济发展的抑制作用将被减弱，R&D 经费内部支出将促进区域经济发展。

表 14.2　回归结果检验

变量	地区人均 GDP 对数值				
	OLS	RE	FE	FE	FE
	(1)	(2)	(3)	(4)	(5)
创新投入：科研活动人员	0.015	0.175**	0.318***	-0.213***	-0.216**
	(0.32)	(2.09)	(2.75)	(-2.64)	(-2.48)

（续表）

变量	地区人均 GDP 对数值				
	OLS	RE	FE	FE	FE
	(1)	(2)	(3)	(4)	(5)
创新投入：科研活动经费	−0.014	−0.091***	−0.098***	−0.025	−0.032
	(−0.26)	(−2.68)	(−2.89)	(−1.11)	(−1.40)
创新投入：R&D 经费内部支出	0.352***	0.233***	0.217***	0.061***	0.068***
	(6.64)	(6.87)	(6.37)	(2.65)	(2.92)
创新产出：产品销售收入	−0.167*	−0.258***	−0.255***	−0.086*	−0.103
	(−1.81)	(−3.35)	(−3.20)	(−1.76)	(−1.59)
创新产出：技术收入	0.232**	0.124**	0.112*	0.055	0.075
	(2.55)	(1.96)	(1.77)	(1.41)	(1.39)
老年人口抚养比				0.096***	0.087***
				(7.01)	(6.21)
人口规模				9.219***	9.290***
				(13.33)	(13.38)
城市开放程度				0.167***	0.136***
				(4.64)	(3.65)
科研活动人员×金融规模					−0.059
					(−0.77)
科研活动经费×金融规模					−0.060*
					(−1.92)
产品销售收入×金融规模					−0.016
					(−0.37)
技术收入×金融规模					0.024
					(0.70)
R&D 经费内部支出×金融规模					0.076***
					(3.20)
常系数	−0.072	−0.078	−0.072***	−78.267***	−78.440***
	(−1.65)	(−0.68)	(−2.86)	(−14.10)	(−14.04)
F 值	32.67		21.32	66.58	43.02
R^2	0.3518	0.3001	0.242	0.7211	0.7385
样本量	307	307	307	245	242

注：括号内为 t 统计值，* $p<0.1$，** $p<0.05$，*** $p<0.01$。金融规模是以地区金融机构数的对数值进行衡量。

二、东中西部分析

为了探讨金融规模在调节创新和发展的经济效应中的作用,本研究将国内的31个省、市和自治区划分为东部、中部和西部地区。在表 14.3 中,比较了东西部地区创新投入、创新产出对地区经济发展的影响。回归结果显示,东部地区的产品销售收入对地区经济的负向影响显著($\beta=-0.185,p<0.1$),R&D 经费内部支出对地区经济发展的影响显著为正($\beta=0.155,p<0.05$)。在调节效应中,金融规模削弱了产品销售收入与地区经济间的负向关系($\beta=-0.348,p<0.1$),但增强了 R&D 经费内部支出与地区经济间的正向关系($\beta=0.139,p<0.05$);中部地区的科研活动人员对地区经济发展具有显著的负向影响($\beta=-0.356,p<0.05$),但金融规模的调节作用影响均不显著;在西部地区,科研活动人员对地区经济发展水平的影响显著为负($\beta=-0.391,p<0.01$),科研活动经费对地区经济发展的影响也是显著为负($\beta=-0.138,p<0.01$),产品销售收入对地区经济发展仍具有显著的负向影响($\beta=-0.171,p<0.01$),技术收入对地区经济发展同样具有显著的负向影响($\beta=-0.0275,p<0.1$),只有 R&D 经费内部支出对经济发展具有显著的正向影响($\beta=0.186,p<0.01$)。可见,在西部地区,创新发展水平对地区经济发展具有较严重的抑制作用。在调节效应中,金融规模将削弱科研活动经费与地区经济间的显著负向关系($\beta=-0.138,p<0.05$),但加强了 R&D 经费内部支出对地区经济发展的促进作用($\beta=0.132,p<0.01$)。

表 14.3　区域分析

变量	地区人均 GDP 对数值		
	东部地区 (1)	中部地区 (2)	西部地区 (3)
创新投入:科研活动人员	0.116	-0.356^{**}	-0.391^{***}
	(0.5)	(−2.34)	(−2.67)
创新投入:科研活动经费	−0.014	0.003	-0.138^{***}
	(−0.84)	(0.07)	(−2.92)
创新产出:产品销售收入	-0.185^{*}	−0.034	-0.171^{***}
	(−0.80)	(−0.28)	(−2.20)
创新投入:技术收入	0.185	0.177	-0.0275^{*}
	(1.29)	(1.31)	(−0.41)
创新投入:R&D 经费内部支出	0.155^{**}	−0.037	0.186^{***}
	(2.61)	(−0.99)	(3.79)
老年人口抚养比	0.043^{*}	0.056^{**}	0.097^{***}
	(1.71)	(2.18)	(3.50)

（续表）

变量	地区人均 GDP 对数值		
	东部地区 （1）	中部地区 （2）	西部地区 （3）
人口规模	7.37***	1.76	10.5
	（4.95）	（0.73）	（7.87）
城市开放程度	0.131	0.457***	0.045
	（1.06）	（4.67）	（1.17）
科研活动人员×金融规模	0.069	0.4308	−0.158
	（0.48）	（1.41）	（−1.36）
科研活动经费×金融规模	−0.111	0.031	−0.138**
	（−2.05）	（0.24）	（−2.05）
产品销售收入×金融规模	−0.348*	0.0678	−0.023
	（−1.62）	（0.20）	（−0.47）
技术收入×金融规模	−0.214	−0.015	−0.0008
	（−1.26）	（−0.05）	（−0.02）
R&D 经费内部支出×金融规模	0.139**	0.141	0.132***
	（2.29）	（1.32）	（3.02）
常系数	−62.72***	−22.04***	−83.68***
	（−5.31）	（−1.12）	（−8.12）
F 值	18.01***	20.86***	17.71
R^2	0.022	0.1972	0.774
样本量	87	63	92

注：括号内为 t 统计值，* $p<0.1$，** $p<0.05$，*** $p<0.01$。金融规模是以地区金融机构数的对数值进行衡量。

三、稳健性检验

为保障检验结果的稳健性，本研究使用金融机构从业人数来代替金融机构数作为金融规模的衡量指标，如表 14.4 所示。与表 14.2 中模型（5）比较，发现科研活动人员对地区经济的负向影响、R&D 经费内部支出对地区经济的正向影响仍然显著，金融规模对 R&D 经费内部支出与地区经济之间的促进作用的显著性降低，但仍然显著。这表明科研人员对区域经济的负面影响以及 R&D 经费内部支出对该地区的积极影响是稳定的。金融规模促进了 R&D 经费内部支出与区域经济之间的正向关系。而金融规模对科研活动经费与地区经济之间的负向关系的抑制作用是不稳健的。总体而言，本研究的测试结果具有较强稳健性。

表 14.4   稳健性检验结果

变量	地区人均 GDP 对数值		
	系数	t 值	P 值
创新投入:科研活动人员	-0.167*	-1.850	0.065
创新投入:科研活动经费	-0.055*	-1.730	0.084
创新产出:产品销售收入	-0.220***	-2.690	0.007
技术成果转化:技术收入	0.109	1.570	0.116
创新投入:R&D 经费内部支出	0.135***	4.410	0.000
老年人口抚养比	0.090***	4.900	0.000
人口规模	-0.119	-0.680	0.493
城市开放程度	0.220***	4.780	0.000
科研活动人员×金融规模	-0.162*	-1.770	0.077
科研活动经费×金融规模	-0.002	-0.050	0.964
产品销售收入×金融规模	-0.053	-0.940	0.350
技术收入×金融规模	0.033	0.700	0.486
R&D 经费内部支出×金融规模	0.061*	1.880	0.061
常系数	-2.872**	-2.180	0.029
R^2	0.433		
样本量	242		

注:* $p<0.1$,** $p<0.05$,*** $p<0.01$。

第六节   结论与建议

一、结论

本研究利用中国省级面板数据,实证分析了中国金融环境、区域创新与经济增长之间的关系。研究发现,中国区域创新水平对区域经济发展具有重要影响,金融环境对此影响具有显著的调节作用。具体得到以下研究结果。

第一,创新投入中的科研活动人员对地区经济发展的影响显著为负($\beta=-0.216$, $p<0.05$),随着科研活动人员的增加,地区经济水平在不断地降低。虽然中美贸易出现争端和摩擦,但全球经济一体化的趋势不可阻挡,为应对不断变化的市场环境,中国企业对创新创业的投入逐渐增加,企业技术开发和技术创新投入明显加大,从事科研活动的人员也在增加。但技术创新与成果转化具有明显的滞后效应,成果转换的时间成本较大,经济增长效应的时效性较低,从而抑制经济增长。因此,一味地增大对科研活动人员的投入,不仅无法活跃创新氛围,甚至

会抑制经济增长。

第二，R&D 经费内部支出对经济发展的影响显著为正（$\beta=0.068$，$p<0.01$），这表明随着 R&D 经费内部支出的增加，地区经济水平将显著增长。R&D 经费内部支出是在科学技术领域为增加知识总量而进行的创新投入。R&D 经费支出的增加，意味着能运用新知识创造新应用的可能性较大，新运用的出现将带动地区经济发展水平。

第三，金融规模对科研活动经费支出与地区经济发展之间的负向关系有显著的抑制作用，而对 R&D 经费内部支出与地区经济之间的正向影响有显著的促进作用。这表明，在金融环境较好的地区，科研活动经费支出对地区经济发展的抑制作用将被减弱，而 R&D 经费内部支出对地区经济发展的促进作用将得到加强。良好的金融环境能为企业创新活动提供前、中、后期的资金支持，促进区域创新的经济增长效应。

第四，在区域异质性分析中，东部地区的产品销售收入对地区经济具有显著负向影响，R&D 经费内部支出对地区经济发展的影响显著为正，良好的金融环境削弱了产品销售收入与地区经济间的负向关系，加强 R&D 经费内部支出与区域经济的正向关系；在中部地区，科研人员对区域经济发展产生了显著的负面影响，但财政规模调整的影响并不显著；在西部地区，科研活动人员投入、科研活动经费投入和产品销售收入对地区经济发展水平的影响均显著为负，只有 R&D 经费内部支出对经济发展有显著的积极影响。可以看出，在西部地区，创新和发展对区域经济发展有着广泛的抑制作用。但良好的金融环境将削弱科研活动经费与地区经济间的显著负向关系（$\beta=-0.138$，$p<0.05$），加强 R&D 经费内部支出，可以促进区域经济发展（$\beta=0.132$，$p<0.01$）。因此，良好的金融环境对西部地区创新带来的经济发展起着重要作用。

二、建议

根据上述研究结论，本章提出以下几点政策建议：

第一，合理地进行创新投入。创新发展对地区经济发展水平固然重要，但是过度创新投入会对企业资本性投入产生挤出效应，创新发展的滞后性降低了资金使用率，造成创新成果转换周期较长。因此，政府应加强对创新发展的中长期投入，做好资金配套，保障创新资源的有效使用。

第二，加快金融改革的速度，以提高金融发展对经济增长的影响。随着中国市场经济的逐步发展，完善金融服务体系迫在眉睫。建立现代金融服务体系不仅可以为经济转型提供资金支持，而且可以不断增强创新在促进经济增长中的作用。因此，有必要加强中国的金融体制改革，建立多层次、全方位的金融市场体系，鼓励金融创新，降低企业财务风险。通过多层次的金融市场体系，打破行业垄断,增加良性竞争,促进金融发展,不断完善金融体系建设。同时,要加强对金融体系的监管,促进金融业的稳步发展。

第三,金融环境、创新发展和地区经济之间的关系存在明显的地区异质性。根据本章研究结论,西部地区创新发展的经济效应对良好金融环境的敏感性最强。在西部地区,由于经济发展相对落后,创新和发展对经济增长的影响更为明显,但在中部和东部地区良好的金融环境中,创新和发展对经济增长的抑制作用被削弱,创新和发展在促进经济增长中的作用得到加强。因此,根据东、中、西部的差异,创新鼓励政策应有所差异,以促进中国创新发展的协调性和统一性。

第十五章　基于新凯恩斯模型的最优需求管理政策研究

——不同冲击下的最优财政政策工具

第一节　引　　言

中国经济已由高速增长阶段转向高质量发展阶段，但这并不意味着经济增速不重要。一方面，实现就业目标需要一定的经济增速支持，而就业则关系到民生、社会稳定。另一方面，合理的经济增速可以为供给侧改革提供良好的宏观经济环境。一旦经济增速过度下滑将会引发各种经济社会问题。那么应该通过税收政策还是政府支出政策来稳定经济呢？

很多学者通过建立 DSGE 模型，比较税收和政府支出的效应。Denes and Eggertsson(2009)、Eggertsson(2011)认为当短期名义利率为 0 时，减税会导致通货紧缩，进而增加衰退，此时增加政府支出的效果更好。Erceg and Lindé(2013)研究了为了满足财政约束，增加税收和减少政府支出对产出的影响。在货币宽松受限情况下，短期内增加税收比减少政府支出，对产出的抑制效应更小，长期内则更大。如果利率接近 0，减少政府支出对产出的影响更大。更多的文献利用 SVAR 进行了经验研究。Blanchard and Perotti(2002)利用 SVAR 和时间分析法得出增加政府支出对产出有正的影响，而正的税收冲击对产出有负的影响，但是增加税收和政府支付均会对投资支出产生负的影响。Mountford and Uhlig(2009)、Caldara and Kamps(2012)利用 SVAR 发现减税的乘数效应大于增加政府支出。Callegari *et al*.(2012)利用 SVAR 发现为了满足财政约束，增加税收对产出的抑制弱于减少政府支出。另外，Arin *et al*.(2015)利用贝叶斯模型平均法(Bayesian model averaging)发现生产性政府支出对产出有正的效应，最高公司税率对产出有负效应，其他政府支出、最高收入税率、平均税率对产出没有影响。

这些文献的缺陷在于：(1)只关注了财政政策对产出的影响，但是影响社会福利的不只有产出，还有通货膨胀等。(2)忽视了不同冲击下的财政政策效果不同。本章建立了一个简单的新凯恩斯模型，推导出社会福利损失函数，和 Woodford(2003)不同，本章福利损失不仅包括产出缺口、通货膨胀，还包括产出缺口和政府支出缺口差的函数。然后分别给出了最优税收、政府支出规则，并比较了它们的

福利差异。最优税收不随技术冲击而改变,但是应完全消除成本冲击对边际成本的影响。最优政府支出不随成本冲击而改变,但是应跟着技术冲击增加而增加,以保证政府支出缺口为0。税收能够稳定成本冲击,但不能稳定技术冲击,而政府支出能稳定技术冲击,但不能稳定成本冲击。这意味着技术冲击下的最优财政政策工具是政府支出,成本冲击下的最优财政政策工具是税收。

政策制定者如果只关注产出缺口和通货膨胀,此时税收不仅消除成本冲击,还要随着技术冲击的增加而减少,以抵消技术冲击对边际成本的影响;技术冲击时的政府支出缺口不仅要为0,而且政府支出还要消除成本冲击。税收和政府支出均能消除产出缺口和通货膨胀。但是,技术冲击时税收的实际福利损失增加,成本冲击时政府支出的实际福利损失增加。不过,技术冲击、成本冲击下的最优财政政策工具仍分别是政府支出和税收。

本章还发现,如果政府可以发行无风险债券,政府财政约束对财政政策规则以及社会福利没有影响,但是税收时的政府债务波动大于政府支出。最后,本章假设居民不能接触金融市场,此时技术冲击、成本冲击下的最优财政政策工具仍然分别是政府支出和税收,而且能实现有效配置。

本章与前人研究的不同点在于:(1)不同财政政策工具效应不同,很多文献比较了税收和政府支出乘数差异,基于不同方法,结论也不同。不过,这些文献的共同点是只考虑了财政政策对产出的影响。根据新凯恩斯模型,当价格是黏性时,影响社会福利的还有通货膨胀等,评价哪种财政政策最优,应该综合考虑影响社会福利的所有因素。本章则是建立了一个新凯恩斯模型,从社会福利最大化角度,比较了税收和政府支出的福利效应。(2)前人忽视了不同冲击下的财政政策效果不同,本章给出了技术、成本冲击下的最优税收规则、政府支出规则,并比较了它们的福利。本章发现,政府支出有利于稳定技术冲击,税收有利于稳定成本冲击。

第二节　模　　型

整个国家的居民在$[0,1]$均匀分布。每个居民既是消费者,也是生产者。每个居民提供的劳动是有差异的,同时所生产的产品也是有差异的。由于产品是有差异的,因此厂商之间是垄断竞争。另外,企业由居民所拥有。金融市场是完善的,居民可以自由地借贷。

一、居民

每个居民具有相同的偏好。假设消费的跨期替代弹性及劳动供给的工资弹性均为1。代表性居民最大化以下效用函数:

$$E\sum_{t=0}^{\infty}\beta^t\big[\chi\ln C_t+(1-\chi)\ln G_t-L_t\big],\tag{15.1}$$

其中,E 表示期望,β 是贴现因子,C_t 是消费指数,下文将给出其定义;L_t 表示劳动时间;χ 是消费相比政府支出在效用中的比例。这种形式的效用函数形式有利于我们推导二阶线性福利损失函数。

居民的约束条件为:

$$P_tC_t+E_tQ_{t,t+1}D_{t+1}\leqslant W_tL_t+D_t+\Pi_t-P_t\Gamma_t,\tag{15.2}$$

其中,P_t 是价格水平;D_{t+1} 是居民 t 期末持有的资产在 $t+1$ 期所获得的名义收益;$Q_{t,t+1}$ 是随机贴现因子;W_t 为名义工资;Π_t 为企业利润;Γ_t 为实际总量税。居民消费 C_t 是一系列有差异产品的组合,根据 Dixit and Stiglitz(1977),定义为 $C_t\equiv\big[\int_0^1 C_t(i)^{(\theta-1)/\theta}\mathrm{d}i\big]^{\theta/(\theta-1)}$。$\theta>1$,为差异产品的替代弹性。产品的替代弹性是相同的。

居民在式(15.2)及横截条件 $\lim\limits_{T\to\infty}E_t(Q_{tT}D_T)=0$ 的约束下,最大化效用函数式(15.1),可得到最优劳动供给方程:

$$\chi\frac{W_t}{P_t}\frac{1}{C_t}=1.\tag{15.3}$$

式(15.3)表示由劳动供给增加所产生的正效用正好等于增加劳动供给所产生的负效用。我们还可以得到欧拉方程:

$$\frac{1}{C_t}=\beta E_t\Big(\frac{1}{C_{t+1}}\frac{P_t}{P_{t+1}}R_t\Big),\tag{15.4}$$

其中,利率 $R_t\equiv(E_tQ_{t,t+1})^{-1}$。式(15.4)反映了最优消费路径。

二、企业

本章分析的是短期情况,和传统新凯恩斯模型一致,这里不考虑资本。垄断企业生产函数如下:

$$Y_t(i)=A_tL_t(i),\tag{15.5}$$

其中,$Y_t(i)$ 表示 t 期 i 企业生产的产品,$L_t(i)$ 表示 t 期 i 企业的劳动力需求,A_t 表示 t 期生产技术。假设企业按照 Calvo(1983)方式每期以 $1-\alpha$ 的概率调整价格 $P_t(i)$ 以最大化未来期望利润:

$$E_t\sum_{T=t}^{\infty}\alpha^{T-t}Q_{t,T}\big[(1-\tau_T)P_t(i)Y_T(i)-(1-\eta)W_TL_T(i)\big],\tag{15.6}$$

其中,τ_t 表示税率,本章假设不变。η 为稳态时政府的补贴,以消除垄断扭曲。此最优问题的一阶条件为:

$$E_t\sum_{T=t}^{\infty}\alpha^{T-t}Q_{t,T}\Big[(1-\tau_T)\Big(\frac{P_t(i)}{P_T}\Big)^{-\theta}Y_T-\mu(1-\eta)W_T(P_t(i))^{-\theta-1}(P_T)^{\theta}\frac{Y_T}{A_T}\Big]=0,$$

$$\tag{15.7}$$

其中，$\mu \equiv \dfrac{\theta}{\theta-1}$，表示价格加成。$Y_t$ 为产出指数，定义为

$$Y_t \equiv \left[\int_0^1 Y_t(i)^{(\theta-1)/\theta}\mathrm{d}i\right]^{\theta/(\theta-1)}, \quad Y_t(i) = \left(\frac{P_t(i)}{P_t}\right)^{-\theta}Y_t.$$

Calvo(1983)定价方式意味着价格遵循以下规则：

$$P_t = \left[\alpha P_{t-1}^{1-\theta} + (1-\alpha)P_t(i)^{1-\theta}\right]^{1/(1-\theta)}. \tag{15.8}$$

第三节　模型线性化

一、稳态

如果初始条件接近稳态值，我们可以采用 Woodford(2003)的线性近似方法来对本章所论述的非线性问题进行求解。对数线性化需首先求出模型各变量的稳态值。稳态情况下，不存在任何外生冲击，各变量路径稳定。假设稳态时 $A=1$，则 $Y=L$。社会计划者在资源约束下最大化福利损失函数：

$$\chi \ln C + (1-\chi)\ln G - L. \tag{15.9}$$

约束条件为：

$$Y = C + G. \tag{15.10}$$

可求出社会计划者最优稳态配置为：$Y=1$，$C=\chi$，$G=1-\chi$。

社会计划者在稳态时通过补贴消除垄断扭曲即：

$$\frac{\theta(1-\eta)}{(\theta-1)(1-\tau)} = 1, \tag{15.11}$$

可得 $\eta = \dfrac{1-\tau+\theta\tau}{\theta}$。

二、有效配置

社会计划者最大化下式：

$$\chi \ln C_t + (1-\chi)\ln G_t - L_t. \tag{15.12}$$

约束条件为：

$$Y_t = C_t + G_t, \tag{15.13}$$

$$Y_t = A_t L_t. \tag{15.14}$$

弹性价格下，$L_t=1$，$Y_t=A_t$，$C_t=\chi A_t$，$G_t=(1-\chi)A_t$。价格弹性且不存在垄断扭曲时，一个分散经济(decentralization economy)可实现有效配置。

定义 $\hat{X}_t \equiv \log(X_t/X)$，表示黏性价格情况下 X_t 对稳态 X 的偏离；定义 $\hat{X}_t^n \equiv \log(X_t^n/X)$，表示弹性价格情况下 X_t 对稳态 X 的偏离；定义 $\widetilde{X}_t \equiv \hat{X}_t - \hat{X}_t^n$，$\widetilde{X}_t$ 表示 $\hat{X}_t$ 与其自然率 $\hat{X}_t^n$ 之间的缺口。则 $\hat{Y}_t^n=\hat{A}_t$，$\hat{C}_t^n=\hat{A}_t$，$\hat{G}_t^n=\hat{A}_t$。

三、价格黏性模型线性化

假设稳态时政府通过补贴可以消除垄断造成的扭曲。根据 Woodford(2003)的二阶线性近似方法,可以得到福利损失函数:

$$\overline{W} = -\frac{1}{2}E_0\sum_{t=0}^{\infty}\beta^t\left[\widetilde{Y}_t^2 + \frac{\theta}{k}\pi_t^2 + \frac{1-\chi}{\chi}(\widetilde{Y}_t - \widetilde{G}_t)^2\right] + \text{tip} + O(\parallel\xi\parallel^3),$$

(15.15)

其中, tip 表示政策无关项(terms independent of policy),它包括外生冲击项及常数项;$O(\parallel\xi\parallel^3)$ 表示三阶及高于三阶项;$k\equiv\dfrac{(1-\alpha)(1-\alpha\beta)}{\alpha}$;$\widetilde{Y}_t\equiv\hat{Y}_t - \hat{A}_t$。$\hat{A}_t$ 是 $\hat{Y}_t$ 自然率,即 $\hat{Y}_t^n\equiv\hat{A}_t$。$\pi_t$ 是通货膨胀。福利损失函数与产出缺口及通货膨胀率有关。产出缺口越大或者通货膨胀率越高,福利越小。当价格黏性越小时,α 越趋近于 0,k 越趋近于无穷大。$\dfrac{1-\chi}{\chi}(\widetilde{Y}_t - \widetilde{G}_t)^2$ 体现了政府支出挤出消费的二阶效应。当 $\chi=1$,此时福利损失函数和 Woodford(2003)一致。

对企业定价规则进行对数线性化,可得到新凯恩斯菲利普斯曲线。财政政策工具为税收时的菲利普斯曲线:

$$\pi_t = k\left(\frac{1}{\chi}\widetilde{Y}_t - \frac{1-\chi}{\chi}\widetilde{G}_t + \frac{1}{\theta}\hat{\tau}_t + \dot{\mu}_t\right) + \beta E_t\pi_{t+1},$$

(15.16)

其中,$\dot{\mu}_t$ 表示成本冲击。产出增加会增加劳动力需求,并导致工资上升,进而使边际成本增加,产品价格上升,发生通货膨胀。价格黏性越小,k 越大,产出增加带来的通货膨胀越高。增加税率会提高边际成本,使通货膨胀上升。给定产出,政府支出会挤出个人消费,实际工资会下降,这将降低边际成本,使通货膨胀下降。当企业预期通货膨胀增加时,会提高价格,进而导致通货膨胀。

线性化欧拉方程式,可得新凯恩斯 IS 曲线:

$$\widetilde{Y}_t = E_t\widetilde{Y}_{t+1} - \chi(i_t - E_t\pi_{t+1} - i - E_t\Delta\hat{A}_{t+1}) - (1-\chi)E_t\Delta\widetilde{G}_{t+1},$$ (15.17)

其中,$i\equiv 1/\beta - 1$。由欧拉方程可知,当利率上升时,本期消费下降,需求下降导致产出下降。当政府支出上升时,需求上升,将导致产出上升。

第四节 最优财政政策

如果可以同时使用税收和政府支出,可以实现有效配置。此时,$\widetilde{Y}_t=0$,$\pi_t=0$,$\widetilde{G}_t=0$,$\hat{\tau}_t=-\theta\hat{\mu}_t$,$i_t=i+E_t\Delta\hat{A}_{t+1}$。下面分别分析最优税收规则、最优政府支出规则。

一、最优税收

中央银行和财政当局在式(15.16)、式(15.17)的约束下,选择$\{\widetilde{Y}_t, \pi_t, i, \hat{\tau}_t\}$最大化福利损失函数,此时可得:

$$\widetilde{Y}_t = -(1-\chi)\hat{A}_t, \tag{15.18}$$

$$\pi_t = 0, \tag{15.19}$$

$$\hat{\tau}_t = -\theta\hat{\mu}_t, \tag{15.20}$$

$$i_t = i + E_t\Delta\hat{A}_{t+1}. \tag{15.21}$$

最优税收不随技术冲击而改变,而随着成本冲击的增加而减少,完全消除成本冲击对边际成本的影响。当存在技术冲击时,税收规则为$\hat{\tau}_t = 0$,利率规则为$i_t = i + E_t\Delta\hat{A}_{t+1}$。虽然$\pi_t = 0$,但是$\widetilde{Y}_t = -(1-\chi)\hat{A}_t$。同时,因为$\hat{G}_t = 0$,所以$\widetilde{G}_t = -\hat{A}_t$。故税收不能稳定技术冲击。当存在成本冲击时,$\widetilde{Y}_t = 0$, $\pi_t = 0$, $\widetilde{G}_t = 0$。税收规则为$\hat{\tau}_t = -\theta\hat{\mu}_t$,利率规则为$i_t = i$。故税收能稳定成本冲击,实现有效配置。

二、最优政府支出

中央银行和财政当局在式(15.16)、式(15.17)的约束下,选择$\{\widetilde{Y}_t, \pi_t, i_t, \widetilde{G}_t\}$最大化福利损失函数,此时可得:

$$\widetilde{Y}_t = \bar{\omega}\beta E_t\widetilde{Y}_{t+1} + \bar{\omega}\widetilde{Y}_{t-1} - \bar{\omega}\theta k\hat{\mu}_t, \tag{15.22}$$

$$\pi_t = -\frac{1}{\theta}\Delta\widetilde{Y}_t, \tag{15.23}$$

$$\widetilde{G}_t = 0, \tag{15.24}$$

$$i_t = i + \left(1 - \frac{\theta}{\chi}\right)E_t\pi_{t+1} + E_t\Delta\hat{A}_{t+1}, \tag{15.25}$$

其中,$\bar{\omega} \equiv \dfrac{\chi}{(1+\beta)\chi + \theta k}$。政府支出不随成本冲击而改变,但是应跟着技术冲击增加而增加,以保证政府支出缺口为0。如果只能使用政府支出,技术冲击时可以实现有效配置,此时$\widetilde{Y}_t = 0$, $\pi_t = 0$,政府支出规则为$\widetilde{G}_t = 0$,利率规则为$i_t = i + E_t\Delta\hat{A}_{t+1}$。成本冲击时,$\widetilde{Y}_t$不为0,进而$\pi_t$不为0,有效配置不为0。此时政府支出规则为$\hat{G}_t = \widetilde{G}_t = 0$,利率规则为$i_t = i + \left(1 - \dfrac{\theta}{\chi}\right)E_t\pi_{t+1}$。

因此,当货币政策是最优时,如果财政政策工具是政府支出和税收,可实现有效配置;如果财政政策工具是税收,只能稳定成本冲击,无法稳定技术冲击;如果财政政策工具是政府支出,只能稳定技术冲击,无法稳定成本冲击。

为了更直观地比较税收和政府支出的福利损失，以及政策制定者只关注产出出口和通货膨胀导致的福利损失，本章将进行数值模拟。季度贴现率 β 取 0.99；θ 为产品替代弹性，取 11；α 取 0.8；稳态下消费占产出的比重 χ，取 0.7；税率 τ 为 0.3；冲击均服从 AR(1) 过程，且一阶自回归项系数为 0.9，方差为 0.01。

福利损失表示为消费等价（consumption equivalence）（Lucas，2003）。根据 Woodford（2003）和 Gali（2008），福利损失可表示为 $\widetilde{Y}_t$、π_t、$\widetilde{Y}_t - \widetilde{G}_t$ 的方差加权值。表 15.1 是福利分析，和上文分析结果一致。政府支出可以完全稳定技术冲击，实现有效配置，福利损失为 0。如果使用税收稳定技术冲击，福利损失为 0.0079，即福利损失占稳态产出的 0.79%。其中，产出缺口、通货膨胀、产出缺口与政府支出缺口差导致的福利损失分别为 0.0024、0、0.0055。税收可以完全稳定成本冲击，此时福利损失为 0。如果用政府支出稳定成本冲击，福利损失为 0.0161，即福利损失占稳态产出的 1.61%。其中，产出缺口、通货膨胀、产出缺口与政府支出缺口差导致的福利损失分别为 0.0102、0.0015、0.0044。

表 15.1 福利分析

		$\widetilde{Y}_t$	π_t	$\widetilde{Y}_t - \widetilde{G}_t$	整体
政府支出	技术冲击	0	0	0	0
	成本冲击	0.0102	0.0015	0.0044	0.0161
税收	技术冲击	0.0024	0	0.0055	0.0079
	成本冲击	0	0	0	0

三、福利损失函数误设

由分析福利损失函数式（15.15）可知，福利损失由三部分组成，如果政策制定者只关注产出缺口和通货膨胀会产生什么情况？此时的福利损失函数为：

$$\overline{W} = -\frac{1}{2} E_0 \sum_{t=0}^{\infty} \beta \left(\widetilde{Y}_t^2 + \frac{\theta}{k} \pi_t^2 \right) + \mathrm{tip} + O(\|\xi\|^3). \tag{15.26}$$

中央银行和财政当局在式（15.16）、式（15.17）的约束下，分别选择 $\{\widetilde{Y}_t, \pi_t, i, \hat{\tau}_t\}$、$\{\widetilde{Y}_t, \pi_t, i_t, \widetilde{G}_t\}$ 最大化福利损失函数，分别最优税收下的动态路径：$\widetilde{Y}_t = 0$，$\pi_t = 0$，$\hat{\tau}_t = -\frac{(1-\chi)\theta}{\chi} \hat{A}_t - \theta \hat{\mu}_t$，$i_t = i + E_t \Delta \hat{A}_{t+1}$。此时税收不仅消除成本冲击，还要随着技术冲击的增加而减少，以抵消技术冲击对边际成本的影响，达到消除产出缺口和通货膨胀的目的。

中央银行和财政当局在式（15.16）、式（15.17）的约束下，选择最大化福利损失函数，此时可得，$\widetilde{Y}_t = 0$，$\pi_t = 0$，$\widetilde{G}_t = \frac{\chi}{1-\chi} \hat{\mu}_t$，$i_t = i + E_t \Delta \hat{A}_{t+1} - E_t \Delta \hat{\mu}_{t+1}$。此

时,技术冲击时的政府支出缺口不仅要为 0,而且政府支出还要消除成本冲击,以实现产出缺口和通货膨胀均为 0 的目的。

虽然最优税收和最优政府支出下的 $\widetilde{Y}_t$、π_t 均为 0,但是实际福利损失函数是式(15.15),实际福利损失可用数值模拟获得(见表 15.2)。如果政策制定者只关注产出缺口和通货膨胀,税收和政府支出政策均能消除产出缺口和通货膨胀,此时技术冲击、成本冲击时的最优财政政策工具仍分别是政府支出和税收。但是税收、政府支出会恶化技术冲击、成本冲击时的实际福利。

表 15.2 只关注产出缺口和通货膨胀时的福利损失

		$\widetilde{Y}_t$	π_t	$\widetilde{Y}_t - \widetilde{G}_t$	整体
政府支出	技术冲击	0	0	0	0
	成本冲击	0	0	0.0614	0.0614
税收	技术冲击	0	0	0.0113	0.0113
	成本冲击	0	0	0	0

第五节 政府债务

政府通过征税和发行债券来支付政府支出、偿付上一年发行的债券及利息。假设政府用于消除企业垄断的补贴由额外总量税弥补,不进入政府财政约束,则政府财政约束为:

$$R_{t-1}B_{t-1} = B_t + P_t(\tau Y_t - G_t) + \Gamma, \qquad (15.27)$$

其中,$\Gamma_t = \Gamma + \delta B_t$,$\Gamma = \left(\dfrac{1}{\beta} - 1 - \delta\right)\mu - (\tau - 1 + \chi)$,稳态总量税的作用是保证稳态时财政约束成立。$B_t$ 表示名义债务。δB_t 的存在是为了保证政府债务收敛(Gali *et al.*,2007)。

可线性化为:

$$\hat{b}_{t-1} - \pi_t + (i_{t-1} - i)$$

$$= \beta(1+\delta)\hat{b}_t + \frac{\beta\tau}{\mu}\widetilde{Y}_t + \frac{\beta\tau}{\mu}\hat{\tau}_t - \frac{\beta(1-\chi)}{\mu}\widetilde{G}_t + \frac{\beta(\tau - 1 + \chi)}{\mu}\hat{A}_t, \quad (15.28)$$

其中,$b_t \equiv \dfrac{B_t}{P_t}$,为实际债务;$\mu \equiv \dfrac{b}{Y}$,为债务占产出的比重。为了保证政府债务收敛,需要 $\beta(1+\delta) > 1$。如果 $\delta = 0$,财政约束所对应的拉格朗日乘子将是单位根过程,这导致中央银行和财政当局在式(15.16)、式(15.17)、式(15.28)约束下,分别选择 $\{\widetilde{Y}_t, \pi_t, i_t, \hat{\tau}_t, \hat{b}_t\}$、$\{\widetilde{Y}_t, \pi_t, i_t, \widetilde{G}_t, \hat{b}_t\}$ 最大化福利损失函数式(15.15)。数值模拟时 μ 为 0.6,δ 为 0.011。数值模拟的结果是财政约束对最优财政规则以及社会

福利没有影响(见表 15.3)。图 15.1、图 15.2 分别是技术冲击、成本冲击下的政府债务。方差也表明税收冲击下的政府债务波动大于政府支出。

表 15.3 政府财政约束时的福利分析

		$\widetilde{Y}_t$	π_t	$\widetilde{Y}_t - \widetilde{G}_t$	整体
政府支出	技术冲击	0	0	0	0
	成本冲击	0.0102	0.0015	0.0044	0.0161
税收	技术冲击	0.0024	0	0.0055	0.0079
	成本冲击	0	0	0	0

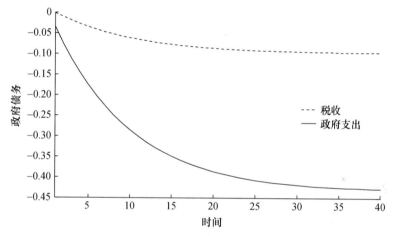

图 15.1 技术冲击下的政府债务

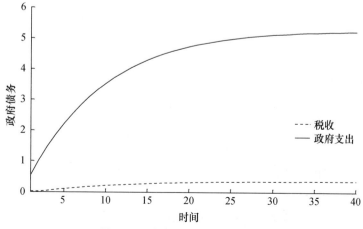

图 15.2 成本冲击下的政府债务

第六节　不完善金融市场

前文假设居民可以接触完善的金融市场,利用债券平滑消费。本章将分析居民不能接触金融市场的情景,此时居民面临着非李嘉图等价。

居民消费面临着工资收入约束:

$$P_t C_t = W_t L_t. \tag{15.29}$$

由式(15.29)及式(15.3)可得:

$$L_t = \chi. \tag{15.30}$$

式(15.30)意味着当居民不能接触金融时,劳动供给是常数。进一步可得:

$$\hat{Y}_t = \hat{A}_t, \quad \widetilde{Y}_t = 0. \tag{15.31}$$

不完善金融市场下的社会福利损失函数为:

$$\overline{W} = -\frac{1}{2} E_0 \sum_{t=0}^{\infty} \beta^t \left(\frac{\theta}{k} \pi_t^2 + \frac{1-\chi}{\chi} \widetilde{G}_t^2 \right) + \text{tip} + O(\parallel \xi \parallel^3). \tag{15.32}$$

此时新凯恩斯菲利普斯曲线为:

$$\pi_t = k \left(-\frac{1-\chi}{\chi} \widetilde{G}_t + \frac{1}{\theta} \hat{\tau}_t + \hat{\mu}_t \right) + \beta E_t \pi_{t+1}. \tag{15.33}$$

中央银行和财政当局在式(15.16)的约束下,分别选择$\{\pi_t, \hat{\tau}_t\}$、$\{\pi_t, \widetilde{G}_t\}$最大化福利损失函数式(15.32)。财政政策工具是税收规则时,$\widetilde{Y}_t = 0$,$\pi_t = 0$,$\hat{\tau}_t = -\frac{(1-\chi)\theta}{\chi} \hat{A}_t - \theta \hat{\mu}_t$。因为$\hat{G}_t = 0$,所以$\widetilde{G}_t = -\hat{A}_t$。和完善金融市场一致,税收只能稳定成本冲击,不能稳定技术冲击。

财政政策工具是政府支出时,可得到政府支出规则:

$$\widetilde{G}_t = \omega \beta E_t \widetilde{G}_{t+1} + \omega \widetilde{G}_{t-1} + \omega \theta k \hat{\mu}_t, \tag{15.34}$$

其中,

$$\omega \equiv \frac{\chi}{(1-\chi)k\theta + (1+\beta)\chi}.$$

通货膨胀规则为:

$$\pi_t = \frac{1}{\theta} \Delta \widetilde{G}_t. \tag{15.35}$$

由式(15.34)、式(15.35)可知,技术冲击时,$\widetilde{G}_t = 0$,$\pi_t = 0$,但是成本冲击时,$\widetilde{G}_t \neq 0$,$\pi_t \neq 0$,因此,和完善金融市场一致,不完善金融市场下政府支出可以稳定技术冲击,但不能稳定成本冲击。

表15.4是不完善金融市场下的福利分析。与前面的分析一致,不完善金融市场下,技术冲击、成本冲击时的最优财政政策工具分别是政府支出和税收。如

果金融市场不是完善的,政府支出和税收分别恶化成本冲击和技术冲击下的社会福利。

表 15.4　不完善金融市场下的福利分析

		$\widetilde{Y}_t$	π_t	$\widetilde{Y}_t - \widetilde{G}_t$	整体
政府支出	技术冲击	0	0	0	0
	成本冲击	0	0.0077	0.0382	0.0459
税收	技术冲击	0	0	0.0113	0.0113
	成本冲击	0	0	0	0

第七节　总　结

很多文献比较了税收乘数和政府支出乘数的差异,但是它们只关注了财政政策对产出的影响,而影响社会福利的不只有产出,还有通货膨胀等。另外,这些文献还忽视了不同冲击下的财政政策效果不同。本章建立了一个简单的新凯恩斯模型,研究了最优税收、政府支出规则,并比较了它们的福利差异。本章发现,技术冲击和成本冲击下的最优财政政策工具仍分别是政府支出和税收。影响社会福利的因素包括产出缺口、通货膨胀、产出缺口与政府支出缺口之差。政策制定者如果只关注产出缺口和通货膨胀,此时最优财政政策规则以及实际社会福利损失会改变,但是技术冲击和成本冲击下的最优财政政策工具仍分别是政府支出和税收。本章还发现政府财政约束对财政政策规则以及社会福利没有影响,但是税收时的政府债务波动大于政府支出。最后,本章假设居民不能接触金融市场,此时技术冲击和成本冲击下的最优财政政策工具仍然分别是政府支出和税收,而且能实现有效配置。

第十六章　基于新凯恩斯模型的最优需求管理政策研究

——最优区域间转移支付规则

第一节　引　言

转移支付是实现区域均衡发展的重要手段,那么区域间最优转移支付规则是什么?国内关于转移支付的研究主要关注转移支付与区域经济增长、公共品供给、政府支出行为等的关系,并没有涉及转移支付规则(杨钧和罗俊芬,2002;马拴友和于红霞,2003;乔宝云等,2006;尹恒等,2007;郭庆旺和贾俊雪,2008;范子英和张军,2010;付文林和沈坤荣,2012;宋小宁等,2012;赵子乐和黄少安,2013)。本章借鉴货币联盟转移支付的相关文献,研究中国不同区域的最优转移支付规则。本章假设转移支付不经过中央政府,由一区域直接向另一区域转移。这和货币联盟内部的转移支付类似。中国人民银行类似欧洲中央银行,各省类似欧元区各国。

货币联盟转移支付的思想可以追溯到 Meade(1957)、Ingram(1959)、McKinnon(1963)及 Kenen(1969)等。他们认为货币联盟的建立使各成员国失去货币政策及汇率,由于价格和工资是黏性的,以及劳动力不能充分流动,当成员国遭受非对称冲击时,中央银行的货币政策不能稳定经济,货币联盟应该通过国家间或者个人间转移支付来稳定经济。不过,这些文献并不是实证研究。Kletzer and von Hagen(2001)建立了一个两国新凯恩斯模型,研究货币联盟成员国之间的转移支付能否消除货币联盟的非对称冲击。该文认为转移支付可以稳定就业或者消费,但是不能同时稳定二者。该文还认为转移支付的收益很大,货币联盟应该实行财政联邦制。Evers(2006)同样建立了一个两国新凯恩斯模型研究两类不同的转移支付规则,一类是居民与居民的直接转移支付;另一类是货币联盟成员国政府之间的间接转移支付。该文认为这两类转移支付规则均不能单独消除技术冲击,但是可以一起实施来完全消除技术冲击。Evers(2012)比较了分别钉住两国名义GDP、居民消费、居民收入及财政赤字差异四个指标的简单转移支付规则,以及钉住多个目标的最优简单规则的福利。该文建议转移支付综合钉住居民消费及收入。Evers(2013)比较了税收均分制及集权财政制在稳定消费、产出和就业方面的差异。该文认为集权财政制可以稳定消费波动,改善区域间的消费和收入风险分担,从而增加货币联盟的福利;税收均分制不但不能稳定消费波动,而且会降低区域间的消费和收入风险分担,恶化货币联盟的福利。Farhi and Werning(2017)建立了一个 n 国小型开放模型研究货币联盟的保险机制。该文认为即使金融市场是完善的,私人获得的保险仍然不足,需要成员国间的转移支付。由于 Farhi and Werning(2017)假设各国产品替代弹性为 1,此时即使金融市场是不完善的,两国居民通过贸易仍能实现消费风险分担条件。因此,该文不能比较完善金融市场和不完善金融市场的情景。当各国产品替代弹性不为 1 时,很难利用 Woodford(2003)的方法由居民效用函数推导出二阶福利损失函数。Dmitriev and Hodden-bagh(2013)没有采用 Woodford(2003)的方法,而采用 Obstfeld and Rogoff(2000,2002)和 Corsetti and Pesenti(2001,2005)的框架,假设各国产品替代弹性不为 1,得出模型的解析解,比较不同金融市场的福利。该文认为当两国产品替代弹性较低时,风险分担条件可通过贸易条件变动实现;当两国产品替代弹性较高时,如果国际金融市场是不完善的,风险分担条件将不成立,此时需要转移支付。该文并没有探讨转移支付规则。Kim and Kim(2013)在价格弹性的模型中引入债券持有成本,来衡量金融市场不完善的程度。如果居民面临的国际金融市场是完善的,转移支付会恶化福利;如果金融市场是不完善的,转移支付会改善福利。由于该文模型是价格弹性的,没有体现货币联盟中央银行不能稳定非对称冲击这一特征。Engler and Voigts(2013)认为转移支付在消除货币联盟内部的不对称冲击方面优于各国的反周期政策,该文将转移支付规则表示为两国产出缺口之差的函数。以上关于转移支付规则的文献中,Kletzer and Hagen(2001)、Evers(2006)建立了不同的模型,分析不同情形下的货币联盟转移支付效应,但是没有给出具体的转移支付规则。Evers(2012,2013)、Engler and Voigts(2013)虽然给出了转移支付规则,但是其规则是人为制定的简单规则,并不是最优的。

　　本章借鉴货币联盟转移支付的相关研究,建立了一个两区域新凯恩斯模型研究一国不同区域的最优转移支付规则。该模型中,价格和工资均为黏性。本章仍然假设区域间产品替代弹性为 1,这有利于我们推导出福利损失函数。在此假设下,即使区域间金融市场是不完善的,贸易条件的变动可以使消费风险分担条件成立。地方政府面临财政约束条件,不能通过征收状态依存的总量税或发行债券来满足财政约束,但是区域间存在转移支付。

　　对模型进行对数线性化可得到动态的各区域价格通货膨胀方程、工资通货膨胀方程、新凯恩斯 IS 曲线、贸易条件动态路径及政府约束条件。根据 Woodford(2003)的二阶线性近似方法,可以将一国福利损失函数表示为两区域产出缺口、价格通货膨胀及工资通货膨胀的函数。假设中央银行和地方财政当局采取承诺规则,在约束条件下通过选择内生变量最大化福利损失函数。由一阶条件推导出最优的转移支付规则应使两区域产出缺口差为 0。而且，这个规则和冲击类型无关。当区域间价格黏性、工资黏性均相同时，转移支付不改变一国总体变量，但会改变区域间相对变量。当区域间价格黏性、工资黏性不同时，转移支付不仅改变区域间相对变量，也改变整体变量。

本章对技术冲击下的各变量路径进行了数值模拟。当不存在转移支付时，技术冲击使区域 H 产出上升（假设一国由两区域组成：区域 H 和区域 F），但是小于产出自然率的上升，因此区域 H 产出缺口下降。为了抑制区域 H 产出缺口下降，利率将下降。同时政府支出上升，但是上升幅度小于产出自然率，区域 H 政府支出缺口下降。随着利率下降，政府支出增加，区域 H 产出缺口下降幅度减小。而利率下降会导致区域 F 产出缺口上升。为了抑制产出缺口的上升，区域 F 政府支出减少。当区域 F 对区域 H 进行转移支付，区域 H 政府支出相较无转移支付时将增加，区域 H 产出缺口下降幅度减小。同时区域 F 政府支出较不存在转移支付时下降，从而产出缺口下降。福利分析表明，转移支付可以改善一国的福利。

如 Evers（2012），本章比较了以消除两区域产出缺口差、消费缺口差、价格通胀差及工资通胀差等为目标的四种简单规则，发现以消除产出缺口差为目的的转移支付福利最大。这种以消除某个经济指标差异的简单规则并不能保证转移支付的福利是正的。Engler and Voigts（2013）采用了另一种简单规则，该规则是将转移支付表示为某经济指标差的函数。同样，本章发现钉住产出缺口差的转移支付福利最大，其次是钉住消费缺口差的简单规则。

本章还比较了债务援助和转移支付的效果。当受援区域归还一部分债务及利息时，债务援助效果和转移支付一致，此时的最优债务援助规则仍是使两区域产出差为 0。当债务的利率高于市场利率时，债务援助效果不如转移支付。随着利率的增加，受援区域会减少借贷，债务援助的福利逐渐减少，最后趋于 0。

敏感性表明，随着本土偏好的增加，转移支付的福利所得增加。当不存在转移支付时，增加各区域开放度，促进经济融合，有利于稳定不对称冲击。随着消费产出比的增加，无论有无转移支付，福利损失均出现下降，但是转移支付下的福利损失下降幅度大于无转移支付时。价格加成冲击和工资加成冲击的数值模拟也表明，转移支付能够改善一国的福利，最优的转移支付规则和冲击类型无关，均应以消除区域产出缺口差为目的。冲击越持久、冲击波动越大、价格和工资黏性越大，转移支付的福利越大。

本章贡献在于：(1) 本章由居民效用函数推导出货币联盟福利损失函数，在约束条件下选择内生变量最大化福利损失函数，整理一阶条件得到最优转移支付规则是两国产出缺口差为 0。本章的规则可以保证一国福利最大化。已有研究中的转移支付规则均是简单规则，这些规则不能保证福利最大化，其中和本章比较接近的是 Evers（2012），该文通过比较钉住名义产出、居民消费、居民收入及财政赤字四种不同的简单规则得出哪种规则最有利于稳定经济。该文还得出了综合钉住居民消费及收入的最优简单规则，但是该规则只是赋予四个经济指标不同权重，这种方式得出的规则仍然不能保证货币联盟福利最大化。将本章最优规则和其他简单规则进行福利比较，结果表明本章规则确实最优。（2）传统的转移支付规则是消除财政差距，但是该规则在效率上并不是最优的。本章证明该规则只有当稳态政府支出等于产出时，才和最优规则一致，这显然是不可能的。数值模拟显示消除产出缺口差的最优规则转移支付福利大于财政均等原则。（3）本章还比较了债务援助和转移支付的效果，而前人只研究了转移支付。本章认为，当受援区只归还一部分债务时，债务援助福利与转移支付一致；当债务的利率高于无风险利率时，债务援助福利小于转移支付。根据该结论，当一国遭受非对称冲击时，本章建议直接利用转移支付稳定冲击。

第二节 模 型

假设一国由两区域组成：本区域（记为区域 H）和另外区域（记为区域 F，区域 F 变量用星号加以区别）。整个国家由一个中央银行制定货币政策，财政政策则由区域 H 和区域 F 单独制定。整个国家的居民在 $[0,2]$ 均匀分布，且两区域规模相同，其中 $[0,1]$ 在区域 H，$(1,2]$ 在区域 F。[①] 两区域人口是固定的，不存在劳动力流动。每个居民既是消费者，也是生产者。每个居民提供的劳动是有差异的，同时所生产的产品也是有差异的。由于产品是有差异的，因此厂商之间是垄断竞争。企业由居民所拥有。居民面临的金融市场是完善的，可以自由地借贷。但是政府面临的金融市场是不完善的，只能通过政府间转移支付满足预算约束。下面本章分析居民、厂商、地方政府的决策行为。

一、居民

每个居民具有相同的偏好。本章假设消费的跨期替代弹性及劳动供给的工资弹性均为1。区域 H 居民 i 最大化以下效用函数：

$$E \sum_{t=0}^{\infty} \beta^t \left[\chi \ln C_t + (1-\chi) \ln G_t - L_t(i) \right], \tag{16.1}$$

其中，E 表示期望；β 是贴现因子；C_t 是消费指数，在完善金融市场假设下，一国居民消费相同；G_t 是政府支出；$L_t(i)$ 表示居民 i 的劳动时间。这种简单的效用函数形式有利于我们推导一国的二阶线性福利损失函数。

居民约束条件为：

[①] 如果不假设两区域规模一样，就本章模型而言，很难推导出二阶线性福利损失函数。

$$P_t C_t + E_t Q_{t,t+1} D_{t+1} \leqslant (1-\tau^w) W_t(i) L_t(i) + D_t + \Pi_t - P_t \Gamma_t, \quad (16.2)$$

其中,P_t 是价格水平;D_{t+1} 是 t 期末居民持有的资产在 $t+1$ 期所获得的名义收益;$Q_{t,t+1}$ 是随机贴现因子;$W_t(i)$ 为居民 i 提供劳动的名义工资;τ^w 为工资税率,本章假设不变;Π_t 为企业利润;Γ_t 为实际总量税。居民消费的产品包括区域 H 产品 C_{Ht} 和区域 F 产品 C_{Ft}。假设区域间产品替代弹性为1,则消费指数 C_t 定义为:

$$C_t \equiv \frac{C_{Ht}^\gamma C_{Ft}^{1-\gamma}}{\gamma^\gamma (1-\gamma)^{1-\gamma}}, \quad (16.3)$$

其中,γ 为区域本土偏好(home bias)。当不存在本土偏好时,γ 等于 0.5;当存在本土偏好时,γ 大于 0.5。C_{Ht} 和 C_{Ft} 是一系列有差异产品的组合,根据 Dixit and Stiglitz(1977),定义为:

$$C_{Ht} \equiv \left[\int_0^1 C_{Ht}(h)^{\frac{\theta-1}{\theta}} \mathrm{d}h\right]^{\frac{\theta}{\theta-1}}, \quad (16.4)$$

$$C_{Ft} \equiv \left[\int_0^2 C_{Ft}(f)^{\frac{\theta-1}{\theta}} \mathrm{d}f\right]^{\frac{\theta}{\theta-1}}, \quad (16.5)$$

其中,θ 为各区域有差异产品的替代弹性;h、f 代表产品类型。

劳动力需求函数是:

$$L_t(i) = \left(\frac{W_t(i)}{W_t}\right)^{-\theta^w} L_t, \quad (16.6)$$

其中,θ^w 为劳动替代弹性;L_t 是被企业雇用的所有劳动,定义为:

$$L_t \equiv \left[\int_0^1 L_t(i)^{\frac{\theta^w-1}{\theta^w}} \mathrm{d}i\right]^{\frac{1}{\theta^w-1}}, \quad (16.7)$$

其中,W_t 是总体工资指数,定义为:

$$W_t \equiv \left[\int_0^1 W_t(i)^{1-\theta^w} \mathrm{d}i\right]^{\frac{1}{1-\theta^w}}. \quad (16.8)$$

居民 t 期在式(16.6)的约束下,按照 Calvo(1983)的定价方式以 $1-\alpha_H^w$ 的概率,重新制定名义工资,最大化目标函数(Erceg et al.,2000):

$$E_t \sum_{T=t}^\infty (\beta\alpha_H^w)^{T-t}\left[(1-\tau^w)(1+\eta^w)\chi C_T^{-1}\frac{W_t(i)}{P_T}L_T(i) - L_T(i)\right], \quad (16.9)$$

其中,η^w 为稳态时存在的政府补贴,以消除劳动力市场的垄断扭曲(Woodford,2003)。可以得到一阶条件:

$$E_t \sum_{T=t}^\infty (\beta\alpha_H^w)^{T-t}\left[(1-\tau^w)(1+\eta^w)\chi C_T^{-1}\frac{W_t(i)}{P_T}\left(\frac{W_t(i)}{W_T}\right)^{-\theta^w}L_T - \mu^w\left(\frac{W_t(i)}{W_T}\right)^{-\theta^w}L_T\right] = 0,$$
$$(16.10)$$

其中,$\mu^w \equiv \dfrac{\theta^w}{\theta^w-1}$,为工资加成;当 $\alpha^w = 0$ 时,最优劳动供给方程为:

$$(1 - \tau^w)(1 + \eta^w)\frac{W_t}{P_t} = \frac{\mu^w}{\chi}C_t. \tag{16.11}$$

式(16.11)表示劳动供给增加所产生的正效用正好等于增加劳动供给所产生的负效用。在下文中,我们假设政府通过补贴消除劳动市场扭曲,即

$$\frac{\mu^w}{(1 - \tau^w)(1 + \eta^w)} = 1_o$$

Calvo(1983)定价方式意味着工资遵循以下规则:

$$W_{Ht} = \left[\alpha_H^w W_{Ht-1}^{1-\theta^w} + (1 - \alpha_H^w)W_{Ht}(i)^{1-\theta^w} \right]^{\frac{1}{1-\theta^w}}. \tag{16.12}$$

我们还可以得到欧拉方程:

$$\frac{1}{C_t} = \beta E_t \left(\frac{1}{C_{t+1}} \frac{P_t}{P_{t+1}} R_t \right), \tag{16.13}$$

其中,利率 $R_t \equiv (E_t Q_{t,t+1})^{-1}$。式(16.13)反映了最优消费路径。

同样地,我们可得到区域 F 欧拉方程:

$$\frac{1}{C_t^*} = \beta E_t \left(\frac{1}{C_{t+1}^*} \frac{P_t^*}{P_{t+1}^*} R_t \right). \tag{16.14}$$

完善金融市场假设下,可由式(16.13)、式(16.14)得到消费风险分担条件:

$$C_t P_t = v C_t^* P_t^*. \tag{16.15}$$

v 的值取决于两区域初始条件。当两区域初始条件对称时,$v=1$。消费风险分担条件意味着两区域消费的边际替代率等于相对价格水平。区域间产品替代弹性为 1 时,即使国际金融市场是不完全的,两区域居民仍可以通过贸易实现完善金融市场下的消费风险分担条件(Cole and Obstfeld,1991)。由于本土偏好的存在,$P_t \neq P_t^*$,因此,$C_t \neq C_t^*$。随着本土偏好的增加,区域间消费差异将增加。

二、企业

由于本章考虑的是短期情况,和经典新凯恩斯模型一致,这里不引入资本。垄断企业生产函数如下:

$$Y_t(h) = A_t L_t(h), \tag{16.16}$$

其中,$Y_t(h)$ 表示 t 期区域 H 企业 h 生产的产品,$L_t(h)$ 表示 t 期区域 H 企业 h 的劳动力需求,A_t 表示 t 期区域 H 生产技术。产品需求函数为:

$$Y_t(h) = \left(\frac{P_{Ht}(h)}{P_{Ht}} \right)^{-\theta} Y_t, \tag{16.17}$$

其中,产出指数 Y_t 定义为:

$$Y_t \equiv \left[\int_0^1 Y_t(h)^{\frac{\theta-1}{\theta}} dh \right]^{\frac{1}{\theta-1}}. \tag{16.18}$$

假设企业按照 Calvo(1983)定价方式每期以 $1 - \alpha_H$ 的概率调整价格 $P_{Ht}(h)$ 以最大化未来期望利润:

$$E_t \sum_{T=t}^{\infty} \alpha_H^{T-t} Q_{t,T} \left[(1-\tau)(1+\eta) P_{Ht}(h) Y_T(h) - W_T L_T(h) \right], \quad (16.19)$$

其中,τ 表示区域 H 企业的税率,本章假设其不变。η 为稳态时存在的政府补贴,以消除产品市场垄断扭曲。最优定价问题的一阶条件为:

$$E_t \sum_{T=t}^{\infty} \alpha_H^{T-t} Q_{t,T} \left[(1-\tau)\left(\frac{P_{Ht}(h)}{P_{HT}}\right)^{-\theta} Y_T - \mu(1-\eta) W_T (P_{Ht}(h))^{-\theta-1} (P_{HT})^{\theta} \frac{Y_T}{A_T} \right] = 0,$$
$$(16.20)$$

其中,$\mu \equiv \dfrac{\theta}{\theta-1}$,表示价格加成。

Calvo(1983)定价方式意味着价格遵循以下规则:

$$P_{Ht} = \left[\alpha_H P_{Ht-1}^{1-\theta} + (1-\alpha_H) P_{Ht}(h)^{1-\theta} \right]^{\frac{1}{1-\theta}}. \quad (16.21)$$

三、政府

本章假设转移支付不经过中央政府,而是区域间直接进行转移支付。当政府面临完善金融市场时,财政约束条件将不具约束作用,此时无需区域间的转移支付,因此本章只分析政府面临不完善金融市场的情景。假设扭曲税税率不变,各地方政府也不能征收状态依存的总量税,以及发行债券,只能通过区域间转移支付来实现财政预算约束。

假设政府只购买本区域产品,区域 H 政府支出定义如下:

$$G_t \equiv \left[\int_0^1 G_t(h)^{\frac{\theta-1}{\theta}} \mathrm{d}h \right]^{\frac{\theta}{\theta-1}}. \quad (16.22)$$

根据 Woodford(2003),稳态时政府用于消除垄断扭曲的补贴,由额外的总量税提供,不进入预算约束。区域 H 政府预算约束为:

$$\frac{P_{Ht}}{P_t} G_t = \mathrm{FT}_t + \tau \frac{P_{Ht}}{P_t} Y_t + \tau^w \frac{W_t}{P_t} L_t + \Gamma. \quad (16.23)$$

区域 F 政府预算约束为:

$$\mathrm{FT}_t + \frac{P_{Ft}}{P_t^*} G_t^* = \tau \frac{P_{Ft}}{P_t^*} Y_t^* + \tau^w \frac{W_t^*}{P_t^*} L_t^* + \Gamma^*, \quad (16.24)$$

其中,FT_t 为区域 F 对区域 H 的实际转移支付,稳态时为 0。总量税 Γ 和 Γ^* 是固定的,它的目的仅是保证预算约束在稳态时均衡。

四、市场出清

市场出清条件包括产品、劳动力及债券市场出清。这里给出产品市场出清条件。当供给等于需求时,市场出清。区域 H 产品市场出清条件可表示为:

$$Y_t(h) = \left(\frac{P_{Ht}(h)}{P_{Ht}}\right)^{-\theta} \left(\gamma \left(\frac{P_{Ht}}{P_t}\right)^{-1} C_t + (1-\gamma)\left(\frac{P_{Ht}}{P_t^*}\right)^{-1} C_t^* + G_t \right). \quad (16.25)$$

进一步,我们有:

$$Y_t = \gamma \left(\frac{P_{Ht}}{P_t} \right)^{-1} C_t + (1 - \gamma) \left(\frac{P_{Ht}}{P_t^*} \right)^{-1} C_t^* + G_t, \tag{16.26}$$

根据消费风险分担条件,我们有:

$$Y_t = \left(\frac{P_{Ht}}{P_t} \right)^{-1} C_t + G_t. \tag{16.27}$$

同理,根据区域 F 市场出清条件可得:

$$Y_t^* = \left(\frac{P_{Ft}}{P_t^*} \right)^{-1} C_t^* + G_t^*. \tag{16.28}$$

因为区域间贸易条件为:

$$T_t \equiv \frac{P_{Ft}}{P_{Ht}^*}. \tag{16.29}$$

由式(16.27)、式(16.28)及式(16.29),可得:

$$T_t = \frac{Y_t - G_t}{Y_t^* - G_t^*}. \tag{16.30}$$

又因为:

$$P_t = P_{Ht}^\gamma P_{Ft}^{1-\gamma}, \tag{16.31}$$

式(16.27)、式(16.30)及式(16.31),可得区域 H 消费:

$$C_t = (Y_t - G_t)^\gamma (Y_t^* - G_t^*)^{1-\gamma}, \tag{16.32}$$

同理,可得区域 F 消费:

$$C_t^* = (Y_t^* - G_t^*)^\gamma (Y_t - G_t)^{1-\gamma}. \tag{16.33}$$

第三节 均 衡 动 态

如果初始条件接近稳态值,我们可以采用 Woodford(2003)的线性近似方法来对本章所论述的非线性问题进行求解。对数线性化需首先求出模型各变量稳态值。然后,为了求出各变量自然率,我们求解弹性价格和工资下的配置。最后,求出黏性价格和工资的各变量动态。定义 $\hat{X}_t \equiv \log(X_t/X)$,表示黏性价格情况下 X_t 对稳态 X 的偏离;由于转移支付在稳态时为 0,本章定义 $\hat{FT}_t \equiv \frac{FT_t}{Y}$;定义 $\hat{X}_t'' \equiv \log(X_t/X)$,表示弹性价格情况下 X_t 对稳态 X 的偏离;定义 $\widetilde{X}_t \equiv \hat{X}_t - \hat{X}_t''$,$\widetilde{X}_t$ 表示 $\hat{X}_t$ 与其自然率 $\hat{X}_t''$ 之间的缺口。

一、稳态

稳态下,不存在任何外生冲击,各变量路径稳定。假设稳态时 $A = A^* = 1$,社会计划者在资源约束下最大化目标函数:

$$\frac{1}{2}[\chi\ln C + (1-\chi)\ln G - L] + \frac{1}{2}[\chi\ln C^* + (1-\chi)\ln G^* - L^*],$$

$$(16.34)$$

约束条件是：

$$Y = L, \tag{16.35}$$

$$Y^* = L^*, \tag{16.36}$$

$$C = (Y - G)^\gamma (Y^* - G^*)^{1-\gamma}, \tag{16.37}$$

$$C^* = (Y^* - G^*)^\gamma (Y - G)^{1-\gamma}. \tag{16.38}$$

可求得稳态时的最优资源配置为：$Y = L = Y^* = L^* = 1$，$C = C^* = \chi$，$G = G^* = 1 - \chi$。此时需要补贴消除产品和劳动市场的扭曲，保证稳态是有效的。补贴为：

$$\eta = 1 - \frac{\theta}{(\theta-1)(1-\tau)}, \tag{16.39}$$

$$\eta^w = 1 - \frac{\theta^w}{(\theta^w-1)(1-\tau^w)}. \tag{16.40}$$

二、价格、工资弹性时的有效配置

弹性价格和工资下，社会计划者在约束条件下最大化效用函数：

$$\frac{1}{2}[\chi\ln C_t + (1-\chi)\ln G_t - L_t] + \frac{1}{2}[\chi\ln C_t^* + (1-\chi)\ln G_t^* - L_t^*].$$

$$(16.41)$$

约束条件是：

$$Y_t = A_t L_t, \tag{16.42}$$

$$Y_t^* = A_t^* L_t^*, \tag{16.43}$$

$$C_t = (Y_t - G_t)^\gamma (Y_t^* - G_t^*)^{1-\gamma}, \tag{16.44}$$

$$C_t^* = (Y_t^* - G_t^*)^\gamma (Y_t - C_t)^{1-\gamma}. \tag{16.45}$$

可得到各变量弹性价格、工资下的最优配置，即各变量自然率：

$$Y_t^n = A_t, \tag{16.46}$$

$$Y_t^{*n} = A_t^*, \tag{16.47}$$

$$L_t^n = 1, \tag{16.48}$$

$$L_t^{*n} = 1, \tag{16.49}$$

$$G_t^n = (1-\chi)A_t, \tag{16.50}$$

$$G_t^{*n} = (1-\chi)A_t^*, \tag{16.51}$$

$$C_t^n = \chi A_t^\gamma A_t^{*1-\gamma}, \tag{16.52}$$

$$C_t^{*n} = \chi A_t^{*\gamma} A_t^{1-\gamma}. \tag{16.53}$$

由式(16.29)可得：

$$T_t^n = A_t A_t^{*-1},\qquad(16.54)$$

定义实际工资 $w_t \equiv \dfrac{W_t}{P_{Ht}}$，$w_t^* \equiv \dfrac{W_t^*}{P_{Ft}}$。根据弹性价格、工资最优定价方程，我们有：

$$w_t^n = A_t,\qquad(16.55)$$

同理：

$$w_t^{*n} = A_t^*.\qquad(16.56)$$

补贴的存在可保证弹性价格、工资下的配置是有效的。我们有：$\hat{Y}_t^n = \hat{A}_t$，$\hat{Y}_t^{*n} = \hat{A}_t^*$，$\hat{G}_t^n = \hat{A}_t$，$\hat{G}_t^{*n} = \hat{A}_t^*$，$\hat{C}_t^n = \gamma \hat{A}_t + (1-\gamma)\hat{A}_t^*$，$\hat{C}_t^{*n} = \gamma \hat{A}_t^* + (1-\gamma)\hat{A}_t$，$\hat{T}_t^n = \hat{A}_t - \hat{A}_t^*$，$\hat{w}_t^n = \hat{A}_t$，$\hat{w}_t^{*n} = \hat{A}_t^*$。

三、价格、工资黏性时的动态均衡

线性化价格方程式(16.20)、式(16.21)及区域 F 相应方程，可得价格通货膨胀方程：

$$\pi_{Ht} = k_H(\widetilde{w}_t + \hat{\mu}_t) + \beta E_t \pi_{Ht+1},\qquad(16.57)$$

$$\pi_{Ft} = k_F(\widetilde{w}_t^* + \hat{\mu}_t^*) + \beta E_t \pi_{Ft+1},\qquad(16.58)$$

其中，$k_H \equiv (1-\alpha_H)(1-\alpha_H\beta)/\alpha_H$，$k_F \equiv (1-\alpha_F)(1-\alpha_F\beta)/\alpha_F$，$\hat{\mu}_t$ 为区域 H 价格加成冲击，$\hat{\mu}_t^*$ 为区域 F 价格加成冲击。当实际工资增加时，产品边际成本增加，价格上升，出现通货膨胀。价格黏性越小，k_H 及 k_F 越大，实际工资增加带来的通货膨胀越高。

线性化工资方程式(16.10)、式(16.12)及区域 F 相应方程，可得工资通货膨胀方程：

$$\pi_{Ht}^w = k_H^w\left(\frac{1}{\chi}\widetilde{Y}_t - \frac{1-\chi}{\chi}\widetilde{G}_t - \widetilde{w}_t + \hat{\mu}_t^w\right) + \beta E_t \pi_{Ht+1}^w,\qquad(16.59)$$

$$\pi_{Ft}^w = k_F^w\left(\frac{1}{\chi}\widetilde{Y}_t^* - \frac{1-\chi}{\chi}\widetilde{G}_t^* - \widetilde{w}_t^* + \hat{\mu}_t^{w*}\right) + \beta E_t \pi_{Ft+1}^w,\qquad(16.60)$$

其中，$k_H^w \equiv (1-\alpha_H^w)(1-\alpha_H^w\beta)/\alpha_H^w$，$k_F^w \equiv (1-\alpha_F^w)(1-\alpha_F^w\beta)/\alpha_F^w$，$\hat{\mu}_t^w$ 为区域 H 工资加成冲击，$\hat{\mu}_t^{w*}$ 为区域 F 工资加成冲击。$\dfrac{1}{\chi}\widetilde{Y}_t - \dfrac{1-\chi}{\chi}\widetilde{G}_t$ 是消费和劳动的边际效用替代率。如果 $\dfrac{1}{\chi}\widetilde{Y}_t - \dfrac{1-\chi}{\chi}\widetilde{G}_t + \hat{\mu}_t^w > \widetilde{w}_t$，应增加名义工资。当产出增加时，消费增加，消费的边际效用下降，此时居民会提高名义工资以弥补效用的损失，工资出现通货膨胀。当产出不变时，政府支出增加，消费会减少，消费的边际效用增加，居

民会降低名义工资,工资出现通货紧缩。

线性化欧拉方程式(16.13)、式(16.14),可得新凯恩斯 IS 曲线:

$$\widetilde{Y}_t = E_t\widetilde{Y}_{t+1} - \chi(\hat{R}_t - E_t\pi_{Ht+1} - E_t\Delta\hat{A}_{t+1}) - (1-\chi)\Delta\widetilde{G}_{t+1}, \quad (16.61)$$

$$\widetilde{Y}_t^* = E_t\widetilde{Y}_{t+1}^* - \chi(\hat{R}_t - E_t\pi_{Ft+1} - E_t\Delta\hat{A}_{t+1}^*) - (1-\chi)\Delta\widetilde{G}_{t+1}^*. \quad (16.62)$$

由欧拉方程可知,利率上升时,本期消费下降,需求下降导致产出下降。当政府支出上升时,需求上升,将导致产出上升。

线性化式(16.30),可得贸易条件动态方程:

$$\widetilde{T}_t = \frac{1}{\chi}(\widetilde{Y}_t - \widetilde{Y}_t^*) - \frac{1-\chi}{\chi}(\widetilde{G}_t - \widetilde{G}_t^*). \quad (16.63)$$

当区域 H 产品增加时,产品价格下降,贸易条件恶化,$\widetilde{T}_t$ 上升;当区域 F 产品增加时,区域 F 产品价格下降,区域 H 贸易条件改善,$\widetilde{T}_t$ 下降;区域 H 产出不变,区域 H 政府支出增加,区域 H 产品价格上升,区域 H 贸易条件改善,$\widetilde{T}_t$ 下降;区域 F 产出不变,区域 F 政府支出增加,区域 F 产品价格上升,区域 H 贸易条件恶化,$\widetilde{T}_t$ 上升。

政府财政约束条件式(16.23)、式(16.24)可线性化为:

$$\mathrm{FT}_t = -(\tau+\tau^w)\widetilde{Y}_t - (\tau+\tau^w-1+\chi)(\gamma-1)\widetilde{T}_t - \tau^w\widetilde{w}_t + (1-\chi)\widetilde{G}_t$$
$$- (\tau+\tau^w-1+\chi)\gamma\hat{A}_t + (\tau+\tau^w-1+\chi)(\gamma-1)\hat{A}_t^*, \quad (16.64)$$

$$-\mathrm{FT}_t = -(\tau+\tau^w)\widetilde{Y}_t^* + (\tau+\tau^w-1+\chi)(\gamma-1)\widetilde{T}_t - \tau^w\widetilde{w}_t^* + (1-\chi)\widetilde{G}_t^*$$
$$- (\tau+\tau^w-1+\chi)\gamma\hat{A}_t^* + (\tau+\tau^w-1+\chi)(\gamma-1)\hat{A}_t. \quad (16.65)$$

式(16.64)、式(16.65)说明了产出、贸易条件、实际工资及政府支出对转移支付的影响。当区域 H 产出缺口、实际工资缺口增加时,需要区域 F 对区域 H 进行转移支付,以增加区域 H 政府支出,刺激产出,提高工资;贸易条件缺口对转移支付的影响取决于 $\tau+\tau^w-1+\chi$ 是否大于 0;当区域 H 政府支出缺口增加时,区域 F 应对区域 H 进行转移支付以满足政府财政约束。区域 F 和区域 H 相反。

第四节　最优转移支付规则

一、特殊情况

我们分析两区域价格黏性、工资黏性相同这一特殊情况。定义 $X_t^U \equiv \frac{1}{2}X_t + \frac{1}{2}X_t^*$,$X_t^R \equiv X_t - X_t^*$。$X_t^U$ 可以用来描述一国变量,X_t^R 用来表示两区域经济的非对称性。

价格通货膨胀方程可写为：

$$\pi_t^U = k(\widetilde{w}_t^U + \hat{\mu}_t^U) + \beta E_t \pi_{t+1}^U, \qquad (16.66)$$

$$\pi_t^R = k(\widetilde{w}_t^R + \hat{\mu}_t^R) + \beta E_t \pi_{t+1}^R, \qquad (16.67)$$

其中，$k \equiv (1-\alpha)(1-\alpha\beta)/\alpha$。式（16.66）是一国的新凯恩斯菲利普斯曲线。一国实际工资增加，产品边际成本增加，出现通货膨胀。式（16.67）体现了区域价格通货膨胀之间的差异。区域间实际工资差异越大，通货膨胀差异也越大。

工资通货膨胀方程可写为：

$$\pi_t^{wU} = k^w \left(\frac{1}{\chi} \widetilde{Y}_t^U - \frac{1-\chi}{\chi} \widetilde{G}_t^U - \widetilde{w}_t^U + \hat{\mu}_t^{wU} \right) + \beta E_t \pi_{t+1}^{wU}, \qquad (16.68)$$

$$\pi_t^{wR} = k^w \left(\frac{1}{\chi} \widetilde{Y}_t^R - \frac{1-\chi}{\chi} \widetilde{G}_t^R - \widetilde{w}_t^R + \hat{\mu}_t^{wR} \right) + \beta E_t \pi_{t+1}^{wR}, \qquad (16.69)$$

其中，$k^w \equiv (1-\alpha^w)(1-\alpha^w\beta)/\alpha^w$。式（16.68）是一国的工资通货膨胀方程。产出缺口增加，工资出现通货膨胀。而一国政府支出缺口、实际工资缺口增加，工资出现通货紧缩。式（16.69）体现了区域工资通货膨胀的差异。产出缺口差异越大，工资通货膨胀差异越大；而政府支出缺口差异及实际工资差异越大，工资通货膨胀差异则越小。

新凯恩斯 IS 曲线可写为：

$$\widetilde{Y}_t^U = E_t \widetilde{Y}_{t+1}^U - \chi(\hat{R}_t - E_t \pi_{t+1}^U - E_t \Delta \hat{A}_{t+1}^U) - (1-\chi)\Delta \widetilde{G}_{t+1}^U, \qquad (16.70)$$

$$\widetilde{Y}_t^R = E_t \widetilde{Y}_{t+1}^R - \chi(-E_t \pi_{t+1}^R - E_t \Delta \hat{A}_{t+1}^R) - (1-\chi)\Delta \widetilde{G}_{t+1}^R, \qquad (16.71)$$

式（16.70）是一国的新凯恩斯 IS 曲线。利率上升时，一国整体消费下降，这导致一国产出下降。一国政府支出上升时，需求上升，将导致产出上升。式（16.71）体现了区域政府支出差异和产出差异的关系。政府支出差异越大，产出差异越大。一个正的不对称技术冲击，将导致区域 H 相对于区域 F 的产出缺口下降。

贸易条件路径可写为：

$$\widetilde{T}_t = \frac{1}{\chi} \widetilde{Y}_t^R - \frac{1-\chi}{\chi} \widetilde{G}_t^R. \qquad (16.72)$$

区域 H 产出缺口相比区域 F 增加时，区域 H 产品相对价格下降，区域 H 贸易条件恶化，$\widetilde{T}_t$ 上升。区域 H 政府支出缺口相对区域 F 增加时，区域 H 产品需求增加，价格上升，区域 H 贸易条件改善，$\widetilde{T}_t$ 下降。反之亦然。

由转移支付时的两区域政府预算约束条件可得：

$$(\tau + \tau^w)\widetilde{Y}_t^U + \tau^w \widetilde{w}_t^U - (1-\chi)\widetilde{G}_t^U + (\tau + \tau^w - 1 + \chi)\hat{A}_t^U = 0, \qquad (16.73)$$

$$\mathrm{FT}_t = -\frac{\tau + \tau^w}{2}\widetilde{Y}_t^R + (\tau + \tau^w - 1 + \chi)(1 - \gamma)\widetilde{T}_t - \frac{\tau^w}{2}w_t^R + \frac{1 - \chi}{2}\widetilde{G}_t^R$$

$$+ \frac{(1 - \chi - \tau - \tau^w)(2\gamma - 1)}{2}\hat{A}_t^R. \tag{16.74}$$

不存在转移支付时,式(16.74)为:

$$-\frac{\tau + \tau^w}{2}\widetilde{Y}_t^R + (\tau + \tau^w - 1 + \chi)(1 - \gamma)\widetilde{T}_t - \frac{\tau^w}{2}w_t^R$$

$$+ \frac{1 - \chi}{2}\widetilde{G}_t^R + \frac{(1 - \chi - \tau - \tau^w)(2\gamma - 1)}{2}\hat{A}_t^R = 0. \tag{16.75}$$

式(16.73)是一国的财政约束,式(16.74)为转移支付规则。在确定相关变量的动态路径后,就可以确定转移支付的动态路径。存在转移支付时,由于式(16.74)对应的拉格朗日乘子为 0,式(16.74)将不是一个约束条件。如果不存在转移支付,约束条件为式(16.73)、式(16.75)。

一国的福利函数为两区域福利的加权平均。根据 Woodford(2003)的二阶线性近似方法,我们可得到福利损失函数:

$$W = -\frac{1}{4}E_0\sum_{t=0}^{\infty}\beta^t\left(2(\widetilde{Y}_t^W)^2 + \frac{1}{2}(\widetilde{Y}_t^R)^2 + \frac{2\theta}{k}(\pi_t^W)^2 + \frac{\theta}{2k}(\pi_t^R)^2\right.$$

$$\left. + \frac{2\theta^w}{k^w}(\pi^{wW})^2 + \frac{\theta^w}{2k^w}(\pi_t^{wR})^2\right) + \mathrm{tip} + O(\|\xi\|^3), \tag{16.76}$$

其中,tip 表示政策无关项,它包括外生冲击项及常数项;$O(\|\xi\|^3)$ 表示三阶及高于三阶项。由式(16.76)可知,福利损失函数与一国整体产出缺口、价格通货膨胀、工资通货膨胀、两区域产出缺口之差、价格通货膨胀之差、工资通货膨胀有关。一国产出缺口越大、通货膨胀越高,福利损失越大;两区域产出缺口、通货膨胀差异越小,福利损失越小。价格黏性和工资黏性越小时,α 及 α^w 越趋近于 0,k 及 k^w 越趋近于无穷大,价格和工资通货膨胀的福利损失越小。

中央银行以及各区域财政当局在约束条件式(16.66)—式(16.74)及初始条件约束下,选择变量 $\{\widetilde{Y}_t^W, \widetilde{Y}_t^R, \pi_t^W, \pi_t^R, \pi_t^{wW}, \pi_t^{wR}, \hat{R}_t, \widetilde{T}_t, \widetilde{G}_t^W, \widetilde{G}_t^R, \mathrm{FT}_t\}$ 最大化福利损失函数。由一阶条件可得:

$$\widetilde{Y}_t^R = 0. \tag{16.77}$$

式(16.77)意味着最优转移支付应使两区域产出缺口之差为 0。当不存在转移支付时,式(16.77)不成立。

由一阶条件还可得到:

$$\pi_t^U + \frac{(1 + \tau^w)}{\theta(1 - \tau - \tau^w)}\widetilde{Y}_t^U - \frac{(1 + \tau^w)}{\theta(1 - \tau - \tau^w)}\widetilde{Y}_{t-1}^U = 0, \tag{16.78}$$

$$\pi_t^{wU} + \frac{\chi}{\theta^w(1-\tau-\tau^w)}\widetilde{Y}_t^U - \frac{\chi}{\theta^w(1-\tau-\tau^w)}\widetilde{Y}_{t-1}^U = 0. \tag{16.79}$$

式(16.78)、式(16.79)是最优价格通货膨胀和工资通货膨胀目标规则,中央银行应使价格通货膨胀和工资通货膨胀钉住产出缺口增长率。

由式(16.78)、式(16.79)可以得到:

$$\pi_t^{wU} - \frac{\theta\chi}{\theta^w(1+\tau^w)}\pi_t^U = 0. \tag{16.80}$$

式(16.80)表明了价格通货膨胀和工资通货膨胀的关系。工资通货膨胀将增加产品边际成本从而导致价格上升,同时价格通货膨胀将导致工资购买力减少,劳动供给者将要求工资上升。式(16.80)结合式(16.66)、式(16.68)、式(16.70)、式(16.73)可以刻画一国整体变量 $\{\widetilde{Y}_t^U, \pi_t^U, \pi_t^{wU}, \widetilde{G}_t^U, \hat{R}_t\}$ 的动态路径。这意味着一国整体变量并不因转移支付而改变。

据上所述,我们有:

推论 16.1 当两区域价格黏性、工资黏性均相同时,转移支付不改变一国整体变量。

推论 16.1 意味着如果两区域遭受的冲击大小相同,方向相反,一国整体变量将不会波动。在转移支付作用下,两区域产出缺口波动均将消除。当两区域价格及工资均为弹性时,转移支付可消除所有扭曲,实现最优配置。

二、一般情况

一般情况下的福利损失函数可表示为:

$$W = -\frac{1}{4}E_0\sum_{t=0}^{\infty}\beta^t\left[\widetilde{Y}_{Ht}^2 + \widetilde{Y}_{Ft}^2 + \frac{\theta}{k_H}\pi_{Ht}^2 + \frac{\theta}{k_F}\pi_{Ft}^2 + \frac{\theta^w}{k_H^w}\pi_{Ht}^{w2} + \frac{\theta^w}{k_F^w}\pi_{Ft}^{w2}\right]$$
$$+ \text{tip} + O(\parallel\xi\parallel^3), \tag{16.81}$$

和特殊情况时一致,当两区域价格弹性、工资黏性不同,由一阶条件同样可得到最优转移支付规则式(16.77)[①]。因此,我们有:

推论 16.2 最优转移支付规则应使两区域产出缺口之差为 0。

推论 16.2 说明,无论遭受技术冲击、成本冲击,还是其他冲击,区域之间进行转移支付应保证产出缺口一致。当一区产出缺口大于另一区时,该区对另一区进行转移支付,该区政府支出减少,另一区政府支出增加,这将使该区产出缺口下降,另一区产出缺口上升,最终实现两区产出缺口相同。此规则是在整个国家福利最大化的基础上求得的,相比其他规则,如钉住消费缺口差、价格通货膨胀、工

---

① 因篇幅所限从略,请感兴趣的读者向作者索取。

资通货膨胀、政府支出缺口差等,更能改善一国福利。

但是在一般情况下,我们不能得出推论 16.1 的结论[①]。因此,我们有:

推论 16.3 当一国成员国价格黏性、工资黏性不同,转移支付不仅会改变区域相对变量,也会改变整体变量。

当区域产品替代弹性为 1 时,即使国际金融市场是不完善的,本章仍能得到消费风险分担条件。那么消费风险分担条件和最优转移规则的福利有何差异?

由风险分担条件可得:

$$\widetilde{C}_t - \widetilde{C}_t^* + (1 - 2\gamma)\widetilde{T}_t = 0. \tag{16.82}$$

根据两区域产品出清条件可得:

$$\widetilde{Y}_t = \chi\widetilde{C}_t + (1 - \chi)\widetilde{G}_t + \chi(1 - \gamma)\widetilde{T}_t, \tag{16.83}$$

$$\widetilde{Y}_t^* = \chi\widetilde{C}_t^* + (1 - \chi)\widetilde{G}_t^* - \chi(1 - \gamma)\widetilde{T}_t, \tag{16.84}$$

由以上三式可得:

$$\widetilde{Y}_t - \widetilde{Y}_t^* = (1 - \chi)(\widetilde{G}_t - \widetilde{G}_t^*) + \chi\widetilde{T}_t. \tag{16.85}$$

由式(16.85)可知,风险分担条件不能保证两区域产出缺口差为 0,转移支付能够改善一国的福利。即使不存在本土偏好,两区域价格相等,消费缺口差为 0,也不能实现转移支付效果。

如果将财政均等表示为两区政府支出缺口相等,由式(16.85)可知,一般情况下,以财政均等为目标的转移支付福利无法实现福利最大化。只有当 χ 为 0 时,即稳态时不存在居民消费,财政均等才和最优转移支付福利相等。当 χ 为 1,消除产出缺口差的规则等于消除消费缺口差。不过,χ 为 0 或为 1 均不现实。据上所述,我们有:

推论 16.4 χ 不为 0 时,财政均等和最优转移支付不一致;χ 为 0 时,两者一致。

最优的转移支付应该使两区域产出缺口差异为 0。由于无法得出其他变量具体表达式,下文将通过数值模拟描述其动态路径。本章参数主要参考 Zhang(2009),该文中没有的参数,再根据其他文献选择。季度贴现率 β 取 0.98,则无风险季度利率约为 2%;θ 为产品替代弹性,取 4.61;劳动替代弹性 θ^w 取 2;α_H 取 0.84;为了体现两区域价格黏性不同,α_F 取 0.8。工资黏性大于价格,α_H^w 取 0.6,α_F^w 取 0.5;χ 为稳态下消费占产出的比重,取 37%(简志宏等,2012);销售税 τ 取 0.17,工资税 τ^w 取 0.2(郭长林等,2013);本土偏好 γ 大于 0.5,取 0.6,下文会对其进行敏感性分析。本章的结论与冲击类型无关,鉴于技术冲击是主要冲击,本章只对技术冲击进行数值模拟,后文会就不同冲击下的福利进行敏感性分析。假设冲击服从 AR(1)过

---

① 因篇幅所限从略,请感兴趣的读者向作者索取。

程,且一阶自回归项系数为 0.95,冲击标准差为 0.023(简志宏等,2012)。

图 16.1 是最优转移支付规则和无转移支付的脉冲响应比较。技术冲击使区

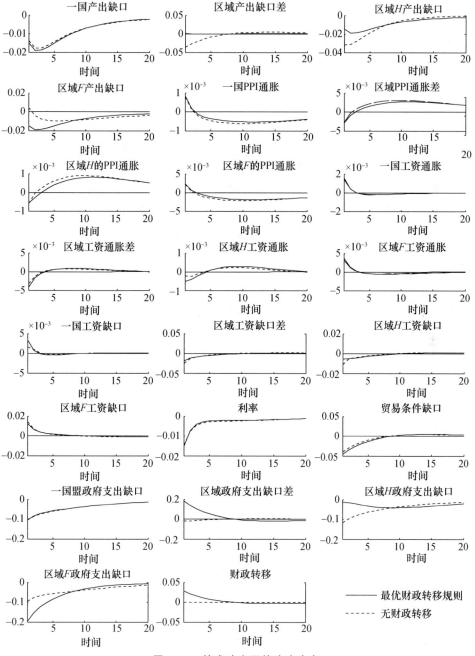

图 16.1　技术冲击下的脉冲响应

域 H 产出上升,但是小于产出自然率的上升,区域 H 产出缺口下降。区域 H 产出上升时,消费上升,消费的边际效用减少,实际工资上升,但小于工资自然率的上升,因此工资缺口下降。根据工资通货膨胀方程,产出缺口下降,名义工资出现通货紧缩。工资降低将导致区域 H 产品边际成本下降,从而出现区域 H 的PPI(生产价格指数)通货紧缩。为了抑制区域 H 产出缺口下降,一国利率将下降。同时政府支出上升,但是上升幅度小于产出自然率,区域 H 政府支出缺口下降。随着利率下降,政府支出增加,区域 H 产出缺口下降幅度逐渐减小,进一步区域 H 工资缺口下降幅度也减少,这导致区域 H 工资通胀、PPI通胀逐步上升。

一国利率下降,区域 F 产出缺口上升,将导致区域 F 消费增加,区域 F 消费的边际效用递减,此时需要工资上升以弥补效用损失,导致区域 F 的工资和工资通货膨胀上升。区域 F 工资的上升导致区域 F 产品边际成本上升,区域 F 出现PPI通胀。为了抑制产出缺口的上升,区域 F 政府支出减少。随着区域 F 政府支出的减少,区域 F 产出缺口开始下降,进一步区域 F 工资缺口、工资通胀及PPI通胀下降。

当区域 F 对区域 H 进行转移支付时,区域 H 政府支出相比无转移支付时增加,区域 H 产出缺口下降幅度小于不存在转移支付时。工资缺口亦如是。同时区域 F 政府支出较不存在转移支付时下降,从而产出缺口上升幅度下降,进而工资缺口上升幅度也下降。从图16.1中还可以看出,当一国成员国价格黏性和工资黏性不相等时,转移支付不仅会改变一国整体变量,还会缩小区域产出缺口差异。表16.1数值模拟的各变量标准差也证明了这一点。福利分析表明转移支付能够改善一国的福利。[①]

表 16.1　主要变量标准差

	无转移支付	最优转移支付规则
一国产出缺口	0.0252	0.0257
区域产出缺口之差	0.0580	0.0000
区域 H 产出缺口	0.0512	0.0257
区域 F 产出缺口	0.0183	0.0257
一国价格通胀	0.0011	0.0010
区域价格通胀之差	0.0082	0.0076
区域 H 价格通胀	0.0030	0.0029
区域 F 价格通胀	0.0051	0.0047
一国工资通胀	0.0010	0.0010

---

① 福利损失为消费等价(Lucas,2003)。根据Woodford(2003)及Gali(2008),本章将其表示为两国产出缺口、价格通胀及工资通胀方差的函数。

（续表）

	无转移支付	最优转移支付规则
区域工资通胀之差	0.0039	0.0051
区域 H 工资通胀	0.0012	0.0017
区域 F 工资通胀	0.0029	0.0035
福利损失	0.0028	0.0022

三、简单规则

如前文所述,最优转移支付规则应使两区域产出缺口之差为 0,这和 Evers (2012)不同。Evers(2012)是通过比较不同简单规则的福利来确定最优简单规则,而本章则通过模型推导出最优规则。如 Evers(2012),下文比较最优规则和其他简单规则的差异。简单规则分别为使两区域产出缺口差、消费缺口差、价格通胀差及工资通胀差为 0。简单规则选择产出缺口、价格通胀及工资通胀是因为,根据福利损失函数这三个指标是影响福利损失的最重要因素,而选择消费缺口是为了比较消费风险分担条件下的福利和最优规则福利的差异。

我们将简单规则 $\widetilde{X}_t^R = 0$,替代针对转移支付的一阶条件,结合约束条件,进行数值模拟。表 16.2 比较了不同简单规则的福利。由表 16.2 可知,消除产出缺口差的简单规则转移支付福利与最优规则一致。消除其他变量差的简单规则转移支付福利出现负值,这意味着如果转移支付钉住这些规则,转移支付将有损一国的福利。在 Evers(2012)中,消除名义产出缺口差并不是最优的(本章是消除实际产出缺口差),最优规则是钉住综合指标,其次是钉住工资收入。

表 16.2　不同简单规则福利比较 I

	最优规则	产出缺口差	消费缺口差	价格通胀差	工资通胀差
区域 H 产出缺口	0.0257	0.0257	3.1990	296.2289	0.1566
区域 F 产出缺口	0.0257	0.0257	3.1970	296.2498	0.1305
区域 H 价格通胀	0.0029	0.0029	0.0096	0.0304	0.0039
区域 F 价格通胀	0.0047	0.0047	0.0150	0.0304	0.0067
区域 H 工资通胀	0.0017	0.0017	0.0115	0.2096	0.0009
区域 F 工资通胀	0.0035	0.0035	0.0115	0.2097	0.0009
福利所得	0.0006	0.0006	-6.4103	-5.4900×10^4	-0.0131

注:第二列为最优转移支付规则,后四列为简单规则。最后一行为福利所得,其他为各变量标准差。福利所得为转移支付的福利损失减去无转移支付的福利损失。

以上消除两区域某经济指标差异的目标规则,是 Evers(2012)采取的方式,这种方式并不能保证所有简单规则的福利所得为正。另一种目标规则是 Engler and Voigts(2013)采取的将转移支付表示为某个指标的函数,即:

$$\text{FT}_t = \varphi \widetilde{X}_t^R. \tag{16.86}$$

当转移支付钉住产出缺口差时,$\varphi < 0$,其意味着,区域 H 产出缺口小于区域 F 产出缺口时,区域 F 对区域 H 进行转移,区域 H 政府支出增加,产出上升,产出缺口增加。同时,区域 F 政府支出减少,区域 F 产出下降,从而区域 F 产出缺口减少。反之亦然。这个简单规则有利于减少一国经济的不对称性。Engler and Voigts(2013)是通过人为给 φ 赋值的方式设定简单规则,其规则并不是最优的。本章通过 Dynare 软件的 Optimal Sample Rule(OSR)函数,可得到钉住产出缺口差的简单规则最优值 $\varphi = -17.2934$。类似地,可以得到钉住消费缺口差、价格通胀差及工资通胀差的简单规则。从表 16.3 中可以看出,钉住产出缺口差的转移支付规则和最优规则效果的一致。和第一种简单规则一致,钉住其他指标的转移支付福利均小于钉住产出缺口差的简单规则。

表 16.3   不同简单工具规则福利比较 Ⅱ

	产出缺口差	消费缺口差	价格通胀差	工资通胀差
区域 H 产出缺口	0.0257	0.0364	0.0523	0.0480
区域 F 产出缺口	0.0257	0.0157	0.0136	0.0079
区域 H 价格通胀	0.0029	0.0028	0.0030	0.0030
区域 F 价格通胀	0.0047	0.0048	0.0051	0.0050
区域 H 工资通胀	0.0017	0.0014	0.0012	0.0013
区域 F 工资通胀	0.0035	0.0032	0.0029	0.0030
φ	-17.2934	-2.1353	-0.8717	-5.5762
福利所得	0.0006	0.0005	0	0.0002

注:最后一行为福利所得,其他为各变量标准差。

第五节   债 务 援 助

当地方政府之间不是通过转移支付来满足财政约束,而是通过债务援助,那么最优的债务规则是什么?其福利效应和转移支付有何区别?

当存在债务援助时,区域 H 财政约束条件为:

$$\delta R_{t-1} b_{t-1} \frac{P_{t-1}}{P_t} + \frac{P_{Ht}}{P_t} G_t = b_t + \tau \frac{P_{Ht}}{P_t} Y_t + \tau^w \frac{W_t}{P_t} L_t + \Gamma. \tag{16.87}$$

相应地,区域 F 政府预算约束为:

$$b_t + \frac{P_{Ft}}{P_t^*} G_t^* = \delta R_{t-1} b_{t-1} \frac{P_{t-1}^*}{P_t^*} + \tau \frac{P_{Ft}}{P_t^*} Y_t^* + \tau^w \frac{W_t^*}{P_t^*} L_t^* + \Gamma^*, \tag{16.88}$$

其中，b_t 为 t 期区域 F 对区域 H 的实际债务援助，稳态时为 0。δ 是归还债务的折扣，$\delta \geq 0$。式(16.88)可线性化为：

$$\hat{b} = \frac{\delta}{\beta}\hat{b}_{t-1} - (\tau + \tau^w)\widetilde{Y}_t - (\tau + \tau^w - 1 + \chi)(\gamma - 1)\widetilde{T}_t - \tau^w\widetilde{w}_t + (1 - \chi)\widetilde{G}_t$$

$$- (\tau + \tau^w - 1 + \chi)\gamma\hat{A}_t + (\tau + \tau^w - 1 + \chi)(\gamma - 1)\hat{A}_t^*, \tag{16.89}$$

$$- \hat{b}_t = -\frac{\delta}{\beta}\hat{b}_{t-1} - (\tau + \tau^w)\widetilde{Y}_t^* - (\tau + \tau^w - 1 + \chi)(\gamma - 1)\widetilde{T}_t - \tau^w\widetilde{w}_t^* + (1 - \chi)\widetilde{G}_t^*$$

$$- (\tau + \tau^w - 1 + \chi)\gamma\hat{A}_t^* + (\tau + \tau^w - 1 + \chi)(\gamma - 1)\hat{A}_t. \tag{16.90}$$

和转移支付一致，一国中央银行及各区域财政当局在约束条件下最大化福利函数，得到的一阶条件和约束条件可刻画内生变量的动态路径。

当 $\delta = 0$ 时，债务援助不需要归还，此时和转移支付一致。当 $0 < \delta < 1$ 时，区域 H 归还一部分债务及利息。图 16.2 是不同 δ 下的区域 H 政府债务脉冲响应。随着 δ 的增加，区域 H 要归还区域 F 的债务增加，区域 H 倾向于更多的借债。图 16.3 也显示随着 δ 的增加，区域 H 债务波动率增加。数值模拟还显示，当 $0 \leq \delta < 1$ 时，除了债务，其他变量的脉冲响应及标准差均相等，这意味着如果债务援助接受国只偿还一部分援助，则债务援助的效果和转移支付一致。图 16.4 福利分析也表明了这点。在最优债务援助规则下，两区域产出缺口差为 0。最优债务援助规则也应以消除两区域产出缺口差为目的。

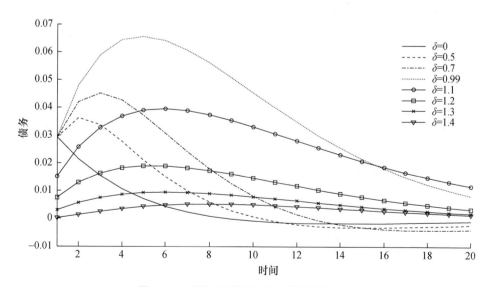

图 16.2 不同 δ 下的区域 H 债务脉冲响应

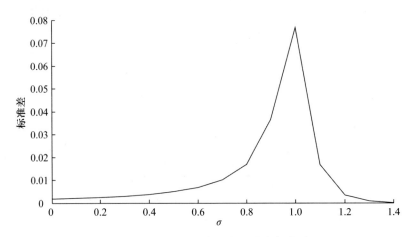

图 16.3　不同 δ 下的区域 H 债务标准差

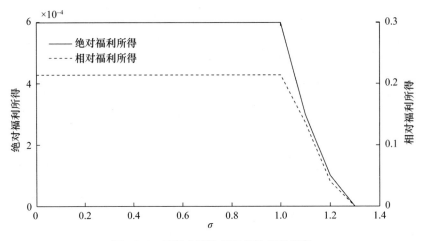

图 16.4　不同 δ 下的债务援助福利所得

当 $\delta=1$ 时,区域 H 按照市场利率进行借贷。由一阶条件可得:

$$\widetilde{Y}_t^R - E_t \widetilde{Y}_{t+1}^R = 0. \tag{16.91}$$

式(16.91)意味着产出缺口差是个单位根过程,这将导致经济系统不具有唯一的稳态。一个临时冲击将对产出缺口产生永久影响,产出缺口的理论方差趋于无穷大(Benigno and Woodford,2004)。为避免这种情况,本章在数值模拟时采用 $\delta=0.99$ 代替 $\delta=1$[①]。

---

① Schmitt-Crohe and Uribe(2003)和 Bodenstein(2011)探讨了多种处理单位根过程的方法。

$\delta > 1$ 意味着区域 H 债务存在风险溢价,利率高于无风险债务利率。脉冲响应图显示,当 $\delta > 1$ 时,随着 δ 的增加,区域 H 借债逐渐降低。图 16.2 也显示,$\delta > 1$ 时,随着 δ 的增加,债务波动也逐渐减低。这意味着随着风险溢价的增加,区域 H 愿意借贷的债务减少。债务援助福利逐渐减少,最后和没有债务援助时一致。这说明如果区域间的借贷需要支付的利率大于无风险利率,随着支付利率的增加,区域间的借贷会随着利率的增加而降低,债务援助的福利会逐步减少,最终为 0。

第六节 敏感性分析

本节就主要参数的变化对转移支付福利的影响进行敏感性分析。这些参数包括本土偏好 γ、消费产出比 χ、其他冲击类型(价格加成冲击、工资加成冲击)、冲击的自回归系数和标准差、价格黏性以及工资黏性。

一、本土偏好

随着区域本土偏好 γ 的增加,开放度降低,两区域价格差异会增加。根据风险分担条件,两区域消费差异增加。如图 16.5 所示,当不存在转移支付时,随着本土 γ 的增加,一国福利损失也增加。当存在转移支付时,转移支付保证了两区域产出缺口差异为 0,福利损失并没有随着本土偏好的增加而增加。这说明,随着本土偏好的增加,转移支付的福利所得增加。当不存在转移支付时,增加各区域开放度,促使经济融合,有利于稳定不对称冲击。

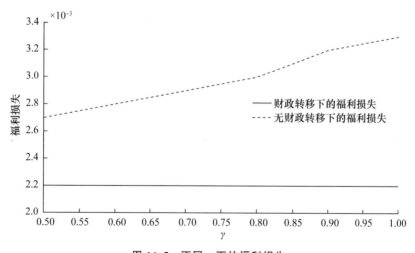

图 16.5 不同 γ 下的福利损失

二、消费产出比

图 16.6 显示,随着消费产出比 χ 的增加,无论有无转移支付,福利损失均下降,但是转移支付下的福利损失下降幅度小于无转移支付时,这意味着转移支付的福利所得随着 χ 的增加而减少。另外,即使各区域产出缺口、价格通胀及工资通胀波动率等没有发生改变,随着消费的增加,以消费等价衡量的福利损失也会减少。

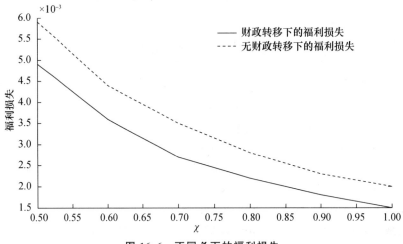

图 16.6　不同 χ 下的福利损失

三、价格、工资加成冲击

由表 16.4 可知,和技术冲击一致,当存在价格加成冲击或者工资加成冲击时,在转移支付下,区域 H 产出缺口波动下降,区域 F 产出缺口波动增加,两区域产出缺口差为 0。因此,无论何种冲击,最优的转移支付规则均是以消除两区域产出缺口为目的。福利分析表明,无论何种冲击,转移支付均能够改善一国的福利。

表 16.4　不同冲击类型转移支付福利分析

	价格加成冲击		工资加成冲击	
	无转移支付	转移支付	无转移支付	转移支付
区域 H 产出缺口	0.0588	0.0263	0.0773	0.0357
区域 F 产出缺口	0.0109	0.0263	0.0107	0.0357
区域 H 价格通胀	0.0033	0.0033	0.0034	0.0034
区域 F 价格通胀	0.0037	0.0040	0.0035	0.0039
区域 H 工资通胀	0.0036	0.0031	0.0041	0.0034
区域 F 工资通胀	0.0021	0.0015	0.0020	0.0013
福利损失	0.0028	0.0021	0.0036	0.0025

注:最后一行为福利损失,其他为各变量标准差。

四、冲击持久性、波动方差

对冲击持久性、波动方差进行的敏感性分析表明,随着冲击持久性及波动方差的增加,不管有无转移支付,一国的福利损失均增加。但是存在转移支付时,福利损失增加的幅度小于无转移支付时。这意味着转移支付的福利所得随着冲击持久性及波动方差的增加而增加。

五、价格、工资黏性

价格、工资黏性增加时,价格通胀和工资通胀的福利损失将增加。相反,价格、工资黏性减少时,价格通胀和工资通胀的福利损失将减少。当价格和工资均为弹性时,价格通胀和工资通胀将不影响福利。对价格黏性和工资黏性的敏感性分析表明,随着价格、工资黏性的增加,转移支付更有利于改善一国的福利。

第七节　总　　结

本章建立了一个价格和工资均为黏性的两区域新凯恩斯模型研究一国不同区域间的最优转移支付规则。本章中地方政府面临财政约束条件,不能通过征收状态依存的总量税及发行债券来满足财政约束,但是区域间可以通过转移支付,协调各区域政府支出,影响产出,进而影响整个一国的经济。本章认为最优的转移支付规则应使区域产出缺口差为 0。这个规则和冲击类型无关。福利分析表明,转移支付能够增加一国福利。本章比较了以钉住两区域产出缺口差、消费缺口差、价格通胀差及工资通胀差等四种简单规则的转移支付福利,发现以钉住产出缺口差的转移支付福利最大。本章还比较了债务援助和转移支付的效果。当受援区域只归还一部分债务及利息时,债务援助效果和转移支付一致。当债务的利率高于无风险债务利率时,债务援助效果不如转移支付。

敏感性表明,随着本土偏好的增加,转移支付的福利增加。当不存在转移支付时,增加一国各区域开放度,促进经济融合,有利于稳定不对称冲击。随着消费产出比的增加,无论有无转移支付,福利损失均出现下降,但是转移支付下的福利损失下降幅度大于无转移支付时。对价格加成冲击和工资加成冲击的数值模拟也表明,转移支付能够改善一国的福利,最优的转移支付规则应该以消除两区域产出缺口差为目的。当冲击越持久、冲击波动越大及价格黏性和工资黏性越大时,转移支付的福利越大。

本章建立的两区域新凯恩斯模型是一个基本模型,存在着进一步扩展的空间。本章模型的稳态是有效的,政府通过补贴纠正了垄断扭曲,但这种补贴并不一定存在,因此未来的进一步研究方向是建立一个稳态扭曲的模型。为了方便地推导出福利损失函数,本章中消费跨期替代弹性与区域产品替代弹性均为 1。当两者相同时,即使区域间金融市场是不完善的,消费风险分担条件仍成立。这将限制我们比较不完善金融市场和完善金融市场的转移支付规则及其福利差异,未来可采用一般化的产品替代弹性。本章假设只存在贸易品部门,而现实中还存在非贸易品部门。如果存在非贸易品部门,两区域价格将不相等。根据消费风险分担条件,两区域消费差异将增加,这意味着转移支付更加重要,未来可建立一个两区域两部门新凯恩斯模型研究一国不同区域间的转移支付。和标准新凯恩斯模型一样,本章分析的是短期情况,没有引入资本,未来还可以引入资本分析长期情况。

第十七章 基于新凯恩斯模型的最优需求管理政策研究
——不同风险分担下的最优转移支付规则

第一节 引　言

　　第十六章分析了最优区域间转移支付规则,该章假设居民面临的金融市场是完善的,可自由借贷,这与事实明显不符。当金融市场不完善时,如果两国产品替代弹性不为1,有效消费风险分担条件不再成立,这意味着财政转移更加重要。那么风险分担条件如何影响财政转移呢?

　　本章建立在 Farhi and Werning(2014)的基础上。Farhi and Werning(2014)利用 Gali and Monacelli(2008)的 n 国小型开放模型研究了货币联盟的最优转移支付规则。由于 Farhi and Werning(2014)假设各国产品替代弹性为1,此时即使金融市场是不完善的,两国居民通过贸易仍能实现有效消费风险分担条件。当产品替代弹性不为1时,如果金融市场不完善,有效消费风险分担条件不再成立。该文不能分析不完善金融市场的转移支付。

　　不同于 Farhi and Werning(2014)的小型开放模型,本章建立了一个两区新凯恩斯模型研究了不同消费风险分担条件下的转移支付,这有利于我们分析转移支付对各区福利的影响。本章首先分析了区域产品替代弹性为1这一特殊情况,给出了价格弹性时转移支付的表达式。价格弹性时,当遭受非对称技术冲击时,完善金融市场不需转移支付;当遭受成本冲击时,完善金融市场与不完善金融市场均需转移支付。价格黏性时,完善金融市场的风险分担条件不是最优的。不管金融市场是否完善,均需转移支付。非对称技术冲击时,外区向本区进行转移支付,以减轻本区通货紧缩和外区通货膨胀。非对称成本冲击时,本区向外区进行转移支付,以减轻本区通货膨胀和外区通货紧缩。福利分析表明,转移支付通过降低两区通货膨胀波动幅度,改善两区福利。

　　本章随后分析了区域产品替代弹性不为1的一般情况,同样给出了价格弹性时的转移支付表达式。存在转移支付时,不完善金融市场的消费风险分担条件和完善金融市场一致。黏性价格下,非对称技术冲击时,外区向本区进行转移支付,随区域产品替代弹性的增加,技术冲击变动导致贸易条件改变的程度减小,转移支付相应减少,而且不完善金融市场下的转移支付小于完善金融市场。非对称成

本冲击时,本区向外区进行转移支付,随产品替代弹性的增加,贸易条件对通货膨胀、产出的影响增大,转移支付相应增加来稳定冲击,而且不完善金融市场下的转移支付幅度大于完善金融市场。本土偏好越大,区域越封闭,区域消费差异越大,越需要转移支付。

本章与 Farhi and Werning(2014)的差异在于:(1) 不同于 Farhi and Werning(2014)的小国开放模型,本章建立了一个两区新凯恩斯模型。两区模型有利于我们分析转移支付对各区的福利影响。本章认为转移支付可以通过降低两区通货膨胀,改善两区福利。(2) Farhi and Werning(2014)的产品替代弹性为1,这是一个特殊情况,无法分析非完善金融市场的转移支付。本章建立了一个一般模型,分完善金融市场与不完善金融市场两种情况,分析了产品替代弹性对转移支付的影响。

第二节 基准模型

一、模型

假设一国由两区组成:本区和外区(外区变量用星号加以区别)。整个国家由一个中央银行制定货币政策,财政政策则由各区单独制定。整个国家的居民在$[0,1]$均匀分布,其中$[0,n]$在本区,$(n,1]$在外区。各区人口是固定的,不存在劳动力流动。每个居民既是消费者,也是生产者。每个居民提供的劳动是有差异的,同时所生产的产品也是有差异的。由于产品是有差异的,因此厂商之间是垄断竞争。另外,企业由居民所拥有。本章假设转移支付直接在居民间进行。

本章假设每个居民具有相同的偏好,消费的跨期替代弹性及劳动供给的工资弹性均为1。代表性居民最大化以下效用函数:

$$E \sum_{t=0}^{\infty} \beta^t (\ln C_t - \chi L_t), \tag{17.1}$$

其中,E 表示期望,β 是贴现因子,C_t 是消费指数;L_t 表示劳动时间。这种形式的效用函数形式有利于我们推导整个国家的二阶线性福利损失函数。

居民的约束条件为:

$$P_t C_t + E_t Q_{t,t+1} D_{t+1} \leqslant W_t L_t + D_t + \Pi_t - \Gamma_t, \tag{17.2}$$

其中,P_t 是价格水平,D_{t+1}是 t 期末居民持有的状态依存债券在 $t+1$ 期所获得的名义收益,$Q_{t,t+1}$是随机贴现因子,W_t 为名义工资,Π_t 为企业利润,Γ_t 为总量税。居民消费的产品包括本区产品 C_{Ht} 和外区产品 C_{Ft}。假设区域产品替代弹性为1,则消费指数 C_t 定义为:

$$C_t \equiv \frac{C_{Ht}^n C_{Ft}^{1-n}}{n^n (1-n)^{1-n}}. \tag{17.3}$$

式(17.3)中的 C_{Ht}、C_{Ft} 是一系列有差异产品的组合,根据 Dixit and Stiglitz (1977),定义为:

$$C_{Ht} \equiv \left[\left(\frac{1}{n}\right)^{1/\theta} \int_0^n C_{Ht}(h)^{(\theta-1)/\theta} \mathrm{d}h\right]^{\theta/(\theta-1)}, \tag{17.4}$$

$$C_{Ft} \equiv \left[\left(\frac{1}{1-n}\right)^{1/\theta} \int_n^1 C_{Ft}(f)^{(\theta-1)/\theta} \mathrm{d}f\right]^{\theta/(\theta-1)}, \tag{17.5}$$

其中,θ 是各区有差异产品的替代弹性,本章假设各区内部产品替代弹性是相同的;h、f 代表产品类型。

本区价格指数定义为:

$$P_t \equiv P_{Ht}^n P_{Ft}^{1-n}, \tag{17.6}$$

其中,本区和外区产品价格定义为:

$$P_{Ht} \equiv \left[\frac{1}{n} \int_0^n P_{Ht}(h)^{1-\theta} \mathrm{d}h\right]^{1/(1-\theta)}, \tag{17.7}$$

$$P_{Ft} \equiv \left[\frac{1}{1-n} \int_n^1 P_{Ft}(f)^{1-\theta} \mathrm{d}f\right]^{1/(1-\theta)}. \tag{17.8}$$

居民在式(17.2)及横截条件 $\lim\limits_{T \to \infty} E_t(Q_{tT} D_T) = 0$ 的约束下,最大化效用函数式(17.1),可得到最优劳动供给方程:

$$\chi \frac{W_t}{P_t} \frac{1}{C_t} = 1. \tag{17.9}$$

式(17.9)表示由劳动供给增加所产生的正效用正好等于增加劳动供给所产生的负效用。我们还可以得到欧拉方程:

$$\frac{1}{C_t} = \beta E_t\left(\frac{1}{C_{t+1}} \frac{P_t}{P_{t+1}} R_t\right), \tag{17.10}$$

其中,利率 $R_t \equiv (E_t Q_{t,t+1})^{-1}$。式(17.10)反映了最优消费路径。

同样地,我们可得到外区欧拉方程:

$$\frac{1}{C_t^*} = \beta E_t\left(\frac{1}{C_{t+1}^*} \frac{P_t^*}{P_{t+1}^*} R_t\right). \tag{17.11}$$

完善金融市场假设下,可由式(17.10)、式(17.11)得到消费风险分担条件:

$$C_t P_t = v \Phi_t C_t^* P_t^*, \tag{17.12}$$

其中,v 的值取决于各区初始条件。当各区初始条件对称时,$v=1$。消费风险分担条件意味着各区消费的边际替代率等于区域相对价格水平。区域产品替代弹性为 1 时,即使国际金融市场是不完全的,各区居民仍可以通过贸易实现完善金融市场下的消费风险分担条件(Cole and Obstfeld,1991)。Φ_t 为存在转移支付时对消费风险分担条件的偏离。无转移支付时,$\Phi_t=1$。由于不存在本土偏好,$P_t = P_t^*$,因此,$C_t = C_t^*$。这意味着,完善金融市场下,两区消费相等。

垄断企业生产函数如下：

$$Y_t(h) = A_t L_t(h),$$ (17.13)

其中，$Y_t(h)$ 表示 t 期本区 h 企业生产的产品，$L_t(h)$ 表示 t 期本区 h 企业的劳动力需求，A_t 表示 t 期本区生产技术。假设企业按照 Calvo（1983）方式每期以 $1-\alpha$ 的概率调整价格 $P_{Ht}(h)$ 以最大化未来期望利润：

$$E_t \sum_{T=t}^{\infty} \alpha_H^{T-t} Q_{t,T} \left[(1-\tau) P_{Ht}(h) Y_T(h) - W_T L_T(h) \right],$$ (17.14)

其中，τ 表示本区企业的税率，本章假设不变。可求得 t 期本区 h 企业最优定价问题的一阶条件：

$$E_t \sum_{T=t}^{\infty} \alpha_H^{T-t} Q_{t,T} \left[(1-\tau) \left(\frac{P_{Ht}(h)}{P_{HT}} \right)^{-\theta} Y_T - \mu W_T (P_{Ht}(h))^{-\theta-1} (P_{HT})^{\theta} \frac{Y_T}{A_T} \right] = 0,$$

(17.15)

其中，$\mu \equiv \dfrac{\theta}{\theta-1}$，表示价格加成。在下文中，我们假设政府通过补贴消除垄断扭曲，即 $\dfrac{\theta(1-\eta)}{(\theta-1)(1-\tau)} = 1$。$Y_t$ 为产出指数，定义为：

$$Y_t \equiv \left[\frac{1}{n} \int_0^n Y_{Ht}(h)^{(\theta-1)/\theta} \, dh \right]^{\theta/(\theta-1)}.$$ (17.16)

Calvo（1983）定价方式意味着价格遵循以下规则：

$$P_{Ht} = \left[\alpha_H P_{Ht-1}^{1-\theta} + (1-\alpha_H) P_{Ht}(h)^{1-\theta} \right]^{1/1-\theta}.$$ (17.17)

市场出清条件包括产品、劳动力及债券市场出清。这里给出产品市场出清条件：

$$Y_t(h) = \left(\frac{P_{Ht}(h)}{P_{Ht}} \right)^{-\theta} \left(n \left(\frac{P_{Ht}}{P_t} \right)^{-1} C_t + (1-n) \left(\frac{P_{Ht}}{P_t^*} \right)^{-1} C_t^* \right),$$ (17.18)

$$Y_t^*(f) = \left(\frac{P_{Ft}(h)}{P_{Ft}} \right)^{-\theta} \left((1-n) \left(\frac{P_{Ft}}{P_t^*} \right)^{-1} C_t^* + n \left(\frac{P_{Ft}}{P_t} \right)^{-1} C_t \right).$$ (17.19)

进一步，我们有：

$$Y_t = n \left(\frac{P_{Ht}}{P_t} \right)^{-1} C_t + (1-n) \left(\frac{P_{Ht}}{P_t} \right)^{-1} C_t^*,$$ (17.20)

$$Y_t^* = n \left(\frac{P_{Ft}}{P_t} \right)^{-1} C_t + (1-n) \left(\frac{P_{Ft}}{P_t} \right)^{-1} C_t^*.$$ (17.21)

二、模型线性化

如果初始条件接近稳态值，我们可采用 Woodford（2003）的线性近似方法来对本章所论述的非线性问题进行求解。对数线性化需首先求出模型各变量稳态值。在稳态情况下，不存在任何外生冲击，各变量路径稳定。假设稳态时 $A = A^*$ $= 1$，则 $Y = L, Y^* = L^*$。社会计划者在资源约束下最大化一国福利损失函数，可求得最优稳态配置为：$C=Y=L=C^*=Y^*=L^*=1$。

定义 $\hat{X}_t \equiv \log(X_t/X)$，表示黏性价格情况下 X_t 对稳态 X 的偏离；定义 $\hat{X}_t^n \equiv \log(X_t^n/X)$，表示弹性价格情况下 X_t 对稳态 X 的偏离；定义 $\widetilde{X}_t \equiv \hat{X}_t - \hat{X}_t^n$，$\widetilde{X}_t$ 表示 $\hat{X}_t$ 与其自然率 $\hat{X}_t^n$ 之间的缺口。定义 $X_t^U \equiv nX_t + (1-n)X_t^*$，$X_t^R \equiv X_t - X_t^*$，另定义 $\pi_t^U \equiv \frac{1}{2}\pi_{Ht} + \frac{1}{2}\pi_{Ft}$，$\pi_t^R \equiv \pi_{Ht} - \pi_{Ft}$，即将一国变量表示为两区加权之和及两区之差的形式。X_t^U 可以用来描述一国变量，X_t^R 用来表示两区经济的不对称性。下面我们给出黏性价格下的福利损失函数及线性约束条件的表达式，这些约束包括各部门的新凯恩斯菲利普斯曲线、贸易条件路径[①]。

整个国家的福利函数为两区福利的加权平均：

$$WL = E_0 \sum_{t=0}^{\infty} \beta^t (nU_t + (1-n)U_t^*). \tag{17.22}$$

假设稳态时政府通过补贴可以消除垄断造成的扭曲。根据 Woodford(2003) 的二阶线性近似方法，我们可以得到福利损失函数：

$$WL = -\frac{1}{2}E_0 \sum_{t=0}^{\infty} \beta^t \left[n\widetilde{Y}_t^2 + (1-n)\widetilde{Y}_t^{*2} + \frac{n\theta}{k}\pi_{Ht}^2 + \frac{(1-n)\theta}{k^*}\pi_{Ft}^2 + n(1-n)\hat{\Phi}_t^2 \right]$$
$$+ \text{tip} + O(\|\xi\|^3), \tag{17.23}$$

其中，tip 表示政策无关项，包括外生冲击项及常数项，$O(\|\xi\|^3)$ 表示三阶及高于三阶项，$k \equiv \frac{(1-\alpha)(1-\alpha\beta)}{\alpha}$，$k^* \equiv \frac{(1-\alpha^*)(1-\alpha^*\beta)}{\alpha^*}$，$\widetilde{Y}_t \equiv \hat{Y}_t - \hat{A}_t$，$\widetilde{Y}_t^* \equiv \hat{Y}_t^* - \hat{A}_t^*$。$\hat{A}_t$、$\hat{A}_t^*$ 分别为 $\hat{Y}_t$、$\hat{Y}_t^*$ 的自然率，即 $\hat{Y}_t^n \equiv \hat{A}_t$，$\hat{Y}_t^{*n} \equiv \hat{A}_t^*$。由式(17.23)可知，福利损失函数与各区产出缺口及通货膨胀率有关。产出缺口越大或者通货膨胀率越高，福利越小。价格黏性越小，α 越趋近于 0，k 越趋近于无穷大。这说明价格黏性越小，通货膨胀对福利的影响越小。转移支付的存在意味着对消费风险分担条件的偏离，转移支付越大对福利损失的影响越大。

线性化企业定价规则式(17.15)、式(17.17)及外区相应方程，可得各区新凯恩斯菲利普斯曲线：

$$\pi_{Ht} = k(\widetilde{Y}_t + (1-n)\hat{\Phi}_t + \hat{\mu}_t) + \beta E_t \pi_{Ht+1}, \tag{17.24}$$

$$\pi_{Ft} = k^*(\widetilde{Y}_t^* - n\hat{\Phi}_t + \hat{\mu}_t^*) + \beta E_t \pi_{Ft+1}, \tag{17.25}$$

其中，$\hat{\mu}_t$、$\hat{\mu}_t^*$ 分别为两区的成本冲击。式(17.24)、式(17.25)表明，其他条件不

---

① 因篇幅所限从略，感兴趣的读者可向作者索取。

变,产出增加会使边际成本增加,从而使产品价格上升,发生通货膨胀。价格黏性越小,k 及 k^* 越大,产出增加带来的通货膨胀越高。当存在转移支付时,本区消费增加,本区产品价格上升,外区消费减少,外区产品价格下降。本章消费跨期替代弹性、两区产品替代弹性均为 1,贸易条件的支出转换(expenditure-switching)效应消失,贸易条件不再影响产品边际成本。成本冲击的存在意味着产出缺口和通货膨胀之间存在权衡(trade-off)关系,这也意味着转移支付的必要性。

消费风险分担条件可写为:

$$\hat{T}_t = \widetilde{Y}_t - \widetilde{Y}_t^* + \hat{A}_t - \hat{A}_t^*, \tag{17.26}$$

其中,$\hat{T}_t$ 为贸易条件。式(17.26)体现了贸易条件和各区产出缺口差异的关系。当本区产品增加时,产品价格下降,贸易条件恶化,$\hat{T}_t$ 上升;当外区产品增加时,外区产品价格下降,本区贸易条件改善,$\hat{T}_t$ 下降。

根据贸易条件的定义,还可得到贸易条件和各区通货膨胀差异的关系:

$$\hat{T}_t = \hat{T}_{t-1} + \pi_{Ft} - \pi_{Ht}. \tag{17.27}$$

一国遭受冲击时,如果稳定产出缺口,冲击将影响贸易条件,进而影响两区通货膨胀,因此,产出缺口和通货膨胀存在权衡关系。

三、最优转移支付政策

中央银行和各区财政当局在式(17.24)—式(17.27)的约束下,选择变量 $\{\widetilde{Y}_t, \widetilde{Y}_t^*, \pi_{Ht}, \pi_{Ft}, \hat{T}_t, \hat{\Phi}_t\}$ 最大化福利损失函数式(17.23)。一阶条件和约束条件一起可描述变量路径。

(一)弹性价格

当价格弹性时,通货膨胀将不是福利损失。福利损失函数为:

$$WL = -\frac{1}{2} E_0 \sum_{t=0}^{\infty} \beta \left[n\widetilde{Y}_t^2 + (1-n)\widetilde{Y}_t^{*2} + n(1-n)\hat{\Phi}_t^2 \right] + tip + O(\|\xi\|^3). \tag{17.28}$$

由新凯恩斯菲利普斯曲线可得:

$$\widetilde{Y}_t + (1-n)\hat{\Phi}_t + \hat{\mu} = 0, \tag{17.29}$$

$$\widetilde{Y}_t^* - n\hat{\Phi}_t + \hat{\mu}_t^* = 0. \tag{17.30}$$

本区遭受技术冲击时,假设 $\widetilde{Y}_t$、$\widetilde{Y}_t^*$ 为 0,由式(17.26)、式(17.27)可得 $\pi_{Ft} - \pi_{Ht} = \Delta\hat{A}_t - \Delta\hat{A}_t^*$,两区通货膨胀随技术冲击改变。由于通货膨胀不是福利损失,此时一国的福利损失为 0,可以实现有效配置,不必进行转移支付。

本区遭受成本冲击时,由式(17.29)、式(17.30)可知,$\widetilde{Y}_t$、$\widetilde{Y}_t^*$、$\hat{\Phi}_t$ 不能同时为 0。当不存在转移支付时,$\widetilde{Y}_t = -\hat{\mu}$,本区产出缺口下降,福利损失增加。由于区域产品替代弹性为 1,贸易条件的支出转换效应不存在,外区产出缺口不变,$\widetilde{Y}_t^* = 0$,外区福利损失为 0。当存在转移支付时,最优的转移支付规则为 $\hat{\Phi}_t = -\frac{1}{2}\hat{\mu}_t^R$。

$\hat{\Phi}_t < 0$,本区向外区进行转移支付。转移支付应使外区分担一部分产出缺口的下降,使本区的产出下降幅度减少。相比无转移支付,本区消费下降,外区消费上升,本区产出上升、外区产出下降。

据上所述,我们有:

推论 17.1　弹性价格下,非对称技术冲击时,不需转移支付;非对称成本冲击时,本区向外区进行转移支付。

（二）黏性价格

首先本章分析两区价格黏性相同的情况。此时,一国福利损失函数可写为:

$$WL = -\frac{1}{2}E_0\sum_{t=0}^{\infty}\beta^t\left[\widetilde{Y}_t^{U2} + n(1-n)\widetilde{Y}_t^{R2} + \frac{\theta}{k}\pi_t^{U2} + \frac{\theta n(1-n)}{k}\pi_t^{R2} + n(1-n)\hat{\Phi}_t^2\right]$$
$$+ \text{tip} + O(\parallel\xi\parallel^3). \tag{17.31}$$

由式(17.31)可知,福利损失函数与一国产出缺口、一国通货膨胀、两区产出缺口之差及两区通货膨胀之差有关。一国产出缺口越大、通货膨胀越高,福利损失越大;两区产出缺口、通货膨胀差异越小,福利损失越小。

两区新凯恩斯菲利普斯曲线可写为:

$$\pi_t^U = k(\widetilde{Y}_t^U + \hat{\mu}_t^U) + \beta E_t\pi_{t+1}^U, \tag{17.32}$$

$$\pi_t^R = k(\widetilde{Y}_t^R + \hat{\Phi}_t + \hat{\mu}_t^R) + \beta E_t\pi_{t+1}^R. \tag{17.33}$$

式(17.32)是一国的新凯恩斯菲利普斯曲线。其他条件不变,一国产出增加会使边际成本增加,从而使产品价格上升,发生通货膨胀。式(17.33)体现了各区菲利普斯曲线之间的差异。区域产出差异越大,通货膨胀的差异也越大。

中央银行和各区财政当局在约束条件式(17.26)、式(17.27)、式(17.32)、式(17.33)下最大化福利损失函数式(17.31),可得各变量的动态路径。以上最优问题可分为两部分。中央银行和各区财政当局在式(17.32)的约束下,选择变量 $\{\widetilde{Y}_t^U, \pi_t^U\}$,最大化福利损失函数:

$$WL = -\frac{1}{2}E_0\sum_{t=0}^{\infty}\beta^t\left[\widetilde{Y}_t^{U2} + \frac{\theta}{k}\pi_t^{U2}\right] + \text{tip} + O(\parallel\xi\parallel^3). \tag{17.34}$$

一阶条件及约束条件式(17.32)可共同决定一国整体变量 $\{\widetilde{Y}_t^U, \pi_t^U\}$ 的动态路

径。由此可知,当区域价格黏性相同时,转移支付不影响一国整体变量。而且当遭受技术冲击时,一国整体产出缺口及通货膨胀均为0。

同时,中央银行和各区财政当局在式(17.26)、式(17.27)、式(17.33)的约束下,选择变量$\{\widetilde{Y}_t^R, \pi_t^R, \hat{T}_t, \hat{\Phi}_t\}$,最大化福利损失函数:

$$WL = -\frac{1}{2}E_0\sum_{t=0}^{\infty}\beta^t\left[n(1-n)\widetilde{Y}_t^{R2} + \frac{\theta n(1-n)}{k}\pi_t^{R2} + n(1-n)\hat{\Phi}_t^2\right]$$
$$+ \text{tip} + O(\parallel\xi\parallel^3). \tag{17.35}$$

一阶条件和约束条件可共同决定一国整体变量$\{\widetilde{Y}_t^R, \pi_t^R, \hat{T}_t, \hat{\Phi}_t\}$的动态路径,由此可知,当区域价格黏性相同时,转移支付只影响区域相对变量。

区域价格黏性不相同时,中央银行及各区财政当局在约束条件下,选择内生变量最大化福利损失函数。两区新凯恩斯菲利普斯曲线不能表示为两区和、差的形式,福利函数也不能表示为式(17.31)的形式。此时,转移支付将不仅影响一国整体变量,也影响区域相对变量。

据上所述,我们有:

推论 17.2　当区域价格黏性相同时,转移支付不影响一国整体变量,但是会影响区域相对变量;当区域价格黏性不同时,转移支付将不仅影响一国整体变量,也影响区域相对变量。

为了更直观地表达转移支付规则,本章将进行数值模拟。参数主要参考Zhang(2009)。季度贴现率β取0.98,则无风险季度利率约为2%;θ为产品替代弹性,取4.61;α取0.84;为了体现两区价格黏性不同,α^*取0.8;假设两区规模相同,n取0.5;假设所有冲击服从AR(1)过程,且一阶自回归项系数均为0.9,冲击方差取为0.01。

图17.1表示的是技术冲击脉冲响应。本区遭受技术冲击时,本区产出缺口下降,出现PPI通货紧缩,贸易条件上升。同时,外区产出上升,PPI通货膨胀上升。由表17.1可知,技术冲击下,通货膨胀导致的福利损失大于产出缺口。因此,转移支付应以稳定通货膨胀为主要目标。存在转移支付时,本区消费增加,工资上升,本区产品边际成本上升,通货紧缩减轻。同时,产出缺口下降幅度增加。外区消费的减少导致外区工资降低,产品边际成本下降,PPI通胀上升幅度降低,产出缺口上升幅度增加。转移支付通过降低两区通货膨胀波动幅度,改善两区福利。福利分析表明,转移支付不仅改善了遭受冲击区域的福利,还改善了另一区域的福利。

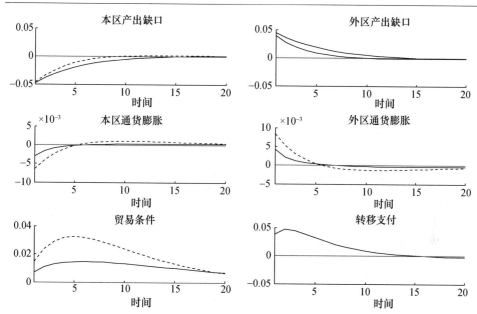

图 17.1　单位区域产品替代弹性时技术冲击脉冲响应

注:实线是转移支付时脉冲响应,虚线是无转移支付时脉冲响应。

表 17.1　单位区域产品替代弹性时技术冲击福利分析

	无转移支付		转移支付	
本区产出缺口	0.0531	(0.0887)	0.0630	(0.2142)
外区产出缺口	0.0660	(0.0914)	0.0895	(0.2883)
本区 PPI 通胀	0.0068	(0.3106)	0.0030	(0.0994)
外区 PPI 通胀	0.0133	(0.5093)	0.0061	(0.1830)
贸易条件	0.0999	(0)	0.0559	(0)
转移支付	0	(0)	0.0998	(0.2152)
本区福利损失	0.0063		0.0041	
外区福利损失	0.0143		0.0077	
一国福利损失	0.0095		0.0056	

注:前六行是各变量标准差,后三行是福利损失。括号内为各变量导致的福利损失比率。福利损失为消费等价(consumption equivalent)(Lucas,2003)。根据 Woodford(2003)及 Gali(2008),本章将其表示为两区产出缺口、价格通胀、转移支付方差的函数。

图 17.2 表示的是成本冲击脉冲响应。本区遭受成本冲击时,本区 PPI 通胀上升,产出下降以降低边际成本,抑制 PPI 通货膨胀的上升。同时,外区产出下降,出现通货紧缩。本区向外区进行转移支付,本区消费降低,这有利于降低成本冲击,

使 PPI 通货膨胀上升幅度下降。同时外区消费增加,外区 PPI 通胀下降幅度减少,
产出下降幅度增加。福利分析表明,转移支付可以改善两区福利(见表 17.2)。

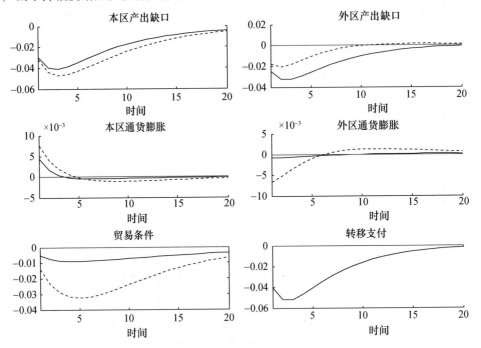

图 17.2　单位区域产品替代弹性时成本冲击脉冲响应

注:实线是转移支付时脉冲响应,虚线是无转移支付时脉冲响应。

表 17.2　单位区域产品替代弹性时成本冲击福利分析

	无转移支付		转移支付	
本区产出缺口	0.1269	(0.3558)	0.1033	(0.4153)
外区产出缺口	0.0388	(0.0222)	0.0757	(0.1488)
本区 PPI 通胀	0.0094	(0.4093)	0.0049	(0.2013)
外区 PPI 通胀	0.0103	(0.2127)	0.0016	(0.0087)
贸易条件	0.0985	(0)	0.0311	(0)
转移支付	0	(0)	0.1204	(0.2259)
本区福利损失	0.0173		0.0097	
外区福利损失	0.0080		0.0048	
一国福利损失	0.0136		0.0077	

注:前六行是各变量标准差,后三行是福利损失。括号内为各变量导致的福利损失比率。
福利损失为消费等价(Lucas,2003)。根据 Woodford(2003)及 Gali(2008),本章将其表示为两区
产出缺口、价格通胀、转移支付方差的函数。

第三节　产品替代弹性与转移支付

在基准模型中,本章假设区域产品替代弹性为 1,此时不需完善金融市场的存在,通过贸易也可实现有效风险分担条件。区域产品替代弹性不为 1 时,不完善金融市场将不能实现有效消费风险分担条件,这也意味着转移支付更加重要。那么国家产品替代弹性如何影响转移支付呢?

假设本区产品与外区生产的贸易品替代弹性为 ρ,$\rho \geqslant 1$,而且消费不存在本土偏好,则消费指数 C_t 定义为:

$$C_t \equiv \left[n^{\frac{1}{\rho}} C_{H_t}^{\frac{\rho-1}{\rho}} + (1-n)^{\frac{1}{\rho}} C_{F_t}^{\frac{\rho-1}{\rho}} \right]^{\frac{\rho}{\rho-1}}. \tag{17.36}$$

本区价格指数定义为:

$$P_t \equiv \left[n P_{H_t}^{1-\rho} + (1-n) P_{F_t}^{1-\rho} \right]^{\frac{1}{1-\rho}}. \tag{17.37}$$

市场出清条件可写为:

$$Y_t = n \left(\frac{P_{Ht}}{P_t} \right)^{-\rho} C_t + (1-n) \left(\frac{P_{Ht}}{P_t} \right)^{-\rho} C_t^*, \tag{17.38}$$

$$Y_t^* = n \left(\frac{P_{Ft}}{P_t} \right)^{-\rho} C_t + (1-n) \left(\frac{P_{Ft}}{P_t} \right)^{-\rho} C_t^*. \tag{17.39}$$

完善金融市场假设下,可得到消费风险分担条件:

$$C_t = C_t^*, \tag{17.40}$$

不完善金融时,区域间不存在债券交易①。由贸易收支平衡可得:

$$(1-n) P_{Ht}^{1-\rho} C_t^* = n P_{Ft}^{1-\rho} C_t, \tag{17.41}$$

当 $\rho=1$,且两区规模一致时,可得到完善金融市场下的消费风险分担条件。

一、完善金融市场的转移支付

首先,本章分析完善金融市场时的转移支付。福利损失函数为:

$$\mathrm{WL} = -\frac{1}{2} E_0 \sum_{t=0}^{\infty} \beta^t \left[\begin{array}{c} n(\hat{Y}_t - \hat{A}_t)^2 + (1-n)(\hat{Y}_t^* - \hat{A}_t^*)^2 + \frac{n\theta}{k} \pi_{Ht}^2 \\ + \frac{(1-n)\theta}{k^*} \pi_{Ft}^2 + n\rho(1-n)(1-\rho)\hat{T}_t^2 + n(1-n)\hat{\Phi}_t^2 \end{array} \right]$$
$$+ \mathrm{tip} + O(\| \xi \|^3), \tag{17.42}$$

各区新凯恩斯菲利普斯曲线为:

---

① 只有无风险债券的金融市场也是不完善金融市场,但是根据 Corsetti *et al.*(2008),无风险债券下的配置和完善金融市场很接近。另外,对于本章而言,存在无风险债券时很难求解模型。因此,本章中的不完善金融市场指的是不能交易任何债券。

$$\pi_{Ht} = k(\widetilde{Y}_t + (1-n)(1-\rho)\hat{T}_t + (1-n)\hat{\Phi}_t + \hat{\mu}) + \beta E_t \pi_{Ht+1}, \quad (17.43)$$

$$\pi_{Ft} = k^*(\widetilde{Y}_t^* - n(1-\rho)\hat{T}_t - n\hat{\Phi}_t + \hat{\mu}_t) + \beta E_t \pi_{Ft+1}. \quad (17.44)$$

式(17.43)、式(17.44)表明,当区域产品替代弹性 ρ 为 1 时,贸易条件不再通过新凯恩斯菲利普斯曲线影响消费、产出、通货膨胀,也不会进入福利损失函数式(17.42)。当 ρ 大于 1 时,本区贸易条件的恶化($\hat{T}_t$ 上升)将降低本区产品的边际成本,使本区通货膨胀下降;同时,增加外区产品的边际成本,使外区通货膨胀上升。此时两区产品在效用上是替代的,贸易条件的波动会改善一国的福利。

消费风险分担条件可写为:

$$\hat{T}_t = \frac{1}{\rho}\widetilde{Y}_t^R + \frac{1}{\rho}\hat{A}_t^R. \quad (17.45)$$

中央银行和各区财政当局在式(17.27)、式(17.43)—式(17.45)的约束下,选择变量$\{\widetilde{Y}_t, \widetilde{Y}_t^*, \pi_{Ht}, \pi_{Ft}, \hat{T}_t, \hat{\Phi}_t\}$最大化福利损失函数式(17.42)。一阶条件和约束条件一起可描述变量路径。

(一)弹性价格

由一阶条件可得到弹性价格下的最优转移支付规则:

$$\hat{\Phi}_t = -\frac{\rho}{1+\rho}\hat{\mu}_t^R. \quad (17.46)$$

和基准模型一致,弹性价格时不需要转移支付来稳定技术冲击,但需稳定成本冲击。当有一个非对称的成本冲击时,本区对外区进行转移支付,且随着替代弹性 ρ 的增加而增加。这是因为 ρ 越大,贸易条件对通货膨胀的影响越大,从而需要更多的转移支付来稳定冲击。

据上所述,我们有

推论 17.3　弹性价格下,技术冲击不需转移支付,但需要本区对外区进行转移支付稳定成本冲击,且随区域产品替代弹性的增加而增加。

(二)黏性价格

黏性价格下,不管是技术冲击,还是成本冲击,均需转移支付。如图 17.3 所示,技术冲击时,外区向本区进行转移支付。根据风险分担条件,随着区域产品替代弹性的增加,技术冲击变动导致贸易条件改变的程度越小,需要的转移支付也就越少。如图 17.4 所示,成本冲击时,本区向外区进行转移支付,且随着产品替代弹性的增加而增加。其原因和价格弹性时一致。

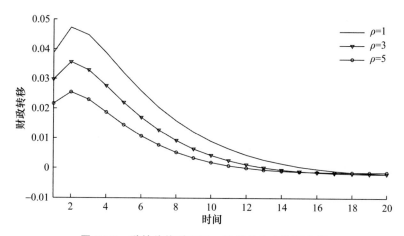

图 17.3 黏性价格时不同 ρ 的技术冲击转移支付

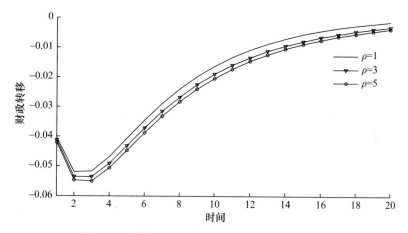

图 17.4 黏性价格时不同 ρ 的成本冲击转移支付

二、非完善金融市场的转移支付

非完善金融市场一国福利损失函数为：

$$WL = -\frac{1}{2}E_0\sum_{t=0}^{\infty}\beta^t\begin{bmatrix} n\widetilde{Y}_t^2 + (1-n)\widetilde{Y}_t^{*2} + \dfrac{n\theta}{k}\pi_{Ht}^2 + \dfrac{(1-n)\theta}{k^*}\pi_{Ft}^2 \\ + n(1-n)(1-\rho)\hat{T}_t^2 + n(1-n)\hat{\Phi}_t^2 \\ - 2n(1-n)(1-\rho)\hat{T}_t\hat{\Phi}_t \end{bmatrix}$$
$$+ \text{tip} + O(\parallel\xi\parallel^3). \tag{17.47}$$

新凯恩斯菲利普斯曲线为：

$$\pi_{Ht} = k(\widetilde{Y}_t + (1-n)\hat{\Phi}_t) + \beta E_t \pi_{Ht+1}, \tag{17.48}$$

$$\pi_{Ft} = k_t^*(\widetilde{Y}_t^* - n\hat{\Phi}_t) + \beta E_t \pi_{Ft+1}. \tag{17.49}$$

转移支付时的风险分担条件为：

$$nT_t^{1-\rho}C_t = (1-n)\hat{\Phi}_t C_t^*. \tag{17.50}$$

式(17.50)可线性化为：

$$\hat{C}_t^* = \hat{C}_t + (1-\rho)\hat{T}_t - \hat{\Phi}_t + O(\|\xi\|^3). \tag{17.51}$$

风险分担条件还可写为下式形式：

$$C_t = \hat{\Phi}_t' C_t^*, \tag{17.52}$$

则有：

$$\hat{\Phi}_t' = \hat{\Phi}_t - (1-\rho)\hat{T}_t + O(\|\xi\|^3). \tag{17.53}$$

那么式(17.47)—式(17.49)可分别写为：

$$WL = -\frac{1}{2}E_0\sum_{t=0}^{\infty}\beta^t \left[\begin{array}{c} n\widetilde{Y}_t^2 + (1-n)\widetilde{Y}_t^{*2} + \dfrac{n\theta}{k}\pi_{Ht}^2 + \dfrac{(1-n)\theta}{k^*}\pi_{Ft}^2 \\ + n(1-n)\rho(1-\rho)\hat{T}_t^2 + n(1-n)\hat{\Phi}_t'^2 \end{array} \right] + \text{tip} + O(\|\xi\|^3),$$

$$\tag{17.54}$$

$$\pi_{Ht} = k(\widetilde{Y}_t + (1-n)(1-\rho)\hat{T}_t + (1-n)\hat{\Phi}_t') + \beta E_t \pi_{Ht+1}, \tag{17.55}$$

$$\pi_{Ft} = k_t^*(\widetilde{Y}_t^* - n(1-\rho)\hat{T} - n\hat{\Phi}_t') + \beta E_t \pi_{Ft+1}. \tag{17.56}$$

比较式(17.42)—式(17.44)和式(17.54)—式(17.56)可发现，不完全金融市场在转移支付下的配置和完全金融市场一致。$\hat{\Phi}_t'$即是完善金融市场下的转移支付。不完善金融市场下的转移支付为$\hat{\Phi}_t = \hat{\Phi}_t' + (1-\rho)\hat{T}_t$。

推论 17.4 转移支付下的不完善金融市场资源配置和有效市场一致。

弹性价格时，可得到转移支付具体表达式：

$$\hat{\Phi}_t = -\frac{1}{1+\rho}\hat{\mu}_t^R + (1-\rho)\hat{A}_t^R. \tag{17.57}$$

弹性价格下，技术冲击时，完善金融市场不需要转移支付，但是不完善金融市场需要转移支付，且转移规则为$\hat{\Phi}_t = (1-\rho)\hat{A}_t^R$。当$\rho$大于1时，本区向外区进行转移支付，且随着$\rho$的增加而增加；当$\rho$等于1时，不需转移支付。成本冲击时，本区向外区进行转移支付，且随着ρ的增加而减少。

价格黏性下，非对称技术冲击时，$\hat{T}_t>0$，$\hat{\Phi}_t'>0$，因此，当$\rho>1$时，$\hat{\Phi}_t'>\hat{\Phi}_t>0$，即外区对本区进行转移支付，且不完善金融市场下的转移支付幅度小于完善金融市场。非对称成本冲击时，$\hat{T}_t < 0$，$\hat{\Phi}_t' < 0$，因此，当 $\rho > 1$ 时，$\hat{\Phi}_t' < \hat{\Phi}_t < 0$，即本区对外区进行转移支付，且不完善金融市场下的转移支付幅度大于完善金融市场。当区域产品替代弹性 $\rho = 1$ 时，通过贸易可实现完善金融市场的消费风险分担条件，此时 $\hat{\Phi}_t = \hat{\Phi}_t'$，不完善金融市场下的转移支付和完善市场一致。

据上所述，我们有：

推论 17.5 黏性价格下，非对称技术冲击时，外区向本区进行转移支付，不完善金融市场下的转移支付幅度小于完善金融市场。非对称成本冲击时，本区向外区进行转移支付，不完善金融市场下的转移支付幅度大于完善金融市场。

第四节 本土偏好与转移支付

为了更容易地求解模型，本章假设区域规模相等，即 $n = \dfrac{1}{2}$。如果不存在本土偏好，则 γ 等于国家规模 n；如果存在本土偏好，则 γ 大于国家规模 n。假设本区产品与外区生产的贸易品替代弹性为 1，则消费指数 C_t 定义为：

$$C_t \equiv \frac{C_{Ht}^{\gamma} C_{Ft}^{1-\gamma}}{\gamma^{\gamma}(1-\gamma)^{1-\gamma}}, \tag{17.58}$$

$$C_t^* \equiv \frac{C_{Ft}^{\gamma} C_{Ht}^{1-\gamma}}{\gamma^{\gamma}(1-\gamma)^{1-\gamma}}. \tag{17.59}$$

两区价格指数定义为：

$$P_t \equiv P_{Ht}^{\gamma} P_{Ft}^{1-\gamma}, \tag{17.60}$$

$$P_t^* \equiv P_{Ft}^{\gamma} P_{Ht}^{1-\gamma}. \tag{17.61}$$

两区产品市场出清条件可表示为：

$$Y_t = \gamma \left(\frac{P_{Ht}}{P_t}\right)^{-1} C_t + (1-\gamma)\left(\frac{P_{Ht}}{P_t^*}\right)^{-1} C_t^*, \tag{17.62}$$

$$Y_t^* = \gamma \left(\frac{P_{Ft}}{P_t^*}\right)^{-1} C_t^* + (1-\gamma)\left(\frac{P_{Ft}}{P_t}\right)^{-1} C_t. \tag{17.63}$$

完善金融市场假设下，可得到消费风险分担条件：

$$C_t P_t = C_t^* P_t^*. \tag{17.64}$$

由于本土偏好的存在，$P_t \neq P_t^*$，因此，$C_t \neq C_t^*$。这意味着本土偏好会增加区域消费的不对称性，转移支付更加重要。

存在转移支付时，式（17.64）可写为：

$$C_t = \Phi_t T_t^{2\gamma-1} C_t^*. \tag{17.65}$$

一国福利损失函数为：

$$\mathrm{WL} = -\frac{1}{4}E_0\sum_{t=0}^{\infty}\beta\left(\widetilde{Y}_t^2 + \widetilde{Y}_t^{*2} + \frac{\theta}{k}\pi_{Ht}^2 + \frac{\theta}{k^*}\pi_{Ft}^2 + 2\gamma(1-\gamma)\hat{\Phi}_t^2\right)$$
$$+ \mathrm{tip} + O(\|\xi\|^3). \tag{17.66}$$

新凯恩斯菲利普斯曲线为：

$$\pi_{Ht} = k(\widetilde{Y}_t + (1-\gamma)\hat{\Phi}_t + \hat{\mu}) + \beta E_t\pi_{Ht+1}, \tag{17.67}$$

$$\pi_{Ft} = k^*(\widetilde{Y}_t^* - (1-\gamma)\hat{\Phi}_t + \hat{\mu}_t) + \beta E_t\pi_{Ft+1}. \tag{17.68}$$

消费风险分担条件可写为：

$$\hat{T}_t = \hat{Y}_t - \hat{Y}_t^* + (1-2\gamma)\hat{\Phi}_t. \tag{17.69}$$

弹性价格时,可得到最优转移支付规则为：

$$\hat{\Phi}_t = -\frac{1}{2}\hat{\mu}_t^R. \tag{17.70}$$

此规则和基准模型一致,价格弹性时,不需转移支付稳定技术冲击,但是需要转移支付稳定成本冲击,而且本土偏好并不影响转移支付。

价格黏性扭曲了资源配置,不管是技术冲击,还是成本冲击,均需转移支付。数值模拟显示,技术冲击时,各变量路径和基准模型一致。本土偏好使区域消费差异增加。如图 17.5、图 17.6 所示,随着本土偏好 γ 的增加,转移支付相应增加。

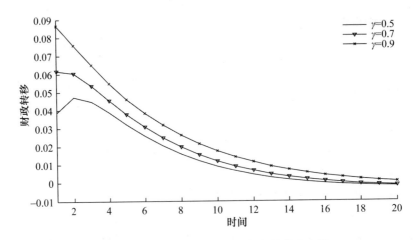

图 17.5　技术冲击下不同本土偏好的转移支付

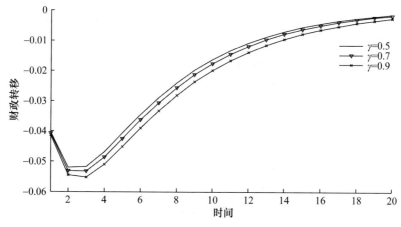

图 17.6　成本冲击下不同本土偏好的转移支付

第五节　总　结

当区域产品替代弹性不为 1 时，如果金融市场不完善，有效消费风险分担条件不再成立，这意味着转移支付更加重要。本章建立了一个两区新凯恩斯模型，研究了不同风险分担条件下的转移支付。本章给出了价格弹性时的最优转移支付规则。价格弹性下，非对称技术冲击时，完善金融市场不需转移支付；非对称成本冲击时，完善金融市场与不完善金融市场均需转移支付。价格黏性时，完善金融市场的风险分担条件不是最优的。不管金融市场是否完善，均需转移支付。本区遭受技术冲击时，外区向本区进行转移支付，以减轻本区通货紧缩。随着区域产品替代弹性的增加，技术冲击变动导致贸易条件改变的程度减小，转移支付相应减少，而且不完善金融市场下的转移支付幅度小于完善金融市场。本区遭受成本冲击时，本区向外区进行转移支付，以减轻本区通货膨胀。随产品替代弹性的增加，贸易条件对通货膨胀、产出的影响增大，转移支付相应增加来稳定冲击，而且不完善金融市场下的转移支付幅度大于完善金融市场。本土偏好越大，区域消费差异越大，越需要转移支付。

第十八章 基于新凯恩斯模型的最优
需求管理政策研究
——最优资本管制规则

第一节 引 言

随着国际金融一体化的加强,资本流动愈加变化多端,对经济的影响也更加不确定。资本流出容易导致金融危机,而资本大量流入又容易导致经济过热。2008 年金融危机之后,资本管制受到重视。Engel(2016)综述了关于资本管制的文献,强调了在资本流动频繁时,进行资本管制的重要性。第一,资本管制能够纠正资本流动外部性。Jeanne and Korinek(2010)、Korinek(2010)、Bianchi(2011)、Mendoza and Bianchi(2011)、Brunnermeier and Sannikov(2015)、Devereux et al.(2015)、Benigno et al.(2016)、Gianluca et al.(2016)认为抵押品约束取决于资产价格,资本流入会导致资产价格上升,从而导致信用扩张、金融不稳定。资本管制可以控制资本流动的负外部性,从而稳定经济。第二,资本管制可以纠正不完善市场带来的摩擦。不完善金融市场限制居民跨国资产配置,不能够实现消费风险分担。Heathcote and Perri(2016)讨论了资本管制如何通过纠正不完善资本市场、市场风险分担条件来增进福利。

以上模型没有考虑货币政策和汇率制度。虽然 Mundell(1963)很早就阐述了在固定汇率制度下,资本管制对于货币政策独立性很重要,但是直到近几年才有文献详细地分析如何在固定汇率下进行资本管制(Farhi and Werning,2014;Schmitt-Crohe and Uribe,2012)。但是 Rey(2015)认为外资经常带来资产价格泡沫、信用过度扩张、金融不稳定,不管汇率是否浮动,只有在资本管制下,货币政策才能独立。Obstfeld(2015)认为在新兴市场国家使用浮动汇率不能完全隔离外部冲击,资本管制有一定的作用。Davis and Presno(2017)检验了浮动汇率下资本管制和货币政策独立性的关系。资本大量流入新兴市场国家,将导致资产价格和信贷大量波动。该文建立的 DSGE 模型和经验研究均表明,浮动汇率下资本管制能够提高货币政策的独立性。这些文献虽然强调了浮动汇率制度下资本管制的重要性,但是没有给出资本管制规则。Farhi and Werning(2014)认为浮动汇率下的资本管制是有必要的,资本管制可以控制贸易条件进而影响最终消费、产出等,该文还给出了具体的资本管制规则。该文假设国家间产品替代弹性为 1,此时实际汇率不会影响社会福利(De Paoli,2009)。但是大量经验研究表明产品替代弹性介于 1 和 12 之间(Feenstra *et al.*,2014;Imbs and Majean,2015;等)。当国家间产品替代弹性不为 1 时,汇率波动会影响社会福利。

本章参考 De Paoli(2009),建立了一个国家间产品替代弹性不为 1 时小型开放经济的新凯恩斯模型,分析了浮动汇率下的最优资本管制规则。首先分析了国家间产品替代弹性为 1 这一特殊情况。此时实际汇率会影响社会福利,浮动汇率可以抵御外部冲击,不需要资本管制。然后本章建立了一个一般模型,模型中国家间产品替代弹性不为 1。和 Farhi and Werning(2014)不同,本章认为当国家间产品替代弹性不为 1 时,实际汇率通过两个渠道影响消费、产出,进而影响社会福利。一个渠道是支出转移效应。本国实际汇率贬值,本国产品需求增加,而且两国产品替代弹性越大,本国产品需求增加幅度越大。另一个渠道是消费风险分担。根据消费风险分担条件,实际汇率贬值,本国消费会增加。汇率通过影响消费、产出进而影响消费边际效用和劳动的边际负效用,最终影响整个国家的福利。当国家间产品替代弹性为 1 时,汇率影响社会福利的消费边际正效用和劳动边际负效用相互抵消,最终汇率不会影响社会福利。当国家间产品替代弹性大于 1 时,消费边际正效用效应大于劳动边际负效用,实际汇率贬值改善社会福利。因此,实施资本管制,必须考虑实际汇率的影响。

本章在求解最优资本管制规则时采用了 Woodford(2003)、Benigno and Woodford(2003)的方法,通过二阶线性化居民效用函数得出福利损失函数,然后在新凯恩斯菲利普斯曲线、消费风险分担条件、市场出清条件约束下选择产出、通货膨胀、实际汇率、资本管制等内生变量,最大化福利损失函数,通过整理一阶条件和约束条件得到最优资本管制规则。资本管制应钉住产出缺口预期变动、通货膨胀预期以及实际汇率预期变动。当预期产出缺口增加时,应减少资本管制,利率上升,从而减少本期消费,导致产出缺口下降;当存在通货膨胀预期时,也应减少资本管制,提高利率,从而减少本期消费,降低产品边际成本,降低通货膨胀;当实际汇率贬值时,应加强资本管制,此时利率上升幅度小于不存在资本管制时的上升幅度,这也意味着资本管制下货币政策自主性增强。福利分析表明,当存在一个正的技术冲击或者负的外部需求冲击时,一国开放程度(消费中外国产品占比)越大、国家间产品替代弹性越高,实际汇率对福利影响越大,资本管制应越强,资本管制福利所得也越高。

2015 年"8·11"汇改以来,在中国经济下行压力以及美联储加息预期下,人民币汇率贬值压力增加,中国资本外流加剧,为了稳定汇率、控制资本外流,中国采取了资本管制。本章最后利用 2015 年 8 月至 2017 年 10 月的月度数据对中国实际的资本管制规则进行检验,结果发现中国资本管制主要钉住人民币兑美元汇率以及中美利差。

第二节 模 型

假设整个国家的居民在[0,1]均匀分布,每个居民既是消费者,又是生产者。每个居民提供的劳动是有差异的,同时所生产的产品也是有差异的。由于产品是有差异的,因此厂商之间是垄断竞争。企业由居民所拥有。假设每个居民具有相同的偏好,消费的跨期替代弹性及劳动供给的工资弹性均为 1。式(18.1)为代表性居民最大化效用函数:

$$E \sum_{t=0}^{\infty} \beta^t (\ln C_t - \chi L_t),$$

(18.1)

其中,E 表示期望,β 是贴现因子,C_t 是消费指数,L_t 是劳动时间。这种形式的效用函数形式有利于我们推导整个国家的二阶线性福利损失函数。

居民的约束条件为:

$$P_t C_t + B_t + e_t B_t^* \leqslant W_t L_t + (1 + i_{t-1}) B_{t-1} + (1 + i_{t-1}^*)(1 - \tau_{t-1}) e_t B_{t-1}^* + \Pi_t + \Gamma_t,$$

(18.2)

其中,P_t 是价格水平,B_t 是居民持有的本国债券,B_t^* 是居民持有的外国债券,W_t 为名义工资,Π_t 为企业利润,Γ_t 为总量税,i_t 是本国利率,i_t^* 是外国利率,e_t 是用直接标价法表示的名义汇率。τ_t 是对本国居民持有外国债券征税的税率,用来表示资本管制强度,τ_t 越大表示资本管制越强。居民消费的产品包括本国产品 C_{Ht} 和外国产品 C_{Ft}。假设本国产品与外国产品替代弹性为 ρ,$\rho \geqslant 1$。则消费指数 C_t 定义为:

$$C_t \equiv [n^{1/\rho} C_{Ht}^{(\rho-1)/\rho} + (1-n)^{1/\rho} C_{Ft}^{(\rho-1)/\rho}]^{\rho/(\rho-1)}.$$

(18.3)

在式(18.2)及横截条件 $\lim_{T \to \infty} E_t(Q_{tT} D_T) = 0$ 的约束下,最大化效用函数式(18.1),可得到最优劳动供给方程:

$$\chi \frac{W_t}{P_t} \frac{1}{C_t} = 1.$$

(18.4)

式(18.4)表示由劳动供给增加所产生的正效用正好等于增加劳动供给所产生的负效用。我们还可以得到欧拉方程:

$$\frac{1}{C_t} = \beta(1 + i_t) E_t \left(\frac{1}{C_{t+1}} \frac{P_t}{P_{t+1}} \right),$$

(18.5)

该式反映了最优消费路径。

另外,还可得到非抛补利率平价,如式(18.6)所示:

$$e_t(1 + i_t) = E_t e_{t+1}(1 + i_t^*)(1 - \tau_t).$$

(18.6)

实际汇率 $RE_t \equiv \dfrac{e_t P_t^*}{P_t}$,$P_t^*$ 是国外价格水平。由两国欧拉方程可得到消费风险分担条件：

$$C_t = \Theta_t \mathrm{RE}_t C_t^*,\qquad(18.7)$$

其中，C_t^* 为外国消费。消费风险分担条件意味着各国消费的边际替代率等于国家相对价格水平。Θ_t 代表资本管制程度，存在着：

$$\frac{\Theta_{t+1}}{\Theta_t} = 1 - \tau_t.\qquad(18.8)$$

假设垄断企业生产函数如式（18.9）所示：

$$Y_t(h) = A_t L_t(h),\qquad(18.9)$$

其中，$Y_t(h)$ 表示 t 期本国 h 企业生产的产品，$L_t(h)$ 表示 t 期本国 h 企业的劳动力需求，A_t 表示 t 期本国生产技术。假设企业按照 Calvo(1983) 的定价方式每期以 $1-\alpha$ 的概率调整价格 $P_{Ht}(h)$ 以最大化未来期望利润：

$$E_t \sum_{T=t}^{\infty} \alpha^{T-t} Q_{t,T} \left[(1-\tau_H)P_{Ht}(h)Y_T(h) - W_T L_T(h)\right],\qquad(18.10)$$

其中，τ_H 表示本国企业的税率，本章假设其不变。可求得 t 期本国 h 企业最优定价问题的一阶条件：

$$E_t \sum_{T=t}^{\infty} \alpha^{T-t} Q_{t,T} \left[(1-\tau_H)\left(\frac{P_{Ht}(h)}{P_{HT}}\right)^{-\theta} Y_T - \mu W_T (P_{Ht}(h))^{-\theta-1}(P_{HT})^{\theta}\frac{Y_T}{A_T}\right] = 0,\qquad(18.11)$$

其中，$E_t Q_{t,t+1} \equiv \dfrac{1}{1+i_t}$，$\mu \equiv \dfrac{\theta}{\theta-1}$ 表示价格加成。θ 是国内产品的替代弹性。在下文中，我们假设政府通过补贴消除垄断扭曲，即 $\dfrac{\theta(1-\eta)}{(\theta-1)(1-\tau)}=1$。

Calvo(1983) 定价方式意味着价格遵循以下规则：

$$P_{Ht} = \left[\alpha P_{Ht-1}^{1-\theta} + (1-\alpha)P_{Ht}(h)^{1-\theta}\right]^{1/1-\theta}.\qquad(18.12)$$

市场出清条件为：

$$Y_t = n\left(\frac{P_{Ht}}{P_t}\right)^{-\rho} C_t + (1-n)\left(\frac{P_{Ht}}{eP_t^*}\right)^{-\rho} C_t^*.\qquad(18.13)$$

第三节　最优资本管制规则

定义 $\hat{X}_t \equiv \log(X_t/X)$，表示黏性价格情况下 X_t 对稳态 X 的偏离；定义 $\hat{X}_t^n \equiv \log(X_t^n/X)$，表示弹性价格情况下 X_t 对稳态 X 的偏离；定义 $\tilde{X}_t \equiv \hat{X}_t - \hat{X}_t^n$，$\tilde{X}_t$ 表示 $\hat{X}_t$ 与其自然率 $\hat{X}_t^n$ 之间的缺口。

一、特殊情况

在特殊情况中，本章假设国家间产品替代弹性为 1。根据 Woodford(2003) 的

二阶线性近似方法,可得福利损失函数:

$$U_t = -\frac{1}{2}E_0\sum_{t=0}^{\infty}\beta^t\left(\frac{\theta n}{k}\pi_{Ht}^2 + n\widetilde{Y}_t^2 + (1-n)(n^2-n+3)\hat{\Theta}_t^2\right) + \text{tip} + O(\parallel\xi\parallel^3),$$

$$(18.14)$$

其中,tip 表示政策无关项,它包括外生冲击项及常数项,$O(\parallel\xi\parallel^3)$ 表示三阶及高于三阶项,$k\equiv\dfrac{(1-\alpha)(1-\alpha\beta)}{\alpha}$,$\widetilde{Y}_t\equiv\hat{Y}_t-\hat{A}_t$,$\hat{A}_t$ 为 $\hat{Y}_t$ 的自然率,即 $\hat{Y}_t^n\equiv\hat{A}_t$。$\pi_{Ht}$ 是本国 PPI 通货膨胀率。由式(18.14)可知,产出缺口越大或者通货膨胀率越高,福利损失越大。价格黏性越小,α 越趋近于 0,k 越趋近于无穷大,通货膨胀对福利的影响越小。资本管制意味着对消费风险分担条件的偏离,资本管制越强对福利损失的影响越大。另外,当国家间产品替代弹性为 1 时,汇率波动导致的消费边际正效用和劳动边际负效用相互抵消,最终实际汇率不会影响社会福利。

由线性化企业定价规则式(18.11)、式(18.12),可得到新凯恩斯菲利普斯曲线:

$$\pi_{Ht} = k(\widetilde{Y}_t + (1-n)\hat{\Theta}_t) + \beta E_t\pi_{Ht+1}.$$ (18.15)

式(18.15)表明,其他条件不变,产出增加会使边际成本增加,从而使产品价格上升,发生通货膨胀。价格黏性越小,k 越大,产出增加带来的通货膨胀越高。当存在资本管制时,利率下降,本期消费上升,产品边际成本增加,通货膨胀上升。当存在通货膨胀预期时,本期通货膨胀将上升。

消费风险分担线性化可得:

$$\hat{\Theta}_t + \hat{RE}_t + \hat{C}_t^* - \hat{C}_t = 0.$$ (18.16)

根据消费风险分担条件,当存在一个正的外国消费冲击时,本国消费也跟着增加。为了避免本国消费受到影响,可以通过实际汇率升值或者减少资本管制来稳定外部需求冲击。

市场出清条件线性化可得:

$$\widetilde{Y}_t = n\hat{C}_t + \frac{(1-n)(1+n)}{n}\hat{RE}_t + (1-n)\hat{C}_t^* - \hat{A}_t.$$ (18.17)

本国和外国需求增加将导致产出上升。本国实际汇率贬值将促进本国产品需求增加,进而导致产出增加。在需求确定情况下,本国技术冲击将导致本国产出自然率上升,进而导致产出缺口下降。

政策制定者在式(18.15)—式(18.20)的约束下,选择 $\{\hat{Y}_t,\hat{C}_t,\pi_{Ht},\hat{\Theta}_t,\hat{RE}_t\}$ 最大化福利损失函数式(18.14)可得一阶条件,一阶条件和约束条件可共同决定内生变量动态路径。根据一阶条件以及式(18.8)的线性化形式 $\tau_t = -\hat{\Theta}_{t+1} + \hat{\Theta}_t$,可得最优资本管制规则。当国家间产品替代弹性为 1 时,实际汇率变动不影响产出缺口和通货膨胀。可以通过实际汇率调整,消除外生冲击对产出缺口、通货膨胀的影响,不需要资本管制。此时,$\hat{\Theta}_t = 0$,$\widetilde{Y}_t = 0$,$\pi_{Ht} = 0$,$\hat{C}_t = n\hat{A}_t + (1-n)\hat{C}_t^*$,$\widehat{RE}_t = n\hat{A}_t - n\hat{C}_t^*$,$\tau_t = -\hat{\Theta}_{t+1} + \hat{\Theta}_t = 0$。

当本国存在技术冲击时,自然产出增加,产出缺口上升,本国实际汇率应贬值,本国消费也应增加,以提高本国产品的消费,从而促进产出上升,消除产出缺口。当存在外国需求冲击时,如果实际汇率不波动,根据消费风险分担条件,本国消费会跟着外国消费增加,进而导致实际产出缺口波动,降低社会福利;如果实际汇率升值,一方面可以降低外国对本国产品的需求,另一方面根据消费风险分担条件,本国消费增加幅度减少,最终,外国需求冲击不影响本国产出缺口和通货膨胀。

二、一般情况

此时,国家间产品替代弹性不为1,福利损失函数为:

$$U_t = -\frac{1}{2}E_0\sum_{t=0}^{\infty}\beta^t(w_\pi\pi_{Ht}^2 + w_y\widetilde{Y}_t^2 + (1-\rho)w_e\widehat{RE}_t^2 + (1-\rho)w_{e\theta}\widehat{RE}_t\hat{\Theta}_t + w_\theta\hat{\Theta}_t^2)$$
$$+ \text{tip} + O(\|\xi\|^3), \tag{18.18}$$

其中,

$$w_\pi \equiv \frac{\theta}{k}(1 + n^2\rho - n^2 + n - \rho),$$

$$w_y \equiv 1 + n^2\rho - n^2 + n - \rho,$$

$$w_e \equiv \frac{(1-n)(n\rho - n + 1)}{n} + \frac{(-n^2\rho + n^2 - n + \rho)(1-n)^2(1+n)^2(1-\rho)}{n^2}$$
$$+ n(1-n)(1-\rho),$$

$$w_{e\theta} \equiv 2\frac{(-n^2\rho + n^2 - n + \rho)(1-n)^2(1+n) + n^2(1-n)}{n},$$

$$w_\theta \equiv (-n^2\rho + n^2 - n + \rho)(1-n)^2 - n^2\rho - n + \rho + 1.$$

比较式(18.14)、式(18.18)可知,当国家间产品替代弹性不为1时,实际汇率会影响社会福利。当$\rho = 1$时,式(18.18)变为式(18.14)。另外,当国家越开放,n越大时,实际汇率对福利的影响越大。当国家间产品替代弹性为1时,此时为类似Woodford(2003)的封闭国家模型,影响福利的有通货膨胀及产出缺口。

国家间产品替代弹性不为1时的新凯恩斯菲利普斯曲线为:

$$\pi_{Ht} = k\left(\widetilde{Y}_t - \frac{(1-n^2)(\rho-1)}{n}\widehat{RE}_t + (1-n)\hat{\Theta}_t\right) + \beta E_t\pi_{Ht+1}. \tag{18.19}$$

式(18.19)表明,当国家间产品替代弹性ρ为1时,实际汇率不再影响两国产品边际成本。当ρ大于1时,实际汇率贬值($\widehat{RE}_t$上升),将降低本国产品的边际成本,使本国通货膨胀下降。反之,通货膨胀上升。实际汇率可以通过三个渠道影响通货膨胀。第一个是汇率贬值的财富效应。当实际汇率贬值时,给定产出,本国产品消费减少,消费的边际效应上升。根据劳动供给曲线,提供 1 单位劳动要求的工资减少,从而导致产品边际成本下降。第二个是消费风险分担效应。根据消费风险分担条件,实际汇率贬值,本国消费会增加,从而导致产品边际成本上升。第三个是汇率贬值的价格效应。当实际汇率贬值时,边际成本上升。实际汇率贬值导致价格指数下降,本国产品实际边际成本上升。当国家间产品替代弹性不为 1 时,第一个效应抵消后两者效应,汇率波动不会影响通货膨胀。当国家间产品替代弹性大于 1 时,第一个效应大于后两个,实际汇率贬值导致通货膨胀下降。

国家间产品替代弹性不为 1 时的消费风险分担条件和特殊情况一样,但是市场出清条件线性化变为:

$$\widetilde{Y}_t = n\hat{C}_t + \frac{(1-n)(1+n)\rho}{n}\hat{RE}_t + (1-n)\hat{C}_t^* - \hat{A}_t. \qquad (18.20)$$

与式(18.17)不同的是,当本国消费固定时,国家间产品替代弹性越大,本国实际汇率贬值的支出转移效应越大,对本国产品需求也就越大。

政策制定者在式(18.16)、式(18.19)、式(18.20)的约束下,选择$\{\hat{Y}_t, \hat{C}_t, \pi_{Ht},$ $\hat{\Theta}_t, \hat{RE}_t\}$最大化福利损失函数式(18.18)可得一阶条件,一阶条件和约束条件可共同决定内生变量动态路径。根据一阶条件以及 $\tau_t = -\hat{\Theta}_{t+1} + \hat{\Theta}_t$,可得最优资本管制规则:

$$\tau_t = -n\frac{w_y}{w_\theta}\Delta\widetilde{Y}_{t+1} - k\frac{w_\pi}{w_\theta}\pi_{Ht+1} + \frac{1}{2}(\rho-1)\frac{w_{e\theta}}{w_\theta}\Delta\hat{RE}_{t+1}. \qquad (18.21)$$

资本管制应钉住产出缺口预期变动、通货膨胀预期以及实际汇率预期变动。当预期产出缺口增加时,应减少资本管制,而利率应该上升,从而减少本期消费,导致产出缺口下降;当存在通货膨胀预期时,也应减少资本管制,提高利率,从而减少本期消费,降低产品边际成本,降低通货膨胀;实际汇率贬值时,应加强资本管制,此时利率上升幅度小于不存在资本管制时,这也意味着资本管制下货币政策自主性增强。当 $\rho=1$ 时,此时便是前文分析的特殊情况,资本管制不再钉住汇率波动。

另外,PPI 通货膨胀和 CPI 通货膨胀的关系 $\pi_t = \pi_{Ht} + \frac{1-n}{n}\Delta\hat{RE}_t$,可将式(18.21)中的 π_{Ht} 换为 π_t。根据实际汇率和名义汇率的关系 $\Delta e_t = \Delta\hat{RE}_t + \pi_t$,可得到名义汇率表达式。

非抛补利率平价方程可线性化为:

$$i_t = \Delta E_t \dot{e}_{t+1} + i_t^* - \tau_t. \tag{18.22}$$

根据式(18.22)及式(18.21)可得到名义利率表达式。当外国利率上升时,如果不存在资本管制,本国利率应跟着上升,否则汇率将贬值;如果存在资本管制,本国货币自主性增加,即使本国利率不上升也能保持汇率稳定。

第四节　福利分析

为了分析资本管制的福利效应,本节将进行数值模拟。本节所有参数均是文献中常用的。季度贴现率 β 取 0.99,则无风险季度利率为 1%;θ 为国内产品替代弹性,取 11;ρ 为国家间产品替代弹性,取 6;α 取 0.8,每季度 1/5 的企业调整价格,价格合约的平均期限是 5 个季度;假设本国消费的本国、外国产品各占一半,即 n 取 0.5;假设所有冲击服从 AR(1)过程,且一阶自回归项系数均为 0.9,冲击方差为 0.01。根据 Lucas(2003),福利损失表示为消费等价。

一、经济开放度

当存在一个正的技术冲击时,产出上升,但是产出上升的幅度小于产出自然率,产出缺口下降,此时应加强资本管制,这将导致利率下降,消费上升,产出增加,产出缺口下降幅度减弱。当存在一个正的外国需求冲击时,产出上升,产出自然率不变,产出缺口上升,此时应减少资本管制,这将导致利率上升,本国消费下降,产出下降,产出缺口上升幅度减弱(见图 18.1 和图 18.2)。

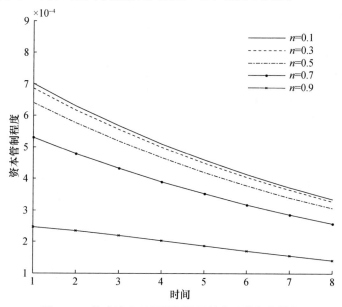

图 18.1　技术冲击时不同经济开放度下的资本管制

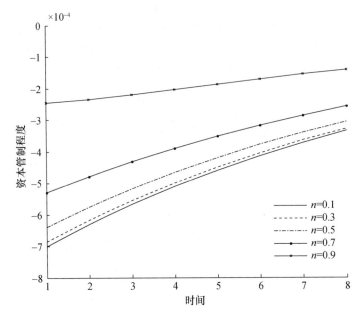

图 18.2　国外需求冲击时不同经济开放度下的资本管制

　　当国家越封闭时(n越大),实际汇率对社会福利的影响越小,福利损失越小。当 n 为 1 时,此时为类似 Woodford(2003)的封闭国家模型,影响社会福利的只有产出缺口及通货膨胀。一国开放程度越大的,n 越小,实际汇率对社会福利影响越大,资本管制程度应越强,资本管制福利所得越高(见表 18.1)。当 $n=0.1$ 时,本国居民消费品中只有 10% 是本国产品,另外 90% 是外国产品,无资本管制时福利损失是稳态消费的 1.26%,有资本管制时福利损失是稳态消费的 0.21%,资本管制导致福利增加了稳态消费的 1.05%。当 $n=0.9$ 时,本国居民消费品中 90% 是本国产品,另外 10% 是外国产品,无资本管制时福利损失是稳态消费的 0.022%,有资本管制时福利损失是稳态消费的 0.003%,资本管制导致福利增加了稳态消费的 0.019%。另外,在本节中资本管制的福利所得和冲击类型无关,不管是技术冲击还是成本冲击,只要两者冲击大小一样,福利损失就一样。

表 18.1　不同经济开放度下的福利分析

n	资本管制	无资本管制	资本管制所得
0.1	0.00210	0.01260	0.01050
0.2	0.00200	0.01140	0.00940
0.3	0.00180	0.00980	0.00800

（续表）

n	资本管制	无资本管制	资本管制所得
0.4	0.00160	0.00790	0.00630
0.5	0.00130	0.00590	0.00460
0.6	0.00100	0.00400	0.00300
0.7	0.00064	0.00230	0.00166
0.8	0.00029	0.00095	0.00066
0.9	0.00003	0.00022	0.00019

二、国家间产品替代弹性

国家间产品替代弹性越大，实际汇率波动对社会福利的影响越大，当国家间产品替代弹性为 1 时，实际汇率不再影响福利损失，即使没有资本管制也能实现有效配置。由表 18.2 可知，随着国家间产品替代弹性增加，福利损失增加，但是资本管制强度应增加（见图 18.3 和图 18.4），而且资本管制的福利所得也更高。当 $\rho=2$ 时，无资本管制时福利损失是稳态消费的 0.013%，有资本管制时福利损失是稳态消费的 0.005%，资本管制导致福利增加了稳态消费的 0.008%。当 $\rho=9$ 时，无资本管制时福利损失是稳态消费的 1.580%，有资本管制时福利损失是稳态消费的 0.240%，资本管制导致福利增加了稳态消费的 1.340%。

表 18.2 不同国家间产品替代弹性下的福利分析

ρ	资本管制	无资本管制	资本管制所得
1	0	0	0
2	0.00005	0.00013	0.00008
3	0.00029	0.00079	0.00050
4	0.00060	0.00200	0.00140
5	0.00090	0.00370	0.00280
6	0.00130	0.00590	0.00460
7	0.00170	0.00870	0.00700
8	0.00210	0.01200	0.00990
9	0.00240	0.01580	0.01340

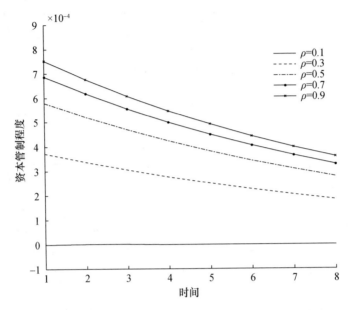

图 18.3　技术冲击时不同国家产品替代弹性下的资本管制

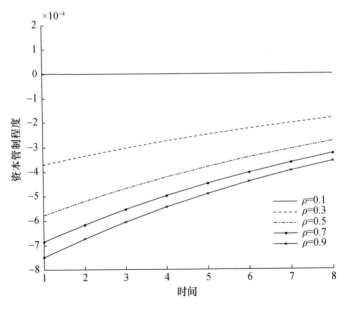

图 18.4　国外需求冲击时不同国家间产品替代弹性下的资本管制

第五节 资本管制规则检验

2015 年 8 月 11 日,央行强调人民币兑美元汇率中间价报价要参考上日收盘汇率,以反映市场供求变化。受美联储加息以及中国经济下行压力影响,人民币汇率贬值压力很大,资本外流加剧。2015 年年末人民币兑美元汇率为 6.4936,较汇率改革前的 6.2097 贬值 4.6%,2015 年外汇储备减少 5 127 亿元。2016 年央行将外汇流动性和跨境资金流动纳入宏观审慎管理范畴,这意味着汇率稳定更加重要。同时,2016 年央行开始实行新的人民币兑美元汇率中间价形成机制,即"(上一日人民币兑美元收盘价-上一日人民币兑美元中间价)+一篮子货币汇率变化"。但是在美联储加息的影响下,2016 年人民币仍然继续贬值至 6.9495,贬值幅度为 6.63%。外汇储备从 2016 年年初的 3.33 万亿美元,下降至 2016 年年末的 3.01 万亿美元,减少 3 200 亿美元。

2017 年 5 月 26 日,人民币兑美元中间价定价机制调整为"收盘汇率+一篮子货币汇率变化+逆周期调节因子","逆周期调节因子"实际上意味着央行可以相机抉择随时干预汇率。2017 年中国经济发展超预期,再加上资本管制等原因,人民币汇率稳定甚至出现升值趋势,9 月 6 日人民币兑美元汇率升至 6.4617,创2015 年 12 月以来新高。为了避免人民币汇率升值抑制出口,央行主动放松资本管制。9 月 11 日央行开始遏制人民币升值势头,将外汇风险准备金比例由 20%降为 0,并取消了对境外金融机构境内存放准备金的穿透式管理。进入 2018 年,人民币继续升值,央行取消逆周期调节因子,3 月末人民币兑美元汇率升至 6.2733。

前文分析了最优的资本管制规则,下面检验"8·11"汇改以来中国实际资本管制钉住了哪些经济变量,是否符合最优规则。最优规则中的前瞻型预期很难衡量,本节采用适应型预期代替前瞻型预期。计量模型如下:

$$c_t = \beta_0 + \beta_1 \Delta y_{t-1} + \beta_2 \pi_{t-1} + \beta_3 \Delta e_{t-1} + \beta_4 (i_{t-1} - i_{t-1}^*) + \beta_5 \Delta \mathrm{VIX}_{t-1} + \varepsilon_t,$$

$$(18.23)$$

其中,c_t 是资本管制(capital control)变量。衡量资本管制的指标有很多,一般从法律法规和资本管制实际效果两个角度出发。前者主要是根据 IMF 每年公布的《汇率制度与外汇管制年报》(*Annual Report on Exchange Arrangement and Exchange Restrictions*)编制的各种指数来衡量一国的资本管制程度。比如 Chinn and Ito(2008)提出的 Kaopen 指数,以及 Quinn and Toyoda(2008)在此基础上提出修正后的 Quinn 指数。这种方法虽然简单,但是并不能真正反映资本管制程度。中国的资本管制很多情况下并没有明文规定,而是通过窗口指导形式进行的。中国的这两个指数变动较少,不能反映实际资本管制的变化。根据实际资本管制效果来衡量资本管制程度的基本原理是,资本管制越严格资本流动越小,具

体的有资本流动方向和数量方法(Sinn,1992;Rider,1994;Lane and Milesi-Ferretti,2001,2007)、储蓄率与投资率相关性方法(Feldstein and Horioka,1980)、利率平价理论方法(Frenkel and Levich,1975;Dooley and Isard,1980;Hutchison,2010)等。基于实际效果的测度方法最大的问题则是无法排除其他因素对资本管制效果的影响。

本节参考 Ma and McCauley(2013),选择3个月人民币兑美元远期合约(DF)和境外市场人民币兑美元的无本金交割远期合约(NDF)的价格差距作为资本管制程度的衡量指标。两类产品除交割方式不同以外是完全同质的产品,两种产品的价差一旦超过了交易手续费,在无资本管制的前提下就会出现套利行为,从而使价格差异回归到正常区间,两者价格的差异可以用来衡量资本管制差异。之所以选择3个月的期限而不是其他期限,是因为3个月期限债券交易最活跃。

Δy_{t-1} 是经济增速,本节选取实际工业增加值环比增速作为衡量指标,经济增速下降时,政府有加强资本管制的动机。

π_{t-1} 是通货膨胀,本节采用月度 CPI 环比作为衡量指标。当本国通货膨胀上升时,政府可能减少资本管制并加息,从而减少消费,降低产品边际成本,降低通货膨胀。

Δe_{t-1} 是人民币实际有效汇率(REER)的变动率。当实际有效汇率贬值时,政府有动机通过控制资本流动来调控人民币实际有效汇率。本章还用名义有效汇率(NEER)进行稳健性检验。由于市场上更关注的是人民币兑美元的汇率,本节还将检验人民币兑美元汇率对资本管制的影响。

$i_{t-1}-i_{t-1}^{*}$ 是中美两国利率差。10 年期国债收益率流动性好,机构在配置资产时还会考虑它的收益率高而波动率小的特征,本节选用中美 10 年期国债收益率之差来衡量中美两国利差。当中美利差扩大时,资本外流减弱(或者资本流入增强),资本流出管制减弱(或者资本流入管制加强)。

ΔVIX_{t-1} 是 VIX 指数的变动。VIX 指数根据标准普尔 500 指数期权银行波动率加权平均值求得,用来衡量全球避险情绪,指数越高表明投资者预期资本市场未来风险上升,投资行为会越保守。当 VIX 指数上升时,资本流出美国,进入其他国家,中国面临资本流入压力。当 VIX 指数下降时,资本流入美国,中国面临资本流出压力。

ε_{t} 是扰动项。

以上数据除需要本节计算的资本管制指标外,均来自 Wind 数据库。样本为月度数据,时期为 2015 年 8 月至 2018 年 3 月。所有数据均经过季节性处理。

表 18.3　资本管制规则检验结果

	(1)	(2)	(3)	(4)
常数	0.1109082***	0.1229544***	0.1334902***	0.1071057***
	(0.0388038)	(0.0462747)	(0.045931)	(0.0362104)
$\triangle y_{t-1}$	−0.032709	−0.0313043	−0.0427397	−0.0356644
	(0.0444037)	(0.0539016)	(0.0527366)	(0.0418319)
$\triangle \pi_{t-1}$	0.0004917	−0.0049286	−0.0028767	0.0034745
	(0.009891)	(0.0118579)	(0.0109636)	(0.0094258)
$\triangle \text{USD/RMB}_{t-1}$	0.012661**			0.0156598**
	(0.0063139)			(0.0059004)
$\triangle \text{REER}_{t-1}$		0.0028324		
		(0.0064272)		
$\triangle \text{NEER}_{t-1}$			−0.000508	
			(0.0068966)	
$i_{t-1}-i^*_{t-1}$	−0.0654097***	−0.0701327***	−0.0763352***	−0.0627128***
	(0.0220919)	(0.0266851)	(0.0267098)	(0.0209318)
$\triangle \text{VIX}_{t-1}$	−0.000519	−0.000519	0.0012696	
	(0.0015905)	(0.0015905)	(0.0014658)	
$\triangle \text{CVIX}_{t-1}$				−0.0014125
				(0.0010674)
R^2	0.54	0.39	0.39	0.55
样本量	30	30	30	30

注:括号内是标准误。* $p<0.1$,** $p<0.05$,*** <0.001。

由表 18.3 可知,资本管制强度与通货膨胀和人民币兑美元的汇率波动有关。当人民币兑美元汇率贬值时,资本管制加强。稳健性检验发现,人民币实际有效汇率以及名义有效汇率对资本管制没有影响,这说明虽然名义上汇率中间价定价机制是钉住一篮子货币,但是鉴于美元在全球贸易以及资本市场上的重要性,居民只关注人民币兑美元的汇率,当人民币兑美元贬值时,即使一篮子货币稳定,也会加剧资本外流,此时就需要资本管制。本节的模型中,资本管制钉住汇率时,是从汇率影响经济的多个渠道共同考虑的,但是现实中资本管制的目的有主次。"8·11"汇改到 2017 年之前,人民币一直处于贬值中,资本管制首先是防止资本外流、抑制汇率贬值。2017 年人民币汇率出现升值趋势,9 月 6 日人民币兑美元汇率升至 6.4617,创 2015 年 12 月以来新高,为了避免影响出口,央行开始放松资本管制。

经验检验还发现,中美利差越小,资本管制程度越强。中国国债收益率一般

高于美国,2015 年美联储进入加息通道以来,中美利差缩小,投资中国资产的相对收益下降,资本外流程度加剧,人民币汇率加速贬值,此时资本外流管制加强。2017 年中国停止了通过降准补充外汇占款减少导致的流动性减少,中国资本市场利率不断提高,中美利差增加,投资中国资产的相对收益增加,资本外流程度减少,人民币贬值压力下降,此时资本外流管制放松。中国资本管制钉住中美利差,实质上仍是钉住汇率,这和我们的最优资本管制规则不矛盾。

VIX 指数代表市场恐慌情绪,VIX 大幅波动时,风险溢价存在不确定性,资本流动迅速,即使浮动汇率也不能稳定资本流动,此时需要资本管制来控制资本流动。本章检验结果表明 VIX 指数波动并不影响资本管制。用 VIX 指数衡量资本市场恐慌情绪可能存在的一个问题是,当 VIX 上升时,资本从美国流入,但并不一定流入中国;当 VIX 下降时,资本流入美国,但流出国并不一定是中国。本节用中国 ETF 波动率指数(记为 CVIX)来衡量中国资本市场的恐慌情绪,进行了稳健性检验。和 VIX 相反,CVIX 上升时,资本流出中国,中国可能控制资本流出;CVIX 下降时,资本流入中国,中国面临资本流入压力。同样地,本节得出资本管制和 CVIX 的波动无关。

另外,我们还发现产出波动和通货膨胀不影响资本管制,这说明资本管制的目标并不包含经济增长、通货膨胀。这个规则在汇率上和我们不一致。这反映出,中国的资本管制主要是钉住汇率以及中美利差,而产出和通货膨胀则由货币政策来调控。

第六节　总　结

2008 年金融危机之后,资本管制受到重视。但是资本管制存在权衡效应,在稳定国内经济的同时,破坏了消费风险分担条件,这意味着资本管制存在着最优规则。本章建立了一个小型开放经济新凯恩斯模型,分析浮动汇率下的最优资本管制规则。当国家间产品替代弹性为 1 时,实际汇率不再影响社会福利,弹性汇率制度可以抵御外部冲击,不需要资本管制。国家间产品替代弹性不为 1 时,实际汇率影响社会福利,弹性汇率制度不能完全消除外部冲击,此时需要资本管制。资本管制应钉住产出缺口预期变动、通货膨胀预期以及实际汇率预期变动。当预期产出缺口增加时,应减少资本管制,而利率应该上升,从而减少本期消费,导致产出缺口下降;当存在通货膨胀预期时,也应减少资本管制,提高利率,从而减少本期消费,降低产品边际成本,降低通货膨胀;实际汇率贬值时,应加强资本管制,此时利率上升幅度小于不存在资本管制时,这也意味着资本管制下货币政策自主性增强。福利分析表明,当存在一个正的技术冲击或者负的外部需求冲击时,一国开放程度越大、国家间产品替代弹性越高,实际汇率对福利影响越大,资本管制应越强,资本管制福利所得也越高。

本章还对中国实际的资本管制规则进行了检验,结果发现中国资本管制主要钉住人民币兑美元汇率,这和我们的最优规则有两点不同。第一,资本管制并不钉住通货膨胀和产出波动。资本管制和货币政策存在分工,通货膨胀和产出波动主要由货币政策来调控。第二,资本管制钉住的是人民币兑美元,而不是人民币实际有效汇率或者名义有效汇率。虽然人民币汇率中间价参考的是一篮子货币,但是鉴于美元在国际金融市场以及国际贸易中的重要性,居民和企业只关注人民币兑美元汇率的波动而不是人民币汇率指数的波动。资本管制还钉住中美利差。2015 年美联储进入加息通道,每当美联储加息时,中美利差缩小,资本外流加剧,人民币贬值压力增加,中国加强资本管制。2017 年中美利差扩大,人民币汇率稳定,下半年央行放松资本管制。

本章还存在进一步改善的空间。本章为了简化模型,将消费者相对风险规避系数设为 1,此时只要国家间产品替代弹性为 1,实际汇率就不影响社会福利。如果消费者相对风险规避系数不为 1,实际汇率不影响社会福利的条件是消费者风险规避系数的倒数与国家间产品替代弹性乘积不为 1。未来可设置一个更为一般的居民效用函数,研究产品替代弹性对资本管制的影响。另外,本章建立的是小国开放模型,本国资本管制不会引起国外的反应,但是现实中资本管制可能引起外国的反应,未来可建立一个两国新凯恩斯模型,研究是否有必要进行资本管制协调。在经验检验部分,由于没有更好的选择,资本管制指标选择的是 3 个月人民币兑美元远期合约和境外市场上人民币兑美元的无本金交割远期合约的价格差距,这可能存在一定误差,未来可尝试更多的指标。

参考文献

中文参考文献

[1] 〔美〕安德鲁·肖特著,陆铭等译:《社会制度的经济理论》,上海财经大学出版社,2004年。

[2] 〔美〕保尔·萨谬尔森、威廉·诺德豪斯著,萧琛译:《经济学》(第18版),人民邮电出版社,2008年。

[3] 毕先萍、简新华:"论中国经济结构变动与收入分配差距的关系",《经济评论》,2002年第4期,第59—62页。

[4] 蔡朝林:"共享经济的兴起与政府监管创新",《南方经济》,2017年第3期,第99—105页。

[5] 蔡昉、都阳、高文书:"就业弹性、自然失业和宏观经济政策——为什么经济增长没有带来显性就业",《经济研究》,2004年第9期,第18—25+47页。

[6] 蔡昉:"农村剩余劳动力流动的制度性障碍分析——解释流动与差距同时扩大的悖论",《经济学动态》,2005年第1期,第35—39+112页。

[7] 蔡昉:"为什么'奥肯定律'在中国失灵——再论经济增长与就业的关系",《宏观经济研究》,2007年第1期,第11—14+27页。

[8] 曹建云:《我国经济增长与就业增长的关系研究》,兰州大学博士学位论文,2008年。

[9] 曹静、周亚林:"人工智能对经济的影响研究进展",《经济学动态》,2018年第1期,第103—115页。

[10] 常进雄:"中国就业弹性的决定因素及就业影响",《财经研究》,2005年第5期,第29—39页。

[11] 陈琳:《基于就业弹性的增长与就业关系研究》,华南理工大学硕士学位论文,2010年。

[12] 程承杰:"制度变迁——企业家精神与民营经济发展",《经济管理》,2016年第8期,第39—54页。

[13] 〔英〕大卫·休谟著,关文运译:《人性论》(上、下册),商务印书馆,2012年。

[14] 〔美〕道格拉斯·C.诺斯:《理解经济变迁过程》,中国人民大学出版社,2008年。

[15] 〔美〕道格拉斯·C.诺斯:《制度、制度变迁与经济绩效》,格致出版社、上海三联书店、上海人民出版社,2009年。

[16] 邓小平:《邓小平文选》(第二卷),1994年,http://cpc.people.com.cn/GB/64184/64185/66611/index.html,访问时间2018年7月22日。

[17] 邓小平:《邓小平文选》(第三卷),人民出版社,1993年。

[18] 丁骋骋:"中国金融改革的内在逻辑与外部绩效:1979—2009",《经济学家》,2010年第9期,第62—70页。

[19] 丁守海:"中国就业弹性究竟有多大?——兼论金融危机对就业的滞后冲击",《管理世

界》,2009 年第 5 期,第 36—46 页。

[20] 董成惠:"共享经济:理论与现实",《广东财经大学学报》,2016 年第 5 期,第 4—15 页。

[21] 〔意〕G. 多西等编,钟学义等译:《技术进步与经济理论》,经济科学出版社,1992 年。

[22] 范子英、张军:"财政分权、转移支付与国内市场整合",《经济研究》,2010 年第 3 期,第 53—64 页。

[23] 冯柏、朱太辉:"金融市场化改革路径:稳定与效率的跨期平衡",《国际经济评论》,2016 年第 9 期,第 100—113 页。

[24] 付文林、沈坤荣:"均等化转移支付与地方财政支出结构",《经济研究》,2012 年第 5 期,第 45—57 页。

[25] 高原:"共享经济的现状及其在中国的发展趋势",《经营管理者》,2015 年第 1 期,第 22—25 页。

[26] 葛立新、张国光、郭新强:"我国民间金融发展的内生机制和演化路径:一个理论分析",《金融监管研究》,2012 年第 8 期,第 41—55 页。

[27] 葛顺奇、罗伟:"外商直接投资与东道国经济增长——基于模仿与创新的研究",《世界经济研究》,2011 年第 1 期,第 56—61 页。

[28] 龚强、张一林、林毅夫:"产业结构、风险特征与最优金融结构",《经济研究》,2014 年第 4 期,第 4—16 页。

[29] 龚玉泉、袁志刚:"中国经济增长与就业增长的非一致性及其形成机理",《经济学动态》,2002 年第 10 期,第 35—39 页。

[30] 郭长林、胡永刚、李艳鹤:"财政政策扩张、偿债方式与居民消费",《管理世界》,2013 年第 2 期,第 64—77 页。

[31] 郭庆旺、贾俊雪:"中央转移支付与地方公共服务提供",《世界经济》,2008 年第 9 期,第 74—84 页。

[32] 郭子枫、崔新健、刘轶芳:"中部六省省会城市区域创新能力比较研究",《经济经纬》,2014 年第 3 期,第 14—19 页。

[33] 国家统计局:《中国统计年鉴》,中国统计出版社,2016 年。

[34] 国家信息中心:"中国分享经济发展报告 2017",2017 年,http://www.sic.gov.cn/News/568/7737.htm,访问时间 2018 年 6 月 28 日。

[35] 胡锦涛:《高举中国特色社会主义伟大旗帜 为夺取全面建设小康社会新胜利而奋斗——在中国共产党第十七次全国代表大会上的报告》,人民出版社,2007 年。

[36] 胡锦涛:《坚定不移沿着中国特色社会主义道路前进 为全面建成小康社会而奋斗——在中国共产党第十八次全国代表大会上的报告》,人民出版社,2012 年。

[37] 胡艺:"武汉城市圈区域创新能力建设研究",《武汉大学学报》(哲学社会科学版),2013 年第 1 期,第 87—91 页。

[38] 胡志军、刘宗明、龚志民:"中国总体收入基尼系数的估计:1985—2008",《经济学》(季刊),2011 年第 4 期,第 1423—1436 页。

[39] 惠树鹏:"技术创新与我国区域经济增长的差异性研究",《甘肃社会科学》,2009 年第 3 期,

第 88—91 页。

[40]〔英〕霍布斯著,黎思复等译:《利维坦》,商务印书馆,2010 年。

[41] 贾俊生、伦晓波、林树:"金融发展、微观企业创新产出与经济增长——基于上市公司专利
视角的实证分析",《金融研究》,2017 年第 1 期,第 99—113 页。

[42] 简志宏、朱柏松、李霜:"动态通胀目标、货币供应机制与中国经济波动:基于动态随机一般
均衡的分析",《中国管理科学》,2012 年第 1 期,第 30—42 页。

[43] 江小涓、李辉:"我国地区之间实际收入差距小于名义收入差距——加入地区间价格差异
后的一项研究",《经济研究》,2005 年第 9 期,第 11—18＋65 页。

[44] 江泽民:《高举邓小平理论伟大旗帜 把建设有中国特色社会主义事业全面推向二十一世
纪——在中国共产党第十五次全国代表大会上的报告》,人民出版社,1997 年。

[45] 江泽民:《加快改革开放和现代化建设步伐 夺取有中国特色社会主义事业的更大胜
利——在中国共产党第十四次全国代表大会上的报告》,人民出版社,1992 年。

[46] 江泽民:《全面建设小康社会 开创中国特色社会主义事业新局面——在中国共产党第十
六次全国代表大会上的报告》,人民出版社,2002 年。

[47] 解学梅:"都市圈协同创新机理研究:基于协同学的区域创新观",《科学技术哲学研究》,
2011 年第 1 期,第 95—99 页。

[48]〔德〕柯武刚、史漫飞著,韩朝华译:《制度经济学:社会秩序与公共政策》,商务印书馆,
2008 年。

[49] 李宝礼、胡雪萍:"金融发展、技术创新与经济增长——基于结构面板自回归模型的实证分
析",《贵州财经大学学报》,2013 年第 5 期,第 1—6 页。

[50] 李波、王金兰:"共享经济商业模式的税收问题研究",《现代经济探讨》,2016 年第 5 期,第
29—33 页。

[51] 李红松:"我国经济增长与就业弹性问题研究",《财经研究》,2003 年第 4 期,第 23—27＋
66 页。

[52] 李俊锋、王代敬、宋小军:"经济增长与就业增长的关系研究——两者相关性的重新判定",
《中国软科学》,2005 年第 1 期,第 64—70 页。

[53] 李培林:"社会变迁新态势与社会治理",《光明日报》,2015 年 1 月 12 日。

[54] 李培林、朱迪:"努力形成橄榄型分配格局——基于 2006—2013 年中国社会状况调查数据
的分析",《中国社会科学》,2015 年第 1 期,第 45—65＋203 页。

[55] 李实:"中国农村劳动力流动与收入增长和分配",《中国社会科学》,1999 年第 2 期,第
16—33 页。

[56] 李伟:"现阶段我国就业弹性的变化趋势及对策分析",《理论导刊》,2006 年第 1 期,第
20—22 页。

[57] 李向亚、郭继强:"中国就业弹性急剧下降的原因解析",《经济体制改革》,2003 年第 5 期,
第 12—17 页。

[58] 李小林、司登奎、李晓文:"国外货币政策与收入分配研究评述",《金融评论》,2016 年第 3
期,第 100—110＋126 页。

［59］李小平、李小克："企业家精神与地区出口比较优势"，《经济管理》，2017 年第 9 期，第 66—81 页。

［60］李子奈、鲁传一："管理创新在经济增长中贡献的定量分析"，《清华大学学报》（哲学社会科学版），2002 年第 2 期，第 25—31 页。

［61］林毅夫：《新结构主义经济学》，北京大学出版社，2012 年。

［62］林毅夫、龚强："发展战略与经济制度选择"，《管理世界》，2010 年第 3 期，第 5—13 页。

［63］林毅夫、刘明兴："中国的经济增长收敛与收入分配"，《世界经济》，2003 年第 8 期，第 3—14＋80 页。

［64］林毅夫、刘培林："中国的经济发展战略与地区收入差距"，《经济研究》，2003 年第 3 期，第 19—25＋89 页。

［65］林毅夫、孙希芳、姜烨："经济发展中的最优金融结构理论初探"，《经济研究》，2009 年第 8 期，第 4—17 页。

［66］刘军丽："我国三大产业就业结构与就业弹性的实证分析"，《统计与决策》，2009 年第 9 期，第 92—94 页。

［67］刘乃全、陈啴、仇晋文："金融实力对区域自主创新能力的影响分析——分地区视角"，《科技管理研究》，2014 年第 1 期，第 7—11 页。

［68］刘顺忠、官建成："区域创新系统创新绩效的评价"，《中国管理科学》，2002 年第 1 期，第 75—78 页。

［69］刘伟、蔡志洲、郭以馨："现阶段中国经济增长与就业的关系研究"，《经济科学》，2015 年第 4 期，第 5—17 页。

［70］刘伟、蔡志洲："新时代中国经济增长的国际比较及产业结构升级"，《管理世界》，2018 年第 1 期，第 16—24 页。

［71］刘伟、蔡志洲：《走下神坛的 GDP——从经济增长到可持续发展》，中信出版社，2005 年。

［72］刘伟等：《经济增长与结构演进：中国新时期以来的经验》，中国人民大学出版社，2016 年。

［73］刘伟：《经济学教程》，北京大学出版社，2005 年。

［74］刘伟、苏剑："从就业角度看中国经济目标增长率的确定"，《中国银行业》，2014 年第 9 期，第 20—26 页。

［75］刘奕、夏杰长："共享经济理论与政策研究动态"，《经济学动态》，2016 年第 4 期，第 116—125 页。

［76］柳卸林：《技术创新经济学》，清华大学出版社，2014 年。

［77］龙海军："制度环境对企业家精神配置的影响：金融市场的调节作用"，《科技进步与对策》，2017 年第 7 期，第 94—99 页。

［78］龙莹、谢静："城乡内部收入不平等与收入极化的对比分析：1988—2010 年"，《商业研究》，2015 年第 5 期，第 47—53＋65 页。

［79］卢现祥："共享经济：交易成本最小化、制度变革与制度供给"，《社会科学战线》，2016 年第 9 期，第 51—61 页。

［80］陆磊："中国金融改革的逻辑和思路"，《经济导刊》，2014 年第 1 期，第 74—76 页。

［81］马国建、刘天辰："科技金融促进高新技术产业发展效应研究——以镇江市为例"，《经济研究参考》，2016 年第 4 期，第 70—75 页。

［82］〔德〕马克思：《资本论》（第一卷），人民出版社，2004 年。

［83］〔德〕马克思：《资本论》，人民出版社，1975 年。

［84］马强："共享经济在我国的发展现状、瓶颈及对策"，《现代经济探讨》，2016 年第 10 期，第 20—24 页。

［85］马拴友、于红霞："转移支付与地区经济收敛"，《经济研究》，2003 年第 3 期，第 26—33 页。

［86］马勇："金融结构、银行发展与经济增长"，《财经科学》，2010 年第 2 期，第 10—17 页。

［87］马忠东、张为民、梁在、崔红艳："劳动力流动：中国农村收入增长的新因素"，《人口研究》，2004 年第 3 期，第 2—10 页。

［88］〔美〕曼瑟·奥尔森著，陈郁等译：《集体行动的逻辑》，上海人民出版社，2010 年。

［89］〔美〕曼瑟·奥尔森著，李增刚译：《国家的兴衰：经济增长、滞涨和社会僵化》，上海世纪出版集团，2011 年。

［90］〔印度〕帕萨·达斯古普特、〔埃〕伊斯梅尔·撒拉格尔丁编，张慧东等译：《社会资本——一个多角度的观点》，中国人民大学出版社，2005 年。

［91］潘健平、王铭榕、吴沛雯："企业家精神，知识产权保护与企业创新"，《财经问题研究》，2015 年第 12 期，第 104—110 页。

［92］彭定赟、王磊："财政调节、福利均等化与地区收入差距——基于泰尔指数的实证分析"，《经济学家》，2013 年第 5 期，第 21—28 页。

［93］齐结斌、安同良："企业家精神，寻租活动与企业研发投入"，《华东经济管理》，2014 年第 5 期，第 114—116 页。

［94］齐明珠："我国 2010～2050 年劳动力供给与需求预测"，《人口研究》，2010 年第 5 期，第 76—87 页。

［95］乔宝云、范剑勇、彭骥鸣："政府间转移支付与地方财政努力"，《管理世界》，2006 年第 3 期，第 50—56 页。

［96］〔日〕青木昌彦著，周黎安译：《比较制度分析》，上海远东出版社，2001 年。

［97］邵传林、张存刚："法治如何影响了企业家精神？"，《经济与管理研究》，2016 年第 1 期，第 89—95 页。

［98］邵妙：《金融支持对我国高技术产业创新绩效的影响研究》，中国矿业大学硕士学位论文，2015 年。

［99］宋小宁、陈斌、梁若冰："一般性转移支付：能否促进基本公共服务供给？"，《数量经济与技术经济》，2012 年第 7 期，第 23—33 页。

［100］苏剑："供给管理政策及其在调节短期经济波动中的应用"，《经济学动态》，2008 年第 6 期，第 18—22 页。

［101］苏剑："基于总供求模型和中国特色的宏观调控体系"，《经济学家》，2017 年第 7 期，第 27—37 页。

［102］苏剑："全面改革是中国经济长期健康发展的前提"，《开放导报》，2015 年第 6 期，第 22—

26 页。

[103] 孙金云、李涛："创业生态圈研究:基于共演理论和组织生态理论的视角",《外国经济与管理》,2016 年第 12 期,第 32—45 页。

[104] 汤天波、吴晓隽："共享经济:'互联网＋'下的颠覆性经济模式",《科学发展》,2015 年第 12 期,第 78—84 页。

[105] 唐纯："共享经济对经济结构调整的作用机制",《改革与战略》,2016 年第 4 期,第 10—13 页。

[106] 唐鑛、刘勇军："关于中国经济增长与就业弹性变动的非一致性研究理论综述及评论",《市场与人口分析》,2003 年第 6 期,第 8—15 页。

[107] 万勇:《区域技术创新与经济增长研究》,经济科学出版社,2011 年。

[108] 汪同三、蔡跃洲："改革开放以来收入分配对资本积累及投资结构的影响",《中国社会科学》,2006 年第 1 期,第 4—14＋205 页。

[109] 王金波："金融发展、技术创新与地区经济增长——基于中国省际面板数据的实证研究",《金融与经济》,2018 年第 1 期,第 57—64 页。

[110] 王君、张于喆、张义博："人工智能等新技术进步影响就业的机理与对策",《宏观经济研究》,2017 年第 10 期,第 169—181 页。

[111] 王丽洁："区域创新能力与经济增长动态关系研究",《统计与决策》,2016 年第 16 期,第 142—144 页。

[112] 王晓光、方娅："基于产业集群的哈大齐工业走廊区域创新能力评价",《科技进步与对策》,2010 年第 10 期,第 100—103 页。

[113] 王一鸣、陈昌盛、李承健："正确理解供给侧结构性改革",《求是》,2016 年第 10 期,第 63—64 页。

[114] 温娇秀、蒋洪："我国基础教育服务均等化水平的实证研究——基于双变量泰尔指数的分析",《财政研究》,2013 年第 6 期,第 68—72 页。

[115] 习近平:《决胜全面建成小康社会　夺取新时代中国特色社会主义伟大胜利——在中国共产党第十九次全国代表大会上的报告》,人民出版社,2017 年。

[116] 习近平："在 2018 年 1 月 30 日中共中央政治局关于学习现代化经济体系会议上的讲话",《人民日报》,2018 年 2 月 1 日。

[117] 习近平："在十八届中央政治局第二十八次集体学习时的讲话",载《习近平关于社会主义经济建设论述摘编》,中央文献出版社,2017 年。

[118] 肖六亿:《技术进步的就业效应——基于宏观视角的分析》,人民出版社,2009 年。

[119] 谢雪梅、石娇娇："共享经济下消费者信任形成机制的实证研究",《技术经济》,2016 年第 10 期,第 122—127 页。

[120] 谢志刚："'共享经济'的知识经济学分析——基于哈耶克知识与秩序理论的一个创新合作框架",《经济学动态》,2015 年第 12 期,第 78—87 页。

[121] 辛祥晶、武翠芳、王峥："当代金融结构理论综述与最优金融结构",《经济问题探索》,2008 年第 6 期,第 139—143 页。

[122] 新华社:"中央经济工作会议在北京举行",2017 年 12 月 20 日,http://www. gov. cn/xin-wen/2017-12/20/content_5248899. htm,访问时间 2018 年 6 月 10 日。

[123] 邢春冰:"迁移、自选择与收入分配——来自中国城乡的证据",《经济学》(季刊),2010 年第 1 期,第 83—123 页。

[124] 徐建炜、马光荣、李实:"个人所得税改善中国收入分配了吗——基于对 1997—2011 年微观数据的动态评估",《中国社会科学》,2013 年第 6 期,第 53—71+205。

[125] 许田波著,徐进译:《战争与国家形成:春秋战国与近代早期欧洲之比较》,世纪出版集团、上海人民出版社,2009 年。

[126] 许秀川:"就业弹性测算方法的选择及基于我国数据的实证分析",《西南农业大学学报》(社会科学版),2005 年第 3 期,第 62—64 页。

[127] 严成樑:"社会资本、创新与长期经济增长",《经济研究》,2012 年第 11 期,第 48—60 页。

[128] 杨钧、罗俊芬:"风险积聚下信贷的转移支付效应:农牧区乡镇政府高负债分析",《金融研究》,2002 年第 7 期,第 126—129 页。

[129] 杨帅:"共享经济带来的变革与产业影响研究",《当代经济管理》,2016 年第 6 期,第 69—74 页。

[130] 杨小凯、黄有光、张玉纲译:《专业化与经济组织——一种新型古典微观经济学框架》,经济科学出版社,1999 年。

[131] 杨秀萍、白钦先:"金融边界理论初探",《金融评论》,2015 年第 6 期,第 91—108+126 页。

[132] 杨耀武、杨澄宇:"中国基尼系数是否真地下降了?——基于微观数据的基尼系数区间估计",《经济研究》,2015 年第 3 期,第 75—86 页。

[133] 姚永玲、王翰阳:"科技创新与金融资本融合关系研究——基于北京市的实证分析",《中国科技论坛》,2015 年第 9 期,第 103—108 页。

[134] 姚战琪、夏杰长:"资本深化、技术进步对中国就业效应的经验分析",《世界经济》,2005 年第 1 期,第 58—67 页。

[135] 易纲:"中国金融改革的几条主线",《中国发展观察》,2014 年第 4 期,第 12 页。

[136] 尹恒、康琳琳、王丽娟:"政府间转移支付的财力均等化效应:基于中国县级数据的研究",《管理世界》,2007 年第 1 期,第 48—55 页。

[137] 尹宗成、李向军:"金融发展与区域经济增长——基于企业家精神的视角",《中央财经大学学报》,2012 年第 11 期,第 38—44 页。

[138] 袁红林、蒋含明:"中国企业家创业精神的影响因素分析——基于省级面板数据的实证研究",《当代财经》,2013 年第 8 期,第 65—75 页。

[139] 〔美〕约翰·罗尔斯著,何怀宏等译:《正义论》,中国社会科学出版社,2011 年。

[140] 〔英〕约翰·洛克著,瞿菊农等译:《政府论》(上、下册),商务印书馆,1982 年。

[141] 〔美〕约瑟夫·熊彼特著,何畏、易家祥译:《经济发展理论》,商务印书馆,1990 年。

[142] 张车伟、蔡昉:"就业弹性的变化趋势研究",《中国工业经济》,2002 年第 5 期,第 22—30 页。

[143] 张成思、刘贯春："最优金融结构的存在性、动态特征及经济增长效应"，《管理世界》，2016 年第 1 期，第 66—77 页。

[144] 张杰："二重结构与制度演进——对中国经济史的一种新的尝试性解释"，《社会科学战线》，1998 年第 6 期，第 12—25 页。

[145] 张杰："风险承诺、金融市场化与国有银行体系"，《国际金融研究》，2017 年第 5 期，第 3—14 页。

[146] 张杰："金融分析的制度范式：哲学观及其他"，《金融评论》，2013 年第 2 期，第 1—14 页。

[147] 张杰："金融资源跨时配置与国有银行体系的角色"，《IMI 研究动态》，2016 年第 20 期，第 4 页。

[148] 张杰、杨连星、新夫："房地产阻碍了中国创新么？——基于金融体系贷款期限结构的解释"，《管理世界》，2016 年第 5 期，第 64—80 页。

[149] 张杰："制度金融理论的新发展：文献述评"，《经济研究》，2011 年第 3 期，第 145—159 页。

[150] 张杰：《中国金融制度的结构与变迁》，中国人民大学出版社，2011 年。

[151] 张绍合、贺建林："我国人口就业与不同产业经济增长的实证分析"，《西北人口》，2007 年第 5 期，第 80—83 页。

[152] 张曙光："论制度均衡和制度变革"，《经济研究》，1992 年第 6 期，第 30—36 页。

[153] 张顺、陈丁："中国产业间就业弹性的动态关系研究"，《统计与决策》，2008 年第 18 期，第 111—113 页。

[154] 张五常：《中国的经济制度》，中信出版社，2009 年。

[155] 张五常：《中国的前途》，香港信报出版社，1985 年。

[156] 张宇燕："个人理性与制度悖论——对国家兴衰的尝试性探索"，《经济研究》，1993 年第 4 期，第 74—80 页。

[157] 赵艳华、赵士雯："基于灰色关联度的京津冀区域创新能力影响因素比较分析"，《大连理工大学学报》（社会科学版），2017 年第 1 期，第 94—99 页。

[158] 赵子乐、黄少安："二元社会保障养老体系下的转移支付"，《金融研究》，2013 年第 2 期，第 33—45 页。

[159] 郑志来："共享经济的成因、内涵与商业模式研究"，《现代经济探讨》，2016 年第 3 期，第 32—36 页。

[160] 中共中央文献研究室编：《习近平关于社会主义经济建设论述摘编》，中央文献出版社，2017 年。

[161] 中国科技发展战略小组：《中国区域创新能力报告 2015》，知识产权出版社，2016 年。

[162] 钟华生："共享经济模式探索"，《北京大学学报》（哲学社会科学版），1994 年第 6 期，第 44—48 页。

[163] 钟笑寒："城乡移民与收入不平等：基于基尼系数的理论分析"，《数量经济技术经济研究》，2008 年第 8 期，第 110—122 页。

[164] 周方召、刘文革："宏观视角下的企业家精神差异化配置与经济增长——一个文献述评"，《金融研究》，2013 年第 12 期，第 127—139 页。

[165] 周治富:"二重结构、社会资本与中国农村金融的产业组织",《产业经济评论》,2014 年第 6 期,第 58—66 页。

[166] 周治富:"理解中国金融改革——一个制度金融学范式的解释框架",《金融监管研究》, 2017 年第 2 期,第 93—108 页。

[167] 周治富:"利益集团、金融企业家与内生性金融成长",《制度经济学研究》(季刊),2015 年 第 2 期,第 143—162 页。

[168] 周治富:"内生性金融的演进逻辑与契约本质——兼论中国民营银行的制度属性",《当代 财经》,2014 年第 4 期,第 53—64 页。

[169] 朱翠华:《技术进步就业效应及其影响因素分析》,南开大学博士学位论文,2012 年。

[170] 朱琳:《中国高增长、低就业研究分析及政策建议》,东北财经大学硕士学位论文,2010 年。

[171] 朱太辉、陈璐:"Fintech 的潜在风险与监管应对研究",《金融监管研究》,2016 年第 7 期, 第 18—32 页。

[172] 邹华、徐扮扮、杨朔:"基于熵值法的我国区域创新能力评价研究",《科技管理研究》,2013 年第 23 期,第 56—61 页。

英文参考文献

[173] Acemoglu, D. ,"Technical Change, Inequality, and the Labor Market",*Journal of Economic Literature*, 2002, 40(1):7-72.

[174] Aghion, P. , and Howitt, P. , "Growth and Unemployment",*Review of Economic Studies*, 1994, 61(3):477-494.

[175] Allen, F. , and Gale, D. , *Comparing Financial Systems*. Cambridge, MA: MIT Press, 2000.

[176] Arin, K. P. , Braunfels, E. , and Doppelhofer, G. , "Taxes Spending and Economic Growth: A Bayesian Model Averaging Approach", CESIFO WP, 2015.

[177] Autor, D. H. , Katz, L. F. , and Krueger, A. B. ,"Computing Inequality: Have Computers Changed the Labor Market?",*The Quarterly Journal of Economics* , 2003, 118 (4):1279-1333.

[178] Autor, D. H. ,"Why are There Still So Many Jobs? The History and Future of Workplace Automation",*Journal of Economic Perspectives*, 2015, 29(3):3-30.

[179] Bak, P. ,*How Nature Works: The Science of Self-Organised Criticality*. New York, NY: Copernicus Press, 1996.

[180] Barro, R. J. , and Salaimartin, X. ,"Convergence across States and Regions",*Brookings Papers on Economic Activity*, 1991(1):107-182.

[181] Beck, T. , Demirgüç-Kunt, A. , and Levine, R. , "Law, Endowments, and Finance", *Journal of Financial Economics*, 2003, 70(2):137-181.

[182] Benigno, G. , Chen, H. , and Otrok, C. , "Optimal Capital Controls and Real Exchange Rate Policies: A Pecuniary Externality Perspective", *Journal of Monetary Economics* ,

2016，84：147-165.

[183] Benigno, P. , and Woodford, M. ,"Optimal Monetary and Fiscal Policy: A Linear-Quadratic Approach", *NBER Macroeconomics Annual* , 2003：271-333.

[184] Bessen, J. ,"Toil and Technology", *Finance & Development* , 2015, 52(1):156-171.

[185] Bianchi, J. ,"Overborrowing and Systemic Externalities in the Business Cycle",*American Economic Review* , 2011, 101(7):3400-3426.

[186] Blanchard, O. , and Perotti, R. ,"An Empirical Characterization of the Dynamic Effects of Changes in Government Spending and Taxes on Output",*The Quarterly Journal of Economics* , 2002, 117(4):1329-1368.

[187] Bodenstein, M. ,"Closing Large Open Economy Models", *Journal of International Economics* , 2011, 84(4):160-177.

[188] Brouwer, E. , Kleinknecht, A. , and Reijnen, J. O. N. , "Employment Growth and Innovation at the Firm Level",*Journal of Evolutionary Economics* , 1993, 3(2):153-159.

[189] Brunnermeier, M. K. , and Sannikov, Y. ,"International Credit Flows and Pecuniary Externalities",*American Economic Journal: Macroeconomics* , 2015, 7(1):297-338.

[190] Burtless, G. ,"International Trade and the Rise in Earnings Inequality",*Journal of Economic Literature* , 1995, 33(2):800-816.

[191] Caldara, D. , and Kamps, C. , "The Analytics of SVARs: A Unified Framework to Measure Fiscal Multipliers", Board of Governors of the Federal Reserve System WP, 2012.

[192] Callegari, G. , Melina, G. , and Batini, A. N. , "Successful Austerity in the United States, Europe and Japan", International Monetary Fund, 2012.

[193] Calvo, G. , "Staggered Prices in a Utility Maximizing Framework", *Journal of Monetary Economics*, 1983, 12(3):383-395.

[194] Cheung, S. N. S. ,"Property Rights in Trade Secrets", *Economic Inquiry* , 1982, 20(1): 40-53.

[195] Cheung, S. N. S. ,"The Contractual Nature of the Firm",*Journal of Law and Economics* , 1983, 26(1):1-21.

[196] Chinn, M. D. ,and Ito, H. ,"A New Measure of Financial Openness", *Journal of Comparative Policy Analysis: Research and Practice* , 2008, 10 (4):309-322.

[197] Christiano, L. J. , Eichenbaum, M. ,and Evans, C. L. , "Monetary Policy Shocks: What Have We Learned and to What End?", *Handbook of Macroeconomics* , 1999, 1:65-148.

[198] Coibion, O. , Gorodnichenko, Y. ,and Kueng, L. ,"Innocent Bystanders? Monetary Policy and Inequality", *Journal of Monetary Economics* , 2017, 88:70-89.

[199] Cole, H. , and Obstfeld, M. , "Commodity Trade and International Risk Sharing: How Much Do Financial Markets Matter?", *Journal of Monetary Economics* , 1991, 28(1): 3-24.

[200] Cooke, P., "Regional Innovation System, Clusters and the Knowledge Economy", *Industrial and Corporate Change*, 2001, 10(4): 945-975.

[201] Corsetti, G., and Pesenti, P., "International Dimensions of Optimal Monetary Policy", *Journal of Monetary Economics*, 2005, 52(2): 281-305.

[202] Corsetti, G., and Pesenti, P., "Welfare and Macroeconomics Interdependence", *Quarterly Journal of Economics*, 2001, 116(2): 421-445.

[203] Corsetti, G., Dedola, L., and Leduc, S., "International Risk Sharing and the Transmission of Productivity Shocks", *The Review of Economic Studies*, 2008, 75(2): 443-473.

[204] Davis, J. S., and Presno, I., "Capital Controls and Monetary Policy Autonomy in a Small Open Economy", *Journal of Monetary Economics*, 2017, 85: 114-130.

[205] Deloitte LLP, "Technology and People: The Great Job-Creating Machine", 2015, [2018-05-20], https://www2.deloitte.com/uk/en/pages/finance/articles/technology-and-people.html.

[206] Denes, M., and Eggertsson, G. B., "A Bayesian Approach to Estimating Tax and Spending Multipliers", FRB of New York Staff Report 403, 2009.

[207] De Paoli, B., "Monetary Policy and Welfare in a Small Open Economy", *Journal of International Economics*, 2009, 77(1): 11-22.

[208] Devereux, M. B., Young, E. R., and Yu, C., "A New Dilemma: Capital Controls and Monetary Policy in Sudden Stop Economies", National Bureau of Economic Research No. w21791, 2015.

[209] Dixit, A., and Stiglitz, J., "Monopolistic Competition and Optimum Product Diversity", *American Economic Review*, 1977, 67(3): 297-308.

[210] Dmitriev, M., and Hoddenbagh, J., "The Optimal Design of a Fiscal Union", MPRA Paper No. 46166, 2013.

[211] Domar, E. D., "Capital Expansion Rate of Growth and Employment", *Journal of Monetary Economics*, 1946(14): 137-147.

[212] Dooley, M. P., and Isard, P., "Capital Controls, Political Risk, and Deviations from Interest-Rate Parity", *The Journal of Political Economy*, 1980, 88(2): 370.

[213] Dow, S. C., and Rodríguez-Fuentes, C. J., "Regional Finance: A Survey", *Regional Studies*, 1997, 31(9): 903-920.

[214] Ebersberger, B., and Pyka, A., "Innovation and Sectoral Employment: A Trade-Off between Compensation Mechanisms", *Labour*, 2010, 16(4): 635-665.

[215] Eggertsson, G. B., "What Fiscal Policy is Effective at Zero Interest Rates?", NBER Macroeconomics Annual, 2011, 25(1): 59-112.

[216] Engel, C., "Macroprudential Policy under High Capital Mobility: Policy Implications from an Academic Perspective", *Journal of the Japanese and International Economies*, 2016, 42: 162-172.

[217] Engler, P. , and Voigts, S. , "A Transfer Mechanism for a Monetary Union", SFB 649 Discussion Paper No. 13, 2013.

[218] Erceg, C. J. , and Lindé, J. , "Fiscal Consolidation in a Currency Union: Spending Cuts vs. Tax Hikes", *Journal of Economic Dynamics and Control*, 2013, 37(2):422-445.

[219] Erceg, C. ,"Optimal Monetary Policy with Staggered Wage and Price Contracts", *Journal of Monetary Economics*, 2000, 46(2):281-313.

[220] Evers, M. ,"Federal Fiscal Transfer Rules in Monetary Union", *European Economic Review*, 2012, 56(3):507-525.

[221] Evers, M. , "Federal Fiscal Transfers in Monetary Unions: A NOEM Approach", *International Tax and Public Finance*, 2006, 13(4):463-488.

[222] Evers, M. ,"Fiscal Federalism and Monetary Unions: A Quantitative Assessment", Bonn University Working Paper, 2013.

[223] Farhi, E. , and Werning, I. , "Dilemma not Trilemma? Capital Controls and Exchange Rates with Volatile Capital Flows", *IMF Economic Review*, 2014, 62(4):569-605.

[224] Farhi, E. , and Werning, I. , "Fiscal Unions", *American Economic Review*, 2017, 107 (12):3788-3834.

[225] Feenstra, R. , Luck, P. , Obstfeld, M. , and Russ, K. ,"In Search of the Armington Elasticity", NBER Working Paper No. 20063, 2014.

[226] Feldstein, M. , and Horioka, C. ,"Domestic Saving and International Capital Flows", *The Economic Journal*, 1980, 90(358):314-329.

[227] Frenkel, J. A. , and Levich, R. M. ,"Covered Interest Arbitrage: Unexploited Profits?", *Journal of Political Economy*, 1975, 83(2): 325-338.

[228] Frey, C. B. , and Osborne, M. A. ,"The Future of Employment: How Susceptible are Jobs to Computerisation?", *Technological Forecasting & Social Change*, 2013: 114.

[229] Furubotn, E. G. , and Pejovich, S. ,"Property Rights and Economic Theory: A Survey of Recent Literature", *Journal of Economic Literature*, 1972, 10(4):1137-1162.

[230] Gali, J. , and Monacelli, T. ,"Optimal Monetary and Fiscal Policy in a Currency Union", *Journal of International Economics*, 2008, 76(1):116-132.

[231] Gali, J. , Lopez-Salido, J. D. , and Valles, J. ,"Understanding the Effects of Government Spending on Consumption", *Journal of the European Economic Association*, 2007, 5 (1): 227-270.

[232] Gali, J. ,*Monetary Policy, Inflation, and the Business Cycle: An Introduction to the New Keynesian Framework*. Princeton, NJ: Princeton University Press, 2008.

[233] Gianluca, B. , Chen, H. , Otrok, C. , Rebucci, A. , and Young, E. ,"Optimal Capital Controls and Real Exchange Rate Policies: A Pecuniary Externality Perspective", *Journal of Monetary Economics*, 2016, 84:147-165.

[234] Goldsmith, R. ,*Financial Structure and Development*. New Haven, CT : Yale University

Press，1969.

[235] Greenan，N.，and Guellec，D.，"Technological Innovation and Employment Realloca-
tion"，*Labour*，2000，14（4）：547-590.

[236] Guan，J.，and Liu，S.，"Comparing Regional Innovative Capacities of P. R. China—Based
on Data Analysis of the National Patents"，*Technology Management*，2005，32：225-245.

[237] Guiso，L.，Sapienza，P.，and Zingales，L.，"The Role of Social Capital in Financial De-
velopment"，NBER Working PaperNo. 7563，2000.

[238] Haber，S.，"Political Institutions and Financial Development：Evidence from the Political
Economy of Bank Regulation in Mexico and the United States"，In Haber，S.，North，
D.，and Weingast，B.（eds.），*Political Institutions and Financial Development*. Stan-
ford：Stanford University Press，2008.

[239] Harrison，R.，Jaumandreu，J.，and Mairesse，J.，"Does Innovation Stimulate Employ-
ment? A Firm-Level Analysis Using Comparable Micro-Data from Four European Coun-
tries"，*International Journal of Industrial Organization*，2014，35（8）：29-43.

[240] Harrod，R. F.，*Toward a Dynamic Economics：Some Recent Developments of Economic
Theory and Their Application to Policy*. London：Macmillan，1948.

[241] Heathcote，J.，and Perri，F.，"On the Desirability of Capital Controls"，*IMF Economic
Review*，2016，64(1)：75-102.

[242] Hirschman，A. O.，"The Paternity of an Index"，*American Economic Review*，1964，54
（3）：761-762.

[243] Hutchison，M.，"Indian Capital Control Liberalization—Evidence from NDF Markets"，
MPRA Paper No. 21771，2010.

[244] IMF，"Brighter Prospects，Optimistic Markets，Challenges Ahead"，IMF World Econom-
ic Outlook，January 2018.

[245] IMF，"World Economic Outlook：Cyclical Upswing，Structural Change"，IMF，
April 2018.

[246] Ingram，J.，"State and Regional Payments Mechanisms"，*Quarterly Journal of Econom-
ics*，1959，73(4)：619-632.

[247] INSEAD，Global Innovation Index，2012.

[248] Jeanne，O.，and Korinek，A.，"Excessive Volatility in Capital Flows：A Pigouvian Taxa-
tion Approach"，*The American Economic Review*，2010，100(2)：403-407.

[249] Jensen，M. C.，and Meckling，W. H.，"Specific and General Knowledge，and Organiza-
tional Structure"，*Contract Economics*，1992，8(2)：4-18.

[250] Kakwani，N. C.，"On the Measurement of Tax Progressivity and Redistributive Effect of
Taxes with Applications to Horizontal and Vertical Equity"，*Advances in Econometrics*，
1984，3(2)：149-168.

[251] Kenen，P. B.，"The Optimum Currency Area：An Eclectic View"，*Monetary Problems of*

the International Economy, 1969:41-60.

[252] Kim, J., and Kim, S., "How Much to Share: Fiscal Transfer in Europe", Suffolk University Working Paper, 2013.

[253] Kletzer, K., and von Hagen, J., "Monetary Union and Fiscal Federalism", In Wyplose, C. (ed.), *The Impact of EMU on Europe and the Developing Countries*. Oxford: Oxford University Press, 2001.

[254] Korinek, A., "Regulating Capital Flows to Emerging Markets: An Externality View", mimeo, 2010.

[255] Kwok, C. C. Y., and Tadesse, S., "National Culture and Financial Systems", *Journal of International Business Studies*, 2006, 37(2): 227-247.

[256] Lane, P. R., and Milesi-Ferrett, G. M., "The External Wealth of Nations Mark II: Revised and Extended Estimates of Foreign Assets and Liabilities, 1970—2004", *Journal of International Economics*, 2007, 73(2):223-250.

[257] Lane, P. R., and Milesi-Ferrett, G. M., "The External Wealth of Nations: Measures of Foreign Assets and Liabilities for Industrial and Developing Countries", *Journal of International Economics*, 2001, 55(2):263-294.

[258] La Porta, R., Lopez-de-Silanes, F., Shleifer, A., and Vishny, R., "Investor Protection and Corporate Governance", *Journal of Finance Economics*, 2000, 58:3-27.

[259] La Porta, R., Lopez-de-Silanes, F., Shleifer, A., and Vishny, R., "Law and Political Economy", *Journal of Political Economy*, 1998, 106:1113-1155.

[260] La Porta, R., Lopez-de-Silanes, F., Shleifer, A., and Vishny, R., "Legal Determinants of External Finance", *Journal of Finance*, 1997, 50:1131-1150.

[261] Levine, R., "Financial and Growth: Theory and Evidence", In Aghion, P., and Durlauf, S. (eds.), *Handbook of Economic Growth*. Amsterdam: North Holl and Elsevier Publishers, 2015.

[262] Levine, R., "Financial Development and Economic Growth: Views and Agenda", *Journal of Economic Literature*, 1997, 35:688-726.

[263] Lucas, R. E., "On the Mechanism of Economic Development", *Journal of Monetary Economics*, 1988(22):3-42.

[264] Lucas, R., "Macroeconomic Priorities", *American Economic Review*, 2003, 93(1):1-14.

[265] Ma, G., and McCauley, R. N., "Is China or India More Financially Open?", *Journal of International Money and Finance*, 2013, 39:6-27.

[266] Mbs, J., and Mejean, I., "Elasticity Optimism", *American Economic Journal: Macroeconomics*, 2015, 7(3):43-83.

[267] McKinnon, R. I., "Optimum Currency Areas", *American Economic Review*, 1963, 53(4):717-725.

[268] Meade, J. E., "The Balance of Payments Problems of a Free Trade Area", *Economic*

Journal, 1957, 67(267):379-396.

[269] Mendoza, M., and Bianchi, J., "Overborrowing, Financial Crises and 'Macro-Prudential' Policy?", IMF Working Paper No. 11-24, 2011.

[270] Merton, R. C., and Bodie, Z., "A Conceptual Framework for Analyzing the Financial Environment", In Crane, D. B. (ed.), *The Global Financial System: A Functional Perspective*. Boston, MA: Harvard Business School Press, 1995.

[271] Mikel, B., Joost, H., and Thomas, B., "Regional Systems of Innovation and the Knowledge Production Function: The Spanish Case", *Tec Novation*, 2006, 26(4): 463-472.

[272] Mortensen, D. T., and Pissarides, C. A., "Technological Progress, Job Creation, and Job Destruction", *Review of Economic Dynamics*, 1998, 1(4):733-753.

[273] Mountford, A., and Uhlig, H., "What Are the Effects of Fiscal Policy Shocks?", *Journal of Applied Econometrics*, 2009, 24(6):960-992.

[274] Mundell, R. A., "Capital Mobility and Stabilization Policy under Fixed and Flexible Exchange Rates", *Canadian Journal of Economics and Political Science*, 1963, 29(4):475-485.

[275] North, D. C. "A Transaetion Cost Theory of Dolitices", *Journal of Theoretical Politics*, 1990, 2(4): 355-367.

[276] North, D. *Understanding the Process of Economic Change*. Princeton, NJ : Princeton University Press, 2005.

[277] Obstfeld, M., and Rogoff, K., "Global Implication of Self-Oriented National Monetary Rules", *Quarterly Journal of Economics*, 2002, 117(2):503-535.

[278] Obstfeld, M., and Rogoff, K., "New Direction for Stochastic Open Economy Models", *Journal of International Economics*, 2000, 50(1):117-153.

[279] Obstfeld, M., "Trilemmas and Trade-Offs: Living with Financial Globalisation", BIS Working Papers No 480, 2015.

[280] Olson, M., "Dictatorship, Democracy, and Development", *The American Political Science Review*, 1993, 87(3):567-576.

[281] Pissarides, C. A. *Equilibrium Unemployment Theory*. London: Basil Blackwell, 1990.

[282] Porter, M. E., and Stern, S., "Measuring the 'Ideas' Production Function: Evidence from International Patent Output", NBER Working Paper No. 7891, 2000.

[283] Quatrato, F., "The Diffusion of Regional Innovation Capabilities: Evidence from Italian Patent Data", *Regional Studies*, 2009, 43(10):1333-1348.

[284] Quinn, D., and Toyoda, A. M., "Does Capital Account Liberalization Lead to Growth", *Review of Financial Studies*, 2008, 21(30):1403-1449.

[285] Qu, Z., and Zhao, Z., "Urban-Rural Consumption Inequality in China from 1988 to 2002: Evidence from Quantile Regression Decomposition", Social Science Electronic Publishing,

2008.

[286] Rey, H. , "Dilemma not Trilemma: the Global Financial Cycle and Monetary Policy Independence", NBER Working Paper No. 21162, 2015.

[287] Rider, M. , "External Debt and Liabilities of Industrial Countries", Reserve Bank of Australia Research Discussion Paper 9405, 1994.

[288] Romer, P. M. , "The Origins of Endogenous Growth", *Journal of Economic Perspectives*, 1994(8):4-21.

[289] Sambit, B. , "Political Origins of Financial Structure", *Journal of Comparative Economics*, 2013, 41:979-994.

[290] Samolyk, K. , "A Regional Perspective on the Credit View", *Economic Review*, 1991:27-38.

[291] Schiuma, G. , and Lerro, A. , "Knowledge-Based Capital in Building Regional Innovation Capacity", *Journal of Knowledge Management*, 2008, 12(5):121-136.

[292] Schmitt-Crohe, S. , and Uribe, M. , "Closing Small Open Economy Models", *Journal of International Economics*, 2003, 61(1):163-185.

[293] Schmitt-Crohe, S. , and Uribe, M. , "Prudential Policy for Peggers", National Bureau of Economic Research WP No. w18031, 2012.

[294] Shultz, T. W. , "Institution and the Rising Economic Value of Man", *American Journal of Agricultural Economics*, 1968, 50(5):1113-1122.

[295] Sinn, S. , "Saving-Investment Correlations and Capital Mobility: On the Evidence from Annual Data", *The Economic Journal*, 1992, 102(414):1162-1170.

[296] Solow, R. M. , "Technical Change and the Aggregate Production Function", *Review of Economics and Statistics*, 1957, 39:312-320.

[297] Swan, T. W. , "Economic Growth and Capital Accumulation", *Economic Record*, 2010, 32(2):334-361.

[298] Theil, H. , *Economics and Information Theory*. Amsterdam: Elsevier, 1971.

[299] Thomas, V. , Wang, Y. , and Fan, X. , *Measuring Education Inequality: Gini Coefficients of Education*. Washington DC: World Bank Publications, 2001.

[300] Topalova, P. , "Factor Immobility and Regional Impacts of Trade Liberalization: Evidence on Poverty from India", *American Economic Journal Applied Economics*, 2010, 2(4):1-41.

[301] Tuba, T. , and Harmaakorpi, V. , "Social Capital in Building Regional Innovative Capability", *Regional Studies*, 2005, 39(8):1111-1125.

[302] Verhoogen, E. A. , "Trade, Quality Upgrading, and Wage Inequality in the Mexican Manufacturing Sector", *The Quarterly Journal of Economics*, 2008, 123(2):489-530.

[303] Vivarelli, M. , *The Economics of Technology and Employment: Theory and Empirical Evidence*. England: Edward Elgar Publishing Limited, 1995.

[304] Wallis, J., "Answering Mary Shirley's Question, or What can the World Bank Learn from American History?", In Haber, S., North, D., and Weingast, B. (eds.), *Political Institutions and Financial Development*. Stanford University Press, Stanford, 2008.

[305] Walter, C. E., and Howie, F. J. T., *Red Capitalism: The Fragile Financial Foundation of China's Extraordinary Rise*. John Wiley & Sons (Asia) Pte Ltd, 2011.

[306] Wolfson, M. C., "When Inequalities Diverge", *American Economic Review*, 1994, 84 (2): 353-358.

[307] Woodford, M., *Interest and Prices: Foundations of a Theory of Monetary Policy*. Princeton, NJ: Princeton University Press, 2003.

[308] Zhang, W., "China's Monetary Policy: Quantity Versus Price Rules", *Journal of Macroeconomics*, 2009, 31(3):473-484.